1490

L'ÉGYPTE

A

L'EXPOSITION UNIVERSELLE DE 1867

PARIS
TYPOGRAPHIE MORRIS & COMPAGNIE
Rue Amelot, 64.

S. A. ISMAEL-PACHA

L'ÉGYPTE

A

L'EXPOSITION UNIVERSELLE DE 1867

PAR

M. CHARLES EDMOND

COMMISSAIRE GÉNÉRAL DE L'EXPOSITION VICE-ROYALE D'ÉGYPTE

OUVRAGE ORNÉ

DU PORTRAIT DE SON ALTESSE LE VICE-ROI D'ÉGYPTE

Gravé sur acier

Et de trois belles planches

TEMPLE — SELAMLIK — OKEL

PARIS

DENTU, LIBRAIRE-ÉDITEUR, PALAIS-ROYAL

GALERIE D'ORLÉANS

1867

INTRODUCTION

L'Égypte est représentée à l'Exposition universelle de 1867 non-seulement dans son présent, mais encore dans son passé. Il devait en être ainsi, puisqu'elle est le berceau du monde, ou que du moins elle en a été l'école en des temps antérieurs à notre antiquité classique : la civilisation moderne vient de Rome et de la Grèce; mais le germe des civilisations romaine et grecque venait du Nil.

Peut-être aussi valait-il la peine de conserver, autrement que par un ensemble de documents statistiques et par l'aride nomenclature d'un catalogue, le souvenir de la part faite à l'aïeule des nations dans notre concours international.

Or, de même que nous n'avions qu'un étroit espace pour résumer, au Champ-de-Mars, les six ou huit mille ans d'histoire avérée que l'Égypte possède, de même le temps a été strictement mesuré pour mûrir ce livre ; et encore, distrait, absorbé, dans le jour, par mille autres soins, n'ai-je pu y consacrer que mes veilles.

Du reste, mon ambition n'est que de ramener un peu plus près de l'intelligence du lecteur une contrée si lointaine, si peu connue, et je laisse à d'autres, plus savants et plus entreprenants, le souci d'épuiser cette inépuisable matière.

L'Égypte ancienne, l'Égypte en son moyen age et l'Égypte moderne, tel est le triple cadre de ce livre, et à chacune de ces trois époques sont ensuite consacrés une rapide esquisse historique, une description raisonnée des monuments qui la caractérisent, et enfin un compte rendu de son Exposition. Une Notice statistique et un Catalogue complètent le volume.

Le colonel Mircher a réuni les documents dont l'ensemble constitue la Notice statistique. C'est lui encore qui a veillé à la rédaction du Catalogue, fort habilement détaillée par M. Vidal.

La description que M. Mariette-Bey a donnée du Parc égyptien a été d'un grand secours pour toute la partie archéologique.

M. Figari-Bey et M. J. Claude, membre du Comité des monnaies, poids et mesures, ont apporté chacun leur contingent de faits qui se trouvent consignés dans la partie du volume traitant de l'Égypte moderne.

Il ne m'est pas permis de terminer ces quelques lignes d'introduction sans remercier tout particulièrement M. V. Ritzinger, dont les recherches et la précieuse coopération m'ont permis de mener, dans un délai de trois mois à peine, cet ouvrage à bonne fin.

Eu égard au temps très-court qui a pu y être consacré, l'impression offrait elle-même de grandes difficultés, que M. Gabriel Morris a surmontées toutes à force de zèle et d'activité.

Charles EDMOND.

ISMAEL-PACHA

VICE-ROI D'ÉGYPTE

Les peuples ont des mortes-saisons; ils ont leurs sommeils et leurs réveils, et, quand ils viennent à renaître, il y a toujours un grand rôle à prendre, un beau règne à vivre pour le prince qui sait s'en rendre digne. De nos jours, l'Égypte s'engage ainsi en plein printemps; après l'Égypte des Pharaons, après l'Égypte des khalifes, une Égypte nouvelle est en train de venir à bien. Encore quelques années, et la vallée du Nil, si resplendissante autrefois, brillera de nouveau sur la carte du monde. Énergie des hommes et force des choses, tout y contribue à l'envi; et, par-dessus tout, doué d'une vive intelligence, plein d'initiative, résolu et expérimenté, le souverain actuel du pays, Ismael-Pacha, en moins de quatre ans de règne, a déjà bien mérité de l'histoire.

Ismael-Pacha est fils d'Ibrahim-Pacha, le vainqueur de Koniah et de Nézib, et petit-fils de Méhémet-Aly, le fondateur de la dynastie. Il a passé les plus belles années de sa jeunesse en Europe. En 1844, il commençait à Vienne de brillantes études, qu'il vint terminer, en 1846, à l'école de la Mission égyptienne, à Paris. En 1850, il était de retour dans sa patrie. Précieuses années, bien faites pour préparer le prince à remplir la mission que la destinée lui tenait en réserve; et comme le Nil se charge au loin de principes fécondants pour les apporter et les déposer en terre d'Égypte, ainsi il revenait lui-même au milieu des siens.

Mais se créer par l'étude des civilisations étrangères une plus haute et plus juste idée de son métier de prince ne suffit pas à l'héritier d'un trône. Ismael-Pacha, une fois de retour, le comprit. Il lui restait à bien connaître le propre pays dont il sera un jour le maître. Il en étudie donc les ressources, se met en contact avec les populations, touche du doigt leurs besoins, médite les améliorations possibles, prend conscience de ce qu'il est urgent de faire, de ce qui peut être différé; se met en garde contre toute imitation servile, cet écueil des novateurs, et s'affermit enfin de plus en plus dans les desseins qui feront la gloire de sa vie. Du reste, en même temps que sa pensée travaille, il lui est déjà donné d'agir. Il possède de vastes domaines, qu'il administre lui-même, et qui lui servent à exercer ses facultés. Il y introduit des réformes et se crée ainsi peu à peu l'expérience si nécessaire à un réformateur. Un peu plus tard, Saïd-Pacha, son prédécesseur, pendant un de ses voyages, lui confia la première, sinon la plus haute fonction du souverain : le ministère de la justice; et, en 1862, lors d'un séjour de sept mois qu'il fit en Europe, il l'investit du pouvoir intérimaire et lui fournit ainsi l'occasion de montrer combien son esprit était mûr pour l'autorité suprême. Car, si peu de temps qu'un véritable pilote tienne le gouvernail, on s'en aperçoit vite, et bon nombre de pas que l'Égypte a accomplis dans la voie du progrès datent de cette époque.

Quand, en 1863, le 18 janvier, la mort de Saïd-Pacha l'appela enfin à la vice-royauté, Ismael-Pacha avait trente-quatre ans, le bel âge pour assumer un rôle comme le sien, qui exige à la fois l'audace du jeune homme et toute la sagesse de l'homme fait.

Le voici sur le trône. Son premier souci fut pour la colonie européenne, qui entre, on le sait, pour une bonne part, dans les forces vives de l'Égypte actuelle. Mieux que personne, le Vice-Roi sent combien les hôtes que notre civilisation lui envoie finiront par être utiles à la prospérité de ses peuples; mais, faute d'esprit de suite, par faiblesse, par imprévoyance, on avait laissé se glisser plus d'un abus dans l'hospitalité offerte : on avait même un peu cessé d'être le maître de la maison. Ismael-Pacha, à son avénement, réunit donc le corps consulaire et l'élite de la colonie étrangère, et, dans un discours à la fois ferme et conciliant, il annonça une série de réformes. Avec les consuls, il promit de créer des relations plus régulières, plus saines; au commerce et à l'industrie, il offrit comme par le passé toutes les facilités et de plus grandes encore, mais en réservant résolûment ses droits de souverain. Il faisait par là surtout allusion à certaines difficultés survenues entre son gouvernement et la Compagnie de l'isthme de Suez, comme on le verra plus loin tout au long.

Mais si l'Égypte tient à l'Occident par les intérêts de son avenir, elle tient aussi à l'Orient par les liens de tout son passé. Elle a le pied à la fois dans deux mondes; elle est le point où deux grands courants de l'humanité confluent. Rare privilége où il faut peut-être chercher le secret du singulier éclat qu'elle jette de temps en temps, et aussi voyons-nous, dès le début de son règne, le Vice-Roi sur le chemin de Constantinople, comme nous l'avons vu à Vienne et à Paris. N'est-ce pas une sorte d'investiture qu'il a conquise par son séjour au milieu de nos arts et de nos sciences? Il lui restait donc à se rendre au cœur de l'Orient et à y prendre l'investiture de sa race. Tel est le sens de l'hommage rendu encore de nos jours par tous les souverains de l'Égypte, peu après leur avénement, au sultan de Constantinople. Autrement il n'y faudrait plus voir qu'une formalité vaine.

Le percement de l'isthme de Suez, quelle grosse affaire pour l'Égypte! et on sent bien qu'Ismael-Pacha l'a prise à cœur. Il désire que l'œuvre du canal s'achève; il le désire ardemment, et il l'a prouvé dès l'abord en ne reculant pas devant des sacrifices qu'aucun de ses prédécesseurs n'eût consenti à faire.

Le défunt vice-roi, Saïd-Pacha, ayant été amené à prendre au compte de l'Égypte pour l'énorme somme de quatre-vingt-quatre millions d'actions, a permis à la Compagnie de commencer les travaux. Mais les quatre-vingt-quatre millions devaient être payés en huit annuités, et cela à partir de 1878. Une fois au pouvoir, Ismael-Pacha, que fait-il? Ce généreux contrat ne lui semble pas encore assez libéral. Il le déchire, il renonce aux délais qui y sont stipulés à son avantage, il se replace de son plein gré dans les conditions des autres actionnaires; il commence par verser d'un seul coup la somme entière et remplit ainsi les caisses de l'entreprise. En retour, que demande-t-il? Rien. Cette faveur fut accordée gratuitement, sans aucune réciprocité, uniquement pour donner une preuve des sentiments qui animaient le Vice-Roi à l'égard de la Compagnie et de son œuvre.

Mais ce n'est pas tout. La Compagnie, afin de pouvoir accomplir ses travaux dans le désert, avait besoin d'eau potable pour les nombreuses phalanges de ses ouvriers; elle avait, en outre, besoin d'établir avec les centres de ses opérations, avec ses chantiers, des communications faciles. Elle hésitait à engloutir dans ces travaux préliminaires, et pourtant indispensables, une part très-claire de son capital. Ismael-Pacha vint encore une fois à son aide. Il prit à sa charge le creusement du canal d'eau douce, à partir du Caire jusqu'au Ouady, sur un espace de quatre-vingt-dix kilomètres, et il en coûta à son trésor vingt millions de francs.

Le Vice-Roi, on ne saurait en douter, voit clairement ce que son pays gagnerait, une fois le canal achevé, à servir de transit au commerce du monde, et il a su royalement encourager l'entreprise. Si, malgré son bon vouloir, de légers nuages se sont élevés entre lui et la Compagnie, c'est qu'il héritait d'une situation toute faite, et que le germe d'un double litige lui avait été légué par son prédécesseur : la question des terres et celle des corvées.

Saïd-Pacha, comme on sait, avait fait à la Compagnie des concessions très-importantes en terrains, sans prévoir les conséquences de cet acte. Il oubliait, en effet, que, grâce au régime des capitulations, tout Européen propriétaire de terres en Égypte échappe à la juridiction et à l'autorité du pays, lui et le morceau du sol égyptien qu'il détient. On voit de suite l'inconvénient singulier qui en résulte. Par cela seul qu'il vient à posséder en Égypte, l'étranger soustrait ce qu'il possède au domaine national, et, pour couvrir sa propriété, il ne reconnaît plus d'autre pavillon que le sien propre. Une grande compagnie s'installant, sur la foi de pareilles immunités, comme propriétaire au milieu de l'Égypte, en faisait, pour ainsi dire, la conquête d'une manière détournée. Elle y apportait ses lois, ses priviléges; elle dépendait, non plus de l'autorité indigène, mais de celle de son consul; elle formait, en un mot, un État dans l'État. Il eût été imprudent de la part d'un souverain de laisser se développer le danger. Quel perpétuel sujet de conflits! que d'embarras, quel affaiblissement pour l'autorité locale! Quel péril pour le respect que tout gouvernement est en droit d'inspirer à ses sujets! Il fallait en finir promptement pour ne pas laisser le mal empirer. Ismael-Pacha, en conséquence, fit des propositions à la Compagnie. Il était résolu de subir plutôt tous les sacrifices pécuniaires, que de laisser cet état de choses prendre pied dans son pays aussi longtemps que dureraient les capitulations, aussi longtemps qu'une loi commune ne serait pas valable pour tous les habitants du pays, sans distinction.

L'autre difficulté avait pour objet les corvées et remontait aussi au règne de Saïd-Pacha. Ce prince s'était engagé à faire coopérer au creusement du canal la population de l'Égypte. Tous les mois, convoqués par les soins des autorités locales, de douze à vingt mille hommes se relayaient aux chantiers de la Compagnie. Il en venait, en longues caravanes, de la haute et de la basse Égypte, de partout; et après un travail forcé d'un mois, le tour était à d'autres. Pauvres fellahs, arrachés à leurs familles, à leurs modestes intérêts et contraints de faire une tranchée à travers le désert, à peu près comme autrefois on a poussé, sur le même sol, d'autres misérables à la construction des pyramides. Mais non, le canal, œuvre de la civilisation, ne pouvait être créé par des moyens renouvelés de ces temps barbares.

Ismael-Pacha réclama énergiquement contre une pratique qui pesait, outre l'immoralité du principe, d'un poids extrêmement lourd sur son peuple. L'Égypte est un pays essentiellement agricole, où la culture et l'entretien des digues absorbent beaucoup de bras. Pendant que le fellah, loin de chez lui, maniait dans le désert la brouette à charrier le sable, son champ restait en friche. En attendant les splendeurs du canal, la misère était à plus d'une porte. Car il n'y a pas surabondance d'hommes en Égypte, et ce n'est pas ici la terre qui manque à l'ouvrier; au contraire, déjà en temps ordinaire l'ouvrier fait défaut à la terre. Porter remède au mal, n'importe à quel prix, telle fut donc la ferme volonté du Vice-Roi. Il ne voulait plus de corvées dans son État, et comme il avait déjà offert de racheter à prix d'argent les terrains si malheureusement aliénés par Saïd-Pacha, maintenant il proposa d'ouvrir largement sa bourse royale pour débarrasser son peuple du fléau des corvées. En cette occasion, c'est l'Égypte qui donna une leçon de civilisation et d'humanité à l'Europe.

Après de longues négociations, on s'en remit, de part et d'autre, au jugement de l'empereur Napoléon III; et c'est ainsi qu'à la suite d'une sentence arbitrale, l'Égypte paya à la Compagnie une indemnité de quatre-vingt-quatre millions de francs. La Compagnie, en retour, a dû renoncer aux terres concédées et au travail forcé des fellahs.

Les chiffres ont leur éloquence, et ces quatre-vingt-quatre millions portent le total des dépenses faites par l'Égypte pour la réussite du grand œuvre, puisque c'est ainsi qu'il est convenu de l'appeler, à la somme imposante de cent soixante-douze millions de francs. Voilà assurément une belle part d'intérêt qu'un pays, avec une population de cinq millions d'âmes, prend à cette entreprise internationale.

En même temps que le souci du canal, Ismael-Pacha a le souci du Nil. Tout est prodigieux dans le rôle que joue en Égypte l'élément de l'eau. Qu'on s'imagine un pays où il ne pleut presque jamais et où les inondations d'un fleuve font toute la fertilité. Encore faut-il l'incessante intervention de l'art, une surveillance minutieuse pour faire ainsi d'un fléau aveugle un bienfait de la nature. Tantôt le géant se traîne trop paresseusement hors de son berceau et quitte à peine son lit tout le long de la plaine, et, partout où il n'a pas mis son pied humide, la sécheresse interdit toute culture.

Tantôt il tombe du haut des montagnes avec une épouvantable violence et déborde outre mesure, et voilà un désastre! La question du Nil est donc pour l'Égypte, dans toute la force du terme, une question vitale. Aussi a-t-on fait au fleuve tout un système de digues, soit pour retenir l'eau, soit pour la faire écouler. Ces aménagements, sous le gouvernement précédent, laissaient beaucoup à désirer.

En 1863 s'était manifestée une crue extraordinaire, formidable. Écluses et jetées furent rompues et emportées en plusieurs endroits. Une inondation est là, je le répète, bien autrement grosse en conséquences malheureuses qu'en Europe. Le Vice-Roi se multiplia de sa personne. C'est lui qui commanda la bataille contre l'élément dévastateur. Il encouragea de son activité les hommes occupés à réparer les brèches; il distribua de larges secours aux nécessiteux, et, grâce à ses efforts enfin, le désastre a été, sinon conjuré, du moins sensiblement diminué. Puis, rentré dans son palais, une fois le fléau passé, il mit toute sa sollicitude à étudier les moyens d'en empêcher le retour. Un vaste système de mesures à prendre fut arrêté sur son initiative et sous son contrôle. Des ingénieurs parcoururent le pays, dressèrent leurs plans, envoyèrent leurs rapports. Partout on fut à l'œuvre. Des digues nouvelles, mieux entendues, plus solides, s'élevèrent à vue d'œil; les vieilles furent réparées, agrandies; et, en moins de deux ans, tout un beau réseau d'ouvrages reliés ensemble, s'appuyant les uns les autres ingénieusement, fut prêt à défier les caprices du fleuve redoutable. Le vieux Nil n'attendit pas longtemps pour mettre à l'épreuve l'obstacle qu'on lui opposait; en 1866, il s'enfla de deux coudées de plus qu'en 1863, comme s'il avait calculé son effort à la valeur de l'ennemi à vaincre. Mais cette fois il essaya en vain de devenir une calamité. Pas une seule digue ne bougea, et l'inondation, au lieu de se traduire en ravages, se traduisit en une fécondité exceptionnelle.

Tout au commencement du règne d'Ismael-Pacha, un autre fléau encore vint désoler l'Égypte. Les grandes eaux de 1863 s'étaient à peine retirées, qu'une épizootie terrible s'abattit sur le pays. La destinée semblait vouloir mettre à l'épreuve le souverain, et jeter un défi à son énergie. Mais il saura bien, à force de générosité et de prévoyance, avoir raison encore du nouveau malheur qui frappe son peuple, et s'en faire un nouveau titre à la confiance et à la reconnaissance publiques. La mort ravageait donc les troupeaux et les étables. Bientôt la viande de boucherie vint à manquer. Ce n'était là qu'un mal aisément supporté par la population sobre des bords du Nil, sous une latitude où la nourriture végétale suffit à l'homme. Mais tout le bétail de labour menaçait de disparaître. On allait manquer, la saison prochaine, de cheptel pour cultiver les terres. Il en devait résulter la ruine de l'agriculture, dans une contrée qui ne vit que de ressources agricoles. Depuis la guerre d'Amérique, l'Égypte ravitaillait l'Europe de coton. Sans bêtes de somme et de labour, comment faire? La campagne en friche, les récoltes se desséchant sur pied, tout travail arrêté, et la disette pour longtemps, et la famine! A la première nouvelle du fléau, Ismael-Pacha intervint avec l'efficacité de la Providence. Son peuple était encore accablé par les pertes subies et les craintes du sombre avenir, que déjà il avait paré à tout. Il avait envoyé en Asie-Mineure et en Europe acheter à ses frais et aux frais de l'État des troupeaux, des provisions de toute sorte, et cela dans une si large mesure, grâce aux immenses ressources dont il dispose, que les terres furent cultivées comme d'habitude. Il est peu de gouvernements capables de sauver ainsi, par une généreuse initiative, tout un pays de la ruine.

Mais, s'il est glorieux pour un prince de mener d'une main secourable et sûre son peuple à travers les accidents de la vie humaine, il se ménage une gloire plus grande et plus durable encore en travaillant à élever son niveau intellectuel et moral. On rencontre aisément dans l'histoire des souverains prêts à faire, au lendemain d'une catastrophe publique, bon usage de leur puissance. Ce qui est plus rare sur le trône, c'est une main libéralement ouverte aux besoins publics de chaque jour, pour ainsi dire, et une sollicitude constante, non-seulement pour les intérêts matériels, mais encore pour ces intérêts plus délicats que le despotisme volontiers néglige et étouffe, en un mot, pour l'instruction populaire.

Avant le règne d'Ismael-Pacha, il n'y avait pas d'écoles en Égypte; il ne se faisait rien pour l'éducation du peuple ou si peu que rien. Tout était à créer. Un système complet d'instruction publique, grâce à lui, fonctionne maintenant et fait merveille. Il distribue d'abord, dans des cours primaires, les éléments des connaissances humaines, et ensuite, dans des cours secondaires, il prépare l'élite de la jeunesse à des études plus hautes. Dans la seule ville du Caire, trois mille cinq cents élèves participent annuellement au bienfait de cette heureuse innovation. A la fin de chaque année scolaire, un choix est fait dans toutes les écoles du pays, et les jeunes gens les plus méritants, jugés aptes à obtenir une éducation complète, sont envoyés en France aux frais du Vice-Roi. Il y a un détail d'organisation très-curieux à noter : non-seulement l'État fournit le matériel, entretient les maîtres et donne ainsi l'instruction gratuite en Égypte; mais les élèves reçoivent, tous et sans exception, une petite rétribution chacun. Le budget s'en ressent considérablement; mais le pays un jour récoltera un abondant fruit de cette semence. Il reste encore à faire mention des écoles militaires, dirigées par une mission française, sous les ordres de M. Mircher, colonel d'état-major, et notre revue sera terminée. A qui sait voir de loin, l'ensemble de toutes ces institutions naissantes apparaît comme un crépuscule plein de promesses après la nuit.

Une fois ses écoles fondées, Ismael-Pacha n'hésita pas tout le premier à y envoyer ses fils. Il honorait une œuvre qui lui fait tant d'honneur, et il donnait ainsi un exemple salutaire, qui décida sans doute plus d'un chef de famille, malgré de vieilles répugnances, à suivre son exemple. En même temps, il assurait aux princes de son sang tous les avantages d'une éducation reçue en commun avec les enfants du pays. Il reste toujours quelque chose des souvenirs qu'on emporte des bancs de l'école, et il est surtout bon que l'homme placé sur les marches d'un trône conserve de ces souvenirs-là.

C'est ici le moment de rendre à Ismael-Pacha l'hommage qu'il mérite pour sa tolérance religieuse. Elle est en Turquie, et surtout en Égypte, de tradition plus qu'on ne croit peut-être; mais, depuis l'avénement du Vice-Roi au trône, elle se pratique dans ses États plus entièrement que jamais. Il y a là de quoi faire honte, non-seulement à quelques nations européennes restées plongées dans le fanatisme, mais aux plus éclairées de notre Occident. Nulle part on n'accepte aussi franchement la pleine égalité des cultes. Partout où il s'est fondé, sous les auspices du prince, dans les villages à population mixte, une école-mosquée pour les musulmans, il a été établi en même temps, sur le même pied, à côté, une école-église pour les Coptes catholiques. Veut-on un autre fait où éclate ce respect des consciences? Jusque dans l'armée on le rencontre. Oui, sous ce drapeau musulman d'Égypte, malgré tous les souvenirs d'autrefois, maintenant servent des hommes de tous les cultes. Ismael-Pacha a même voulu que les Coptes fussent admis aux grades. Des officiers catholiques sont admis à mener au combat le croissant turc. Il y a mieux encore : le jour des offices musulmans est le vendredi, et les soldats de la religion du Prophète, ce jour-là, sont affranchis de tout service. Eh bien! tous les dimanches, la règle accorde aux Coptes leur journée franche et leur permet de suivre les cérémonies de leur Église. Est-il possible de pratiquer avec plus de délicate sincérité un des sentiments qui font à juste titre l'orgueil du monde moderne?

Un mot seulement, et en passant, sur les travaux publics. On devine bien, par tout ce qui précède, combien doit être énergique l'impulsion que le Vice-Roi leur imprime. Son activité dévorante suscite partout de l'activité ou encourage ceux qui sont à l'œuvre. Déjà avant lui le pays se sillonnait à vue d'œil de chemins de fer, et sa forte volonté en a hâté encore le développement. On trouvera dans la *Notice statistique sur l'Égypte*, à la fin de ce livre, de plus longs détails sur ce souci capital de son administration. Qu'il nous suffise de dire maintenant que, grâce à lui, le pays qu'il gouverne rivalisera bientôt, par le grand nombre de ses voies ferrées, avec la Belgique même, et on sait que la Belgique est, avec l'Angleterre, à cet égard, la nation la mieux partagée de toute l'Europe.

Voici maintenant une réforme capitale et singulièrement délicate. Elle touche à un bien antique usage, à une loi consacrée par les siècles dans tout l'Orient, à une tradition théocratique profondément enracinée, tenant à des convictions religieuses : Ismael-Pacha a résolu de modifier l'ordre de succession au trône de la Vice-Royauté. Le dessein est hardi. Il faudra bien de l'habileté pour le mener à bonne fin. De quel œil le gouvernement de Constantinople envisagera-t-il ce profond changement? Sans son autorisation il serait dangereux de rien entreprendre, et il n'est que trop certain qu'il saura résister de son mieux et opposer une fin de non-recevoir. En Égypte même, de vieux préjugés étaient à craindre. Ismael-Pacha pourtant ne balança point, et, après de mûres réflexions, entama l'affaire.

On sait de quoi il s'agit au fond. Selon la loi musulmane, ce n'est pas le fils qui succède au père : c'est tour à tour l'aîné de la famille qui se trouve revêtu du pouvoir suprême. Il est inutile d'insister sur les inconvénients d'un pareil système ; il entraîne fatalement après lui contradiction entre l'intérêt général du pays et l'intérêt particulier du souverain. L'Orient en a ressenti les désastreuses conséquences, et il pèse encore douloureusement sur lui de tout son poids. Il est la cause de beaucoup de ces maux chroniques dont la Turquie souffre. Quiconque y porte la main pour le réformer, travaille au profit de la justice, des idées de famille bien entendues, de la prospérité des populations.

Ismael-Pacha, après deux années de négociations habiles et prudentes, finit par l'emporter sur une sorte de *non possumus* que la Sublime-Porte ne cessait de lui opposer, et, à son dernier voyage à Constantinople, par une suprême tentative, il enleva l'affaire. Sitôt de retour en Égypte, le firman impérial qu'il rapportait avec lui fut publiquement lu au Caire, et ainsi se trouva introduite en Orient l'hérédité directe de père en fils. Puisse le nouveau mode de succession, pour la plus grande gloire du premier mahométan qui en ait reconnu les avantages, se propager bientôt par toute la race musulmane ! Au reste, la transformation, une des plus profondes qui se soient encore opérées en Orient, s'accomplit sans la moindre secousse, dans un calme parfait. Le pays, soit qu'il comprît ce qu'il y gagnait, soit par confiance aveugle en son prince, accueillit aux applaudissements unanimes la conquête d'Ismael.

Abordons enfin la page la plus belle et la plus féconde peut-être de ce règne à peine commencé et déjà si rempli. Ici le réformateur taille en plein drap dans la vie politique de son peuple. Le Vice-Roi a dû plus d'une fois, pendant son séjour en Europe, lui, l'héritier présomptif d'un trône, envier aux souverains de l'Occident le solide appui et le conseil éclairé qu'ils rencontrent dans les classes moyennes. De grands desseins mûrissent dans sa tête; mais de quelles mains se servir pour les mettre en œuvre? Où prendre les hommes capables d'être les instruments de sa pensée? Il ne savait que trop combien peu la population égyptienne lui offrait de ressources; combien il aurait de peine à faire accepter, à faire comprendre sa volonté aux meilleurs parmi ceux que la fortune ou la naissance prédestinait à collaborer à son œuvre; combien enfin la masse de son peuple, tenue systématiquement en dehors des affaires publiques depuis longtemps, était peu propre à le seconder. Il se promettait d'ailleurs d'ouvrir une ère nouvelle dont son pays n'avait même pas le pressentiment. Seul contre tous, pour ainsi dire, sur qui pouvait-il compter? Ne pensait-il pas à faire de l'Égypte, pays musulman, un pays cosmopolite, un territoire neutre ouvert franchement à toutes les nations, un champ d'industrie et de commerce où le monde entier trouverait à glaner? Que de méfiances il avait à redouter! que de préjugés à redresser! L'opinion publique tout entière à refaire! Il est vrai que les mots de progrès, de justice, de civilisation trouvent aussi leur écho en Égypte; mais il y a loin d'un désir vague à la pratique des faits. Il fallait, en un mot, à Ismael-Pacha une pépinière d'hommes; plus éclairé que la population qu'il était appelé à gouverner, il lui fallait une école où il pût former une élite de serviteurs; il lui fallait un foyer travaillant à dissiper les ténèbres et à répandre les lumières.

Problème complexe! Mais maintenant qu'il est résolu, il entraîne aussi plus d'un avantage. Déjà, en 1862, le Vice-Roi, par une première mesure, préparait les voies. Il institua hardiment des assemblées provinciales. Tout en gardant intacte son autorité souveraine, il intéressa les provinces à leurs affaires, les appela à en connaître, à les discuter. Il est plus sûr ainsi que les besoins et les plaintes viendront à ses oreilles, que l'arbitraire local sera démasqué, la corruption dévoilée, que les travaux publics s'opéreront avec l'ordre nécessaire et sous le contrôle même des intéressés, que les réquisitions et les impôts trouveront leur assiette. Du même coup aussi, il créait une classe éclairée, rompue aux habitudes de la vie publique, intermédiaire précieux entre le gouvernement et la masse des gouvernés, qu'il pénétrera peu à peu de son esprit, et qui l'aidera ensuite à convertir son peuple, sans choc et sans heurt, à ses idées régénératrices.

Entrons dans le détail de l'institution. Elle repose sur le suffrage universel, qui, du reste, n'est pas chose nouvelle en Égypte. Depuis un temps immémorial, les communes, en Égypte, choisissent leurs cheikhs au suffrage universel. Ces cheikhs ou maires, ainsi élus, se réunissent par provinces à certaines époques de l'année, et voilà les assemblées provinciales.

Le dessein secret d'Ismael-Pacha, après avoir restauré ce rouage politique, était de lui en adjoindre un autre qui complétât le mécanisme de la vie publique en Égypte. Il laissa pendant deux ans le pays se familiariser avec les parlements locaux, et, en 1866, il convoqua une sorte de parlement général, sous le nom d'Assemblée des notables. Le choix des notables est laissé, par voie de suffrage, à tous les cheikhs de l'Empire, et leur assemblée est ainsi le produit d'un vote à deux degrés. Chaque commune nomme son cheikh; les cheikhs d'une province aident à administrer cette province, et enfin tous les cheikhs réunis choisissent parmi eux les mandataires chargés de représenter la nation au Caire. Tel est, en deux mots, ce régime. Comme il diffère de celui qu'il remplace! Au lieu de la mort, que de vie va régner par tout le pays! Quel réveil des forces publiques engourdies! Que de promesses pour un avenir prochain!

Ici encore, il y a plaisir à le dire, l'admirable tolérance religieuse du Vice-Roi éclate au grand jour. Le parlement égyptien est accessible à tous, sans aucune distinction de culte, sans aucun privilége en faveur du mahométisme. Les cheikhs sont libres d'élire qui bon leur semble, et, à la dernière session, on a vu siéger au Caire, sur soixante-huit musulmans, sept Coptes catholiques.

Enfin, et pour en venir au but même de ce livre, une dernière œuvre du Vice-Roi est sous les yeux de tout le monde : la belle exposition d'Égypte, au palais du Champ-de-Mars. La plus grande part lui revient, en effet, dans l'organisation de cet immense succès. Il en a conçu le magnifique plan d'ensemble. Il a tout dirigé, pris l'initiative de la partie artistique aussi bien qu'industrielle, veillé aux moindres détails. Il a pris autrefois la peine de venir en Europe pour étudier, pour admirer la civilisation occidentale, et tout naturellement il a saisi avec joie l'occasion de faire admirer à l'Europe son Égypte bien-aimée. Il a été l'hôte de la France; à son tour, il lui offre l'hospitalité, et on sent bien, à voir la splendide ordonnance de la fête, que le maître de la maison lui-même a pris à cœur d'y mettre de son âme.

Pour l'aider dans l'œuvre de son Exposition, le Vice-Roi nomma une Commission dont il confia la présidence à S. Ex. Nubar-Pacha, qui fut ainsi son bras droit sur les lieux, en Égypte. Comme commissaire général et pour veiller à Paris à la bonne exécution de ses ordres, il choisit M. Charles Edmond.

Parmi les membres de la Commission, nous avons à signaler M. Mariette-Bey, le savant égyptologue, grâce aux soins duquel s'éleva le temple de la déesse Hathor, le plus complet et le plus magnifique spécimen de l'art antique égyptien ; M. le colonel Mircher, qui fit exécuter, sous sa direction, le plan en relief de l'Égypte, et présida à toutes les opérations de la Commission égyptienne au Caire ; M. Figari-Bey, à qui l'Égypte doit son exposition soudanienne, sa carte géologique, fruit de vingt-cinq ans de travail, et ses collections minéralogiques ; M. J. Claude, membre du Comité international des monnaies, poids et mesures. M. Vidal fut chargé du catalogue. Les travaux d'architecture furent confiés à M. Drevet, et le public n'a aujourd'hui qu'une seule voix pour applaudir la manière dont ils ont été accomplis. Les peintures furent exécutées par M. Bin, peintre d'histoire; les sculptures par MM. Mallet et Godin, sculpteurs.

Le terrain du Champ-de-Mars fut livré à la Commission le 1er août. Les ouvriers aussitôt y furent installés, et tout le monde rivalisa de zèle et d'activité. L'impulsion du Vice-Roi se faisait sentir de loin, et on travaillait à Paris avec la même énergie avec laquelle on travaille en Égypte lorsqu'il s'agit d'aménager les digues. Peu à peu les constructions sortirent de terre et s'élevèrent, non sans contretemps. De grosses pluies chassaient à tous moments les travailleurs du fond des fouilles et du haut des échafaudages, ces mêmes pluies qui ont produit la dernière inondation de France. En trois mois, sur quatre-vingt-dix jours, soixante-huit jours de pluie! Ensuite vint l'hiver avec ses intempéries, ses froids fatals à l'œuvre du maçon, du peintre et du sculpteur, et ses dégels boueux. Malgré tout, la besogne avançait et finit par s'achever une des premières au Champ-de-Mars.

L'Exposition égyptienne est installée sur six mille mètres carrés qui lui ont été dévolus. Elle offre aujourd'hui aux yeux éblouis du monde entier, en miniature et comme condensée en un si petit espace, toute l'Égypte, brillante, splendide, révélant les grandeurs de son passé, les riches promesses de son présent, et laissant à l'opinion publique elle-même le soin d'en tirer des conclusions pour l'avenir.

COUP D'ŒIL GÉNÉRAL

SUR

L'EXPOSITION ÉGYPTIENNE

Grâce à la haute culture propre à notre siècle, les peuples aujourd'hui s'intéressent les uns aux autres et aiment à se connaître, par calcul autant que par besoin de se rendre justice. Jamais l'homme n'a si bien éprouvé l'irrésistible curiosité de savoir comment son semblable s'arrange de sa destinée, sous l'influence de tous les climats et des conditions d'existence les plus diverses. L'humanité!... Ce mot commence à être compris dans un sens de large investigation; et cette fois-ci, à l'honneur du public, c'est un sentiment de bienveillance de l'homme pour l'homme qui fait le succès de l'Exposition universelle, plus encore que la froide étude, la comparaison aride, sinon stérile, de l'industrie et du commerce à travers le monde. Il faut en savoir gré aux organisateurs de notre grande fête internationale : ils n'ont pas voulu faire rien qu'un étalage mercantile, dûment ordonnancé, classé, sèchement étiqueté; il semble encore qu'ils aient pensé à nous donner une idée vivante de chaque nation elle-même, et à nous faire, en même temps que le fruit, connaître et apprécier l'arbre. Si pour tous les pays on avait pris à cœur ce beau programme, nous verrions maintenant condensée

2

au Champ-de-Mars, du commencement à la fin, l'activité entière que l'humanité a dépensée sur le globe. En quelques promenades, il serait possible de faire un voyage autour du monde, à travers tous les âges, à travers tout l'espace rempli par l'homme et vécu par lui. Quel rêve!

Un seul souverain a essayé de réaliser ce rêve en ce qui le concerne; mais la contrée qu'il gouverne prêtait peut-être, toute seule plus que le reste de la terre, à une magnifique mise en scène. Il s'agit d'Ismaël-Pacha et de l'Égypte. Qui ne l'a deviné d'avance, et, dans l'immense ensemble de l'Exposition, le coin égyptien n'est-il pas proclamé tout d'une voix une des plus intéressantes merveilles parmi tant de merveilles?

Nous y voici, en plein Orient, par un miracle, sur les bords du Nil, au milieu des palmiers et des plantes grasses, au temps des Pharaons. Qui donc, si ce n'est un Pharaon, a consacré ce Temple? Engageons-nous dans l'avenue de sphinx qui conduit au monument. On adore là-dedans des dieux plus vieux de sept mille ans que tous les autres. Entrons. C'est un musée. On nous y met toute l'Égypte antique sous les yeux, sous la main, en un résumé magnifique, digne d'elle. Des bas-reliefs estampés, des peintures calquées sur les originaux les plus précieux, des stèles chargées d'inscriptions antérieures de beaucoup à la Bible elle-même, et que la science sait lire; des bijoux fouillés dans l'or massif, alors que se construisaient les pyramides; des statues incomparablement parfaites et vivantes, qui ont dormi, pendant trente, quarante et cinquante siècles, dans des tombeaux; des momies dans leurs cercueils, où elles reposent, on serait presque tenté de le dire, de toute éternité. Même pour le profane, l'impression est solennelle. Tout est choisi et rangé en une savante ordonnance et suffit, comme on en verra la preuve dans le courant de ce livre, à reconstituer par la pensée la plus vieille des civilisations humaines, avec sa religion, sa politique, ses arts, son industrie, ses coutumes, ses mœurs et les grands noms et les grands faits de son histoire.

Au sortir du Temple, d'une seule enjambée, mettant derrière soi de longs siècles, on est devant un petit palais ciselé comme un bijou, non plus imposant par les belles proportions de sa masse, mais élégant, plein de caprice, léger, tout resplendissant d'arabesques qui semblent vouloir l'emporter à leur suite dans les airs. On est au temps des croisades, au temps de Saladin et de saint Louis. Les Pharaons sont morts, vivent les khalifes! Le tour d'orner la vallée du Nil est maintenant aux khalifes et à leurs lieutenants, et on a sous les yeux un pur échantillon de leur architecture. Entrons là, comme dans le Temple. Nous nous y retrouvons en face de l'Égypte du moyen âge, de l'Égypte arabe.

Un troisième édifice, enfin, s'élève un peu plus loin. C'est une grande cour, sur laquelle s'ouvrent des boutiques, où des ouvriers travaillent à divers métiers et en vendent les produits. Nous assistons ici à une scène prise dans la vie industrielle et commerciale de l'Égypte contemporaine. Nous sommes dans un marché, dans un caravansérail moderne.

En résumé, dans le TEMPLE, qui est une restauration scrupuleuse de celui de Philé, l'Égypte antique a ramené devant notre esprit les plus lointains souvenirs du monde. Dans le palais ensuite, qui est lui-même un type de ce qu'on appelle dans le pays un SELAMLIK, nous avons fait, d'un coup d'œil, connaissance avec la civilisation arabe de l'Égypte. Enfin la cour, avec ses établis d'ouvriers-marchands, construite, du reste, elle-même sur un modèle en usage, sur le modèle d'un OKEL, et que nous désignerons désormais sous ce nom, nous a montré l'Égypte engagée dans la voie nouvelle où l'Europe moderne l'a précédée et où Méhémet-Aly, le premier, l'a jetée d'une impulsion énergique et féconde.

Le Temple est pour le passé reculé de Memphis, de Thèbes, d'Alexandrie; le Selamlik pour les splendeurs intermédiaires de la domination arabe; l'Okel est pour le présent et pour les magnifiques espérances de l'avenir, sans compter, dans les galeries circulaires du Palais même, une belle collection de produits agricoles et industriels.

Telle est, dans son ensemble, l'Exposition égyptienne.

ÉGYPTE ANCIENNE.

TEMPLE

[illegible]

ici produire une [illegible]
des temps géologiques [illegible]
terre végétale en Égypte [illegible]
fond, une roche [illegible]
[illegible]

L'ÉGYPTE ANCIENNE

I

L'Égypte est bien une vallée, sans doute; mais c'est presque un abus de mot que de l'appeler ainsi, tant elle ressemble peu à toutes les autres vallées du monde. On dirait que la nature a fait ce petit coin de l'Afrique en un jour de caprice et de fantaisie, et que, fatiguée d'être toujours et partout fidèle à elle-même, elle a voulu ici produire une œuvre rare, unique. Autrefois, à certain moment des temps géologiques, il n'y avait que si peu qu'un atome de terre végétale en Égypte : rien que le désert, des sables; et, pour fond, une roche immense, fendue sur une longueur de plusieurs centaines de lieues, un ravin. L'horrible crevasse, j'imagine, finit par contrarier à la longue la nature, et elle fit signe au Nil d'y charrier de l'humus et de la transformer en jardin, à peu près comme on fait venir les belles fleurs dans un pot de granit ou de grès, préalablement rempli de terreau et régulièrement arrosé. Mieux encore : après le désert aride, elle ordonna au fleuve, son serviteur, de s'en prendre à la mer, et de la faire reculer, de la combler.

Ainsi, dans le Delta, au lieu du va-et-vient inutile des flots de la Méditerranée, se balancent au vent les immenses moissons dorées, le blé, le coton, le riz, le maïs, et s'étendent à perte de vue les champs de fèves fleuries, les plaines verdoyantes de *bersîm*. D'autres fleuves encore, il est vrai, ont leur delta; mais évidemment ce ne sont là que des contrefaçons chétives. La nature n'a pris à cœur que le delta du Nil.

II

Le Nil, sous le nom de Nil Blanc, a sa source dans les glaciers énormes qui font une ceinture au plateau central de l'Afrique. On conjecture qu'il sort des entrailles du Kilimanjâro et du Kenia, ou plutôt des hauts lacs que les neiges éternelles de ces deux montagnes alimentent presque sous l'équateur même. Il commence par tomber, de terrasses en terrasses, au pied des hauteurs, et ensuite, plus lentement, traverse une contrée marécageuse couverte de bois de tamaris et de sycomores, de fourrés de bambous, de joncs et de lianes, peuplée d'éléphants, de rhinocéros, d'hippopotames et de crocodiles, de zèbres et d'hyènes, d'antilopes et de serpents. De là, les eaux du fleuve s'en vont à travers de vastes savanes, vivifiant çà et là des forêts tropicales. Puis il rencontre un pays montueux, où son frère, le Nil Bleu, son petit frère, venu des prairies alpestres de la haute Abyssinie, se joint à lui, et tous deux, ne faisant plus qu'un, s'engagent dans un aride plateau de roche et de sable, hérissé d'accidents volcaniques. Ici, les extrêmes contreforts du soulèvement central se mettent obliquement les uns après les autres au travers de sa course. Il lui faut se frayer un chemin d'obstacle en obstacle, enfonçant, écartant devant lui par une tranchée les hauteurs qui lui barrent le passage, emportant le sable, usant la pierre, se refoulant, se relevant, franchissant les écueils restés debout en d'innombrables cataractes, et ainsi il arrive à Syène, entre les deux culées d'une montagne transversale, que ses eaux ont coupée presque à pic, et qui lui fait comme une porte triomphale par laquelle il entre en Égypte, d'une dernière chute rapide et bruyante.

A sa droite il a désormais les escarpements des monts de l'Arabie, et, à sa gauche, les pentes plus douces des monts libyques. Il coule d'abord encaissé dans un étroit chenal, large à peine d'une lieue à une lieue et demie, sur un sol à fond granitique et avec des berges profondes. Puis les hauteurs médiocrement élevées, incultes, absolument nues, s'écartent, et la vallée prend une largeur de cinq à six lieues, presque tout entière aux dépens de la chaîne libyque. Le terrain devient calcaire, ou encore de grès tertiaire, et peu à peu enfin le lit du fleuve se relève dans ses rives. Après quoi, des deux côtés, les montagnes s'en vont se perdre, à l'orient, par une coupure escarpée; à l'occident, par un talus peu rapide. Il se bifurque au Caire : une de ses branches se jette dans la mer à Damiette, l'autre à Rosette. Le Caire, Damiette et Rosette sont les trois sommets de ce triangle qui a nom Delta. Et c'est là l'Égypte, la haute et basse Égypte.

Avant d'arriver à Syène, le Nil parcourt environ six cents lieues. Il y en a cent cinquante de Syène au Caire. Les deux embouchures sont distantes de soixante lieues. Tout le territoire équivaut au sixième de la France. A ce compte, l'Égypte ne devrait contenir que cinq ou six millions d'habitants ; mais il ne faut pas oublier qu'elle est faite du terrain le plus fertile du monde, et on sait qu'elle en a nourri bien davantage. Encore au temps de l'invasion mahométane, elle comptait une population de quinze millions d'âmes et environ dix mille cités grandes et petites.

III

Quand les neiges viennent à fondre sur les glaciers d'où jaillissent les deux bras du Nil, au temps des grandes pluies du tropique, le magnifique fleuve enfle peu à peu; ses eaux, jusque-là claires et limpides, prennent une couleur glauque et enfin débordent, lentement, sans les fureurs de nos inondations. C'est que la vallée du Nil est légèrement convexe au lieu d'être concave, et le fleuve coule dans une échancrure au plus haut du sol ainsi exhaussé. Vient-il à sortir de ses berges, il s'épanche doucement en une double nappe sur les pentes.

Le phénomène est d'autant plus admirable, il donne à qui le voit se produire une impression d'autant plus étrange qu'il est plus régulier, et que pourtant rien ne l'annonce. Chaque année, à la même époque, vers le solstice d'été, par un ciel toujours serein, sans cause apparente, invariablement, le fleuve se trouble et commence à grossir; et, invariablement, vers l'équinoxe d'automne, il couvre toute la vallée. Puis, dans un intervalle aussi régulièrement fixe et déterminé, il décroît, se retire peu à peu et rentre dans son lit. On dirait qu'il obéit à un pouvoir surnaturel. L'oscillation, d'ailleurs, du niveau le plus bas au plus haut, est d'ordinaire de plus de trente pieds, et il y a, dans le fleuve, quand la crue tire à sa fin, environ vingt fois plus d'eau en volume qu'au commencement.

Le Nil ne s'est pas fait, comme nos rivières, son lit en creusant les terres sur son passage; tout au contraire, il a amené à la longue, de siècle en siècle, d'année en année, les terres où il coule. Il les a enlevées sournoisement par la violence tantôt et tantôt par des caresses, aux six cents lieues de pays qu'il parcourt avant Syène, et les a pétries de son onde, et en a fait le précieux limon que l'on sait et les distribue à l'Égypte, semblable à un bonhomme de père rentrant à la maison les mains pleines. Et tout le terrain cultivable d'un grand Empire, la haute vallée comme les plaines du Delta, sont un cadeau du Nil. Il y en a plusieurs mètres d'épaisseur, et, chaque année, une petite épaisseur s'ajoute aux autres.

Durant l'inondation, l'aspect de l'Égypte est fantastique : c'est comme une grande mer d'où s'élèvent des villes et des villages reliés entre eux par des chaussées. En même temps le sol altéré boit les eaux du fleuve nourricier et se féconde de son limon. L'air est rafraîchi malgré les ouragans de sable du Sahara contre lesquels les hauteurs libyques défendent mal la vallée, et malgré les ardeurs des plateaux déserts et des roches nues des monts arabiques. Inappréciable bienfait du ciel qui visite l'Égypte précisément pendant les mois les plus chauds de l'année, et lui vaut, par privilége, une température relativement douce sous un climat torride, même dans la saison la plus mauvaise.

IV

Il ne pleut jamais dans la haute Égypte et rarement dans le Delta. De même que le limon du Nil tient lieu d'engrais, tous les ans le débordement de ses eaux tient lieu de pluie, sans quoi, sur cette terre la plus fertile du monde, il pousserait à peine quelques mesures de blé. Albuquerque, le fameux ministre du Portugal, à l'époque où ses compatriotes venaient de découvrir la route de l'Inde par le cap de Bonne-Espérance, pensa un moment détourner le fleuve avant les cataractes de Syène, et le faire se jeter dans la mer Rouge. Son but était de faire de l'Égypte une contrée inhabitable, un désert, afin que le commerce de l'Inde devînt le monopole de son pays. L'odieuse manœuvre n'est pas au-dessus des forces humaines, et on tremble à l'idée qu'elle eût pu réusssir. L'Égypte maintenant ne serait plus qu'une annexe du Sahara.

Le Nil est un fleuve sans affluents, et, comme il se distribue à travers les terrains qu'il arrose en un système de dérivations naturelles et artificielles, donnant toujours, ne recevant jamais rien, il est beaucoup moins large en se jetant dans la mer que lorsqu'il tombe en Égypte. Il a douze cents mètres à Syène, et n'en a plus que six cents dans le Delta.

Il faut en amont, pour que les eaux franchissent ses hautes berges, qu'il s'élève au temps des crues de onze à douze mètres, et plus en aval il ne lui faut guère pour une bonne inondation que neuf ou huit mètres de crue. Ses rives dans le Delta n'ont même que deux mètres, ce qui rend ici l'arrosement plus facile encore, et nulle part les canaux n'ont été de tout temps plus nombreux. Autrefois, du reste, il descendait vers la mer par sept embouchures navigables, et non pas seulement par la bifurcation de Rosette et de Damiette; et, alors, à peu près sur l'emplacement où s'étale aujourd'hui le Caire, s'élevait Memphis.

V

La nature a donc été pour l'Égypte d'une bienveillance étonnante; mais non moins étonnante est la part qui revient au génie de l'homme dans le merveilleux arrangement de ce coin de terre. De bonne heure, et à mesure que la population augmentait, on a tenté, sur les bords du Nil, d'assainir les bas-fonds marécageux, en faisant s'écouler les eaux stagnantes, et de fertiliser les terrains inaccessibles à l'inondation, en y amenant le fleuve. L'expérience aussi fit bien vite voir qu'un champ portait une moisson d'autant plus belle qu'il était resté plus longtemps sous l'eau et qu'un plus fort dépôt de limon avait eu le loisir de s'accumuler; on fut ainsi amené à retenir par des digues le trop rapide écoulement du précieux élément.

Ensuite la nécessité de ces travaux amenant des conflits entre les diverses localités, et exigeant, en outre, la réunion d'un grand nombre de bras, des efforts d'ensemble, une direction suprême, il en est résulté qu'on a senti en Égypte plus tôt que partout ailleurs le besoin d'un pouvoir central. A mesure enfin que le pouvoir central vint à se fortifier, il imagina de plus grandes entreprises, réalisa, dans l'intérêt public, des améliorations plus colossales. Il en vint ainsi peu à peu, en mettant le Nil entre les mains de ses ingénieurs, à faire, à la lettre, la pluie et le beau temps dans l'Empire. « Le gouvernement de la France, a dit Napoléon à Sainte-Hélène, n'a aucune influence sur la pluie ou la neige qui tombe dans la Beauce ou dans la Brie; mais, en Égypte, le gouvernement a une influence immédiate sur l'inondation, qui en tient lieu. »

Dans la province de Fayoum subsistent encore les traces d'une œuvre prodigieuse, le triomphe de cette antique administration égyptienne, à laquelle il a été donné, plus qu'à toute autre, de travailler avec succès à la prospérité d'un peuple. Il s'agit, on l'a deviné, du lac Mœris.

VI

Un peu au delà de Memphis, la chaîne libyque s'incline brusquement, et, par cette échancrure, met la vallée du Nil en communication avec un vaste bassin enveloppé d'une ceinture de hauteurs; c'est le Fayoum. Nous sommes au temps de la douzième dynastie; Amenemha III règne à Memphis. Le puissant Pharaon rêve de régulariser les inondations du fleuve : pour que la récolte soit bonne, il faut qu'elles ne soient ni trop hautes ni trop basses. Il a en idée de construire un immense réservoir afin de les régulariser à jamais. L'eau viendra-t-elle désormais en excès, on l'emmagasinera pour les temps où elle sera insuffisante. Ingénieurs et ouvriers bientôt se mettent à l'œuvre. Le Fayoum offre son bassin. L'échancrure des monts libyques est le chemin que va prendre le canal pour y amener le Nil; elle est d'une profondeur convenable. Une armée innombrable de terrassiers creusent, nivellent la grande cuvette naturelle du Fayoum et entourent de fortes digues un énorme espace de plus de trente milles de tour. Ces digues ont cent cinquante pieds de large et trente pieds de haut. Voici les écluses posées. Le pays est à l'abri des prodigalités redoutables du fleuve et de ses accès de parcimonie : on a imposé, si j'ose ainsi parler, une tire-lire au monstre. Un seul et même canal, long de deux milles, large de trois cents pieds, porte les eaux au lac, et puis, en cas de besoin, dans une proportion calculée, les lui reprend.

L'œuvre maintenant est détruite. Il est probable que le limon des eaux, en se déposant, a commencé par enlever à la longue au réservoir beaucoup de sa capacité et de son utilité, et qu'on a fini par négliger l'entretien des digues. De sorte que, par une inondation extraordinairement grosse, il s'est fait, à une époque très-imparfaitement connue, une rupture vers l'ouest, du côté où le sol du Fayoum a son niveau le plus bas. C'est là l'origine du lac actuel de Birket-el-Keroun, dont les eaux suffisent encore de nos jours à faire de la province entière une des contrées les plus fertiles et les plus florissantes de l'Égypte.

VII

Tout près de ce monument dû à la puissance de la centralisation pharaonique, le même Amenemha fit aussi élever un édifice singulier, à la fois temple et palais, selon l'usage : le Labyrinthe. C'était une vaste enceinte, renfermant douze cours couvertes, une pour chaque partie de l'Empire, et symbolisant les douze États fondus ensemble en un tout. Il y avait six cours au nord, six cours au sud; elles étaient toutes bordées d'un inextricable réseau de couloirs et de chambres, au nombre de quinze cents. Il était assurément aussi difficile de s'y retrouver que, hier encore, dans la Confédération Germanique. Sans être conduit par quelque prêtre, fonctionnaire initié, on risquait fort de se perdre dans l'enchevêtrement des fausses entrées et des fausses sorties. La plus rigoureuse unité cependant régnait dans cette diversité, le plus grand ordre dans ce chaos. Amenemha a voulu évidemment glorifier par là le plein épanouissement de cette administration politique qui savait si bien concentrer de son temps les intérêts locaux les plus jaloux en gigantesques travaux d'intérêt général. Notons encore que, pour ne pas effaroucher les susceptibilités particularistes, le panthéon gouvernemental de l'Égypte était situé en dehors de la vallée du Nil, et, bien mieux encore, dans cette province du Fayoum même, au bord de ce lac Mœris, auprès de ces incontestables et glorieux bienfaits d'un pouvoir central : le temple du dieu tout à côté de ses plus beaux miracles.

VIII

L'Égypte est l'aïeule du monde, et elle était déjà vieille, quand tout encore autour d'elle naissait à peine à la vie. Il n'y avait encore ni Rome, ni Grèce, et déjà son passé l'écrasait. Au temps de Cambyse et de la Perse, elle avait déjà plus de cinq mille ans d'histoire. Remontons, par la pensée, dans cette épaisse masse de temps. Tout n'est plus que barbarie dans le monde en dehors de la vallée du Nil. En Asie, il n'est encore question ni de Babylone, ni de Ninive, ni de Tyr, ni de Sidon. A la place de tant de puissants Empires, il n'y a encore que d'immenses plaines presque désertes, où de rares familles d'hommes, à peine reliées entre elles en tribus, mènent péniblement une vie de sauvages.

Quant à notre Europe, les races qui l'habiteront un jour errent encore dans les steppes de la Tartarie, comme maintenant les Kirghiz, l'arc et la massue à la main, courant les aventures, chantant les Védas sur les bords du haut Indus, indomptables, passionnés, la conscience pleine déjà d'idéal et d'infini. Les hommes antéhistoriques, dont on a récemment découvert les vestiges dans les débris de leurs stations lacustres et dans les tourbières du Danemark, disputent là aux bêtes leur chétive existence. Les Phéniciens ne leur ont pas encore apporté le bronze; ils n'ont pas même le cuivre, sans doute. Peuplades amphibies, ils se font des cabanes sur pilotis, à fleur d'eau, pour se défendre et s'isoler. Ils ne se servent, dans leurs querelles les uns contre les autres et dans leurs chasses à l'hyène, à l'ours, au buffle, à l'éléphant peut-être et au rhinocéros, que de pierres taillées en forme de haches grossières; et, lentement, de siècle en siècle, ils préparent le sol à recevoir nos ancêtres.

Eh bien, synchroniquement à ces âges barbares, l'Égypte est, de son côté, florissante, riche, savamment organisée, policée, déjà pleine de sagesse, en possession de ses arts, de sa religion, de son écriture, de la science astronomique, de la science des nombres, de la géométrie, d'un système de poids et mesures. Il y a alors déjà environ vingt siècles que les pyramides sont debout et que Memphis existe; car Memphis est antérieure à Thèbes de toute la distance qui sépare Babylone de Paris. Amenemha III est en train de creuser le lac Mœris, le plus grand travail d'utilité publique qu'un chef d'Empire ait mené à bonne fin. Le Labyrinthe est l'ouvrage du même prince. Étrange spectacle que ce Louis XIV et les magnificences de son Empire perdus dans l'universelle barbarie!

IX

On est tenté de ne pas y croire; mais les monuments nous en restent, les monuments les plus authentiques du monde; non pas muets, indiscrets, au contraire, comme un acte notarié, pour qui sait lire. En faut-il un exemple? Entrons dans ces grottes tumulaires creusées dans les rochers, en face du Nil, près du village de Beni-Hassan. Les gens ensevelis là-dedans ont tous vécu de 2812 à 2599 avant Jésus-Christ. Une des sépultures est faite pour nous intéresser entre toutes, celle d'un préfet de ces temps reculés, un bon préfet, comme on va le voir. Son nom est Améni. Les parois de l'hypogée sont littéralement couvertes de bas-reliefs peints, d'inscriptions hiéroglyphiques. Ces scènes assurément sont tirées d'une civilisation avancée. Ici on engraisse des bestiaux, là on laboure la terre, ici on moissonne, là on dégorge des gerbes de blé en les faisant fouler aux pieds des animaux. Plus loin, on construit de grandes barques; on les charge; elles naviguent sur le Nil. Plus loin encore, avec des bois précieux, on façonne des meubles d'une forme exquise, et on apprête des étoffes. Le mort a voulu dormir sa vie éternelle, entouré de toutes les images qui l'avaient réjoui pendant sa vie passagère. En un endroit il prend la parole pour nous faire son autobiographie : il a fait, dit-il, une campagne dans le Soudan, comme général; il a été ensuite chef d'une caravane, escortée de quatre cents hommes armés, qui ramena à Geft (province de Géneh) l'or provenant des mines de Gebel-Atoky. Il vante ensuite, comme préfet, sa bonne administration. Mais il faut lui donner la satisfaction de citer textuellement : « Toutes les terres étaient labourées et ensemencées, du nord au sud. Rien ne fut volé dans mes ateliers. Jamais petit enfant ne fut affligé, jamais veuve ne fut maltraitée par moi. J'ai donné également à la veuve et à la femme mariée, et je n'ai pas préféré le grand au petit dans tous les jugements que j'ai rendus. » Il n'a pas préféré le grand au petit dans ses jugements! L'égalité devant la loi quatre mille ans avant 1789, voilà l'Égypte!

X

Mais ce n'est pas tout. Il faut reprendre notre course à travers les temps, vers les origines de ces éternels Pharaons. D'un coup de rame, mettons encore plusieurs siècles derrière nous. Au point où nous arrivons, ils sont, eux et leurs peuples, tout seuls sur la terre, et ils n'entendent plus autour d'eux le pas d'aucun homme. C'est comme une monarchie dans une autre planète, tant elle est isolée sur la nôtre. Les Égyptiens de ces premières époques de leur histoire sculptaient peu, écrivaient peu, mais ils le faisaient déjà en toute perfection. Ils viennent de faire de Memphis leur capitale; ils y construisent les trois grandes pyramides, sous les Pharaons Chéops, Chéfren et Menkhérès; et les Arabes ont vraiment raison de faire remonter avant Adam l'édification de ces monuments, les plus grands, les plus simples du monde. M. Mariette-Bey a récemment retrouvé la statue de Chéfren, faite de son vivant, la même que le public admire aujourd'hui à l'Exposition universelle : elle est un chef-d'œuvre. Par la noblesse, par la simplicité élégante des masses et des lignes, par le beau choix des matières et la construction savante et soignée de la maçonnerie et des appareillages, l'homme n'a jamais dépassé l'œuvre de ces générations, séparées de nous par un effroyable abîme.

Au fond de cet abîme nous pensions rencontrer les origines, l'enfance, le berceau d'un peuple; mais nous y trouvons les pyramides. Il est là déjà dans la pleine vigueur de sa maturité. Il semble même qu'il n'ait fait que dégénérer à travers des renaissances et des décadences tout le long de son immense histoire, de siècle en siècle, plus de huit mille ans durant. On ne connait pas de jeunesse à l'Égypte. Tout y est vieux de toute éternité, pour ainsi dire, et n'a jamais fait que vieillir.

XI

La science n'a pas osé tout de suite secouer le vertige que donne le spectacle d'une antiquité si inattendue. Malgré le témoignage des monuments, malgré celui de Manéthon, elle refusait d'en croire ses yeux, et tous ses efforts ne tendaient qu'à la réduire. Maintenant il est hors de doute que, vers l'an 5000 ou 6000 avant l'ère chrétienne, c'est-à-dire il y a plus de sept mille ans, un roi régnait sur l'Égypte, un roi bien historique, non pas légendaire comme Manou, Minos, Romulus, Numa, Thésée; il s'appelait Ménès. Encore n'est-il pas assurément le plus ancien souverain du pays, il n'est que le premier dont on ait retrouvé le nom sculpté sur la pierre. Avant lui, les annales égyptiennes comme les annales de tous les autres peuples, racontaient sans doute d'anciens sages, des héros primitifs, mythiques. Avant Ménès, il y a Osiris, Anubis, Typhon, les géants, en un mot la fable.

XII

Par un prodigieux privilége, la monarchie des Pharaons, durant des siècles et des siècles, ne connut pas le souci de l'étranger. Seule au monde, elle n'avait à garder ses frontières contre personne. Ses monuments n'accusent pas trace de vie militaire pendant onze longues dynasties royales. Ce n'est que vers l'an 2500 avant notre ère que les Éthiopiens commencèrent à lui inspirer des colères, au sud, vers le Soudan. *Éthiopiens* est une désignation grecque, *Kouschites* est leur vrai nom, et il ne faut pas les confondre avec les nègres. Les Égyptiens les appelaient avec dédain la *mauvaise race de Kousch*, et par eux pour la première fois, sans doute, ils se virent réduits à faire la guerre. La lutte fut longue, comme le prouve un grand vide monumental, et les travaux de la paix ne reprennent qu'avec les Amenemha et les Ousertésen, les Pharaons de la douxième dynastie, c'est-à-dire après l'incorporation de l'Éthiopie à l'Égypte.

Environ quatre cents ans après l'Afrique, l'Asie à son tour est en branle contre l'Égypte. Des hordes nomades débouchent par l'isthme de Suez, inondent les plaines du Delta, et, victorieuses, refoulent la civilisation de Memphis vers Thèbes. Qu'on se figure l'Empire romain au temps des barbares. Parmi tous ces peuples compris entre le Tigre et l'Euphrate d'un côté, l'Oxus et l'Indus de l'autre, un immense mouvement d'hommes se fait droit sur l'Égypte. C'est *la plaie de Schéto* comme les monuments l'appellent, ce sont les Scythes, Arabes, Phéniciens, Philistins, les Beni-Hassan, les Beni-Israël, etc., qui font leur entrée dans le monde historique. Les Égyptiens les détestaient tous sous le nom de *Hycsos*, qui se traduit par *captif*, et la Bible fait allusion à eux sous celui de *pasteurs*. Pendant plus de cinq siècles, l'invasion se continue irrésistiblement. La ville de San est fondée, prise pour capitale, et une longue dynastie de rois pasteurs y règne. Ce doit être sous l'un d'eux qu'Abraham descendit en Égypte.

On se souvient de l'épisode biblique de Jacob et de Joseph; il faut évidemment le placer sous la domination des Hycsos, et le Pharaon à qui Joseph a rendu de si grands services était un roi pasteur, un des derniers sans doute; il régnait, on le conjecture, vers 1750 avant notre ère. Il est probable que, sous son administration, l'aménagement des eaux du Nil, canaux et digues, étaient négligés, et que Joseph, en lui prédisant sept années de famine après sept années d'abondance, pensait simplement à éveiller sa sollicitude sur des travaux nécessaires.

Les Hycsos, du reste, n'ont jamais réussi à chasser les Pharaons nationaux de Thèbes. Vers 1706, un de ces derniers, Amosis, reprit enfin l'offensive contre eux; ses successeurs peu à peu les expulsèrent d'Égypte, et reconstituèrent la monarchie dans son intégralité et dans son indépendance. Longtemps encore on rencontre pourtant des étrangers dans le Delta; mais ils n'y sont plus que tolérés, peut-être même retenus de force pour être utilisés aux gigantesques entreprises des Aménophis, des Toutmosis, des Ramsès. L'exode du peuple juif sous Moïse est postérieur de quatre siècles à Amosis.

A peine ses frontières récupérées, l'Égypte en déborde de toutes parts. Elle pousse ses guerres victorieuses d'un côté jusqu'à l'Euphrate et aux montagnes de l'Arménie, de l'autre jusqu'au fond du pays de Kousch et dans l'Arabie méridionale, en franchissant la mer Rouge. Les Pharaons, sur les splendides monuments de cette époque, prennent à juste titre le nom de *seigneurs des deux mondes*. Le plus illustre d'entre eux est Ramsès II, le Sésostris des historiens grecs. Cette auréole de gloire militaire, après avoir duré pendant la dix-huitième et la dix-neuvième dynastie, de 1706 à 1288, s'en va pâlissant de plus en plus tout le long d'une immense et lente décadence. Il y a des discussions intérieures, des troubles de toute nature dont les monuments nous ont conservé plus d'une trace. L'Empire se détraque, l'Égypte est réduite de nouveau à ses limites, et se dissout elle-même en un grand nombre de principautés. Puis les Kouschites, la vile race, la race maudite des inscriptions, après avoir reconquis leur indépendance, descendent les cataractes, et les voilà sur la Méditerranée, maîtres de tout le Nil, de 715 à 665.

XIII

Après l'Afrique centrale et l'Asie, l'Europe enfin vient en Égypte, que dis-je, l'Europe? la Grèce! Le moment est solennel. On a peu à peu, dans un mouvement de concorde nationale, refoulé et ensuite expulsé les Éthiopiens des provinces septentrionales. Une famille, peut-être libyenne, s'efforce de rétablir l'unité de la monarchie. Déjà les Grecs avaient sondé la Méditerranée et s'étaient pris d'enthousiasme pour le Nil et ses magnificences. Ils y allaient comme l'Europe maintenant va en Chine et au Japon. Bientôt ils trouvèrent l'occasion de s'immiscer dans la politique de leurs hôtes. C'est grâce à leur alliance que le Pharaon Psamméticus finit par être le seul maître, depuis Assouan jusqu'à la mer.

La race grecque gagna-t-elle beaucoup à ce contact? Elle s'est fait l'illusion de le croire. Ses traditions sont si pleines de l'Égypte, que, s'il fallait les prendre à la lettre, elle serait tout entière d'origine égyptienne, avec Cécrops, Cadmus, Danaüs. Il y a beaucoup à en rabattre. Ce qui semble hors de doute, c'est que les Hellènes ont emprunté au Nil la forte et solide architecture qui en décorait les rives, c'est-à-dire qu'ils s'en sont inspirés. L'habileté de main nécessaire aux arts, certaine science de second ordre, la pratique des métiers peuvent aussi leur être venues de là; le reste leur vient de leur propre fonds. Impression du vieillard sur l'enfant, voilà tout, mais impresson féconde. Enfants, les Grecs l'étaient alors; leur nom primitif au sein de la famille aryenne n'est-il pas *Yavanas, Iones, Juvenes, les Jeunes?* Émerveillés, prompts à admirer, prenant tout par le beau, le grand côté, ils n'ont pas manqué de voir la vieille Égypte à travers un prisme, et ont été les premiers à exagérer les bienfaits qu'ils en ont reçus. D'ailleurs, il faut le dire, sous la dynastie libyenne, autrement appelée des rois *saïtes*, les arts fleurissent : il y a une renaissance, et c'est dans un bon moment que la race grecque s'est frottée à l'égyptienne.

XIV

Vers 527, cette chaude étreinte d'un enthousiasme juvénile,

respectueux, et d'une sagesse sénile, bienveillante, fut interrompue tout à coup par la plus terrible catastrophe. Des plaines de la Mésopotamie, un peuple à demi sauvage, après avoir conquis Suze et Babylone, après avoir imposé un tribut à la Syrie, vint aux portes de l'Égypte sous la conduite de Cambyse, fils de Cyrus, en fit la conquête, et la réduisit à n'être plus qu'une province de l'Empire persan. Il y eut une grande dévastation de temples, de tombes ouvertes et pillées, d'Assouan à Thèbes, de Thèbes à Memphis, et les traces en restent encore dans les ruines. Chassés une première fois, les Perses ne tardèrent pas à revenir : ce fut la vraie fin des Pharaons.

On sait le reste : deux cents ans se passent. La Grèce, à son tour, s'empare par les armes de l'empire du monde. Elle a fait du chemin dans l'intervalle; elle en est à Alexandre, qui arrache l'Égypte aux mains de Darius III. Alexandrie est fondée. Désormais, l'Égypte se traînera derrière la Grèce ; mainte fois conquise déjà par la force, elle va l'être par l'esprit. Il ne lui arrivera pas de vaincre ses nouveaux vainqueurs par l'ascendant de son génie et de se les assimiler, de les absorber, comme elle l'a fait jusqu'ici de tant d'ennemis. Après Memphis, il y a eu Thèbes, toutes deux foncièrement égyptiennes; mais Alexandrie est et restera toute grecque.

Ni le héros macédonien, il est vrai, ni les Ptolémées, ses successeurs, ne cherchent à extirper ce qui est encore debout de l'antique nationalité. Au contraire, leur politique est toute de tolérance. Ils restaurent les temples et ils en construisent d'autres dans le vieux style; ils sont dévots aux vieux dieux des Pharaons et à leur culte; ils laissent aux vaincus leur religion, leurs coutumes, leurs arts, leur langage, leur écriture. Mais, en réalité, toute la vie de l'Égypte se concentre sous leur domination à Alexandrie; elle s'y transforme et se renouvelle. Les vieilles traditions subsistent; seulement, elles ne sont les mêmes qu'à la surface; au fond, elles apparaissent tout imprégnées d'hellénisme. Sans doute, la majeure partie de la population résistait, boudait. Le paysan était fidèle à des habitudes de mille et mille ans; dans les temples, les prêtres regrettaient le passé, cultivaient les antiques mystères; mais tous ces éléments ne comptaient pas plus que les momies des nécropoles. En dehors de l'influence grecque, l'Égypte n'est qu'un immense tombeau. Alexandrie seule est vivante. Tout le mouvement intellectuel d'Alexandrie est grec. Non, il n'y a plus là de nationalité, et la vallée du Nil n'est plus qu'un foyer cosmopolite que le souffle grec attise et où va s'élaborer le christianisme.

XV

C'est bien, en effet, comme on lègue une chose morte que Ptolémée Alexandre légua la monarchie pharaonique au peuple romain : un testament a fait de l'Égypte une province romaine. Cléopâtre voulait bien rester reine, on s'en souvient; mais, menacée dans son trône, essaya-t-elle de s'appuyer sur son peuple? Elle n'y songea même pas. Elle intrigua comme on le fait pour sauvegarder ses droits sur une ferme; elle se fit la sémillante amie de César et l'artificieuse maîtresse d'Antoine, et perdit enfin son temps et la vie à ruser avec Octave.

Du reste, Rome, comme la Grèce, ménagea l'Égypte dans ses habitudes séculaires, n'exigeant d'elle que d'être son grenier d'abondance. Anciens rites religieux, anciennes cérémonies civiles et tout le reste vont leur train d'autrefois. On achève les temples d'Edfou, d'Esneh, de Denderah, d'Erment, et on y inscrit les noms des empereurs romains, tout à fait comme le faisaient les architectes au service de Ramsès, pour les Pharaons de l'Égypte vivante. Et il n'y a rien là qui puisse étonner; on construisait alors des temples égyptiens par des motifs puisés dans les devoirs de l'édilité publique, et on saluait en passant, pour me servir d'une saillie fameuse d'un illustre contemporain, cette civilisation vieillotte; car, quoique morte, elle devait encore durer plusieurs siècles.

Voici le christianisme, avec saint Marc pour la propagande populaire, et l'école d'Alexandrie pour l'expression philosophique. Il est la révolution, mais autrement destructive que la conquête. Il est l'avenir, mais ce qui reste du passé le met en colère. Il est la vie, la vie intolérante pour toutes les choses mortes encore debout. Le colosse inerte, momifié, de l'antique Égypte lui inspire du dégoût; il va le réduire en poudre afin d'en féconder son champ. La foi nouvelle gagne de proche en proche, et, en 381, Théodose, dans son édit, l'érige en religion officielle. La fermeture des temples est ordonnée et la destruction des dieux résolue. Quarante mille statues périrent. L'écriture hiéroglyphique est abandonnée, et on finit par en perdre le sens. Les Égyptiens eux-mêmes peu à peu deviennent les Coptes.

Les Coptes de nos jours descendent en droite ligne des Égyptiens, et ils nous en ont conservé la langue; car la langue des Pharaons subsiste. Elle n'est plus d'usage vulgaire, il est vrai; elle sert seulement de langue liturgique aux chrétiens actuels d'Égypte, comme le latin dans le culte catholique.

L'avénement du christianisme mit-il du moins un terme aux malheurs du pays? Bien au contraire. Alexandrie devint alors le centre des changements qui travaillaient le monde. L'aïeule des nations entra dans le douloureux enfantement de l'univers moderne. Les entrailles et la tête du christianisme, pendant longtemps, sont en Égypte. En outre, lors du démembrement de la monarchie romaine, la vallée du Nil était échue en partage à l'Empire d'Orient, et ce fut aussi entre Constantinople et Alexandrie une source de tiraillements sans trêve.

XVI

Ainsi, l'Égypte a de tout temps réagi sur le monde, et le monde sur l'Égypte. Éthiopiens et Libyens d'Afrique, l'immense Asie presque tout entière, les peuples d'Europe, à mesure qu'ils se font une puissance, tous à tour de rôle, toute l'humanité, comme diverses sources dans un même lac, viennent se répandre sur cette antique terre. Les civilisations se déplacent depuis des siècles autour d'elle comme autour de leur centre, naissent et meurent, et toujours, à quelque moment de leur histoire, retombent vers elle. A peine notre Occident a-t-il pris pleine conscience de ses forces, c'est en Égypte qu'il les porte : l'Égypte a vu saint Louis et les croisades; l'Égypte a vu la Révolution française et Bonaparte. Rien de grand ne peut se passer, il semble, sans que l'Égypte s'y prête ou en souffre. Plaise à Dieu que, de nos jours, la solution de la question d'Orient se fasse pour son plus grand bien et renouvelle encore une fois son antique fortune, déjà tant de fois renouvelée!...

Des dates et des noms étant indispensables à l'intelligence de ce livre, il valait peut-être la peine, pour familiariser le lecteur avec un passé lointain, à peine restitué par la science, de lui faire faire, au galop de l'imagination, notre rapide voyage. Il a bien senti, du reste, que la chronologie (1), pour les temps les plus reculés, est plus ou moins flottante. L'invasion persane de Cambyse a bien eu lieu en 527, et c'est un chiffre dont on est certain. Au delà commencent les dissidences entre les égyptologues; toutefois, elles sont moins grandes qu'on ne serait tenté de le craindre. Elles ne sont pas de plus de deux ou trois siècles pour les dynasties les plus lointaines. Deux ou trois cents ans d'erreur probable pour une période de temps comprise entre le quinzième et le quarante-cinquième siècle avant l'ère chrétienne, n'est-ce pas si peu que rien?

XVII

Maintenant, aux ruines! L'Égypte en est couverte, et il y en a plusieurs couches. Jamais race obstinée n'a tant bâti et rebâti. O les étonnantes vicissitudes de construction et de reconstruction! ô les remaniements sans fin de la pierre! Une ville se fonde et, à côté, une ville écroulée sert de carrière. On voit tout de suite la différence

(1) Notre chronologie est celle de M. Brugsch, dans son *Histoire d'Égypte*.

entre l'Égypte et Pompéi. La muraille du quai d'Éléphantine, longue de deux cents mètres et haute de vingt, a l'aspect d'une mosaïque gigantesque, d'une marqueterie d'inscriptions hiéroglyphiques de toute origine, de toute époque et de toute nature. Les débris de Memphis ont servi à édifier le Caire. On retrouve, encastrées dans les murs de la citadelle du Caire, des pierres portant en creux le nom d'Amosis. Dans le palais de Saladin, il y avait une salle soutenue par trente-deux colonnes de granit rose, enlevées aux anciens temples romains ou grecs, et qu'on avait couronnées d'autant de chapiteaux pharaoniques apportés de Memphis et retouchés dans le goût arabe. Ce palais a été détruit lui-même en 1829 pour faire place à une mosquée, et dans les décombres, sur des débris de colonnes, des hiéroglyphes se rencontrent. Débris entassés sur débris, matériaux transformés à l'infini, ruines assises sur des ruines antérieures, bâties elles-mêmes avec des ruines plus anciennes; des siècles sur des siècles. Chaque époque a sa végétation de monuments, que l'époque suivante exploite et détruit pour faire la sienne.

Au commencement de ce siècle, grâce à Méhémet-Aly, l'Égypte se réveille d'une longue torpeur. Que fait-elle? Vite elle court à ses ruines en toute hâte, comme on va à une carrière, et démolit pour construire. C'est aux dépens des restes témoins séculaires de sa glorieuse antiquité qu'elle se couvre d'usines, de ponts, de palais. Plus encore que la guerre et ses violences, plus encore que le temps lui-même, le travail pacifique des peuples et leurs renaissances sont fatals aux œuvres du passé. Il doit être presque cruel pour le savant de penser que, si l'Égypte moderne s'était tout à fait relevée de ses ruines, on aurait perdu à tout jamais l'espoir de reconstituer l'Égypte ancienne. Dans son ensemble encore, le spectacle de la vie prenant ainsi la mort à la gorge a sa grandeur; mais il est odieux dans le menu détail. Passe encore que l'on construise avec de nobles vestiges quelque œuvre elle-même noble : le fellah, lui, trop souvent, d'un vieux temple, n'avait souci que de se bâtir une cabane. Longtemps, les Turcs, ayant besoin de pierres calcaires pour avoir de la chaux, en arrachaient aux édifices encore debout et ensuite les faisaient cuire. Pour avoir du salpêtre, encore sous Méhémet-Aly, on fouillait les entrailles des vieux temples, et on prenait des ruines de vieille ville, comme on prend du fumier pour avoir du blé, selon la recette qu'en donne un Anglais, le docteur Bowring. Après cela, que dire des touristes goujats et idiots, qui s'en viennent, un marteau et un ciseau à la main, tailler, au beau milieu d'une inscription, qu'ils rendent illisible, ou d'un bas-relief précieux, qu'ils mutilent, leur nom à jamais ridicule? La science aussi a été bien aveugle dans ses fouilles intéressées. Le fellah, de son côté, espérant revendre aux touristes quelque heureuse trouvaille, donnait du pic à tort et à travers. Pour créer nos musées d'Europe, que de déplorables coups de scie ont été donnés! Chacune des belles statues de Turin, bien connues des archéologues, représente cent monuments brisés pour arriver jusqu'à elle! Il est tel bas-relief, au Louvre, qu'on n'a pu arracher à la tombe des rois, à Thèbes, qu'en détruisant toutes les parties qui l'entouraient. C'est comme si, pour mettre la main sur un livre dans une bibliothèque, on commençait par jeter le tout au feu. Le péril était grand. Il y avait à craindre qu'avant peu de temps l'Égypte n'eût plus à montrer au voyageur que les ruines de ce qui lui restait de ses ruines.

XVIII

En 1858 enfin, pressé par les circonstances et aussi par l'insistance de quelques hauts personnages, le prédécesseur du Vice-Roi actuel, Saïd-Pacha, se décida à couper le mal dans sa racine. Ce qui était à faire, on le devine aisément. Il fallait renoncer aux demi-mesures d'une efficacité éphémère, et doter le pays d'une sorte d'institution permanente chargée de veiller sur ses antiquités historiques, de les préserver contre toute injure, et de mettre, par des découvertes nouvelles, méthodiquement entreprises, de nouvelles richesses à la disposition de la science. Ainsi fut créé le *service général de conservation des antiquités de l'Égypte.* Un assez nombreux personnel y est attaché, et les travaux, depuis lors, sont en train, pour la plus grande satisfaction du monde archéologique. Le Vice-Roi, du reste, les encourage d'une protection plus généreuse et plus éclairée encore que ne le faisait son prédécesseur lui-même.

Tout d'abord une partie des efforts sont consacrés à dégager les temples des sables et des décombres qui en obstruent les avenues, ou qui même sur plus d'un point recouvrent à peu près entièrement les ruines. Des gardiens sont placés aux portes. Partout où il est nécessaire, au fur et à mesure, des travaux de consolidation préviendront les éboulements ultérieurs et déficeront à l'avenir l'action corrosive du temps. Surtout les indigènes seront écartés des temples.

Mais ce n'est pas tout. Des ateliers sont organisés pour des fouilles. On remue, avec de scrupuleuses précautions, ce vieux sol où les alluvions de tant de siècles reposent. Le sable du désert a envahi peu à peu de longues étendues de terrain autrefois peuplées de villes florissantes; on sonde ce sable, les vieux auteurs à la main, et, avec le plus grand soin, on déblaye les édifices enfouis, on recueille les statues, les menus objets.

Ici enfin s'impose la nécessité d'un musée, afin de mettre à couvert ce qu'il eût été dangereux de laisser sur place. Un musée a donc été fondé, où sont savamment classées, étiquetées, avec l'indication de leur provenance, toutes les trouvailles faites. Par l'authenticité de ses richesses, bientôt aussi par la quantité qui de jour en jour augmente, et surtout par le soin que l'on met à noter, pour chaque objet, le lieu exact de sa découverte et le détail de cent circonstances précieuses à connaître, cette collection finira par devenir la plus importante du monde. Elle a été longtemps emmagasinée au Caire dans un abri provisoire qui bientôt s'est trouvé être trop étroit. Depuis, Ismaël-Pacha a décidé qu'il serait élevé sur une des places du Caire un édifice monumental destiné à la recevoir, et, en attendant son achèvement, il a fait approprier à Boulak les bâtiments où elle est encore aujourd'hui exposée.

XIX

Un nom nous est venu plus d'une fois sous la plume depuis que nous parlons de ruines et de fouilles, le nom de l'homme qui est le pivot de toute l'entreprise, le nom de M. Mariette. Il est populaire en France, mais pas encore assez, car il résumera un jour l'œuvre archéologique la plus grande de notre siècle. M. Mariette, on le sait, est à la tête du service des antiquités égyptiennes. Il l'a fondé, il le dirige, il lui consacre sa vie, toutes les ressources d'un jugement sûr, d'un labeur infatigable, d'une fermeté inflexible. Nous le verrons plus tard à l'œuvre, et il faudra le citer presque à chaque page. Il a remis au jour des documents inappréciables, inattendus, et, grâce à lui, l'égyptologie va prendre une solide, une inébranlable assiette. Sa mission n'est pas sans analogie avec celle des grands éditeurs de la Renaissance qui ont exhumé et fait revivre aux yeux de tous l'antiquité classique. Il exhume, lui, la plus haute antiquité du monde, non pas d'entre la poussière des bibliothèques, mais d'entre ses propres décombres et les sables du désert. La vieille Égypte n'est-elle pas, en effet, une immense bibliothèque aux feuillets de basalte et de granit, un grand manuscrit fait au ciseau et au burin, une épigraphie colossale, une littérature éparse sur les monuments et jusque sur les rochers du haut Nil? Une stèle avec ses hiéroglyphes n'est-elle pas une page écrite? Un temple avec ses murailles couvertes d'inscriptions n'est-il pas comme un livre de pierre? Après que la vallée du Nil et les vénérables vestiges de son passé seront rendus ainsi par M. Mariette à la lumière, la France, en vérité, aura pris pour elle une glorieuse part dans la résurrection scientifique des origines de l'homme. N'avait-elle pas déjà Champollion? Champollion apprit au monde à lire dans le livre que M. Mariette s'occupe de restituer au monde.

XX

Rien n'est plus simple qu'une chose difficile à trouver une fois qu'elle est trouvée, et cela est vrai aussi de la lecture des hiéroglyphes. On avait la célèbre pierre de Rosette, et sur cette pierre trois inscriptions, dont deux en caractères inconnus, et une en grec. Celle-ci disait clairement que toutes trois ne présentaient qu'un seul et même texte, et comme elle contenait le nom de Ptolémée, ce nom devait nécessairement être dans les autres. On conjectura ensuite aisément que ce nom pourrait bien être inscrit dans une sorte de nœud ou d'enroulement elliptique que la science a nommé depuis un *cartouche*, et qui le mettait en vedette. La valeur de plusieurs signes fut ainsi présumée : ***Pt, L, M***. On tenait plusieurs lettres de la mystérieuse écriture, un commencement d'alphabet. A quoi Champollion, en comparant le nom de ***Ptolémée*** à celui de ***Cléopâtre***, trouvé sur un autre monument bilingue, ajouta de nouveaux éléments ***Cl, R***, et puis d'autres encore. Peu à peu il vint à déchiffrer ainsi beaucoup de noms grecs et romains, et se fit une clef qui lui livra la lecture de plusieurs mots égyptiens, écrits avec les mêmes signes.

Ces mots ainsi épelés, il restait à en trouver le sens. Quelle joie notre savant ne dut-il pas ressentir en rencontrant qu'ils appartenaient à la langue copte, à cette langue liturgique des chrétiens de l'Égypte moderne et qu'on entend encore, ainsi que nous l'avons dit plus haut? Désormais il était certain qu'on arriverait de nouveau à reconstituer l'idiome égyptien.

La pierre de Rosette pourtant n'offre pas d'hiéroglyphes proprement dits. Les deux inscriptions à côté de la grecque ne sont toutes deux qu'en caractères alphabétiques, l'une en une sorte d'écriture qu'on appelle *hiératique*, l'autre en une autre qu'on appelle *démotique*. Un dernier pas était encore à faire, et on comprendra aisément comment il fut fait, quand on saura que les trois écritures en usage chez les anciens Égyptiens dérivent les unes des autres : la démotique ou vulgaire n'est qu'une simplification de la hiératique ou sacrée, savante, et celle-ci elle-même n'est autre chose que l'hiéroglyphique ou symbolique, avec certaines modifications qui la rendent plus courante. Aujourd'hui le résultat est clair et net; mais que de savants se sont cassé leur forte tête là-dessus, et encore maintenant que de travaux sont en train, que de veilles!

Toute écriture commence par être du dessin. Pour écrire *maison*, les Égyptiens dessinaient une *maison*. Puis, à force de répéter cette image, ils furent conduits à ne plus la donner qu'en abrégé, à la résumer en un *carré*. Ils figurent l'*eau* et tout ce qui est *liquide* par plusieurs *lignes ondulées*, une *forêt* par la silhouette d'un arbre, de l'arbre par excellence pour eux, le *sycomore*. Pour écrire *vin*, ils mettent à côté du signe de l'*eau* le *vase* qui leur sert à enfermer ce liquide spécial. Pour distinguer *temple* de *maison*, ils ajoutaient à un *carré* une figure de *divinité*. Ils représentaient l'acte de *donner* par un *bras étendu* avec un *pain*, l'acte d'*ouvrir* par une *porte*, l'acte d'*aller* par une *allée* d'arbres, celui de *voyager* par un *oiseau* en marche, celui de *combattre* par un *bras* armé d'un *bouclier* et d'une *lance*. Avoir *soif*, ils l'écrivaient par le signe de l'*eau* vers lequel accourt un *veau*; avoir *faim*, par une *main* qui se porte dans la *bouche*. Quant aux idées abstraites, ils avaient les figures de leurs dieux pour les exprimer en partie. Pour dire le *jour* ou la *nuit*, ils ajoutaient à l'image de la *déesse du ciel* le *soleil* ou une *étoile*. Ils symbolisaient l'idée de *pouvoir*, de *puissance*, par un *fléau* ou par un *étendard*; la *justice* par une *aune* ou le signe de l'*équilibre*, la *bonté* par un signe tiré de la musique, pour indiquer sans doute qu'elle est l'*harmonie* des âmes; le *mal* par un *poisson* impur; la *vérité* par une *plume d'autruche*; la *protection* par un *vautour* aux ailes étendues; la *vie* par une *croix ansée*.

Plus tard est venu se juxtaposer à tous ces éléments symboliques l'élément phonétique. Pour écrire le son *a*, on choisit parmi les signes représentant certains objets dont la prononciation commençait par ce son, comme dans nos abécédaires l'*âne* par exemple, sert à mettre la première voyelle A sur la langue de nos enfants.

Mais revenons aux monuments. Louons encore une fois le gouvernement égyptien pour avoir compris que, dans un pays de traditions si anciennes, la conservation de ce qui reste du passé doit compter au nombre des services publics; félicitons-le encore une fois de l'avoir confiée à M. Mariette, de l'avoir mise en d'aussi excellentes mains, et puis en route à travers les ruines !

XXI

Le temps fait défaut, hélas! à ce livre, non-seulement pour tout voir, mais rien que pour tout nommer! Force lui est de manquer de respect à plus d'un grand ensemble de vestiges vénérables et imposants. L'Alexandrie des Ptolémées n'a guère à montrer que le surprenant monolithe qu'on appelle la Colonne de Pompée, et les deux obélisques que la tradition populaire a surnommés les Aiguilles de Cléopâtre. Mais déjà, dans le Delta, des ruines considérables attirent l'attention, et il faudra passer devant elles les yeux fermés, mentionner à peine les champs si féconds pour la science où furent les Saïs, les Tanis, les Boubastis. Puis, plus haut, Abydos et le groupe nombreux des cités détruites, ses filles et ses sœurs, nous inviteront en vain à nous abriter dans leurs temples, à admirer la perfection de leurs sculptures, à déchiffrer toutes leurs richesses chronologiques et tous leurs trésors récemment mis au jour par les soins de M. Mariette. Et, sans regarder même, nous passerons devant Denderah, Edfou, Ombos, mines précieuses où l'archéologie puise depuis tant d'années, et puisera longtemps encore, sans les épuiser. Tout au haut de l'Égypte, nous ne verrons pas, comme une fleur au bout de sa tige, Philé, la reine du Nil, ni Silsilis, ni la cataracte, ni plus loin, s'enfonçant dans les déserts de la Nubie et du Soudan, Kalabschè, Derr, Ipsamboul et ses temples creusés dans la roche et ses colosses, ni Gebel-Bark-al (Napâta), ces traces extrêmes de la domination des Pharaons vers le sud. Il ne nous est donné que de nous faire une idée, d'emporter une impression de Memphis et de Thèbes. Memphis et Thèbes résumeront pour nous l'Égypte antique, et d'ailleurs ce qui reste des deux métropoles des Pharaons est bien de taille à nous donner la mesure de leur Empire même.

XXII

Memphis! nous sommes à Memphis, au haut de la grande pyramide, et, si vous le voulez bien, justement le soleil se lève. Mais non, ce n'est pas le matin, c'est le soir : il vaut mieux voir ici le soleil se coucher. Derrière, à droite et à gauche, le désert, les sables aux teintes brûlantes, immense superficie mamelonnée, inégale, semée de collines vagues, fauves, rougeâtres, où la lumière se joue, où il n'y a pas trace de vie, où la lumière seule est vivante. Dans un creux sombre, ménagé au plus plein dans la maçonnerie gigantesque, de la pyramide, le Pharaon Chéops a joui pendant mille et mille ans du repos de la mort. A nos pieds, dans la plaine, au loin, il n'y a que des tombeaux dans la poussière. Sur les sommets des montagnes, à l'orient et à l'occident, il ne pousse pas un brin d'herbe, de mousse ni de lichen. L'aile des vents ne porte et ne remporte que de la poussière. Dans ce pays inanimé rampent et se dressent les ruines d'un immense cimetière : Memphis a enterré ici ses morts pendant des siècles et des siècles. Puis, par un contraste, devant nous, la nature joyeuse, luxuriante comme le Nil la sait produire et parer; et dans la verdure une ville et des bourgs, et leur mouvement, et le Nil lui-même régulier, tranquille, horizontal. Aujourd'hui il reste beaucoup moins de Memphis, la ville même, que de son cimetière : rien que quelques statues mutilées, quelques débris gigantesques de ses colosses effondrés, des monceaux informes de pierres et de décombres, à peine un vestige de son nom dans le nom de Tell-Monf que porte un monticule du sud-ouest : la cité des vivants est plus morte que celle des morts. On ne se sent même plus le courage de reconstituer par la pensée le fourmillement vivant de la grande capitale en opposition avec le funèbre spectacle du désert et de tant de sépulcres. Redescendons. La nuit est tout à fait tombée.

XXIII

Il faut bien se pénétrer de l'impression étonnante qu'éveille l'Égypte, tout entière baignée par le désert comme une presqu'île de verdure par un océan de poudre aride. Les anciens Égyptiens, la retrouvant partout dans la nature, partout l'ont mise dans les œuvres de leurs mains et de leur intelligence. Ils ne se sont fait une si haute idée de la mort que par contraste avec la vie, et ils ne pouvaient guère aimer la vie sans penser à la mort. Là est le secret curieux de leur conscience religieuse. Tous les bruits de leur civilisation, jour par jour, d'année en année et de siècle en siècle, s'en allaient se perdre dans les profondeurs muettes et éternelles de l'Arabie et de la Libye. Ils sentaient bien qu'ils ne faisaient que passer eux-mêmes, comme ils voyaient s'écouler les eaux de leur fleuve, et l'immuable désert autour d'eux leur parlait sans cesse d'immortalité. De presque tous les côtés sur leur horizon, ils voyaient écrit : *pulvis es*, et pourtant il leur semblait bien doux de vivre sous le beau ciel d'Égypte ! Comment donc ne leur serait-il pas venu au cœur, ce prodigieux besoin qu'ils ont eu de durer même au delà de la vie, de durer après la mort encore? Le Nil ne leur enseignait-il pas à lutter contre le désert, et la lutte contre le désert n'est-elle pas aussi une lutte de la vie contre la mort? Tout le long de leur immense histoire, ils ressentent, au plus profond de leur âme, cette impulsion secrète de faire vivre à tout jamais la mort même. A peine nés au monde, ils songent tous à y faire éternellement bonne figure ; et chacun, en même temps qu'il se construit une maison, travaille à construire et à orner son tombeau. Ils appellent leurs tombeaux des maisons éternelles.

XXIV

Le premier souci de l'Égyptien en quête d'un tombeau, c'est de le mettre à l'abri de l'eau. Dans le Delta, où l'inondation du Nil est à craindre, on ensevelissait, soit dans l'épaisseur des murs des villes et des temples, quand les murs étaient en briques crues, soit dans des tertres artificiels ou naturels, élevés au milieu des plaines. Dans la moyenne et la haute Égypte, on mettait à contribution, pour les sépultures, le roc des chaînes lybique et arabique, et on y creusait le réduit funéraire. M. Mariette, en fouillant les assises d'un temple, rencontre souvent de véritables entassements de figurines et de statues, sans doute disposées là en souvenir de l'usage qui faisait confier les morts aux murailles mêmes.

Le tertre semble être l'origine de la pyramide. *Pirama* veut dire *hauteur* en langue copte. Tous les peuples, du reste et de tout temps, élèvent volontiers une montagne artificielle sur la dépouille d'un mort célèbre. Tantôt ce n'est qu'un amas de terre, le tumulus; tantôt la terre est mêlée de quelque maçonnerie grossière, ou bien encore l'ouvrage est tout en pierre; une image en pierre d'une colline, d'une hauteur : *pirama*. Qu'on se souvienne des tertres coniques de l'Écosse, des vallées scandinaves, de la plaine de Troie ou des rives de l'Ohio, des tombeaux des rois lydiens, des topas de l'Inde. Les tombes étrusques sont pyramidales, ainsi que celles du Mexique, et il s'en rencontre aussi en Chine de même forme.

XXV

La roche où reposent les pyramides est toute fouillée de tombes souterraines, toute criblée de puits tumulaires. Ce sont ces grottes qu'on appelle des *spéos*. Le défunt y est comme chez lui, au milieu de tous les souvenirs de sa vie, partout reproduits sur les murs, en bas-reliefs peints, en hiéroglyphes, au milieu de sa famille, qui lui offre ses hommages, et qui a été descendue en effigie, pour ainsi dire, avec lui sous la terre. Cette statue est son portrait fidèle, et ces autres statues sont les portraits de tous les siens. La vie tout entière du temps dont il a pris sa part de plaisirs et de peines est représentée autour de lui en scènes générales. Ici, son scribe lui rend compte du nombre de bœufs et d'ânes qu'il avait dans ses étables : huit cent trente-quatre bœufs, sept cent soixante ânes; le tisserand aussi est à l'ouvrage, prêt à lui vendre de la toile au premier signe, et le cordonnier et le verrier. De la viande est pilée pour lui dans un mortier, et hachée. On lui fait de la pâtisserie; on transvase des liquides au moyen de siphons. Des boulangers pétrissent la pâte et en font la cuisson dans des fours semblables aux nôtres. Puis des ustensiles, des instruments, de petits meubles. Il ne faut pas que le pauvre cher homme manque de rien. Voilà des bijoux, une parure, une écritoire, un arc, des flèches, une cotte de mailles, une coudée. L'hôte est-il un enfant, on lui met des jouets, des poupées; on lui met des oiseaux qui chantent, des jardins, des vergers. C'est bien le moins, dans sa maison éternelle, qu'il ne lui manque rien de ce qui l'aidait à vivre dans sa maison de passage, de ce qui le réjouissait, de ce qui le désennuyait. Puis il est là lui-même, au plus profond de la dernière galerie, avec ses cheveux, ses dents, ses ongles, sa chair. Il est mort? Non, il vit, il parle; ou plutôt son sarcophage, en dedans, au dehors, partout, parle pour lui, et tant et tant, que lui-même ne trouverait pas à nous en dire davantage. Dans les bonnes époques aussi, les momies conservent une étonnante flexibilité des articulations. Seulement, le cœur et les entrailles sont arrachés et déposés à part dans des vases; le cerveau aussi. On le lui a proprement tiré hors du crâne par les fosses nasales, selon l'usage, à l'aide d'un crochet. Les Égyptiens croyaient bien à l'immortalité de leurs morts; mais il ne leur répugnait pas de les imaginer sans cervelle, sans cœur et sans entrailles. Avaient-ils raison?

XXVI

Il y a des spéos de plusieurs étages. Dans la plupart on rencontre une longue suite de chambres séparées par des couloirs et qui s'avancent à de grandes distances dans la montagne, à travers le roc. Ce sont de véritables appartements souterrains.

Souvent encore, l'entrée des réduits funèbres est tout simplement recouverte d'une chapelle, sorte d'oratoire où, sans doute, à certains anniversaires, la famille du défunt se livrait à quelque cérémonie pieuse. Dans un endroit dissimulé avec art s'ouvre un puits vertical. Il est d'ordinaire comblé avec des fragments de pierres et de terre, tassés et cimentés ensemble par de l'eau, et s'enfonce de dix à trente mètres dans le roc. Là commence, à angle droit, une galerie horizontale fermée par de la maçonnerie et qui mène à la chambre funéraire, taillée elle-même dans la roche vive.

Où étaient ensevelis les gens d'une condition obscure? Il ne semble pas qu'à toutes les époques on leur ait fait les honneurs et les frais d'une sépulture destinée à conférer une sorte d'immortalité. Il y a eu un temps, un temps d'égalité civile, sans doute, où on les empilait, momifiés et liés de leurs bandelettes, dans d'immenses salles, une sorte de fosses communes. L'ensevelissement du bœuf Apis peut-être symbolisait en une seule et même cérémonie, tous les vingt ou vingt-quatre ans, de génération en génération, les funérailles de la foule obscure. Cela devait être, surtout au temps où les prêtres avaient la prépondérance. La caste sacerdotale volontiers pense que la vie éternelle est individuelle seulement pour qui a su se distinguer de la plèbe et en sortir, et qu'elle est collective pour les autres. On a d'ailleurs trouvé, presqu'au pied des pyramides, des tombeaux de toutes sortes d'animaux sacrés : de crocodiles, de serpents, de moutons et surtout d'ibis.

XXVII

Voilà pour les nécropoles égyptiennes, pour les cités de la mort. La cité vivante est moins bien connue. Les maisons des villes étaient petites, étroites, bâties en bois et en briques crues. Il n'en reste presque plus de traces. Les bas-reliefs des tombeaux nous montrent cependant plusieurs habitations égyptiennes : il y a de l'eau, des arbres, des champs fermés par des murs, des jardins, quelques pavillons de bois ouverts à tous les vents, les meubles indispensables. Peu de luxe; mais, aux bonnes époques, il est d'un goût exquis. De curieux et beaux lits, ayant figure de lions, de chacals, de sphinx, debout sur leurs quatre pattes, avec la tête relevée en manière d'oreillers; de la porcelaine peinte pour vaisselle. Le climat, du reste, permettait de vivre presque en plein air.

La population était belle, d'une haute taille, un peu grêle, et on vivait longtemps. L'Égyptien, dit Hérodote, est le plus sain des hommes. Toutes les vertus bourgeoises fleurissent ici mille et mille ans avant la Hollande ou l'Angleterre. Excellente hygiène. On est très-sobre : on nourrissait les enfants avec des légumes et des cœurs de papyrus. On a déjà ces fours à faire éclore artificiellement les œufs de poulet, et qui sont encore en usage de nos jours dans la vallée du Nil. Les maisons sont bien tenues : beaux ménages, bonnes ménagères. Dans la famille, les mœurs sont douces et affectueuses. De la sagesse, un grand amour de la paix. On cherche l'utile, le vrai, le durable. On a des idées d'ordre; on est probe, actif, réfléchi, éminemment moral. Beaucoup de norme et de régularité, et quelle ponctualité à tenir les registres, quel instinct bureaucratique! Il faut les voir, leurs scribes, paperassant de leurs deux mains, leur roseau taillé derrière l'oreille! Beaucoup de panégyristes, des historiens, pas de poëtes. De bonne heure aussi, la race semble perdre le sens du beau, du grand, pour ne plus s'attacher, dans son obstination à construire, qu'au fini et au grandiose. Faire énorme a toujours été et sera toujours bourgeois. Nous verrons à Thèbes les Pharaons s'intituler les modérateurs des modérateurs. Mais n'oublions pas que nous ne sommes encore qu'à Memphis, où un plus haut génie domine l'Égypte.

XXVIII

Tombeaux et maisons, villes grouillantes et nécropoles, la stérilité morne du désert et les plantations grasses du Nil, ce contraste de vie et de mort est partout en Égypte, dans l'ensemble et le détail. La grande pyramide surtout, en regard du grand sphinx, en résume l'impression avec force.

Une montagne aride sur sa base carrée, qui s'incruste dans le roc, avec ses quatre flancs en granit poli, lisse, où pas une goutte de vie ne saurait se prendre; avec ses quatre arêtes orientées où les vents cardinaux, semblables aux souffles de la destinée, viennent se briser; avec le poëme à jamais fixé des inscriptions hiéroglyphiques; avec la grande ombre de la masse entière, qui se projette au loin, du matin au soir, comme l'ombre même du passé sur le présent. Au dedans, un abîme étroit qui se perd dans les entrailles de la terre, d'inaccessibles réduits, et enfin, tout au cœur de l'édifice, l'inviolable sanctuaire, hélas! violé, de la mort elle-même. Magnifique symbole, et grand, et noble et simple! Jamais l'homme n'a été si éloquent en si peu de lignes. Des philosophes de notre temps sont en quête d'une philosophie de la mort; qu'ils aillent se pénétrer du sens profond caché dans les pyramides.—Les proportions du monument sont prodigieuses. Il est deux fois haut comme Notre-Dame. Saint-Pierre de Rome disparaîtrait dessous comme une muscade sous le cornet d'un escamoteur. Il pourrait fournir les matériaux d'un mur de six pieds de haut qui aurait mille lieues de long et ferait le tour de la France; mais on n'en est pas choqué comme de certains autres amoncellements de pierre à sublimes prétentions. On n'en est pas même étonné. On n'est que satisfait, comme si le merveilleux édifice faisait son devoir purement et simplement. Aussi bien n'a-t-il pas été mis là pour étonner, pour faire la grosse voix, pour être une cymbale retentissante, un airain sonore. Il est trop plein de substance religieuse, de pensées profondes et de grand art, pour ressembler aux sermons boursouflés, vides et intéressés d'un sacerdoce en décadence.

Le sphinx repose aussi sur le roc, mais tout autour l'eau du Nil le baigne et le caresse. On avait amené le Nil à ses pieds. L'eau tout de suite fait penser à la vie. On l'a donc voulu, lui, l'emblème de la vie, accroupi dans les mille bruits de l'eau, comme on a voulu la pyramide assise au seuil du désert et de son silence funèbre. Et il n'est pas une figure faite de lignes géométriques, élémentaires, abstraites, mortes; il est une figure de lion à tête d'homme : une âme humaine dans un corps de lion, le courage intrépide et sûr du lion au service d'un homme. La pyramide encore est une montagne artificielle, apportée sur place de main d'homme, pierre à pierre; au contraire, le sphinx est une montagne naturelle, dans laquelle on a déblayé, fouillé ses formes colossales. Il a quatre-vingt-dix pieds de long, soixante-quatorze de haut, et, du menton au sommet de la tête, vingt-six pieds. Comme elle est attentive, cette tête! comme elle écoute! comme elle regarde! Quelle expression de vie! Elle regarde l'orient, de ses deux yeux profonds, énormes, fixes. Son sourire est gracieux, et tout son visage est plein d'une grande sérénité, d'une grande douceur. L'ensemble est monstrueux? Non, mais singulièrement majestueux. Il y a de la grâce, il y a de la beauté dans ce fragment de montagne taillé en figure humaine. Les artistes qui en ont sculpté la masse avaient le souffle assez puissant pour l'animer tout entière. Comme la pyramide elle-même, le sphinx, en vérité, n'est pas trop grand pour l'idée qu'il exprime : l'Égypte vivante, accroupie sur le Nil, gracieuse, souriante, épanouie, heureuse, une oasis dans les sables; la vie à côté de la mort!

XXIX

La grande pyramide servait de tombeau au Pharaon Chéops, et le sphinx est le portrait d'un Pharaon, non point de Thoutmosis IV, comme on l'a cru, mais de Chéfren peut-être. Peu importe! L'intérêt du double monument n'est ni dans Chéops ni dans Chéfren, mais dans l'émotion féconde que notre intelligence en reçoit. Il faut admirer les chefs-d'œuvre de l'art pour eux-mêmes, pour ce qu'ils nous disent, et autrement qu'on ne vénère des reliques.

On a compté soixante-sept pyramides répandues sur une dizaine de lieues, du nord au sud, en plusieurs groupes plus ou moins espacés. Il existe à peine quelques vestiges de beaucoup d'entre elles. Le groupe de Gizeh, le premier en ligne, est le plus important, le mieux conservé et renferme les trois plus grandes. Elles ont été faites, comme le cône du Vésuve, par des enveloppements superposés, c'est-à-dire commencées au centre. Le Pharaon à qui le monument devait servir venait-il à mourir, l'édifice aussitôt cessait de s'accroître et se parait de son revêtement extérieur; de sorte qu'à un plus long règne correspond une plus haute pyramide. Cela est vrai aussi des hypogées. Il semble que les rois aient été dans l'usage de commencer leur tombe en montant sur le trône, d'en pousser les travaux toute leur vie durant, et de les faire d'autant plus belles et plus profondes que le ciel leur accordait de plus longs jours. Un prince n'a-t-il régné que peu de temps, il n'a qu'une ou deux chambres hâtivement décorées, et jusque dans le grossier travail de son sarcophage se trahit une fin prématurée.

XXX

De Memphis à Thèbes il y a loin : la distance entre une église romane et Versailles. A l'art profond, sérieux, sincère, succède un art d'ostentation écrasante; à la vraie et simple éloquence de la pierre, la grandiloquie du monument. Par une récente découverte, M. Mariette a mis le fait dans une vive lumière. Il a déblayé un temple contemporain des pyramides, le temple de Chéfren. Il nous a permis ainsi de comparer ensemble les étonnantes magnificences des édifices thébains et la religieuse simplicité d'un sanctuaire témoin des beaux âges de Memphis. Le génie de Thèbes ne veut pas de pyramides. Il y a là trop de soins et de peines dépensés, pour ainsi dire, au dedans, et il aime à paraître, lui; il est tout en dehors. On sait avec quelle perfection la maçonnerie prodigieuse des pyramides est appareillée; avec quels scrupules les matériaux en ont été choisis, mis en place, polis; avec quel respect religieux les réduits intérieurs et les couloirs, où pourtant jamais personne ne devait pénétrer, étaient édifiés, creusés, parachevés. Malgré l'énorme pression de la masse, pas une pierre n'a bougé dans les chambres funéraires, pas un joint ne s'est ouvert, pas une verticale n'a perdu son aplomb d'une ligne. Et le temple de Chéfren est bien de la même main. Les salles dont il se composait et les galeries sont entièrement d'albâtre et de granit; des blocs gigantesques, minutieusement taillés, polis, ajustés; un seul d'entre eux, en granit rose, a neuf mètres de longueur, près de quatre mètres de haut et près de deux mètres d'épaisseur. L'enceinte, immense, est carrée. Presque point d'ornements, presque point d'inscriptions; partout la solide empreinte d'une émotion contenue qui craint le bavardage.

En route donc pour Thèbes, après ces réserves faites. Oh! elles ne gâteront rien à l'admirable spectacle qui nous attend! On a beau se tenir à quatre, on n'en est pas moins écrasé d'étonnement devant ces ruines, les plus vastes, les plus étourdissantes du monde. Le style est moins noble, moins sincère, moins plein d'un sens profond, moins un; les pierres souvent ont été posées en délit, à la hâte, à mesure que les carrières les fournissaient, et elles font d'irrégulières assises; on sent que des ordres pressaient l'architecte d'avoir à en finir, non pas pour l'édification des âmes, mais pour frapper les sens, et pour la plus grande, pour la plus prompte gloire du roi régnant. Il y a beaucoup moins de religion, beaucoup trop de politique. Mais qu'importe? On ne trouve pas le temps d'y penser, on oublie de critiquer, on perd la tête, on n'a plus le cœur à regretter le divin, tant on est atterré par le titanesque. Les Égyptiens de Thèbes ont conçu l'architecture non pas comme les divins artistes de la Grèce, mais en hommes, en hommes de cent pieds de haut. D'ailleurs, si la très-haute inspiration manque, le détail encore est saisissant de perfection. Pour la finesse, les bas-reliefs des murailles sont comme des camées de plusieurs pieds, et il y en avait de longues suites de plusieurs fois cent mètres. Les hiéroglyphes aussi sont si achevés, qu'on dirait parfois les vignettes délicatement enluminées d'un missel énorme. Colosses et cariatides gigantesques ont une étrange expression de vie dans la souplesse des articulations, dans le visage, dans l'attitude de leur grand corps. A Karnak, au pied du temple de Karnak surtout, le sanctuaire national de l'Égypte thébaine, on se sent petit, humilié pour ainsi dire jusque dans son imagination, incapable d'atteindre, même sur les ailes du rêve, l'effrayante conception qu'on a devant soi pourtant réalisée. Il nous faut négliger tant d'autres merveilles et nous en tenir à Karnak, et passer sous silence même le Ramesséion, ce Parthénon de Thèbes, encore grandiose pour nous, mais d'une majesté si élégante, avec la grâce noble et chaste de ses colonnades.

XXXI

Nous tournons le dos au Nil, marchant vers l'orient. Une longue avenue de deux kilomètres nous mène majestueusement vers notre but à travers plus de six cents sphinx, autrefois accroupis à droite et à gauche symétriquement. Elle fait un coude sur un carrefour et s'élargit, et des béliers maintenant la décorent sur une nouvelle longueur de deux cents mètres, avec un propylône en perspective, comme une sorte d'arc de triomphe. De l'autre côté, elle recommence. Encore quelques pas, de ruine en ruine, et nous voici devant celle que nous cherchons. Une grande porte l'annonçait à cheval sur une large voie bordée d'une double rangée de sphinx à têtes de bélier, et nous invite, quoique détruite et rasée, au recueillement. Nous sommes au pied de la façade. Elle se compose de deux massifs énormes faits comme des pyramides tronquées, surmontés d'une terrasse, et encadrant le portail immense. Le tout est large comme la moitié de la façade des Invalides et haut comme la colonne Vendôme. Cent treize mètres sur quarante-quatre. Entrons. Ceci est le péristyle : une grande cour de cent trois mètres de large sur quarante-six de profondeur. A droite et à gauche des galeries formées par des colonnades de quinze mètres de haut. Au centre deux files de six colonnes chacune qui avaient vingt et un mètres de haut ; il n'en reste qu'une, et les autres ont été renversées comme des piles de dames par un tremblement de terre. Au fond, un large perron, un deuxième portail accompagné de deux autres massifs dont l'un est tout à fait ruiné et fait l'effet d'un écroulement de montagne. Le perron mène par une porte de plus de vingt mètres de haut dans la fameuse salle hypostyle. Elle a cent deux mètres de large, presque la longueur de Saint-Pierre de Rome, et plus de cinquante-trois mètres de profondeur. Une forêt de tours en supportaient le plafond : cent trente-quatre colonnes grosses comme la colonne Vendôme ; les plus hautes encore debout ont vingt-quatre mètres de la base au sommet, et onze pieds de diamètre. On conjecture que dans cette salle se tenaient les panégyries, sorte d'assemblées générales de l'Égypte ancienne, ou plutôt c'était comme chez nous la salle des États au nouveau Louvre. Toujours dans l'axe de la première entrée s'ouvre un troisième portail entre ses deux massifs. Il conduit dans une autre cour où se dressaient deux des plus beaux obélisques monolithes de l'Égypte : il n'y en a plus qu'un debout. Puis un quatrième portail conduit dans un péristyle pourtourné de galeries que supportaient d'énormes cariatides du plus grand effet, et de là, passant sous un dernier pylône, on pénètre dans le naos du temple entièrement construit en granit, renfermant trente ou quarante salles et chambres, et au centre le sêcos ou sanctuaire. Après vient une cour décorée de deux colosses au milieu, avec galerie couverte au fond, et enfin le palais même de Pharaon, qui s'ouvre par une grande salle soutenue par un quinconce de colonnes. Toutes les portes de l'immense ensemble sont en une seule enfilade, et le grand axe du monument entier mesure trois cent soixante-cinq mètres. Le pourtour est de neuf cent cinquante mètres. A droite et à gauche des divers seuils, des statues colossales se dressaient, ou bien des obélisques, pour la plupart maintenant abattus et enfoncés dans les décombres. On admire encore, à l'entrée de la salle hypostyle, le portrait de Ramsès III, en granit rouge, de sept mètres de proportion. Puis il y a l'éblouissement des peintures et des bas-reliefs. Et voilà Karnak.

On devine que ce n'est pas là l'œuvre d'un seul règne. Le noyau même du monument, ce que nous avons appelé le naos, le sanctuaire, date de la douzième dynastie; il est du Pharaon Ousertèsen, mais Philippe Aridée l'a restauré. Les Touthmès de la dix-huitième dynastie ont pris la plus grande part à l'œuvre : l'immense salle des colonnes est de Séti Ier, de la même dynastie. Ramsès II (Sésostris le Grand) a décoré une grande partie des murailles et des colonnades de scènes racontant sa gloire militaire. Le pylône formant façade et le premier péristyle sont du Sésak de la Bible et de deux de ses successeurs. Ousertèsen a été le Louis XIII de ce Versailles, et, pendant plus de deux mille ans, une longue suite de Louis XIV, chacun à son tour, y a mis la main de tout un peuple, pour la stupéfaction des contemporains et de la postérité elle-même.

XXXII

Que dire du culte des morts à Thèbes? Que dire de ses palais funéraires, de sa nécropole? De l'autre côté du Nil, vers le couchant, dans les gorges mornes, silencieuses, arides, désolées, des monts libyques, a été creusée la ville souterraine, magnifiques et mystérieuses demeures des âmes trépassées. Il n'y a plus trace de maisons à Thèbes, et l'on y admire des tombeaux par milliers. La tombe de Ramsès est de toutes la plus belle, et celle d'un prêtre la plus vaste et la plus prétentieuse.

Entre ces sépultures des Pharaons thébains et la construction des pyramides, une longue évolution religieuse a tout changé. On le pressent tout d'abord au luxe de la mise en scène, à la recherche du prodigieux qui éclate ici plus étonnant peut-être que dans Karnak. Puis, à voir le détail des bas-reliefs, des peintures, des hiéroglyphes, qui surabondent, on ne doute plus qu'on n'ait affaire à une religion vieillie.

Le dogme de l'immortalité, aux temps primitifs, s'imposait comme une consolante espérance; maintenant, la crainte de l'enfer obsède les imaginations. Il y a les horribles histoires des âmes après la mort, le tableau effrayant des épreuves qu'elles traversent : le feu, l'eau, les tortures et mille supplices. Elles sont mutilées, décapitées tout le long de leur pèlerinage d'outre-tombe, et ne retrouvent leurs membres et leurs têtes que pour être jugées. Elles ne sont réputées sauves et bienheureuses qu'après avoir été justifiées, et ce sont les dieux, ce sont les prêtres, tout naturellement, qui disposent du salut éternel. Cela fait penser à nos indulgences. Et quand, après mille aventures épouvantables, après les terreurs du jugement, elles viennent enfin à jouir des cieux, on devine bien que le sacerdoce ne le permet qu'au prix de certains sacrifices.

Autrefois, le mort, dans son hypogée, était chez lui, entouré des siens, ne relevant que de sa conscience; maintenant, l'influence sacerdotale domine autour de lui et lui fait, pour ainsi dire, une immortalité en dehors de ce que son intelligence a pu comprendre et de ce que son cœur a aimé.

Les inscriptions votives consacrées à sa mémoire ne sont plus le fruit d'une inspiration spontanée, libre; elles sentent la formule. Partout le rituel a remplacé l'élan religieux; les prières elles-mêmes sont toutes coulées dans un moule et cessent de partir des cœurs. On n'est plus sobre de la figure des dieux : on en est prodigue. Toute la religion devient allégorique et utilitaire et n'inspire plus que fanatisme, orgueil, angoisses, violence, emportements sombres.....

Telle est, comparée à celle de Memphis, l'impression résumée de Thèbes. Memphis a la noblesse, la grandeur simple, sincère; Thèbes a le faste, la grandeur somptueuse, théâtrale. Memphis nous touche davantage, Thèbes nous étonne. L'âme de saint Louis se serait sentie à l'aise dans Memphis, et auprès des Pharaons de Thèbes, Louis XIV et ses magnificences ne sont que pauvretés. Assez d'autres ont donné et donneront la préférence à Thèbes; ami lecteur, si vous le voulez bien, nous aimerons mieux Memphis.

XXXIII

Sauver d'une destruction totale ces témoins restés debout d'une civilisation disparue est une tâche aisée, à laquelle suffit peu de science, beaucoup de tact et beaucoup d'argent : en découvrir d'autres est plus difficile.

Les auteurs grecs et latins souvent parlent de l'Égypte, donnent des descriptions de villes et de monuments que le sol, en s'exhaussant, a recouverts, et qui gisent maintenant enfouis sous d'épaisses couches de sable venu du désert. Toutes les fois qu'une lueur d'espoir reste à l'archéologue, des fouilles à faire lui trottent par la tête. Mais où chercher, où remuer la terre? Il ne le sait pas exactement.

M. Mariette a le génie de ce genre de trouvailles, et il nous faut ensemble le voir à l'œuvre. Sa première grande découverte date de 1850; c'est assurément une de ses plus glorieuses, celle, du reste, qui a fixé sa belle carrière scientifique. Le musée du Louvre l'avait envoyé en mission aux couvents coptes de la haute Égypte pour y prendre copie de certains manuscrits. Un contre-temps lui permit de passer plusieurs jours à Sakkarah, sur l'emplacement de Memphis. En parcourant la plaine désolée, il aperçut, pointant à travers le sol, la partie supérieure d'une tête de sphinx. Faire déblayer la place fut l'affaire d'un moment. Or, le sphinx mis à jour était en tous points semblable à une foule d'autres que notre savant avait admirés dans des jardins, à Alexandrie et au Caire. Évidemment, ils avaient tous fait partie d'une seule et même avenue. Des ouvriers aussitôt furent mis à la besogne. M. Mariette oublia les couvents coptes; il avait le pressentiment de sa bonne fortune. Il était bien sur la trace d'une immense avenue, et comme il n'y a pas d'avenue qui ne conduise à un temple, on devine son impatience. A quel temple lui sera-t-il donné d'aboutir? Un passage de Strabon ne lui sortait pas de l'esprit : « Le temple de Sérapis, dit l'auteur grec, est construit dans un endroit tellement sablonneux, que les vents y amoncellent des amas de sable, sous lesquels nous vîmes les sphinx enterrés, les uns à moitié, les autres jusqu'à la tête. » Sérapis, le temple de Sérapis, ce fameux Sérapéum, le sanctuaire funèbre d'Apis, où il y avait chance, au témoignage de Pausanias et de Clément d'Alexandrie, de retrouver peut-être intacts les sépultures des fameux bœufs et leurs restes mortels, un des pivots du culte égyptien, un des mystères antiques qui ont, de tous temps, le plus intrigué le monde! Allait-on mettre la main sur le temple de Sérapis? C'était comme un rêve.

Cependant les tranchées vont leur train, lentement, de sphinx en sphinx. L'avenue n'est pas en droite ligne; elle file à travers une vaste nécropole en serpentant, en se détournant, par respect, sans dôute, pour les édifices funéraires qu'elle rencontrait sur son passage. Il est à craindre de faire fausse route. A mesure qu'on avançait, du reste, la profondeur des sables à enlever augmentait : d'abord, elle n'était que de quatre mètres; la voilà maintenant de plus de vingt. Mais cent quarante et un sphinx sont déblayés et la base d'un grand nombre d'autres. On va toujours, et tout à coup on rencontre, quoi? une statue de Pindare, et d'autres statues encore, placées en hémicycle : celles de Lycurgue, de Solon, d'Euripide, de Pythagore, de Platon, d'Eschyle, d'Homère et d'Aristote, faisant ensemble une perspective monumentale à l'avenue et en marquant la fin, après un parcours de dix-neuf cent quatre-vingt mètres. Or, tant de sphinx ne pouvaient être là rien que pour servir de propylées à des poëtes, à des philosophes de la Grèce; et, en effet, la suite des fouilles fit voir, en avant de l'hémicycle déblayé, un dromos transversal qui continuait l'avenue à droite et à gauche. A gauche, deux sphinx de plus grande taille annoncèrent bientôt l'approche d'un temple, qui lui-même ne tarda pas à être mis en vue. Il ne remonte qu'à l'année 339 avant notre ère, et c'est Amyrtée qui l'a fait construire, ainsi que le disent les inscriptions. Il n'offre rien de bien curieux. Mais à droite M. Mariette sentit tout de suite qu'il était sur la voie de quelque chose d'extraordinaire.

Un beau pavé, fait de larges dalles, s'étendait au loin, bordé des deux côtés par un mur bas, en manière de piédestal immense. Sur ce piédestal, à main droite, étaient debout plusieurs groupes représentant des enfants à cheval sur divers animaux, sur un paon, sur un coq de deux mètres de haut; trois figures de style grec; un oiseau à chevelure de femme, c'est-à-dire un phénix; quatre lions de style étrange et la crinière hérissée; et, à main gauche, deux édicules, dont l'un servait d'abri à une belle statue d'Apis, maintenant déposée au Louvre. Apis, le bœuf Apis, est-ce possible? et ce dallage nous mènerait-il au Sérapéum? Oui. Voici le pylône principal de l'enceinte sacrée. Mais de grosses difficultés se présentent: les fouilles descendent à d'immenses profondeurs; il y a des éboulements à combattre; la malveillance s'en mêle, et l'intrigue; les travaux sont menacés d'être suspendus. M. Mariette, grâce à son infatigable intrépidité, leva ces obstacles de toute nature. Il avait déjà fait une ample moisson de statuettes, de figurines et de menues découvertes, et déblayé le temple dans toute son étendue, cherchant l'entrée de l'hypogée. Une nuit enfin, on vint lui dire qu'on avait rencontré une belle porte. Il y courut, la fit ouvrir : elle donnait sur un immense souterrain. Une bougie mise au bout d'un bâton s'éteignit après qu'on lui eut fait passer le seuil. Il fallut attendre que l'air se renouvelât. Puis, le lendemain, dès le premier pas fait dans l'intérieur de la nécropole, notre savant vit qu'il avait affaire, en effet, à la sépulture d'Apis.

Une longue galerie s'enfonçait devant lui sous terre, sur laquelle des chambres sépulcrales s'ouvraient, taillées dans la roche vive. Il pénétra dans une de ces chambres, la seule qui lui parut intacte, toutes les autres ayant été violées. Il trouva encore marquée sur la mince couche de sable dont le sol était couvert l'empreinte des pieds des ouvriers qui, trois mille sept cents ans auparavant, avaient couché le dieu dans sa tombe. A droite et à gauche, il vit deux monuments en bois, peints en noir, en forme de sarcophages; sur le sol, au milieu, debout, quatre immenses vases en albâtre; dans le mur du fond, de petites niches avec des statues de pierre, et par tout le sol, éparses, d'autres statuettes en faïence émaillée. Il ouvrit ensuite un des sarcophages, et il y trouva trois cercueils emboîtés les uns dans les autres; le troisième avait la forme d'une momie à face dorée et portait sur la poitrine l'inscription suivante. « Ceci est Osiris-Apis, qui réside dans l'Amenti à toujours. » Le triple cercueil n'était, après examen, qu'un couvercle appliqué sur le roc et cachant une cavité façonnée comme pour la momie d'un bœuf, et dans laquelle, au lieu de cette momie, il n'y avait qu'un amas de bitume où l'on avait noyé des ossements de bœuf, des bijoux, des statuettes et de petits vases. D'autres sarcophages ne contenaient rien de plus, si ce n'est un épervier en or du plus beau travail et une inscription marquant que c'est le fils de Sésostris qui consacra le sépulcre. Évidemment, l'ensevelissement des Apis n'était que des funérailles symboliques, mystiques.

Dans la partie la plus ancienne pourtant des souterrains du Sérapéum, et dans une chambre qu'un éboulement a préservé heureusement de toute profanation, il s'est rencontré une momie humaine, à demi écrasée par la chute d'une roche énorme et portant deux admirables chaînes en or et des inscriptions d'Osiris-Apis. Les dents sont d'un homme avancé en âge. Cet homme, de son vivant, a-t-il peut-être joué au fond d'un temple le rôle d'Apis que d'antiques traditions nous racontent? A-t-il servi d'idole vivante? A-t-il été ensuite enseveli en chair et en os, incarnation réelle du dieu?...

Une autre tombe encore pique vivement la curiosité: c'est celle où l'on a retrouvé les ossements mêmes du fameux bœuf Apis que

Cambyse, au retour de son expédition d'Égypte et furieux de ses échecs militaires, frappa de son glaive, en pleine cérémonie du culte, au grand scandale des dévots du temps. Il est, du reste, certain qu'il guérit de sa blessure, car il vécut encore quatre années et ne mourut qu'en l'an 4 du règne de Darius, comme le racontent les inscriptions de sa stèle.

Les stèles sont ce qui donne à la découverte du Sérapéum sa plus haute importance. Elles portent la date précise de la mort du bœuf sacré, rapportée à l'année courante du prince régnant, et ont ainsi permis d'établir, avec une solidité et une exactitude qui ne laissent rien à désirer, la chronologie des dynasties jusqu'à l'an 700 avant Jésus-Christ.

Quant à l'ensemble du funèbre sanctuaire, tel que les fouilles ont achevé de le faire connaître, il se compose de trois parties. La première, très-vaste, renferme les Apis, depuis Ramsès II, de la dix-neuvième dynastie, jusqu'à Psammétik Ier, de la vingt-sixième; la seconde fut inaugurée, dans sa cinquante-deuxième année, par Psammétik Ier (613 av. J. C.) et a servi jusqu'aux premiers temps de la domination romaine; c'est la plus magnifique par l'étendue et la beauté de ses sarcophages monolithes en granit, qui ont de onze à douze pieds de haut sur quatorze à quinze de large, et pèsent de quatre-vingts à cent mille kilogrammes, au moins. La troisième, enfin, appartient à la dix-huitième dynastie et aux commencements de la dix-neuvième, et elle est de beaucoup plus modeste.

XXXIV

Il y a déjà plusieurs années que M. Mariette inaugurait ainsi par des résultats inespérés sa carrière scientifique. Il ne disposait alors que de peu de ressources et rencontrait mille entraves. Depuis, il lui a été donné de fouiller en tous sens cette antique terre des plus vieux parmi les morts et de donner à la science le libre accès de bien d'autres mystères réputés impénétrables et de bien plus graves événements oubliés depuis des siècles.

Le village de Sakkarah, en effet, n'est plus le centre seulement des fouilles du Sérapéum. Non loin de là, M. Mariette a sondé encore le plateau situé au nord de la pyramide à degrés, riche surtout en vestiges de l'ancien empire, et le musée de Boulak a reçu déjà des centaines de monuments qui en proviennent. Au sud ensuite de la même pyramide, des recherches sont poussées à travers une nécropole des dix-huitième, dix-neuvième et vingtième dynasties. Elles ont fourni, entre autres renseignements de premier ordre, une liste de cinquante-huit Pharaons, tous antérieurs à Ramsès II, et qui concorde de la manière la plus frappante avec les tables de Manéthon, rédigées mille ans après. Il y a enfin un troisième plateau situé plus à l'est, que M. Mariette a entrepris d'étudier, mais qui ne lui a pas encore donné de résultats brillants. Il se divise en trois zones : la première comprend des tombes dont la construction remonte à l'ancien empire; la deuxième a servi de cimetière sous la vingt-sixième dynastie et les suivantes, et la troisième est une nécropole grecque.

De grands travaux aussi sont en train à Thèbes. Thèbes est surtout riche en monuments destinés à rester en place, en textes et en sculptures qu'on ne peut songer à détacher des tombeaux et des temples. Le musée de Boulak n'en contient pas moins un grand nombre d'objets de provenance thébaine, et entre autres la superbe collection de bijoux de la reine Aah-Hotep, trouvée à Drah-Abou-'l-Neggah, et exposée dans une des cages de notre Temple, au champ de Mars.

L'opération la plus considérable de M. Mariette est le déblayement du grand temple d'Edfou. L'édifice autrefois disparaissait presque tout entier sous des masures qui en avaient escaladé les ruines; il est maintenant nettoyé. Il renferme des inscriptions, non pas peut-être précieuses pour l'histoire de l'Égypte, mais très-importantes pour la géographie et surtout pour la mythologie.

A Gebel-Barkal ensuite, au delà des cataractes, dans le Soudan, plusieurs stèles ont été trouvées, qui donnent quelques éclaircissements sur les destinées du royaume de Kousch, sur son organisation intérieure, sur ses relations avec l'Égypte. On sait maintenant que de tout temps les habitants de la vallée du Nil essayèrent de déborder sur les contrées fertiles de l'Éthiopie, mais que la conquête, tentée à mainte reprise, ne fut accomplie que sous la dix-huitième dynastie. Plus tard, les monuments nous révèlent, sinon clairement, du moins à demi-mot, que les vaincus échappèrent à leurs vainqueurs pour recouvrer leur indépendance, et à leur tour enfin, devenus forts, qu'ils surent établir leur domination sur le cours entier du Nil.

A Abydos, M. Mariette a eu la bonne fortune de mettre la main sur un monument de premier ordre. C'est une table des rois plus complète qu'aucune de celles qui existent, ce qui n'a pas peu contribué à rendre aux listes de Manéthon l'incontestable autorité historique qu'elles méritent. Désormais, il n'est plus possible de chicaner sur la prodigieuse antiquité de la civilisation égyptienne.

A un kilomètre environ d'Abydos, des ouvriers sont en train d'exhumer le berceau même de la monarchie égyptienne et l'antique figure de Ménès, le premier de tous les Pharaons. Là, M. Mariette, dans les décombres de Kom-es-Sultan, espère retrouver quelque trace de Ménès et prouver ainsi que ce roi a bien été un homme et non pas un héros mythique. La solidité étrange des annales égyptiennes se trouverait ainsi établie sur une preuve irréfragable. Les recherches ont lieu dans une enceinte considérable qui a probablement contenu l'antique ville de Thinis, où Ménès régnait avant la fondation de Memphis, bien avant les pyramides.

M. Mariette fonde aussi de magnifiques espérances sur des ateliers établis au pied même des grandes pyramides. Il est là en quête surtout de documents intéressant l'Égypte sous les quatrième, cinquième et sixième dynasties. Avant lui, la science osait à peine rêver de rien connaître jamais sur des temps si reculés. Déjà, bien des objets ont été mis au jour qui concourent à la solution de ce problème si hardiment posé. Il y au musée de Boulak un sarcophage ayant servi à la sépulture d'un fonctionnaire nommé Khoufou-Ankh, attaché au culte d'Apis, à celui du Taureau blanc, à celui d'Isis sous la forme de vache, et *chargé de toutes les constructions du roi*, etc. Ce roi, c'est Snefrou, le premier de la quatrième dynastie. Khoufou-Ankh vivait donc une ou deux générations seulement après Chéops. D'ailleurs, sur le règne de Chéops lui-même, ces fouilles de Gizeh ont fait à la science des révélations curieuses. Une pierre, que M. Mariette appelle la pierre de Chéops, primitivement encastrée sans doute dans quelque muraille, maintenant déposée au musée de Boulak, nous apprend, dans une longue inscription, que Chéops, *roi de la haute et de la basse Égypte*, restaura un temple déjà existant de son vivant *à l'endroit où est le sphinx* (donc le sphinx est antérieur à Chéops), *à la face nord-ouest du temple d'Osiris*, lui assura des revenus en offrandes sacrées, et renouvela le personnel des statues d'or, d'argent, de bronze et de bois qui en ornaient le sanctuaire, *et qu'il a bâti sa pyramide là où est le temple d'Isis.* On en sait enfin presque autant sur le Pharaon Chéfren, dont on a, en outre, le portrait si vivant, ce chef-d'œuvre qui date de cinquante ou soixante siècles, trouvé aussi au pied des pyramides. Il résulte en général et irréfutablement des documents rencontrés dans ces fouilles intéressantes entre toutes que les Égyptiens, déjà au temps de Chéops, avaient leurs arts, leurs dieux, toute leur civilisation au complet; et nous avons ici de quoi éclairer d'une vive lumière ce que nous disions plus haut de leurs introuvables origines.

Enfin, dans les ruines de Tanis, M. Mariette recherche la trace des Hycsos. On se rappelle que cette ville a servi de capitale aux Pharaons des envahisseurs, pendant tout le temps qu'ils réussirent à se maintenir en Égypte. Il y a là les débris d'un édifice nommé le Grand Temple. Il est douteux qu'il ait eu beaucoup à souffrir de l'invasion des Pasteurs, et la ville elle-même ne paraît pas avoir été ni ravagée ni démolie par eux au temps où ils en firent la conquête. La résistance des Égyptiens a dû être d'une grande mollesse. L'étude des lieux montre, au contraire, que pour contraindre les Barbares à plier bagage, la lutte a été vive. C'est Amosis probablement qui démantela la capitale maudite et détruisit en partie le temple, lors de l'expédition qu'il fit, à la tête des troupes thébaines, contre les Pharaons de Tanis et au temps de leur expulsion définitive, un peu après que l'histoire de Joseph et de Putiphar eut scandalisé la cour tanitique.

Près de Tanis encore, M. Mariette a déblayé une construction qui est appelée le Temple du Sud dans le grand ouvrage de la Commission d'Égypte. Ce qu'on a pris longtemps pour les colonnes, enterrées à fleur de terre, d'un édifice ne sont que des blocs de granit posés, sans aucune fondation, sur le sol, dont ils suivent les irrégularités. M. Mariette pense que le tout pourrait ne pas être d'origine égyptienne. Avant la nation des Pharaons, quelque autre peuple avait-il habité la vallée du Nil? Faut-il encore placer en Égypte, avant la civilisation si formidablement ancienne du sphinx et des pyramides, le long développement de quelque autre société humaine?

Sakkarah, Tanis, Abydos et Thèbes, tels sont donc les lieux où les recherches de M. Mariette ont été le plus fécondes. Mais ailleurs encore, sous ses ordres, plus d'un coup de pioche a été donné. Nous ne le suivrons plus qu'en un endroit connu sous le nom de *Essign-Joucef*, la prison de Joseph, qu'une vieille tradition recommandait vivement à son attention. En Orient, on peut beaucoup plus que chez nous se fier aux traditions. Les ouvriers arabes donc, à qui il ordonna de creuser le coin de terre consacré par d'antiques souvenirs, ne le firent qu'avec la plus grande répugnance : « Dans le temps passé, lui dirent-ils, un certain cheikh Joucef-Ibn-Jacob, Joseph fils de Jacob, a été mis en prison dans cet endroit pour certaines affaires qu'il avait eues à Memphis. Comme c'était un juste, sa prison a toujours été respectée depuis, et les chrétiens surtout l'avaient en grande vénération. Ils ont tracé des croix sur ces murs, croix que nos pères y ont vues souvent. Sous terre, tu trouveras le tombeau du cheikh Joucef au point où tu vois cet oualy que nous avons construit en son honneur. Il n'est pas permis de troubler le repos d'un homme de Dieu. » Il y avait tant de sable que les travaux commencés ont dû être abandonnés. Du reste, dans ce vieux cimetière qu'on appelle l'Égypte, pourquoi ne retrouverait-on pas le corps même de Joseph? Le savant réserve ses joies pour d'autres trouvailles; mais le cœur du lecteur ne battrait-il pas si on venait jamais à lui mettre sous les yeux les os de ce fils de Jacob, dont l'histoire lointaine a bercé son enfance?

XXXV

Tel est le service des antiquités égyptiennes dans deux de ses parties essentielles : la garde des monuments restés en place et les fouilles nouvelles. Il reste à prendre une idée du musée de Boulak. Des bâtiments il n'y a rien à dire, puisqu'ils ne sont, on le sait, que provisoires. Quant à la collection elle-même, quoique fondée il y a bien peu de temps, elle occupe déjà une belle place parmi les plus riches du monde, qui sont à Paris, à Londres, à Leyde et à Turin. De plus, elle est pure de certaines taches originelles qui ternissent la gloire de ses rivales. Elle ne renferme pas de ces objets, précieux sans doute, mais qu'on n'a enlevés de leur place qu'en en détruisant d'inestimables. On connaît, en outre, la provenance exacte de tout ce qu'elle renferme, et cela seul double son prix aux yeux de la science. Par plusieurs pièces très-rares, enfin, elle est incomparable sans conteste.

Tout musée archéologique a pour but de mener à la reconstitution d'une époque passée. Il a donc trois grands intérêts en vue : la vie religieuse, la vie civile et enfin l'histoire de cette époque; et les trésors qu'il contient se divisent ainsi naturellement en trois classes. Mais, pour l'Égypte, il faut tenir compte des choses funéraires au moins autant que des choses de la vie. C'est ce qui a conduit sans doute M. Mariette à distinguer, dans le musée de Boulak, les monuments en religieux, en funéraires, en civils et en historiques.

XXXVI

Les monuments religieux proviennent des temples principalement; ils sont très-rares. Les révolutions n'ont que trop souvent mis au pillage les sanctuaires égyptiens. Quand le christianisme est venu à triompher, il a naturellement fait disparaître le magnifique mobilier du vieux culte. Il y a pourtant, dans les galeries de Boulak, parmi d'autres ustensiles sacrés, cinq vases d'argent du travail le plus précieux. Le meuble le plus riche d'un temple était sa châsse ou *naos*, sorte de niche où était placée l'image de la divinité. De même que nous n'avons pas seulement le maître-autel avec son tabernacle dans nos églises, de même les Égyptiens vénéraient plusieurs *naos*, groupés autour du premier. Ils avaient encore, pour servir à leurs processions, des barques symboliques en bois précieux, en or, en argent, portant au centre, abritée aussi dans un *naos*, l'image d'un des dieux de la mythologie ou son emblème. Les statues saintes étaient de pierre dure ou d'ivoire, avec incrustations de lapis, de cornaline et de feldspath. Les rois, du reste, ornaient à l'envi les sanctuaires et y entassaient le butin rapporté des campagnes lointaines. A peine reste-t-il des traces de toutes ces splendeurs fragiles. Le culte des ancêtres ne nous a laissé non plus que de rares vestiges : des statues et des statuettes qui ont joué en Égypte le rôle des pénates des Romains. Voici ensuite des amulettes, des bijoux symboliques, des stèles sur lesquelles on lit tantôt une invocation aux divinités infernales, tantôt des hymnes au soleil couché; des coiffures divines; des figurines de toutes sortes qu'on trouve dans la cavité de la poitrine des momies; des tables d'offrande, beaux blocs de pierre élevés en mémoire d'une fondation pieuse; enfin, des sphinx.

En visitant les nécropoles, nous nous sommes fait une idée de ce que peut être la collection des monuments funéraires : des montants de porte et le linteau, avec leurs bas-reliefs et leurs inscriptions; de gros piliers carrés, sans abaque et sans base, avec leur massive architecture monolithe; le mobilier des tombes : chaises, tables, tabourets, grands coffres, vases pleins de cendres, vases à poudre d'antimoine; des paniers avec leur offrande de blé, de raisins, de grenades, de *doum;* des amas d'outils de bronze, des miroirs, des arcs, des flèches, des poignards, des sabres; couchées dans leurs cercueils, des momies flanquées de leurs canopes, ornées de bijoux et de figurines, accompagnées enfin du rituel tracé sur papyrus.

Le papyrus est un tissu fait avec une plante de ce nom et qui s'appelait aussi *byblos*. Elle est très-rare aujourd'hui et croissait autrefois dans les lacs et les marais, surtout en Égypte. Sa tige, haute de près de dix pieds, porte au sommet une chevelure et a de deux à trois pouces de diamètre. On en retranchait les deux extrémités; puis, avec une pointe, on en enlevait les tuniques, qui, au nombre de vingt environ, la constituent. Chacune de ces tuniques, formant une feuille, subissait diverses préparations; après quoi on en collait deux l'une sur l'autre, en entrecroisant les fibres; on battait, pressait, polissait, et, pour faire de longues pièces, on en collait plusieurs bout à bout. Un enduit d'huile de cèdre préservait enfin le papyrus de la corruption. Il a servi de papier dans l'Orient, dans l'Empire romain et la France même, jusqu'au onzième siècle.

Certains papyrus, et non pas les moins curieux, nous transportent dans le détail même de la société égyptienne. Ce sont des registres de comptabilité, de simples lettres, des dossiers de procès, et surtout des contrats passés entre particuliers pour achats et ventes, et autres conventions civiles. Il y a là de l'écriture passée devant notaire, et qui est de beaucoup antérieure à Moïse et à la Bible. Le musée de Boulak n'est pas aussi riche en papyrus que celui de Londres. On les trouve dans les tombeaux.

C'est aussi des tombeaux qu'ont été tirés presque tous les autres monuments civils. M. Mariette a fait fouiller en vain les buttes désolées qui marquent encore le site des villes; elles n'ont rien produit d'intéressant. Les armes, les ustensiles de ménage, tout ce qui est venu jusqu'à nous, touchant la vie égyptienne, provient des cimetières. Les peintures des hypogées surtout, avec le détail des métiers, des arts, etc., sont, à cet égard, du plus grand intérêt.

A vrai dire, tout est matière à histoire : temples, nécropoles et villes, et tout vestige du passé; mais il y a pourtant des monuments plus spécialement historiques. Ce sont les tables des rois dans les temples, les longues séries des tableaux de bataille, les poëmes écrits au ciseau, sur les murs des salles royales, en l'honneur des héros nationaux; les récits de campagnes, et, dans les tombes, les biographies des morts; ensuite les statues royales, les sarcophages couverts de documents. En ce genre de richesses, le musée de Boulak l'emportera bientôt sur toutes les collections rivales, et déjà maintenant il va de pair avec celui de Londres et même celui de Turin. Nulle part, l'ancien empire, l'empire contemporain des pyramides, n'est si magnifiquement représenté.

XXXVII

La science sait donner à ceux qui la protégent une gloire solide et durable; elle est reconnaissante au Vice-Roi de cette grande institution dont il a doté l'archéologie égyptienne. Mais, plus récemment encore, Ismaël-Pacha a voulu lui donner un nouveau témoignage, non pas plus précieux, sans doute, mais plus gracieux, de sa sollicitude et de sa bienveillance : il a décidé que l'Égypte pharaonique aurait place à l'exposition universelle de **1867**. Il a fait envoyer à Paris une partie importante du musée de Boulak, un choix des choses les plus rares, les plus propres à donner une idée d'ensemble du peuple que gouvernaient ces Pharaons auxquels il succède. Puis, son plan s'élargit à mesure qu'il travaillait à le réaliser. Il fallait un abri digne de contenir tant de richesses. La construction de notre Temple fut résolue. En principe, le Temple qui s'élève au champ de Mars est donc destiné à servir d'enveloppe aux antiquités que l'Égypte expose.

XXXVIII

Rien n'est plus aisé à tourner en ridicule qu'une religion morte, avec ses idées et ses idoles, avec son dogme et son culte; il suffit d'un peu d'esprit naturel. La haute impartialité de la science moderne, au contraire, ne se scandalise pas des formes étranges et bizarres que prennent toujours les dieux tombés, et elle n'entre jamais dans un temple, même consacré aux magots les plus bouffons, sans un sentiment de curiosité sérieuse, respectueuse. On risque de ne pas bien comprendre ce qu'on est trop prêt à railler. C'est donc d'un cœur pieux qu'il faut passer le seuil de notre édifice, et non-seulement nous ne repousserons pas loin de nous les dévotes impressions que venaient autrefois y chercher, sous l'œil du sacerdoce, les bonnes âmes fidèles aux pratiques de la religion pharaonique, mais nous leur ouvrirons de notre mieux notre cœur et notre intelligence.

Voilà qui est bien entendu : un peu de catéchisme est nécessaire, une initiation des mystères. Un temple n'édifie que ceux qui y entrent la tête pleine des dieux pour lesquels il a été édifié lui-même.

XXXIX

Les prêtres égyptiens enseignaient un Dieu unique, incréé, immortel, auteur du ciel et de la terre, qui s'est engendré lui-même et perpétuellement s'engendre encore lui-même. C'est à peu près notre *nature* érigée en divinité, conçue comme l'universelle force, comme la toute-puissance éternelle, créatrice et conservatrice, comme l'ensemble enfin de toutes les influences du monde sur l'homme et de nous-même sur le monde. Mais l'idée de Dieu ainsi énoncée est bien abstraite et échappe au cœur du peuple plus encore qu'à son intelligence, comme tout panthéisme. Il a fallu, pour la rendre palpable et sensible, laisser la piété vulgaire se prendre à des choses plus matérielles, moins générales; l'adorer, non pas dans elle-même, mais dans quelques-uns des plus grands faits qui la font être, dans la lumière, dans le feu, dans le soleil, dans l'azur des cieux. De notre temps encore, qui donc oserait dire que la nature se révèle à lui autrement que dans les forces secondaires partout éparses, unies sans doute en un tout, mais en un tout trop immense pour être embrassé? Dans tout savant qui n'est que savant, au dix-neuvième siècle, il y a un polythéiste.

Ce Dieu très-haut, le plus haut des Égyptiens, est un symbole au fond plus scientifique que vraiment religieux. On arrive à le connaître, pour ainsi dire, par la méthode objective. Il se manifeste aux hommes beaucoup plus comme le Jéhovah des Juifs, dans le monde extérieur, que dans le for intérieur, comme le Père, que Jésus sentait si intimement. Il ne manque pourtant pas d'être allié de près à la première personne de la Trinité chrétienne.

On n'adorait pas les mêmes grands dieux dans la haute et dans la basse Égypte. Il est vrai qu'ils se ramènent aisément les uns aux autres, et il n'y a guère entre eux que la différence existant entre les différentes gens qui inventèrent leur culte et les différents lieux qui leur imprimèrent leur caractère. Or, quoique divers, l'homme et la nature partout sont semblables à eux-mêmes.

XL

Dans les basses terres, à Memphis, sous le nom de Ptah, l'Égypte vénérait comme le plus haut et le plus vieux des dieux, un dieu de clarté et de lumière, symbolisé dans le feu. A l'origine, ainsi croyait-on, était la lumière de Ptah, et, par cette lumière, le monde tiré de la nuit, surgit des ténèbres, vint à être. Avec la lumière, après la lumière fut créée la vie et furent créés les dieux, la terre, les hommes. Manéthon fait régner Ptah, neuf mille ans durant, avant tous les autres dieux. Les inscriptions nomment Ptah « le père des pères des dieux, le roi des deux mondes, le père de la vérité. » Il est le dieu des commencements : « Ptah qui roule son œuf. » Le scarabée est son animal sacré. Il y a en Égypte un scarabée d'une espèce particulière, que l'observateur surprend parfois la nuit à rouler une petite boule de terre devant lui, et les anciens Égyptiens tenaient cette boule pour son œuf. De sorte qu'on prit un religieux plaisir à se figurer aussi le dieu de lumière poussant devant lui, comme des œufs, le soleil et la lune, et souvent Ptah figure sur les monuments avec une tête de scarabée sur les épaules au lieu de sa tête d'homme. La couleur symbolique de Ptah est le vert.

Ra, le dieu d'Héliopolis, aussi dans la basse Égypte, et non loin de Memphis, n'était qu'une émanation de Ptah et la personnification secondaire du même principe. Ptah est la lumière et le feu et le « père des pères des dieux. » Ra est le dieu du disque solaire, et seulement le « père des dieux. » L'épervier, le taureau de couleur claire, le chat, étaient les animaux sacrés de Ra. Les Pharaons portaient le titre de fils de Ra. Au fond, il paraît être surtout le prototype de ces rois, la source religieuse de leur puissance. Il est celui qui conserve la vie et le monde; il a l'activité, l'influence, la domination, la lutte pour partage. On le représentait tenant d'une main le sceptre et de l'autre l'emblème de la vie, et sur sa tête le disque solaire, autour duquel s'enroule un uréus. Sa couleur est le rouge.

Après les dieux, les déesses. A Saïs était le sanctuaire de la déesse Neïth, la « reine, » la « mère des dieux, » la « puissante déesse, » incarnant en elle tout ce qu'il y a de réceptivité dans la nature, la fécondité passive. Elle porte la couleur verte de Ptah, et son animal est le vautour. Puis, à Boubastis, était honorée la déesse Pacht, alliée de plus près à Ra, et portant comme Ra le disque solaire sur sa tête, et, comme lui, en affinité avec le chat.

XLI

Dans les hautes terres de l'Égypte, sur le ciel de Thèbes, régnait Ammon; son nom Amoun, Amen, signifie, à ce qu'il semble, le « caché, » le dieu inconnu, impossible à connaître. Debout ou assis sur un trône, il porte pour emblème deux plumes dressées sur sa royale coiffure, et dans les mains les signes de la domination et de la vie. Sous un autre nom, avec d'autres nuances, il est une sorte de Ptah, le plus grand des dieux d'un autre panthéon, le premier en rang. Sa couleur est le bleu. Un dieu double, en deux personnes, émane de lui et tient à ses côtés la place de Ra : Mentou et Atmou, c'est-à-dire le soleil couché et le soleil levé, le soleil du jour et le soleil durant la nuit.

De même qu'à Memphis Neïth et Pacht s'associent à Ptah et à Ra, une déesse aussi s'attache au dieu de Thèbes; c'est Mout, la mère, la « reine des ténèbres. » Le vautour est son emblème.

Près de Syène enfin, à l'endroit où les eaux mystérieuses du Nil entrent en Égypte, le dieu Kneph (Chnoubis, Noum) faisait à Ammon une pieuse, une divine concurrence sous le titre de « seigneur des irrigations, des inondations. » Les monuments nous le montrent de préférence peint en vert, le sceptre et l'emblème de la vie dans ses mains, avec le bélier pour animal symbolique. Du reste, on le confondait volontiers avec Ammon et Ammon avec lui, en donnant à l'un les emblèmes de l'autre. Le Nil n'a-t-il pas en Égypte toute l'importance bienfaisante du soleil même?

XLII

En résumé, tout au haut de la théologie égyptienne, il y a une sorte de principe cosmique, un et pour ainsi dire neutre, qui, par un premier dédoublement, se divise en un principe mâle et en un principe femelle. Ces deux, à leur tour, en engendrent un autre, puis laissent le nouveau venu lui-même constituer à son propre profit une trinité secondaire. Le système s'en va ainsi de trinité en trinité, comme par cascades; et tous ces dieux échafaudés en pyramides, procédant les uns des autres, s'étayant mutuellement, ne sont après tout qu'un seul et même dieu. Notre nature aussi est un tout sans commencement et sans fin, un tout fait de forces multiples qui tendent à s'associer, à s'engrener ensemble pour ne plus constituer à la fin qu'un seul et même point de départ à la vie universelle.

Mais il y a autre chose, et il fallait bien que la morale intervînt dans cette cosmogonie. Des vérités de raison et de poésie ne suffisent pas à l'homme; il a besoin aussi de vérités de conscience. Très-savants pour leur temps, en possession d'une bonne méthode scientifique, les anciens Égyptiens ont-ils su donner à leur morale une base solide? Très-solide, mais pas assez fière, assez haute, assez dédaigneuse du fait extérieur, assez indépendante dans sa vie intérieure. Ils apprirent les premiers parmi les hommes à distinguer dans la nature clairement et sûrement le mal d'avec le bien, mais sans s'élever jamais à cet égard au-dessus du médiocre.

Ne voyaient-ils pas sans cesse la nuit engloutir le jour, la mort engloutir la vie? De toutes parts, la fertilité de leur vallée n'était-elle pas menacée par la stérilité du désert, les eaux riantes du Nil absorbées par les sables mornes? Que de fois les ardentes tempêtes venues du Sahara n'avaient-elles pas sous leurs yeux desséché la verdure de leurs jardins et de leurs champs? Le soleil et le Nil lui-même n'ont-ils pas leurs colères, et tous les ans, en hiver, la toute-puissance féconde de la nature ne semble-t-elle pas mourir? Cette lutte des forces malveillantes contre les bienfaisantes pouvait-elle leur échapper? Pouvaient-ils ensuite ne pas se convaincre du triomphe final des unes sur les autres, en voyant toujours, après tout, le jour sortir de la nuit, et, en un mot, quand même, le bien survivre au mal?

Mais peut-être se résignaient-ils avec une sagesse un peu plate aux éclipses morales. Le christianisme enseigne à haïr le diable et prétend même le chasser du monde; il a fait des consciences héroïques. L'égyptianisme ne conçoit pas le monde sans les dieux du mal, sans Typhon et Nephtys, et se contente de les craindre : il est plus près de la réalité des choses, sans doute.

Or, à mesure qu'un peuple se fait sa morale, il prend plaisir à la mettre dans l'histoire de ses dieux, dans sa mythologie. Il nous reste donc à voir comment les Égyptiens ont introduit le trait légendaire dans leur système des forces naturelles divinisées, comment, en un mot, ils ont fait se comporter leurs dieux dans leur panthéon.

XLIII

La fable d'Osiris, d'Isis et d'Horus, tous trois horriblement apparentés de Typhon et de Nephtys, est une des plus riches et des plus vivantes que l'imagination des hommes ait mises en poésie. Osiris (Hesiri) était, pour les Égyptiens, le dieu de l'éternelle vie sortant de la mort sans cesse. Le tamarix toujours vert est son arbre sacré, et le héron son animal préféré. Les Grecs ont reconnu en lui le Dionysios de leurs mystères. Isis, « la grande déesse, la royale épouse » est la terre annuellement réveillée de son sommeil par Osiris. La vache féconde, la vache nourricière lui était consacrée. Osiris et Isis ont Horus pour fils, Horus, « le vengeur de son père, le soutien du monde, le sauveur, » une sorte d'Apollon. On l'adorait sous la figure d'un jeune homme, avec le sceptre royal, la verge du châtiment et la couronne. Sa couleur est le blanc. L'animal solaire, l'épervier, est le sien; il symbolise la résurrection du soleil après l'hiver. Tout petit, on le représentait un doigt dans la bouche, sous le nom de Her-pe-chrut, l'Harpocrates des Grecs, littéralement Horus l'enfant; adolescent, il est Horus le fort, Herver, Arveris, celui qui « tue le serpent, » qui « transperce le cœur de Set, » qui triomphe de Typhon. Notre Christ aussi a vaincu la mort, vaincu le mal. Horus encore s'appelle « la chair, fils de la chair. »

Quant au dieu Set, à qui les Grecs ont donné le nom de Typhon, Zephon, c'est-à-dire ouragan, il est l'incarnation de toutes les malveillances; il est la tempête de sables, la sécheresse, le soleil aux rayons torrides, les ténèbres luttant contre le jour. Apep, le gigantesque serpent, le symbolise, enroulé autour du disque solaire qu'il menace d'engloutir, comme la paupière éteint le globe de l'œil. La couleur de Typhon est le rouge sombre du soleil ardent vu à travers le simoun. Il est encore la destruction et le mensonge. On lui consacrait le crocodile, l'hippopotame, l'âne rétif horrible à entendre. On imagine, d'après cela, ce que devait être Nephtys, sa digne sœur, sa stérile épouse.

XLIV

Tels sont nos personnages; maintenant, voici le drame. Autrefois donc, Seb et Nout, le dieu du ciel étoilé et la déesse de l'immensité céleste, engendrèrent Osiris et Isis, Typhon et Nephtys. Et de ce jour la terre commença d'être, et la vie naquit sur la terre, et la mort eut permission de s'y abattre. Osiris pensa à tout ordonner pour le mieux : il fit des lois pour les hommes et pour toute chose non réglée encore. Comme il était bon, et que, du reste, Isis n'avait pas de secrets pour lui, il enseigna aux Égyptiens l'art de se rendre son épouse propice. Il leur enseigna aussi l'agriculture et le culte de tous les autres dieux. Tout n'était que bénédiction tant que sa domination s'étendit incontestée sur l'Égypte. Mais il vint d'autres temps. Typhon se leva contre son frère, et, s'aidant des soixante-douze jours qui font à la vallée du Nil sa saison la plus dure, il trama, lui, le dieu du mal, avec ces soixante-douze méchants, une conspiration terrible. Juste ciel! il n'y a pas à en douter, il va triompher. Osiris se meurt, Osiris est mort; ou, du moins, du sud au nord, la vallée entière, son empire, hier encore si verdoyant, si florissant, s'attriste, le cherche en vain et se sent impuissant à vivre sans son seigneur et maître. Ces cris, ce sont les cris d'Isis. Isis est en deuil; elle a mis ses habits de deuil et pleure. Elle court éperdue sur les berges du Nil; elle interroge le fleuve, ce fidèle ami de son époux, cet autre lui-même, maintenant bien déchu de sa grandeur, et qui s'en va laissant s'écouler tristement, presque épuisé, le peu de vie qui lui reste. « Ce qui reste d'Osiris, répond enfin le fleuve, je l'emporte avec moi vers la mer, l'ombre de lui-même, hélas! son cadavre. » En effet, sur le rivage de la mer, Isis, la veuve désolée, finit par trouver dans un sarcophage le cadavre du dieu. Elle le recueille pieusement, l'ensevelit et lui fait des funérailles.

Bientôt pourtant Horus, le fils d'Osiris et d'Isis, entre en âge de venger son père, de consoler sa mère. Il a hérité des vertus du défunt et de tout l'amour de la survivante. Il ne dérogera pas à son rang et ne mentira pas à son sang. Il déclare la guerre à Typhon, une longue guerre. Il lui vient des alliés de partout. Après bien des jours enfin il triomphe, et c'est le signal d'une pleine renaissance pour l'Égypte, d'un autre printemps. Osiris, du reste, n'est pas mort, il ne peut mourir; il n'a fait que descendre dans la vie d'outre-tombe, où il suscite et dispense toute immortalité, à côté d'Isis, comme lui transfigurée. Sur terre Horus, à sa place, vivifie depuis lors les choses terrestres, dans le milieu renouvelé par sa victoire, avec Hathor pour compagne, Hathor, la « prunelle du soleil, » la « reine de la joie et de la danse. »

En résumé, cette fable est une des grandes scènes de la nature égyptienne mise en tragédie. Elle est bien loin, du reste, de nous donner une idée complète du mythe même d'Osiris et d'Isis; il y a encore dans ces deux noms cent autres impressions condensées. L'infini est au fond de tout vrai symbole poétique : la pensée s'épuise plutôt que de l'épuiser jamais. Un grand rôle encore que jouait Osiris dans le panthéon pharaonique, c'est qu'il personnifiait le jour, le jour, plus éblouissant, plus radieux, plus rutilant, plus vivant, plus lumineux sur les bords du Nil qu'en Asie Mineure et dans la Grèce, qu'en Ionie elle-même. Alors, de son côté, Isis est la nuit, la nuit d'Égypte, avec son éclat singulier et sa transparence pleine d'ombres, sa poésie de langueur et de mélancolie.

XLV

Un mot sur le culte des animaux sacrés en Égypte. Il choque notre conscience, et pourtant il est inévitable dans toute religion qui se laisse envahir par la religion de la nature et de ses forces. Les bêtes symbolisent pour le mieux, par leur vie et tout leur être que la fatalité domine, ces puissances aveugles, invariables, obscures, si semblables à l'instinct et qui n'ont rien d'humain. Elles sont plus faites à l'image de Dieu que l'homme même, quand Dieu c'est la nature. Faut-il des exemples? Assurément, le bélier représente, le dirai-je? oui, plus dignement la puissance génésiaque que le portefaix le mieux choisi. Et veut-on prendre une idée forte de la fécondité nourricière, qu'est-ce que le spectacle même d'une jeune mère normande auprès d'une vache laitière, auprès de la « grande vache » égyptienne?

En sorte que les Égyptiens avaient bien le droit d'adorer leurs dieux sous la forme même qui en exprimait le mieux l'essence, et c'est à quoi mène, en matière religieuse, l'abus de l'esprit scientifique.

On peut, du reste, donner à la figure d'un dieu ainsi compris tantôt le corps d'un homme avec la tête de son animal sacré, et tantôt le corps de cet animal avec la tête humaine. Le sens de l'idole, l'impression qu'elle prétend produire ainsi se nuance, et la différence est aisée à saisir, par exemple, entre un corps de lion à tête d'homme et un corps d'homme à tête de lion. A l'exception d'Ammon et d'Osiris, tous les dieux égyptiens se rencontrent sur les monuments, portant entre les épaules la tête de leur brute symbolique. Souvent même on les adorait sous la forme même et toute nue de cette brute.

Les plus grands honneurs, entre toutes ces bêtes, étaient pour le bœuf; puis venaient le chat, l'ibis, le chacal, une espèce de souris même, l'épervier, le bélier, le vautour, le bouc, le crocodile, etc. L'usage était de nourrir à grands frais un ou plusieurs exemplaires des diverses espèces au fond du saint des saints, dans les divers temples. On les baignait, on les ornait, on les encensait, on les adorait, après ne les avoir choisis que d'après certaines marques sacrées. Le bœuf Apis devait avoir une tache blanche sur le front, sous la langue une excroissance ayant la forme du scarabée, sur le dos, une autre tache blanche représentant un aigle, et dans la queue deux sortes de poils. Hérodote raconte que les crocodiles entretenus par les prêtres dans le lac Mœris étaient si privés qu'ils se laissaient toucher. Ils portaient aux oreilles des pendeloques de verre et d'or et des bracelets aux jambes de devant. Leur nourriture se composait de farine et de viande. A mesure enfin que tous ces dieux venaient à mourir, on les embaumait et on les ensevelissait dans de beaux sarcophages, au fond d'une tombe sacrée.

Au surplus, le respect s'étendait non-seulement sur les exemplaires choisis pour le culte, mais sur l'espèce entière. La peine de mort était portée contre quiconque tuait, de propos prémédité, un animal d'espèce sacrée. Dans la circonstance atténuante d'un accident involontaire, les prêtres imposaient une pénitence au coupable. Il fallait, à l'aspect du cadavre d'un de ces animaux, du plus loin qu'on le découvrait, s'arrêter, se lamenter et témoigner par sa douleur qu'on n'était pour rien dans le sacrilége perpétré ou dans le malheur de la bête. Un chat domestique venait-il à mourir, tout le monde à la maison se coupait les sourcils. Pour un chien crevé, l'usage était de se raser le corps et la tête. Enfin, quelqu'une des bêtes nourries dans les temples passait-elle de vie à trépas, des provinces entières en prenaient le deuil, et parfois, pour les plus saintes, toute la nation.

XLVI

Ces notions religieuses sont comme autant de flambeaux préparés que nous allumerons tout à l'heure pour répandre un peu de clarté dans notre Temple. Et d'ailleurs, avant d'en passer le seuil, une autre station préliminaire est de rigueur, la dernière de toutes, celle qui doit achever de nous initier aux formes architecturales de l'Égypte ancienne.

Il pousse peu de bois dans la vallée du Nil, et il n'en pousse pas qui puisse servir à la construction d'un édifice véritable; mais, en revanche, le pays est incomparablement riche en belle et bonne pierre dure. Le plus beau granit abonde, et le basalte et le grès, le porphyre, le marbre, l'albâtre. Force fut de s'exercer de bonne heure sur ces matières récalcitrantes à la façon. Il est hors de doute qu'on commença par les traiter en se souvenant de certaines formes qui appartiennent au bois charpenté plus qu'à la roche appareillée. Temples et sarcophages, à l'extérieur comme à l'intérieur, par le détail des ornements et jusque dans l'ensemble de leur physionomie, figurent à l'origine un certain agencement de menuiserie. Les Égyptiens, sans doute, avaient apporté d'ailleurs, de quelque terre natale, leur berceau, cette manière de comprendre l'architecture; mais, sur le sol granitique qu'ils venaient coloniser, ils eurent vite fait de devenir les formidables maçons que l'on sait, et dès lors la plate-bande devint aussi l'élément architectonique auquel tout se ramène, duquel tout procède dans leurs temples et leurs palais. Une fois la plate-bande admise, c'est-à-dire le bloc monolithe, énorme, posé en travers par-dessus tout espace à couvrir, le reste, en effet, s'ensuit : pour en porter la charge majestueuse, au dedans, la massive ordonnance des colonnes trapues, nombreuses et serrées; au dehors, l'inclinaison des murailles opposant sa solide résistance en contre-fort sur les angles et tout autour de la masse à soutenir.

XLVII

Une terrasse grandiose en briques cuites ou crues sert d'assiette ordinairement au temple et l'exhausse au-dessus du fleuve et de ses berges. L'enceinte de ses hautes murailles inclinées le sépare du monde extérieur par d'immenses superficies monotones, sans ouvertures, et la structure du porche qui y donne accès semble plutôt faite pour inspirer la terreur du lieu saint que pour engager à le visiter. Ces pylônes de Karnak, que nous avons vus plus haut, donnent en effet, l'impression redoutable des tours jumelles d'un burg allemand, d'où le maître jaloux ne songe qu'à faire peur et à se défendre, dans l'orgueil de sa caste, contre le profane. De cour en cour, de salle en salle, de portique en portique, l'imagination écrasée par le memento solennel des obélisques, par la gigantesque majesté des colosses assis ou debout, de distance en distance, par d'énormes cariatides rangées en file, par l'éclat retentissant des sculptures et des peintures, on est conduit, une fois entré dans l'édifice, tout le long de son axe, comme par une main de fer, droit au dieu. Et à mesure qu'on avance vers la cella, où la statue se dresse, l'espace se resserre, les plafonds s'abaissent, le pavé se relève par degrés; de droite et de gauche les murailles se rapprochent. On s'est engagé dans le sanctuaire sur la foi des promesses les plus magnifiques : les prêtres ne tiennent pas leur parole. On voudrait revenir sur ses pas, mais cela n'est pas permis; il faut aller jusqu'au bout. Tout devient de plus en plus bas, étroit, sombre, et la fin n'en est que dans un cul-de-sac où règne le silence malsain du mysticisme.

C'est bien là le monument d'une religion d'origine sacerdotale et non pas fille du peuple, le saint des saints digne de ces divinités imaginées par des savants au cœur sec, sincèrement déduites, sans doute, du spectacle des hommes et des choses par un prodigieux effort d'intelligence, mais ne vivant pas de la vraie vie religieuse, qui est tout intérieure; fourvoyant l'idéal dans une impasse, parce qu'elles ne sortent pas des entrailles populaires, parce que le peuple ne les a pas engendrées lui-même, et nourries et mises au monde. Il ne faut pas que la science fasse ce que la poésie seule est apte à bien faire dans sa spontanéité naïve.

Un autre vice fondamental des grandes constructions égyptiennes tient aux mêmes causes : c'est que leurs diverses parties ne s'organisent pas en un ensemble vivant, et ne font que s'arranger tant bien que mal, par juxtaposition et par emboitement les unes avec les autres. Le portail est comme un morceau à part encastré dans les pylônes; les pylônes, à leur tour, se contentent de présenter un de leurs flancs aux cours, aux salles, aux galeries qu'ils précèdent et qui viennent y mordre comme elles peuvent; au dedans du mur d'enceinte, souvent un autre mur parallèlement se développe, et même un troisième; au centre du système, enfin, la cella, indépendante elle-même, est entourée de couloirs et de chambres, et pour la trouver il faut, pour ainsi dire, éplucher le tout par couches rapportées. Il y a soudure sans doute, il n'y a pas union intime. Un édifice ainsi conçu, du reste, n'est, à vrai dire, jamais terminé : rien n'empêche d'y ajouter à l'infini de nouvelles parties, de plus grandes enveloppes; et les Pharaons d'Égypte, en effet, ne manquèrent pas de se laisser tenter par un avantage si précieux pour leur amour de la bâtisse.

XLVIII

La cella, le naos, est en résumé le commencement et la fin, l'*alpha* et l'*oméga* de l'architecture égyptienne. Aux temps de religion sincère, simple et naïve, ce noyau même constituait presque à lui seul le temple. Il n'y avait pas autour de lui le développement théâtral des longues initiations. Il semble même qu'on n'ait jamais cessé d'avoir besoin de sanctuaires ainsi réduits à leur forme élémentaire, pour satisfaire aux exigences d'une piété plus primesautière. Certaine dévotion se sent mal à l'aise dans une grande cathédrale, et se plaît au contraire, même de nos jours, dans une petite chapelle. On a donc construit des chapelles en Égypte. Plusieurs ont eu la fortune, par suite d'agrandissements successifs, de devenir de vastes édifices; mais il y en a qui ont conservé jusqu'à la fin leur caractère modeste, celles de l'île d'Éléphantine, entre autres, et d'El-Kab, l'antique Eileithyia, au delà de Thèbes.

Ce sont de simples naos non pas enfouis au fond d'un sombre entassement de constructions, mais entourés seulement d'une galerie dans laquelle l'air et la lumière circulent librement, et dont le plafond repose sur des piliers. Ils remontent au temps d'Amenhotep III, et ne mesurent, en moyenne, que de trente à quarante pieds dans un sens, sur quarante à cinquante dans l'autre. En haut une architrave couronnée d'un entablement avec corniche relie les piliers, et en bas un mur en forme de parapet va de l'un à l'autre et aveugle à peu près jusqu'au tiers de leur hauteur les entre-colonnements. Tout d'abord carrés, les piliers, avec le progrès du goût, devinrent octogones et enfin prirent seize côtés par un nouvel abattement d'angles.

Les Grecs, il n'en faut pas douter, se sont inspirés de monuments semblables pour inventer leur propre temple. Ils trouvèrent ici, et aussi à l'entrée du fameux hypogée des Beni-Hassan, leur colonne dorique et ses accessoires à peu près dégagés et tout prêts à servir à leurs artistes. Quant au naos lui-même, il est plus évident encore qu'ils le tiennent de l'Égypte. Ces chapelles égyptiennes peuvent donc passer pour le prototype de leur architecture.

Dans presque tous les temples élevés sur les bords du Nil pendant la domination ptolémaïque, le pylône manque et aussi la cour antérieure. Il semble que le génie grec n'ait pas été pour rien dans un pareil retour à des formes plus simples, auxquelles il devait tant lui-même. Quoi qu'il en soit, à partir des Ptolémées, il n'y a plus guère autour des sanctuaires ni rempart de murailles ni dédales de chambres. Une simple salle hypostyle sert d'entrée; encore manque-t-elle souvent, remplacée par un vestibule qui parfois manque lui-même. De sorte qu'il ne reste que la cella entourée de son péristyle.

Dans ce dernier cas est un monument qui nous intéresse beaucoup. On l'appelle le kiosque de Philé ou temple de l'Est. C'est celui-là même que M. Mariette a choisi pour modèle de la construction pharaonique élevée par ordre du Vice-Roi d'Égypte, au Champ-de-Mars, pour modèle en un mot de notre Temple.

XLIX

Assurément une restauration tout à fait servile du kiosque de Philé offrirait déjà le plus haut intérêt. M. Mariette pourtant a pensé qu'il y avait mieux à faire. En reproduisant le monument, même tel qu'il sortit autrefois des mains des ouvriers, il n'aurait donné au public qu'un spécimen de l'art égyptien sous les Ptolémées. Il arrivait ainsi à négliger les époques les plus brillantes de l'architecture pharaonique, à laisser dans l'ombre près de quatre mille ans de sa longue histoire.

Sans doute tout possède un surprenant caractère d'immutabilité dans la vieille civilisation des bords du Nil; mais on a pu voir, par ce qui précède, qu'elle aussi a eu néanmoins ses secousses violentes, ses renaissances, ses décadences. Or, à chaque fois ces vicissitudes n'ont pas manqué de se trahir dans les monuments. Trois grandes périodes surtout sont clairement accusées de la sorte. La première comprend l'ancien Empire, contemporain des pyramides, et il y a là, on ne l'a pas oublié, des formes architectoniques bien distinctes : c'est le temps des splendeurs memphitiques. La deuxième a Thèbes pour ville initiatrice et prépondérante : on lui a donné le nom de nouvel Empire. La troisième enfin appartient aux Ptolémées.

Or il n'y a pas un abîme entre ces époques, et c'est ce qui a permis à M. Mariette de les réunir toutes les trois ensemble dans son petit Temple. La salle intérieure (cella, naos, secos) a si peu changé de tout temps dans ses grandes lignes, que la nôtre a pu servir, quoique rentrant dans le plan général d'un édifice ptolémaïque, à recevoir une décoration empruntée à l'ancien Empire. Ensuite un choix d'ornements estampés sur les plus remarquables monuments du deuxième Empire ont trouvé place aisément sous le péristyle ou couloir circulaire. Du dehors au dedans, notre construction donne donc l'impression d'une antiquité de plus en plus reculée. Le visiteur, en quatre pas, du seuil au secos, traverse quarante siècles représentés par leur architecture, leur sculpture et leur peinture.

L

Dans ce résumé si court de trois époques si longues, bien des choses curieuses ont dû être négligées. Pour les colonnes, par exemple, c'était déjà beaucoup que d'en faire entrer des deux sortes dans notre Temple; mais on en rencontre de formes beaucoup plus variées en Égypte. Il a été question du pilier carré un peu plus haut, et on a vu par quelle transition il est devenu le beau fût dorique. La vraie colonne égyptienne pourtant ne se ramène pas au pilier de pierre; elle emprunte sa physionomie et le détail de son ornementation au règne végétal. Primitivement elle commence par avoir un fût qui rappelle un faisceau de joncs ou de fortes tiges de lotus, par quatre ou en plus grand nombre, faisant ventre vers le bas, comme pour marquer leur élasticité sous le poids des poutres transversales; le chapiteau est en forme de bouton de lotus fermé, et immédiatement au-dessous des liens sont figurés maintenant le faisceau; tout près d'une base courte, faite comme un large disque, il y a enfin un autre système de liens. Puis plus tard, peu à peu, elle se débarrasse des cannelures; le fût devient cylindrique; au chapiteau, le bouton de lotus s'épanouit en un charmant calice de fleur, et des ornements délicats, pris aussi au règne végétal, variés, du reste, à l'infini, envahissent le tout. On devine tout de suite qu'il y a un sens caché dans ce chapiteau figurant un bouton fermé et dans cet autre avec sa fleur toute grande ouverte. Les deux formes peuvent, du reste, se rencontrer en contraste dans le même monument; la première aux endroits sombres, inaccessibles au soleil; la deuxième, au contraire, dans les parties de l'édifice exposées à la lumière extérieure. Le tronc du palmier aussi a servi de type à une colonne égyptienne. Toutes ces diverses formes, au surplus, prennent plaisir à se fondre ensemble et à se diversifier encore davantage, en se mariant les unes aux autres. Il y en a une dernière, non pas la plus sévère, mais, si on peut ainsi dire, étrangement jolie, caractérisée par un chapiteau que forment, sur les quatre faces, en haut relief, quatre têtes de la déesse Hathor, encadrées de leurs oreilles de vache symbolique et supportant ensemble une sorte de dé figurant un petit temple et sur lequel s'appuie l'architrave. Notre colonnade extérieure, au Champ-de-Mars, est dans ce goût et produit, on le sait, le plus merveilleux effet.

D'ordinaire les anciens Égyptiens couvraient de sculptures, d'hiéroglyphes et de peintures toute la surface de leurs colonnes, pour les mettre en harmonie avec les splendeurs étalées sur les autres parties de leurs édifices. Ne leur enlevaient-ils pas ainsi de leur noblesse et de leur force? Sans doute; mais ils tiraient de la polychromie un si magnifique parti! Un côté vraiment faible, en revanche de leur architecture, c'est leur pilastre. Il est vrai qu'il est en lui-même fort sévèrement traité; seulement l'habitude est d'adosser contre sa face des figures debout que rien ne justifie, si ce n'est le besoin d'orner quand même. Il est tout à fait absurde qu'on ait pris à cœur de nos jours, en France, d'imiter l'art égyptien, précisément dans l'abus qu'il a fait de ces statues collées contre des pilastres, et inutiles à la solidité de l'ensemble.

LI

Il y a encore d'autres partis pris dans la construction de notre Temple, qui le font s'écarter quelque peu de son modèle, le kiosque de Philé. D'abord il a fallu l'éclairer tout autrement à l'intérieur : les quelques rayons de clarté parcimonieuse que les Égyptiens distribuaient mystérieusement dans leurs sanctuaires n'auraient pas suffi à une salle d'exposition publique. Au lieu d'un plafond fait de trois ou quatre blocs de roche, une couverture de verre était donc de rigueur. Ensuite, on a dû supprimer, pour des raisons faciles à comprendre, les deux murailles qui divisent en trois parties, reliées ensemble par deux portes, l'intérieur de l'édifice original. Les quatre colonnes du secos, enfin, ont été ajoutées, et ne sont là que comme spécimens de la colonne employée dès les premiers temps de l'ancien Empire.

Mais tout le reste est de la plus grande authenticité dans l'ensemble et jusque dans le menu détail. Les nuances mêmes des couleurs appliquées sur les sculptures sont de la plus scrupuleuse exactitude. On les a échantillonnées pour chaque motif sur l'original même. Ne pas prendre ce soin, c'eût été compromettre l'harmonie générale. Il suffit d'une erreur de ton si légère pour faire de la cacophonie avec les meilleurs éléments ! D'ailleurs, la couleur était pour les Égyptiens plus encore une affaire de symbole que de goût seulement. Elle a chez eux un sens, ni plus ni moins que la ligne. Leurs artistes ne l'admettaient que comme nos musiciens admettent le son, en exigeant d'elle davantage que de flatter seulement les sens : ils la faisaient parler à l'âme. De nos jours, malheureusement, l'analyse des diverses impressions intimes que produisent les diverses couleurs et leurs combinaisons sur la sensibilité humaine est un secret à peu près perdu.

Pour la proportion exacte des colonnes et des autres éléments qui entrent dans la construction du Temple, des mesures ont été prises sur place. La photographie aussi est venue en aide à l'architecte chargé de la délicate besogne, et enfin les estampages et les moulages pour la sculpture. Le moulage ne pouvait guère servir, à cause des difficultés qu'offre le transport d'un bon creux en plâtre. Comme il s'agissait de reproduire un choix des monuments épars tout le long de la vallée du Nil, l'estampage a dû être préféré. On sait en quoi ce procédé consiste. Une feuille de papier non collé est trempée d'eau et appliquée contre une inscription ou un bas-relief, et, à l'aide d'une brosse maniée à petits coups, prend l'empreinte, qu'elle garde ensuite après avoir été détachée et séchée. En la doublant ensuite de plusieurs autres feuilles, on en peut faire comme un moule en cartonnage, précieux surtout parce qu'il n'est ni encombrant ni fragile.

LII

Après avoir tout d'abord familiarisé notre esprit avec les étranges merveilles de l'Égypte antique, et après avoir montré ensuite comment on a pu réussir à les résumer au Champ-de-Mars en un si petit espace, il nous reste à visiter maintenant notre Temple et ses accessoires. Armés sinon de science, du moins de quelque expérience, nous le ferons d'ailleurs d'un pas rapide et comme en pays de connaissance.

Une porte d'entrée est devant nous, qui s'ouvre sur une avenue de sphinx. Elle n'est pas encastrée dans son pylône. Il ne valait vraiment pas la peine de la flanquer de ce double massif, qui est, il faut le dire, son encadrement obligé, et que nous avons admiré à Karnak dans ses proportions les plus colossales. D'ailleurs rien n'est plus aisé que de le lui restituer par l'imagination. Il serait environ deux fois haut comme elle, et trois fois plus large à la base, avec ses murailles inclinées, on le sait, de dehors en dedans, couvertes de plusieurs étages de sculptures, et couronnées d'une corniche. La corniche égyptienne a toujours beaucoup de caractère. C'est peut-être l'élément le plus fier à la fois et le plus élégant de l'architecture pharaonique. On en peut juger par celle qui repose si légèrement, si solidement par-dessus notre porte.

Mais faisons un pas vers le seuil pour voir les détails de plus près. Sur chaque montant une figure de roi est sculptée et peinte, un portrait de Pharaon. On ne sait pas son nom. Il a bien son cartouche auprès de lui, mais un cartouche vide, qui porte seulement, écrit en hiéroglyphes, *Per-oa*, c'est-à-dire Pharaon. Étymologiquement, *Per-oa* s'interprète par *grande maison* et avait peut-être en Égypte le sens que prend encore en Turquie l'expression de ***Sublime Porte***. Le rapprochement n'est-il pas curieux? Il y a, du reste, d'autres manières de traduire Pharaon.

Les deux royales figures sont assez étrangement coiffées. L'une porte une couronne blanche, l'autre une couronne rouge. Le blanc est la couleur affectée au sud, le rouge est celle du nord, et ensemble les deux couleurs signifient la domination sur la haute et la basse Égypte.

Sur le disque solaire qui orne la corniche et l'entablement il y aurait beaucoup à dire. On sait que c'est le symbole d'Ammon et des dieux qui procèdent d'Ammon. Deux vipères font de leur dos une sorte de selle où repose l'astre du jour. La queue des deux bêtes prend naissance dans le bas du disque, et, dans le haut, s'attachent deux grandes ailes éployées. Il y a un saisissant contraste entre l'envergure rayonnante de ces ailes et ces deux terribles bêtes faites pour ramper. L'ensemble de la figure rappelle un peu un beau fruit d'où l'on verrait surgir un ver. A force d'accepter avec une résignation sage, et comme une nécessité de nature, le mal toujours à côté du bien, les Égyptiens s'empoisonnaient la vie : ils n'imaginaient le jour lui-même que rongé éternellement par la nuit. Dans une pareille disposition d'esprit nul enthousiasme n'est possible, nulle joie; c'est un trait de caractère.

Outre l'impression générale du symbole, que les savants négligent un peu trop peut-être, on en interprète les détails. La vipère de droite signifie tous les dangers qui peuvent venir du nord, et l'autre tous ceux qui peuvent venir du sud. Les deux grandes ailes sont le développement des horizons.

LIII

Nous voici dans l'avenue de sphinx. Chaque temple avait ainsi sa voie sacrée. Les sphinx qui décorent la nôtre sont des moulages de celui du Louvre. Ils remontent à la dix-huitième dynastie. Leur double file, comme c'était l'usage, se termine par deux statues placées à l'entrée même du Temple et se présentant de face. Ces statues offrent une particularité curieuse : elles sont en réalité l'œuvre d'un roi de la treizième dynastie, et pourtant elles portent le cartouche de Ramsès II, qui appartient à la dix-huitième. Ramsès les a usurpées. Il n'est pas rare de rencontrer ainsi sur des monuments le cartouche d'un roi soigneusement martelé et son nom remplacé par un autre.

Il nous faut maintenant élargir par la pensée, allonger d'un ou deux kilomètres notre avenue en miniature, et nous figurer son aspect par un jour de fête, pendant que les prêtres du Temple promènent lentement, entre la multitude des sphinx accroupis, la châsse du dieu et ses insignes en une longue et pompeuse procession, au milieu du concours des fidèles. Les Égyptiens avaient une sorte de fête de Pâques précédée d'un carême. On la célébrait surtout à Bousiris, et aussi à Philé, à Abydos, en l'honneur d'Osiris mort et ressuscité. Les cérémonies en sont curieuses et très-propres à donner une idée du culte pharaonique. Notre décor enfin s'y prêtant, voyons la pâque égyptienne, quoique, du reste, la chapelle qui a servi de type à notre Temple ne soit pas dédiée spécialement à Osiris et n'ait jamais servi à cette solennité, sans doute.

Typhon passait pour avoir tué Osiris le jour même où le soleil entre dans le signe du Scorpion, et, en même temps donc que la saison des chaleurs, les fêtes commémoratives des funérailles du dieu commençaient sur les bords du Nil. On accourait de partout le pays pour y prendre part. Des prières et des jeûnes étaient institués; hommes et femmes, en faisant de grandes lamentations, se frappaient la poitrine. Après quoi la troupe des fidèles se mettait en route à travers champs, emportant avec elle l'image d'Isis, la douloureuse veuve, à la recherche du cadavre du bien-aimé, chantant des cantiques plaintifs, au bruit d'une sorte de crecelle ou de castagnettes en métal, qui devaient avoir pour effet de faire fuir Typhon. La quête symbolique se poursuivait même la nuit, à la clarté des lampes et des flambeaux. Puis, tout à coup, les prêtres entonnaient une sorte d'alléluia : « Réjouissez-vous, nous l'avons trouvé! » Et on procédait à l'ensevelissement d'Osiris. On taillait le bois pour le sarcophage du dieu; on faisait, avec du lin, des bandelettes, afin d'en envelopper la momie; on percevait les offrandes d'usage et on couvrait les images d'Isis avec des voiles noirs de byssus. Enfin, au premier signe de végétation que donnait la terre, le deuil partout cessait, et on fêtait en grande pompe le dieu éveillé à une vie nouvelle.

LIV

Le sentiment qui domine dans la bonne architecture égyptienne, et qui se dégage de notre Temple, est je ne sais quel sentiment de plénitude, de satisfaction entière, profonde. On ne connaissait pas en Égypte les élans inquiets, les aspirations à perte de vue qui caractérisent l'art chrétien au moyen âge et que nos cathédrales traduisent si bien avec les pointes de leurs ogives, leurs piliers et leurs hautes flèches. On n'avait pas de ces désirs; on était satisfait à moins. En revanche, on n'élevait pas de hauts édifices sans y mettre la masse suffisante. Il y avait toujours équilibre entre le but à atteindre et les moyens qu'on mettait en œuvre. Ce qui préoccupait, c'était de faire les colonnes bien assez grosses pour satisfaire même les plus exigeants, et d'en disposer à la file un nombre suffisant, incontestablement suffisant. Suffire et satisfaire, dans ces deux mots est le secret intime de l'architecture égyptienne, lorsqu'elle ne s'égare pas dans le symbolisme et qu'elle ne prétend pas étonner comme dans les exagérations gigantesques de sa décadence. Les Grecs l'ont ainsi compris, et, en s'inspirant des constructions qui leur ont servi pour leurs temples, ils en ont pris avant tout cet esprit de plénitude.

Mais laissons là les impressions obscures pour prendre de notre édifice une vue claire. Il mesure neuf mètres de haut, sa largeur est de dix-huit et sa profondeur de vingt-cinq mètres. Il se décompose le plus simplement du monde en ses diverses parties. Il n'y a pas trace de socle; il est en communication directe avec la terre où il s'enfonce. Aux quatre angles de la surface rectangulaire qui lui sert d'assiette, quatre piliers à murs inclinés légèrement de dehors en dedans s'élèvent. Sur la grande façade sept colonnes, et sur la petite quatre seulement, aident les piliers à porter l'entablement et la corniche, dont la ligne droite fait de tous les côtés une découpure horizontale sur le ciel. De même qu'il n'y a pas de socle, il n'y a pas de toit; car on ne peut guère appeler de ce nom un assemblage de blocs de pierres faisant une sorte de dallage plat.

LV

Du plus loin qu'on voit le sanctuaire, on reconnait la divinité à qui il est dédié. Les colonnes, en effet, ont le chapiteau à tête d'Hathor surmontée du dé de pierre en forme d'autel, avec les oreilles de vache pendantes, un des signes caractéristiques de la déesse. Un autre de ses symboles orne la corniche de l'édifice sur les deux côtés et sur le derrière : c'est un collier accompagné d'un cartouche vide et qui alterne avec trois palmes. Les palmes représentaient primitivement des plumes d'autruche et expriment l'idée de vrai, de véritable. Le collier, à la fois chaine et parure, signifie le saint amour. Sur l'entablement, au droit de chaque colonne figure encore la tête d'Hathor ornée de ses attributs. Mais ici la déesse n'est plus seule, un enfant est avec elle et de chaque côté lui rend hommage. Cet enfant est son fils, Hor-sam-to, Horus le fils. Il tient le sistre et une sorte de collier. On n'a pas oublié que sa mère s'appelle la « Reine de la danse et de la joie. » Danse et joie d'ailleurs doivent se prendre ici dans un sens mystique, comme encore les autres détails de la décoration, par exemple les fruits, les fleurs aux couleurs variées qu'un disque solaire surmonte. De chaque côté, il y a un épervier debout sur le caractère *or*, c'est-à-dire sur le symbole de l'union du Sud et du Nord ; il a les ailes étendues ; la palme et le sceau noir qu'il tient dans ses serres font allusion, l'une à la victoire remportée sur le mal, et l'autre à des idées d'éternité. Un surnom d'Hathor, c'est la « Princesse du soleil ; » elle est par là en affinité avec Ra, et ainsi s'explique la présence de plus d'un emblème solaire sur le temple. Mais son rôle essentiel consiste à être, en même temps que la mère d'Hor-sam-to, la compagne d'Horus, tous trois formant une triade secondaire du panthéon égyptien, une sorte de divine famille plus jeune d'une génération que la sainte famille où Osiris est le père, Isis la mère, et Horus le fils. Aussi la dédicace du sanctuaire n'est-elle pas faite à Hathor seule, mais encore aux deux divinités ses acolytes inséparables. Le premier rang, il est vrai, lui est réservé de la façon la plus visible ; sa châsse ne peut être que la maîtresse-châsse du temple, quelque chose comme le maître-autel de nos églises. Pourquoi ne pas le dire ? Tout cela rappelle un peu le culte de Notre-Dame, étroitement lié à l'adoration des deux premières personnes de notre propre Trinité. Mais au fond quelle différence et comme cette grande vache de l'égyptianisme est loin d'une vierge de Raphaël ! Il y a bien loin aussi entre notre saint Louis, par exemple, consacrant quelque sainte chapelle, et ce Ptolémée, fondateur du sanctuaire, qu'on voit, sur les tableaux des massifs entre les colonnes et sur les plans inclinés des murs d'angle, occupé à jouer son rôle de roi-pontife. Les actes symboliques qu'il accomplit ne sont pas sans valeur religieuse, sans doute : il se présente successivement devant les trois divinités du lieu, leur offre des pains sacrés, et tantôt des liquides, tantôt des végétaux, ou bien encore se livre à quelque autre exercice prescrit par le rituel ; et tout cela, à la rigueur, s'interprète le plus pieusement du monde. Mais dans les scènes où il sacrifie au divin enfant, au fils, celui-ci, au lieu d'avoir la face tournée vers lui et de se laisser adorer naïvement, s'arrange de manière à prendre lui-même la posture de l'adoration. Étrange spectacle, et bien égyptien, d'un dieu ayant l'air de dire à un roi qui vient lui rendre hommage : « Vous êtes bien bon ; mais, tout au contraire, c'est moi qui suis votre serviteur ! »

LVI

Dans l'intervalle entre chaque colonne, sous l'entablement, court une inscription dédicatoire s'ouvrant du milieu de la façade, à droite et à gauche, pour se fermer, aussi au milieu, en arrière. Voici comment il faut la lire, d'après M. Mariette, à qui nous en empruntons la traduction : L'*Horus* (ici le nom de l'enseigne en blanc), *l'Horus vainqueur, le roi de la haute et de la basse Égypte, le seigneur des deux mondes, le maître absolu* (ici le nom du roi en blanc). *Il a fait* (ce temple) *en souvenir de sa mère Hathor, dame de On* (Denderah), *la grande, la maîtresse de l'éternité, la fille du soleil, la régente, la dame des fleuves, de la terre, des astres, des eaux, des montagnes, la divine mère, la dame de....., qui réside à On, la rectrice des dieux, la maîtresse de Torer* (un des noms de Denderah). *Son fils est Horus de Hout, seigneur du ciel, qui réside à On ; il est Harsiésis, qui réside à On ; il est le seigneur du ciel et le seigneur de la terre, qui réside à On et à Torer ; il est le dieu grand, père des dieux, le seigneur de l'éternité à toujours. C'est ce qu'a fait* (à Hathor) *le fils du soleil, aimé d'Hathor.*

LVI

Revenons en avant du Temple. Il a déjà été question des tableaux qui décorent les massifs entre les colonnes, et les décrire tous en détail serait inutile. Arrêtons-nous cependant devant ceux de la façade principale. Grâce aux notions mythologiques données plus haut, nous n'hésiterons guère à reconnaître tout de suite les personnages en scène. Des hiéroglyphes accompagnent chaque figure et disent ses noms et ses titres, à peu près comme des lettres gothiques ou romanes le font pour les saints de nos églises du moyen âge.

A droite de la porte d'entrée, sur le premier tableau, est un groupe pieux composé d'Isis, d'Horus, d'Harveris et de Ptolémée. Le sceptre d'une main, la croix ansée de l'autre, symboles de la puissance et de la vie éternelle, la déesse est assise, et, derrière elle, son fils, debout, porte sur la tête la couronne du Nord et du Sud. Harveris présente le sistre et tient le *menat*. Ptolémée, le casque en tête, fait le geste de l'adoration d'une main, et de l'autre tient le sistre. — Sur le deuxième tableau de droite, Ptolémée adore Isis elle-même : sa main n'est plus levée ; au contraire, il a les bras tombants. Autre chose est prier Isis, et autre chose est rendre hommage à Harveris. Derrière la déesse est une image d'Hathor, sous forme d'oiseau à tête humaine.

A gauche de la porte d'entrée, dans le premier tableau, Ptolémée fait ses dévotions à Horus, au fils, pendant qu'Harveris, de son côté, présente le sistre à Hathor. Puis, en contraste, le deuxième tableau nous montre de nouveau le roi dans une attitude mâle, la couronne rouge sur la tête, en présence d'Harveris, tandis que Hathor et Harpocrate n'y figurent plus que sous forme emblématique, comme pour marquer que tout ce qui est féminin passe ici au deuxième plan.

LVII

En entrant dans le couloir circulaire, on se trouve, d'un seul pas, bien au delà de l'antiquité ptolémaïque. On passe tout à coup d'un art qui a précédé de peu de temps le Christ à un art contemporain de Moïse et de Joseph.

La porte qui donne accès dans la cella ou naos est décorée d'une légende en très-beaux hiéroglyphes, que M. Mariette traduit ainsi : L'*Horus, le taureau puissant couronné dans la Thébaïde, celui qui fait vivre la haute et la basse Égypte, le fils du soleil, le soleil stabiliteur de justice, le roi de la haute et de la basse Égypte, Séti, l'aîné de Phtah, l'aîné d'Ammon-Ra, qui réside dans le Ra-men-ma* (nom du grand temple d'Abydos, d'où la légende est tirée). Ce Séti est un Pharaon de la dix-neuvième dynastie.

Le plafond du couloir circulaire est d'un temps un peu plus reculé. Il est orné de cartouches et d'étoiles sur fond bleu. Nous reverrons ailleurs encore ce cartouche. C'est celui d'une reine nommée Aahotep, dont M. Mariette a retrouvé la momie dans un tombeau près de Thèbes, avec un grand nombre de bijoux tout aussi curieux que précieux, et exposés dans la salle intérieure de notre Temple. Aahotep était sans doute la mère d'Amosis, le vainqueur des Hycsos, le premier roi de la dix-huitième dynastie.

Dans les entre-colonnements il y a des bas-reliefs qui proviennent de Denderah. Ils ne sont que du temps de César et de Cléopâtre; mais ils ont cela de précieux qu'ils sont des moulages sans retouche.

LVIII

La paroi du couloir dans laquelle la porte de la cella est percée porte une décoration particulièrement intéressante. C'est une série de peintures militaires donnant une idée très-exacte d'une expédition maritime et d'un débarquement suivi d'une campagne sur une plage lointaine, au temps de la dix-huitième dynastie, pendant le règne de Thoutmès III, sous la régence de sa sœur, la reine Hatasou. L'original est à Thèbes, dans le temple de *Deïr-el-bahari*, construit par ordre de Hatasou, et décoré afin de perpétuer le souvenir de cet événement historique remarquable. Le pays ainsi envahi par les Égyptiens environ cent ans après l'expulsion des Hycsos, dans le seizième siècle avant notre ère, est désigné, dans les inscriptions qui accompagnent ces peintures, sous le nom de *Pount* ou de *Poun*, et probablement il n'est autre que celui des Poeni, les Phéniciens de nos traditions classiques. Les Phéniciens alors étaient loin des temps de leur splendeur future. Ils habitaient encore, au sud de la Syrie, le pays qui a été leur berceau et d'où plus tard ils se sont répandus le long de la mer Rouge et en colonies nombreuses sur les côtes de toutes les mers connues. Il ne paraît pas, du reste, qu'ils aient opposé une énergique défense à l'invasion égyptienne, car nos tableaux ne relatent rien d'une bataille sanglante.

Le peintre d'histoire de la reine Hatasou a réduit la campagne de Pount en plusieurs scènes que M. Mariette, faute de place, n'a pas pu reproduire toutes, mais dont on voit, du moins, les principales superposées dans notre Temple, de chaque côté de la porte du naos.

La première, dans l'ordre logique, est celle d'en bas, à main droite. Une mer aux flots verts porte la flotte égyptienne. Il y a trente rameurs par barque et plusieurs grandes voiles carrées. Dans les cabines veillent les capitaines. On a là un fidèle échantillon des navires de guerre pharaoniques, avec leurs mâts faits de deux pièces reliées par des câbles, leur tailloir vertical comme l'avant d'une gondole vénitienne, et leur poupe élégamment recourbée en fleur de lotus épanouie. Diverses espèces de poissons habitent la mer que la flotte traverse et sont curieusement figurées dans les flots.

Dans une deuxième scène, l'expédition est en train de débarquer en terre ennemie. Les chaloupes sont à l'œuvre, transportant des outres et des jarres, pleines de provisions sans doute, sur un rivage bordé d'arbres auxquels la flotte est amarrée.

Dans la troisième scène, la deuxième sur notre paroi de gauche, en commençant par en bas, l'armée rencontre les ennemis. Mais ceux-ci ne viennent pas lui disputer la côte, et leur attitude est suppliante. Un général est à leur tête avec son épouse. Le réalisme égyptien s'est donné pleine carrière en faisant de cette femme une sorte de portrait-charge. L'infortunée, du reste, y prêtait beaucoup : elle était affligée d'une obésité épouvantable dont la reine Hatasou n'a pas manqué de s'égayer elle-même, sans doute, en son temps. Le paysage où l'événement se passait est caractérisé par quelques arbres et une hutte bâtie en forme de coupole, dans laquelle on montait par une échelle.

La paix est décidément faite dans les deux scènes suivantes, et les tributs à payer par les vaincus sont consentis. Divers chefs de Pount accourent rendre hommage au général de la reine Hatasou. Une troupe d'indigènes les suit tenant en laisse des animaux sauvages, portant des arbres en pleine verdure dans des paniers, avec les racines soigneusement entourées de terre, et qu'on espère acclimater en Égypte. Peut-être est-ce là aussi un symbole signifiant qu'on a transplanté, par suite du droit de la guerre, des hommes d'un pays dans l'autre.

En passant maintenant à la paroi de gauche, et commençant toujours par en bas, nous voyons, dans un premier tableau, les préparatifs du retour. On entasse à bord, à l'aide d'une planche qui relie au rivage les navires échoués avec leurs voiles abaissées, des outres, des jarres, de l'ivoire, des ballots de richesses, fruit de la victoire. Des singes, grimpés dans les vergues, font-ils allusion peut-être à ce fait que les Phéniciens, avant de fonder une civilisation propre, ont commencé par imiter maladroitement les Égyptiens?

Un autre tableau nous montre des canges royales richement ornées, qui voguent gaiement sur le Nil. Elles sont l'escorte d'avant-garde de l'expédition qui remonte vers Thèbes, et qu'elles vont annoncer à la capitale.

Dans les deux derniers tableaux, enfin, les troupes débarquées sont en marche pour faire, sans doute, leur entrée triomphale. Des palmes, en signe de victoire, sont dans toutes les mains. Il y a des trompettes et des tambours. Les armes sont la pique, la hache, l'arc et le carquois. Les forces de l'Égypte entière participent au triomphe, car des deux régiments qui y figurent, l'un s'appelle le régiment d'Ammon, l'autre le régiment de Phtah. On se rappelle qu'Ammon était le dieu de Thèbes, et Phtah celui de Memphis.

LIX

Un coup d'œil sommaire sur les trois autres parois intérieures du couloir circulaire suffira pour donner une idée de la manière dont elles sont décorées. Au milieu de chacune est une stèle provenant du temple d'Abydos et fournissant de précieuses lumières sur le règne du Pharaon Séti Ier. C'est encore au même temple qu'appartiennent les peintures qui couvrent le reste des murailles en deux registres superposés. Dans le registre inférieur, Séti offre aux dieux ses prières et ses adorations; et, pour nous servir de l'expression même par laquelle M. Mariette en résume le sens, les dieux, en échange, lui accordent la victoire, la force, la grandeur et la vie éternelle pour des millions d'années. Le Pharaon y figure à peu près grand comme nature, et l'ensemble des personnages, comme aussi les détails et les ornements accessoires, sont d'une élégante finesse. Il faut comparer ces tableaux du couloir avec les bas-reliefs des façades extérieures pour voir de combien l'art égyptien est déchu de Séti Ier aux Ptolémées. Le registre supérieur est orné d'une série de châsses en forme de barques, images fidèles de celles qui étaient déposées dans le sanctuaire d'Abydos. Il nous reste peu de chose à dire sur ces meubles sacrés après tout ce qu'on a pu en lire plus haut. On sait que les matières les plus précieuses servaient à les confectionner et à les enrichir. La cabine sainte, au milieu, recouverte d'un voile, recevait la figure du dieu ou son emblème.

LX

Pénétrons enfin dans la salle intérieure. Le plan général en est conçu d'après le tombeau d'un prêtre qui vivait à Memphis sous la cinquième dynastie, et qui s'appelait Kaa. Il est inutile, à ce propos, de répéter que l'architecture pharaonique était une et la même pour le sanctuaire des temples et les cryptes des sépultures.

On a déjà vu aussi que, par le mode d'éclairage, l'intérieur de notre construction diffère du monument pris pour modèle. Il n'y a pas cette abondance de lumière dans les tombes égyptiennes. Le jour, ou bien n'y était pas du tout admis, ou bien n'y pouvait entrer que par d'étroits soupiraux ménagés à l'intersection du plafond et des parois verticales, et parfois même encore d'épais verres de couleur l'arrêtaient au passage. Sur les quatre colonnes qui supportent les deux travées de la salle, il ne nous reste non plus rien à dire. On sait que la tombe de Kaa n'en a pas, mais que leur emploi, du reste, était fréquent et qu'elles n'ont été mises en place que comme spécimen de la première et antique forme donnée par les Égyptiens à cet élément de leur architecture. Nous insisterons encore moins sur les traces partout visibles d'un âge où les Égyptiens construisaient en bois et non pas en pierre. La forme des colonnes elle-même, on ne l'a pas oublié, est empruntée à plusieurs fortes tiges liées ensemble en haut et en bas, et tous les reliefs des murailles de pierre sont une imitation archaïque d'une sorte de charpente faite de lattes et de poutrelles prismatiques qui s'agencent à angle droit les unes dans les autres.

LXI

Le plafond nous arrêtera un peu plus longtemps. L'étrange motif qui le décore se retrouve, non-seulement dans les monuments de l'ancien Empire, mais encore dans ceux du nouveau, et à Thèbes comme à Memphis. Il figure un toit plat de feuillage, et le règne végétal en fait tous les frais. C'est une idée heureuse et charmante que celle qui ne met ainsi, même dans le sépulcre, entre l'homme et le ciel, que de la feuillée pour écran, et les Égyptiens ont bien fait de ne pas la laisser tomber en désuétude. Un entrelacement de tiges et de feuilles avec des calices ouverts de lotus, telle est cette décoration. Elle est copiée sur celle du tombeau de deux fonctionnaires de Memphis, qui s'appelaient *Ti* et *Phtah-Hotep*, et dont on lit les noms au milieu des calices de lotus.

Le long du plafond se déploient, sur une sorte d'encadrement, des légendes en grands hiéroglyphes qui sont de même provenance. Nous en empruntons à M. Mariette la traduction suivante. Celle de droite se lit : *Le chef des secrets* (le secrétaire) *de la maison d'adoration dans le cœur de son maître, l'un des familiers de l'amitié* (du roi) *Ti.* (O toi qui es) *enfanté par le ciel,* (toi qui as été) *conçu de Nout,* (toi qui es) *issu du germe de Seb, qu'il aime, ta mère Nout s'étend sur toi en son nom d'Abîme du ciel! Elle fait un dieu de toi, en annulant tes ennemis,* (ô toi qui es) *chargé de tous les travaux du roi Ti.* L'invocation de gauche s'adresse à Phtah-Hotep, *un des familiers de l'amitié* (du roi), *le chef du... du Pharaon, le chef de tous les travaux du roi, le parent du roi;* et elle n'est, du reste, sauf le nom et les titres, que la répétition de la première.

LXII

Une série de sept stèles décorent les murailles de notre salle intérieure; elles sont tirées aussi des tombeaux de Ti et de Phtah-Hotep et ont été reproduites avec une exactitude scrupuleuse. La religion, le dogme, du moins, n'entre pour rien dans les scènes qui y sont représentées, et on se rappelle que c'est là le caractère distinctif de tous les monuments pharaoniques qui remontent à l'ancien Empire. Il ne faudrait pourtant pas admettre que ces peintures, quoique la vie réelle en fasse tous les frais, aient pour unique intérêt de nous donner une idée des seules occupations matérielles au milieu desquelles s'est écoulée l'existence du défunt. On a peine à croire que l'artiste égyptien, en créant ses compositions, n'ait pas eu quelque arrière-pensée symbolique. Quand il nous montre une chasse, n'est-ce rien qu'une chasse, ou n'est-ce pas plutôt quelque grande scène de la vie morale matérialisée en une image? Ses pasteurs, ses pêcheurs, ses agriculteurs ne sont-ils pas, comme ceux de la Bible et des ballades, des incarnations idéales, sans cesser, du reste, d'être hommes en chair et en os? Faut-il les prendre, eux et leurs actes, au propre seulement et non pas aussi au figuré? A ces questions nous ne craignons pas de répondre affirmativement. Prenons un exemple pour être plus clair. La figure d'un personnage se mettant une couronne sur la tête donne tout de suite l'idée d'un homme s'emparant du pouvoir : pourquoi un homme labourant à la charrue ne signifierait-il rien? Nous avons bien encore de nos jours le pain et le vin de la vie, et la houlette pastorale n'a pas perdu tout son sens pour nous. Le difficile est d'expliquer ce que les Égyptiens entendaient sous leur peinture; mais, on ne saurait en douter, il y a là quelque chose qui est à chercher.

LXIII

Sans insister davantage, faisons le tour de nos stèles. Nous commençons par la droite.

Dans les divers registres de la première, il se passe des faits qui ont la terre ferme et l'eau pour théâtre. Tout d'abord on fabrique du vin, le lait de la vie; puis des animaux féroces, symbole peut-être des passions les plus redoutables, sont mis en cage, tandis que des bêtes moins dangereuses, des hyènes lâches et des lévriers étourdis et légers, sont tenus en laisse par des serviteurs de la maison de Phtah-Hotep. Après quoi le jeune homme se met en chasse de quelque antilope, la bête aux yeux charmants et doux, et presque en même temps on voit un lion en lutte contre un taureau et un hérisson qui sort de son trou. Voici une chasse à l'oie. Les oies jouaient leur rôle en Égypte, témoin cette inscription : « Travaille, et une oie te sera donnée pour ta fête! » L'animal amphibie sert ici de transition pour une scène de pêche, et maintenant nous sommes sur l'eau et nous voyons prendre et préparer du poisson. Tout cela, au fond, est plein, si nous ne nous trompons, d'idées didactiques. Ensuite des mariniers, en pleine eau, font une joûte, et enfin une scène de gymnastique sur la terre ferme clôt la série.

La deuxième stèle donne à Phtah-Hotep, avec les autres titres que nous lui connaissons déjà, celui de ***Prêtre du roi de Schafu.*** Est-il tout à fait certain que les Pharaons se faisaient rendre au fond de leur palais un culte religieux? Phtah-Hotep n'a-t-il pas été simplement dans sa jeunesse un des pages du roi?

La troisième de nos stèles célèbre Ti, fonctionnaire et prêtre. Elle est consacrée à représenter les diverses phases de la fabrication des vases. Un transport de deux statues y est aussi figuré, et des sculpteurs dans leurs ateliers, des bateaux en construction sur leurs chantiers, des menuisiers. Deux nains font des colliers : nous n'avons pu les regarder à l'œuvre sans penser à ces poëtes de courte haleine qui enfilent leurs idées en quelque stance élégante. Peut-être avons-nous affaire ici à des choses plus intéressantes encore qu'elles n'en ont l'air à première vue.

La quatrième stèle renferme des moulages en plâtre de vieux vernis. La finesse des détails est admirable, ainsi que le soin de l'exécution. Les pièces originales proviennent de la même tombe que les peintures.

Dans la cinquième, des barques offrent leurs voiles au vent. Sont-elles destinées seulement à perpétuer peut-être la manière dont les Égyptiens avaient résolu le problème de la navigation au temps de Ti et de Phtah-Hotep? Non, sans doute; mais elles symbolisent encore, comme les vaisseaux et les canots dans les marines de Rembrandt, de grands hommes et de grandes choses alors à flot sur l'océan de la vie. Puis, au centre du deuxième registre, une chasse à l'hippopotame est figurée; elle se fait dans les marais. L'hippopotame est un animal qui aime à se rouler dans les eaux; et, vorace, paresseux, avec sa tête de cheval et son corps de pourceau énorme, il est l'image ici de quelque vice, sans doute. Enfin viennent diverses scènes de pêche et de vie fluviale.

Nous n'avons rien à dire de la sixième stèle, si ce n'est qu'elle répète identiquement la deuxième. La septième nous donne des aperçus sur la vie pastorale et agricole. Ici le sous-sens est évident, et dès le premier registre il éclate. La Bible, du reste, nous a familiarisés avec le sujet. A gauche, des pasteurs conduisent des boucs et des chèvres à grandes cornes, et, grâce à eux, les bêtes paissent sinon en liberté, du moins en sécurité. A droite, des agriculteurs bêchent la terre avec des hoyaux, vigoureux remueurs du sol, féconds et hardis travailleurs. Mis d'abord en contraste les uns avec les autres, les premiers contemplatifs et satisfaits, les seconds inquiets et pleins d'activité, ils s'entendent bientôt pour amener des bœufs blancs en sacrifice et pour engraisser dans les basses-cours des demoiselles de Numidie et des oies. Les autres registres enfin sont consacrés au même ordre d'idées, et sont précieux surtout parce qu'ils fournissent sur la poésie de la vie agricole des lumières qui complètent merveilleusement ce que la Bible nous révèle sur la poésie de la vie pastorale.

LXIV

L'architecture, la peinture égyptienne ne nous occuperont plus longtemps. C'est la statuaire à son tour et la joaillerie qui vont désormais captiver notre attention. Il ne nous reste plus qu'à décrire, d'une vue rapide les morceaux de choix envoyés du musée de Boulak à l'Exposition universelle. Ici il ne s'agit plus ni de moulages, ni d'estampages, ni de copies : sculptures et bijoux, toutes les œuvres rares qui maintenant sollicitent autour de nous notre curiosité, des mains égyptiennes les ont taillées dans la pierre, les ont ciselées dans l'or, des yeux égyptiens les ont admirées telles que nous les admirons nous-mêmes. Il n'y a pas d'ouvrage humain portant avec lui sa date qui soit aussi antique que plusieurs de ces objets. Ils ont tous cela de particulièrement précieux qu'ils appartiennent, à peu d'exceptions près, à l'ancien Empire. Le Louvre ne renferme guère rien d'aussi vieux. Des hommes contemporains des pyramides ont manié et touché plus d'une de ces choses, et dans le nombre nous en rencontrerons même qui étaient achevées déjà alors que la deuxième pyramide ne sortait pas encore de terre. D'autres ne remontent qu'au temps de Moïse. Moïse a pu coudoyer dans quelque avenue de sphinx les ouvriers chargés de les faire pour le compte du Pharaon ou d'un haut personnage, au moment même où peut-être ils allaient les livrer. Mais on n'a pas oublié, sans doute, tout ce qu'on a lu plus haut sur l'effrayante antiquité de la civilisation et des arts en Égypte, et il est inutile d'insister davantage. Ce serait aussi une redite que de rappeler que les produits du génie pharaonique sont plus parfaits à mesure qu'on les prend dans un âge plus reculé : on en sait assez long sur l'étrange fait d'un peuple sans jeunesse, chez qui rien ne révèle les tâtonnements inévitables de tout commencement, déjà vieillot, au contraire, dans ce qui nous reste de ses origines les plus lointaines. Un mot d'ailleurs dit tout : il n'y a pas de période archéologique dans l'histoire des arts pharaoniques. Les Égyptiens, dans leurs monuments les plus primitifs, nous apparaissent en pleine possession déjà de toute l'expérience nécessaire à l'artiste pour voir clairement la nature et la reproduire d'une main sûre.

LXV

Qui donc a mieux vu la nature, qui donc l'a imitée d'une main plus sûre? Aucun peuple peut-être. On n'est pas *naturaliste* en religion sans être *réaliste* en art. Il faut voir de près avec quelle scrupuleuse et savante fidélité les animaux sacrés, tout en prenant je ne sais quel caractère étrange, gardent dans les statues et jusque dans les inscriptions hiéroglyphiques, leur figure spécifique, leur aspect précis, le port juste des têtes, leur accent propre, leur vie vraie. L'homme n'est pas autrement traité : tout en portrait, depuis les colosses jusqu'aux statuettes. Il y a un Ramsès à Turin, il y en a d'autres ailleurs, il y en a un gigantesque à Ipsamboul; faites-les tous se rencontrer ensemble et soyez sûrs qu'ils se reconnaîtront. Plusieurs bas-reliefs représentant des types de race sont venus heureusement jusqu'à nous, et ces types sont d'une vérité qui confond l'ethnographe.

Ce qui n'est pas moins prodigieux ensuite, c'est la patience et l'habileté que les Égyptiens mettaient à dompter, du ciseau et du burin, la matière la plus rebelle. La dureté du marbre n'est rien auprès des difficultés qu'offrent le diorite, par exemple, la serpentine, l'albâtre ou seulement le granit rose. Qu'on aille examiner de près le genou de notre statue de Chéfren, entre autres, et on sera émerveillé de l'adresse nécessaire pour donner à de la pierre incomparablement résistante une si grande souplesse et l'aspect même de la chair vivante.

Malheureusement tout cela contrarie parfois nos idées sur le beau. Où l'idéal manque, la beauté manque. La réalité, même imitée en toute perfection; le caractère, même saisi d'un œil clair et expérimenté, même rendu avec la patience du génie, ne suffit pas aux exigences de notre sentiment artistique. Grâce aux Grecs, nos maîtres, nous caressons de plus hautes tendances.

LXVI

Quant aux vicissitudes que la statuaire égyptienne a subies tout le long de son histoire, peu de mots suffiront à fixer les idées à cet égard. Les figures des premiers temps, en statues comme en bas-reliefs, sont plus trapues. Il y a plus de liberté dans leurs attitudes et dans leurs mouvements, de meilleures proportions, une plus grande fidélité, une plus grande énergie dans le rendu des muscles. Quand elles sont peintes, les couleurs y sont fixées avec plus de soin et, en général, le travail en est d'une finesse, d'une conscience extrêmes. Après l'invasion des Hycsos, toutes les formes s'allongent, deviennent grêles et maigres, comme si la race s'était amaigrie sous l'action du climat ou, ce qui est plus probable, par suite d'une riche infusion de sang nouveau. Les Hycsos, on le sait, étaient d'origine sémitique, et le Sémite est de taille élancée. A partir aussi du moment où Thèbes remplace Memphis se fait sentir dans les arts cette fatale et morne influence hiératique que nous avons vue étouffant sous le rite la religion elle-même. Par intervalles, il est vrai, les monuments accusent des velléités de renaissance; mais, d'oscillation en oscillation, le niveau fatalement atteint n'en tombe pas moins de plus en plus bas. La sincérité et le soin, ces deux vertus artistiques que l'ancien Empire connaissait à un si haut degré, se perdent de plus en plus, et les Égyptiens finissent ainsi par laisser dégénérer leur statuaire et les diverses branches de la sculpture infiniment plus encore que leur architecture.

LXVII

La série de nos statues est unique au monde, et toutes elles méritent qu'on s'arrête un instant devant elles. Plusieurs ont été restaurées sous la direction de M. Mariette même. Elles proviennent presque toutes de ces réduits cachés qu'offrent les tombes des anciennes nécropoles de Memphis et qu'on nomme des *serdab*. On remarquera les caractères généraux du type qu'elles représentent : la taille bien prise, la tête petite, les yeux bien ouverts, le nez court et rond, la bouche épaisse et bienveillante, les joues pleines, les épaules carrées, les pectoraux puissants, les hanches très-effacées, les jambes nerveuses et sèches. M. Mariette, à qui nous empruntons ces détails ethnographiques, ajoute qu'ils se retrouvent encore de nos jours dans le fellah des provinces moyennes.

1. — C'est le portrait, plus grand que nature, de ce Schafra ou Chéfren, qui fit construire la deuxième pyramide, un vrai portrait et évidemment ressemblant. La tête, d'une expression si personnelle, ne peut avoir été, en effet, que modelée d'après nature. Ensuite les inscriptions gravées sur le socle ne laissent à cet égard aucun doute. Le monument représente bien Chéfren. Il y a soixante siècles que ce Pharaon vivait et que vivait l'artiste qui a fait le chef-d'œuvre. La matière employée est le diorite. Le Pharaon est assis dans l'attitude d'un dieu jouissant de son éternel repos, mais en tout temps prêt à sortir de son immobilité. Il a la main gauche al-

longée sur la cuisse et de l'autre il tient une bandelette ployée. Sous la forme de l'épervier sacré, aux ailes étendues, Ra est debout derrière sa tête et le protége. Sur les côtés du siége deux tiges de plantes sont sculptées en haut-relief : elles figurent la haute et la basse Égypte, qui étaient, par conséquent déjà, au temps de Chéfren, réunies en un seul et même Empire. L'effigie si tranquille et si calme du majestueux Pharaon a été trouvée par M. Mariette au fond d'un puits à eau, dans l'enceinte de ce curieux temple de Hor-em-Khou (Armachis) qui fait face au grand sphinx. Quelque révolution sans doute a déchaîné contre le roi la fureur populaire, on ne sait en quel temps, et sa statue, arrachée du lieu saint, fut précipitée.

2.—Encore Chéfren, assis. Ce sont bien les mêmes traits; mais le roi est devenu vieux, et il n'était encore qu'en pleine maturité d'âge alors qu'il se fit tailler la précédente image. Toutes les deux, du reste, furent trouvées ensemble et encore les débris de huit autres, trop mutilées pour que M. Mariette ait pu songer à les restaurer. Celle-ci est d'un travail plus rude et d'un style moins bon, quoique tout à fait de la même époque.

3.—Après le Pharaon, voici maintenant une sorte de connétable ou de ministre d'État, un des hauts personnages de sa cour. On ne sait pas son nom; mais il est hors de doute que, s'il n'a pas servi Chéfren lui-même, il a servi quelque roi de sa dynastie. Lui aussi il vivait il y a au moins six mille ans. On lui a, du reste, réussi son portrait mieux encore qu'à son maître. Est-il possible d'obtenir d'un morceau de bois, car la statue est en bois, qu'il rende une physionomie humaine avec plus de vérité? C'est d'un réalisme parlant. Comme les Pharaons s'identifiaient avec les divinités, l'artiste, n'ayant ici affaire qu'à un simple mortel, s'est évidemment senti plus à l'aise. Il n'y a plus guère de gêne hiératique, ni dans le port de tête, ni dans le geste, ni même dans les divers détails du corps. Tout est traité avec un sentiment très-exact de la nature. La chevelure du héros est courte, comme il convient à un homme d'action, et il est debout. Il a le torse nu : n'est-ce pas pour indiquer peut-être qu'il l'expose franchement au danger? Les jambes aussi sont nues, et les pieds, les bras et les mains; mais les reins et le haut des cuisses sont drapés d'une jupe. Ces détails ne sont pas livrés au hasard et expriment bien ce qu'on est en droit d'exiger qu'ils expriment. Ils contribuent à marquer le caractère de l'ensemble, que le bâton de commandement, l'insigne par excellence de l'autorité agissante, achève enfin de rendre.

C'est une opinion assez vulgairement acceptée que la sculpture égyptienne est toute de convention, et on nie volontiers ses tendances réalistes. La vérité est qu'elle se préoccupe avant tout de *faire nature*, comme le veut le jargon de nos jours, et elle en pousse la recherche jusqu'à l'enfantillage. Il suffit, pour s'en convaincre, d'examiner les yeux de notre statue: ils sont rapportés et faits de plusieurs pièces; en guise de paupières, une enveloppe de bronze enchâsse un morceau de quartz opaque, ensuite au centre de ce globe oculaire ainsi fabriqué, un morceau de cristal de roche sert de prunelle, et enfin, tout au fond du cristal de roche reluit un clou brillant comme un rayon de vie réelle. Le petit Scribe du Louvre doit à la même disposition, si nous ne nous trompons, son regard étrange.

4. — La tête et le torse d'une dame debout, en bois. C'est la femme peut-être du personnage précédent ou une de ses parentes. Trouvé dans le même édicule funéraire.

5. — Un peu plus grand que l'homme d'action et tenant en main non pas le bâton de commandement, ni la bandelette ployée des Pharaons, mais un rouleau de papyrus; portant non pas les cheveux courts, mais une grosse perruque; debout aussi, les bras non pas dégagés, mais collés au corps; la jambe gauche en avant, d'allure contemplative, non pas aisée, mais hiératique; les hanches couvertes de la *schenti* pour vêtement. N'est-ce pas que voilà un prêtre? Assurément. Il s'appelait Ra-Nefer, comme le disent les inscriptions du socle, et il était prêtre de Phtah et de Sokar, et il vivait environ vers le temps de la cinquième dynastie, trois ou quatre siècles après Chéfren. Ce morceau, d'ailleurs, est d'une exécution admirable et un parfait portrait comme les autres.

6. — Le même Ra-Nefer, toujours prêtre, mais à un autre moment de l'existence sacerdotale. Il a la tête rasée maintenant; il a dû laisser sa perruque : cela lui donne l'air de faire comme un retour sur lui-même, un acte d'humilité. Sa chemise cesse aussi de le draper ; il la ramène par devant et n'a plus pour tout vêtement qu'une sorte de tablier.

7. — Statue de quelque fonctionnaire de l'ancien Empire. Il portait à la cour de Memphis le titre de ***Supérieur des Dix du Roi.***

8. — Ce personnage répondait autrefois au nom de Noum-Hotep, un nom qui a eu une longue fortune, illustre déjà au temps où les pyramides s'édifiaient, porté encore par un fonctionnaire de la douzième dynastie dans une des tombes de Beni-Hassan. Les noms égyptiens ne se transmettaient pas régulièrement de père en fils ; ils n'étaient pas, au sens actuel, de vrais noms de famille. Il n'est donc pas à supposer qu'on ait affaire ici à quelque ancêtre d'une vieille maison, à quelque Montmorency d'Égypte. La statue est en calcaire.

9. — Il y a dans cette figure, vêtue de la *schenti,* je ne sais quoi de grand qui tient à la fois du dieu, du pontife et du roi. Elle est assise dans son calme, comme pour se laisser adorer, l'avant-bras couché le long des cuisses, les mains sur les genoux ; une main tient le rouleau de papyrus, emblème de science et de méditation, mais l'autre, étendue, est prête à agir. Le nom du personnage est En-Khefet-Ké. Granit gris.

10. — Le même personnage dans la même pose. D'une exécution moins achevée.

11. — Un certain Ra-our, avec le titre de *chef de maison.*

12. — Ni nom ni titre. Figure debout, en calcaire. La jambe gauche se porte en avant par un mouvement hiératique. La tête est chargée de la grosse perruque. Le bras et le corps ne font qu'un. Assurément notre personnage n'était pas ce qu'on appelle de nos jours un faiseur, un brasseur d'affaires. Il est trop empêtré dans sa pensée et était fait pour l'étude, si toutefois on peut croire ce que son portrait nous en dit.

13. — Personnage du nom de Ra-Hotep, un contemporain de la cinquième dynastie, peut-être même de la sixième. La statue est en calcaire peint. Les couleurs en sont encore d'un éclat admirable, quoique appliquées depuis six mille ans. Sans doute leur belle conservation s'explique en partie par les précautions prises pour mettre à l'abri de l'humidité les chambres funéraires où presque toutes nos figures ont été trouvées ; mais elle tient surtout à l'excellence de leur préparation, à la bonne qualité du mordant qui a servi à les fixer sur la pierre, en un mot à quelque secret technique.

14 et 15. — Deux statues du même personnage.

16. — Monument trouvé à Memphis, au pied des grandes pyramides. Il appartient évidemment à l'ancien Empire.

17 et 18. — Deux monuments à libations, presque de même forme et trouvés tous deux au fond d'un souterrain, dans l'enceinte de la grande pyramide. Une paire de lions, la tête droite et le regard fixe, debout, sur leur dos portent une table creusée d'une rigole. Ils ont la queue basse et enlacée autour d'un vase dans lequel coulait le liquide répandu par le prêtre sur la table. C'est une idée qu'on rencontre aussi au sabbat, chez nos sorciers du moyen âge, de sacrifier sur le dos d'une bête. Étrange symbole dont le sens est perdu, mais qui avait un sens.

Il y aurait encore, à un autre point de vue, beaucoup à dire sur ces deux meubles funéraires. Les Égyptiens donnaient toujours, ou du moins souvent, à leurs tables, lits et siéges de toute espèce, une forme qui se ramène à la forme plus ou moins torturée de quelque animal. Qu'on aplatisse par la pensée le ventre d'un de ces lions et sa poitrine jusqu'à en faire une large planche; qu'on lui relève la tête en manière d'oreiller et la queue droit en l'air, on aura ainsi, sur les quatre pieds de la bête, un lit égyptien. Pour faire une chaise il faut opérer plus hardiment, fendre l'animal en deux jusqu'à la naissance du cou, ramener une demi-tête à droite, une demi-tête à gauche, et trouver le dossier où l'on peut. Au reste un simple dé de pierre sert aussi de siége et même une planche sur quatre tiges de lotus. Notons d'abord que les artistes égyptiens n'asseyaient jamais indifféremment les statues des dieux et des rois sur un dé de pierre, sur des tiges de lotus ou sur un animal. Ils ne choisissaient qu'à bon escient.

19. — Cette statue nous ramène au huitième siècle avant notre ère; elle représente une dame du nom d'Améniritis. Elle est en albâtre, adossée contre un pilier et posée sur un socle de granit gris. L'inscription du pilier est une invocation aux dieux; celle du socle nous dit les titres dont s'enorgueillissait, de son vivant, la charmante personne. Améniritis était *Rectrice du Nord et du Sud*. A ses pieds il y a deux cartouches : ils renfermaient, l'un le nom de son frère, l'autre celui de son père; ils sont martelés. Mais on sait heureusement, par d'autres monuments, qu'elle était fille de Kaschta (on lit sur un scarabée, appartenant au musée de Boulak, *La divine épouse* Améniritis, *fille de* Kaschta) et sœur de Sabacon (selon un bas-relief de Karnak). Or Sabacon est le premier roi de la dynastie éthiopienne. Il régnait en des temps bien tourmentés; il associa Améniritis à l'empire, ou peut-être aussi la princesse parvint à usurper l'autorité royale. Toujours est-il qu'elle était régente du vivant même de Sabacon. Son portrait, d'une élégance fière et chaste, donne d'elle-même, de sa cour et de son gouvernement, une assez bonne idée. Elle s'est fait mettre, par l'artiste, la grande perruque sur la tête, le fouet du châtiment dans la main gauche et une bourse dans la droite, comme pour exprimer qu'elle saurait être, à l'occasion, aussi terrible que bonne. On a du reste sur Améniritis et sur les événements de son temps des détails assez précis. Elle épousa un certain Piankhi, roi du pays de Cousch, un ambitieux conquérant, dont elle légitima ainsi la fortune aux dépens des droits de sa famille. De cette union naquit une fille qui s'appelait Schap-en-ap. Celle-ci, une fois en âge d'être mariée, fit comme sa mère : elle donna sa main à un personnage influent qui ne manqua pas de fomenter à son tour une révolution dans l'Empire, à Psamméticus. Piankhi fut chassé d'Égypte et refoulé en Éthiopie par son gendre après une assez longue guerre. La chute

de son époux eut-elle lieu du vivant d'Améniritis? La vieille reine resta-t-elle peut-être en bonne intelligence avec sa fille? On l'ignore. Mais la destinée de ces deux femmes, leur singulière influence sur les affaires de leur temps, donnent à penser. Certes il y a un abîme entre la civilisation raffinée à l'excès des Pharaons des vingt-cinquième et vingt-sixième dynasties et la barbarie sauvage de nos Mérovingiens; mais on ne peut s'en empêcher, on se souvient quand même de Frédégonde et de Brunehaut.

20, 21 et **22**. — La vache Hathor et les statues d'Osiris et d'Isis. Hathor est ici la bonne déesse sauvegardant l'âme d'un nommé Psammétichus dans son immortalité. Les trois monuments ont été trouvés dans la même tombe, près de Memphis. Ils sont de l'époque de la dynastie saïte et en portent bien tous les caractères, la grâce de l'invention et la finesse de l'exécution.

LXVIII

De très-précieuses données sur les vicissitudes politiques, sociales et religieuses de l'Égypte sont fournies par l'étude comparée des momies et des cercueils qui les contiennent. Ici encore l'ancien Empire se caractérise par une certaine grandeur noble et simple. Il couchait ses morts dans des caisses en bois faites de pièces assemblées par des chevilles également en bois. L'agencement de l'ensemble et des détails rappelle cette menuiserie dont nous avons reconnu les traces dans les formes architecturales des plus anciens temples. Il n'y a pas de peintures; l'ornementation est très-sobre. Une face humaine est sculptée sur le couvercle. Les inscriptions ne donnent guère que le nom et les titres du défunt. Un sarcophage rectangulaire, fermé par une lourde dalle, protége le premier cercueil; il est en basalte noir, en granit rose ou en calcaire. Mais l'embaumement laisse à désirer : les momies ne sont pas soigneusement entortillées de bandelettes, un simple drap à peine noué les enveloppe comme un linceul. Quand elles ne tombent pas en poussière dès qu'on les touche, elles sont réduites à l'état de squelette et leur couleur est noire. Sous la domination des Hycsos, tout cela se modifie profondément. Les morts ne reposent plus dans une boîte funéraire faite de pièces chevillées ensemble, mais dans des troncs d'arbre évidés ; pour ornement, au lieu des rainures prismatiques qui caractérisent l'ancien Empire, de longues ailes symboliques se rabattent sur le cercueil et le couvrent comme pour l'emporter vers quelque région aérienne. Les momies sont jaunes, mais cassantes et desséchées, et une fois sur trois n'offrent plus trace de chair.

Une fois le joug des barbares secoué, Memphis se remit à tailler pour ses morts, dans de la pierre dure, ses beaux sarcophages monolithes. Mais maintenant le mort étendu sur sa tombe a les mains et les pieds libres, le corps couvert d'une sorte de tablier, et près de lui sont déposés des emblèmes, des amulettes. La momification, du reste, est toujours mauvaise. Dans le même temps, Thèbes, de son côté, avec son génie propre, travaillait à perfectionner les arts funéraires. Les cercueils thébains commencèrent par être en bois et peints en noir à l'intérieur et à l'extérieur, et un masque rouge et doré en orne le couvercle. Puis ils prirent la forme de belles caisses jaunâtres richement ornées de figures peintes. De la vingt-deuxième à la vingt-sixième dynastie, enfin, ils ne se réduisent plus qu'à de simples cartonnages. On mettait parfois deux, trois et jusqu'à quatre cercueils les uns dans les autres, pour mieux protéger les momies. Celles-ci étaient préparées avec le plus grand soin. Il n'est pas rare d'en rencontrer qui ont conservé jusqu'à nos jours la flexibilité des membres et, sinon l'élasticité, du moins la mollesse des chairs. Elles sont luisantes et jaunes et ont les ongles des pieds et des mains teints avec du henné.

23, 24, 25, 26. — Caisses et cartonnages de momies. Les trois premiers de ces monuments sont de la vingt-cinquième dynastie, et le dernier remonte peut-être à la vingt-deuxième. Le plus ancien est le numéro 23. Il a contenu le corps d'un certain Kha-Hor, prêtre de Mentou. On a toute une généalogie de la famille de ce

Kha-Hor. Il était fils d'un prêtre d'Ammon, écrivain des soldats, Nesa-Min, fils lui-même de Kha-Hor. Sa mère était une dame Anès, fille de Hotep-Amen, prêtre d'Ammon à Thèbes. Il avait aussi une sœur du nom d'Ameniritis, et une autre personne de la famille s'appelait Nesa-Amen-ap. Ses héritiers, du reste, n'ont rien négligé pour lui faire de belles funérailles. Sa momie avait une triple enveloppe : un grand sarcophage à fond blanc et à figures peintes en couleurs vives, qui est au musée de Boulak; un cercueil à visage rouge, à grand collier, à chevelure rayée de jaune et de bleu, qui est aussi à Boulak ; enfin notre belle caisse.

LXIX

Les anciens Égyptiens étaient d'excellents bijoutiers. On ne les a jamais surpassés peut-être dans le grand aspect qu'ils savaient donner même à leurs menus joyaux, ni dans la finesse et la perfection du travail. Les matières qu'ils employaient de préférence sont l'or, rarement l'argent, la terre émaillée des couleurs les plus vives, des pâtes si dures qu'elles ressemblent à des pierres, le verre, la faïence, l'os et l'ivoire, les pierres précieuses, le lapis, la cornaline, le quartz, aussi le bois précieux, rarement l'argent. Ils connaissaient le fer de toute antiquité, mais ne s'en servaient guère. Il était, du reste, impossible que des objets faits d'un métal qui s'oxyde dans la terre nitreuse d'Égypte plus vite qu'ailleurs parvinssent jusqu'à nous après tant de siècles. Ils savaient composer divers bronzes et maniaient les alliages du cuivre avec une incomparable science. Il y a au Louvre un canif à lame de bronze qui coupe encore maintenant comme un rasoir d'acier anglais.

Ce qui donne à l'orfévrerie égyptienne son caractère, c'est qu'elle n'a produit si petite chose de pur agrément ou même de coquetterie qui n'emprunte sa forme et ses ornements à quelque grande idée religieuse. Il y a du symbole jusque dans les colliers et les pendeloques des femmes et dans les cachets ou les bagues des hommes.

Boîtes, cuillers et aiguilles de toilette, tout se rattache à quelque dieu. Les animaux sacrés, les fleurs de lotus, l'œil d'Osiris, scarabées, vipères, éperviers, etc., sont mis en bijoux et gardent je ne sais quoi d'architectural et de monumental jusque dans le boudoir d'une jolie femme ou aux oreilles des momies.

LXX

Les plus précieux parmi les bijoux exposés dans les cages de notre Temple proviennent d'un cercueil de reine que M. Mariette a découvert à Drah-Abou'l-Neggah, près de Thèbes. Cette reine s'appelait Aah-Hotep, et dans une inscription verticale qui s'étend sur sa momie, le long des jambes jusque sous les pieds, elle s'intitule : *La royale épouse principale, celle qui a reçu la faveur de la couronne blanche*, Aah-Hotep, *vivante pour l'éternité*. Cercueil et momie sont à Boulak. Il serait de mauvais goût de regretter que le corps desséché de la sultane égyptienne n'ait pas été mis sous les yeux du public, et pourtant on se soustrait difficilement à la curiosité peu galante de voir la chose. Aah-Hotep était à peu près contemporaine de Putiphar : celle-ci n'a guère brillé à la cour du Pharaon hycsos, dont Joseph était le sommelier, que cinquante ou cent ans avant le mariage de Aah-Hotep. Putiphar à Tanis, Aah-Hotep à Thèbes, les deux femmes auraient presque pu se connaître et se jalouser. Mais le royal époux de notre *royale épouse principale*, qui était-il? On l'ignore. Sur certains objets trouvés dans sa tombe on lit le nom du roi Ra-ouat'-Kheper-Kamès, et sur d'autres, sur les plus riches, celui de Ra-neb-pehti-Ahmès-Nakt, c'est-à-dire d'Amosis, le fondateur de la dix-huitième dynastie, le vainqueur des Hycsos. Kamès était-il le mari, peut-être, et Amosis le fils d'Aah-Hotep. Divers indices tendent à le prouver, mais sans la certitude nécessaire. Quoi qu'il en soit, la reine vivait au temps de l'expulsion des pasteurs, et Amosis lui fit faire de magnifiques funérailles et orna sa momie avec une sollicitude vraiment filiale.

LXXI

1, 2, 3, 7, 8, 11, 15, 17 et 28.— Bracelets et armilles. On sait que l'armille est un anneau qui se mettait à l'humérus ou à la jambe. Le n° 1 est le plus beau de nos bracelets. Il est d'or avec figures d'or gravées sur un fond de pâte bleue. Plusieurs autres sont en perles d'or, de lapis, de cornaline rouge et de feldspath vert, enfilées dans un tissu de fils d'or. Le n° 7, une armille, est comme une sorte de mosaïque dont chaque pierre serait enchâssée dans une cloison d'or, et représente un vautour les ailes éployées.

4, 19.—Des chaines. La première est d'une merveilleuse souplesse. A la deuxième sont suspendues trois mouches en or massif, peut-être une décoration honorifique. Deux autres de ces mouches, or et argent, provenant sans doute aussi d'une chaine, sont classées sous le n° 10. On n'a pas affaire ici à des colliers proprement dits; ces chaînes n'ont pas de fermoir et s'attachaient simplement aux épaules par le petit ornement qui les termine. Sur le cou des têtes d'oie de la plus belle de nos chaînes se lit le nom d'Amosis, en caractères presque microscopiques et de l'exécution la plus délicate.

5, 12, 24. — Deux haches et neuf hachettes, dont trois d'or et six d'argent. L'ensemble des neuf hachettes est le symbole et l'hiéroglyphe de l'ensemble des dieux. La première de nos haches est une arme vraiment charmante. Le manche est en bois de cèdre recouvert d'une feuille d'or finement découpée de figures hiéroglyphiques et plaquée de lapis, de cornaline, de turquoise et de feldspath. Il porte d'un bout une entaille dans laquelle il reçoit le tranchant, qui est ensuite fixé solidement à l'aide d'un treillis en or. Le tranchant lui-même est très-orné; il est en bronze, couvert d'une feuille d'or délicatement burinée d'un côté et enrichie de l'autre d'une couche de pâte bleue qui porte en gravure le portrait d'Amosis, dans l'attitude et avec les emblèmes de la victoire.

6, 9, 23. — Poignards. Celui qui porte le n° 9 est d'une forme singulière. Le pommeau en est fait pour être saisi à pleine main, comme une grosse lentille, de manière que la lame trouve sa saillie à la commissure de l'index et du médius. Mais le n° 6 est vraiment une arme d'une richesse exquise, d'un goût admirable. Pommeau, poignée, lame, tout en est charmant et harmonieux. Le pommeau est fait de quatre têtes de femmes en feuilles d'or repoussées sur le bois. Une incrustation d'or, de lapis, de cornaline, de feldspath, par petits triangles disposés en damier, orne la poignée. Une tête d'Apis renversée unit la lame au manche et dissimule la soudure. La lame elle-même, faite d'un bronze très-dur et noirâtre, et enrichie sur le pourtour d'une garniture en or massif, surpasse encore les autres parties de l'arme-bijou en magnificence et en délicatesse. Des inscriptions et des figures y sont incrustées par une sorte de niellage : quatre sauterelles s'en vont sur une face en s'amincissant vers la pointe, et sur l'autre quinze fleurs épanouies du plus gracieux effet.

13, 16, 26. — Des colliers d'espèce particulière, non pas faits pour être portés autour du cou, mais pour être agrafés aux épaules et retomber en plusieurs étages de cordes enroulées et chargées de figurines d'animaux sacrés et de fleurs symboliques, sur la poitrine, qu'ils cachaient ainsi presque entièrement. On ne sait s'ils servaient aussi de parure aux vivants; mais le rituel prescrit d'en orner les momies.

14. — Un pectoral. C'est un véritable petit édifice en forme de *naos*, une châsse en miniature et en tout semblable aux grandes châsses des temples. Amosis, sur une barque, en occupe le centre, avec Ammon et Phré qui lui confèrent une sorte de baptême, et avec deux éperviers aux ailes éployées, qui assistent à la scène et la dominent. Rien de plus merveilleux que le travail de cette pièce splendide. Les figures sont en mosaïque de cornaline, de turquoise, de lapis et de pâtes diverses, avec les cloisons d'or entre chaque pierrette.

18. — Un diadème trouvé dans les cheveux de la reine. Les deux petits sphinx qui entrent dans la décoration du bijou ont des yeux

rapportés : une enveloppe ou paupière d'or, le globe ou le blanc en quartz, la prunelle en une pierre noire.

20, 21. — Deux têtes de lion, l'une en bronze, l'autre en bronze doré. Les Égyptiens ne savaient guère faire de dorure qu'en appliquant l'or en feuilles minces.

22. — Un bâton de bois noir, en forme de bâton pastoral, entouré en spirale d'une large bande d'or.

25. — Un chasse-mouche ou *flabellum*. Dans les trois trous du couronnement étaient fixées en éventail des plumes d'autruche. L'instrument est en bois doré.

27. — Miroir. La forme du manche est imitée de la tige et de la fleur épanouie du papyrus et elle est très-élégante. Le disque est terni, parce que le vernis d'or qui lui donnait la limpidité a souffert.

29. — Une barque symbolique, en or massif, sur un train de bois précieux, avec des roues de bronze. Elle est garnie de douze rameurs en argent massif. Au centre, le voyageur est assis, armé d'une hachette et d'un bâton pastoral. A l'avant, un autre personnage est debout dans une sorte de cabine ; à l'arrière, au gouvernail, est le timonier, en avant d'une deuxième cabine. Les trois figurines sont en or.

LXXII

30, 37. — Pendants d'oreilles. Le n° 30 est de style gréco-égyptien. Le n° 37, au contraire, remonte à une plus haute antiquité ; il a été trouvé, à Abydos, sur une momie ensevelie sous le dallage d'un vieux temple, et, du reste, ne portant ni nom ni titre. La forme du bijou est évidemment primitive et marquée au coin d'un symbolisme austère que la fantaisie n'a pas encore su plier à son caprice. Une lentille ornée d'uréus gravés en creux, avec douze autres uréus, sur deux rangées en pendeloques, tel est le monument. Il est d'or massif rehaussé d'un vernis rougeâtre, et si pesant qu'il n'a jamais été attaché sans doute à l'oreille d'un vivant. On ne sait rien de précis sur le temps auquel il faut en faire remonter la fabrication; il date peut-être de la sixième dynastie ou de la douzième.

31, 32, 36, 45. — Des feuilles d'or, de formes diverses, ayant servi à divers usages. Il y en a avec des inscriptions; d'autres imitent plus ou moins une langue humaine et se rencontrent en réalité dans la bouche des momies du temps des Ptolémées; d'autres sont décorées de figures repoussées au marteau.

33. — Un oiseau à tête humaine, les ailes étendues. C'est le symbole de l'âme.

34. — Plusieurs bagues.

35, 39, 42, 43. — Pierres fines. Des perles dont le grand âge a terni l'éclat; une émeraude enfermée dans une résille d'or par quelque ouvrier d'une habileté et d'une patience à toute épreuve; une amulette en lapis-lazuli, avec figures gravées et inscriptions, et enfin un jaspe fleuri orné d'une scène symbolique, où un dieu solaire, debout sur deux crocodiles, signifie le triomphe du jour sur les ténèbres.

38. — Ornement de poitrine, du travail le plus fini.

40. — Statuette d'Ammon en or massif.

41. — Un uréus dressé sur sa queue, portant le soleil sur sa tête. Nous avons déjà essayé de dégager plusieurs des impressions religieuses que les Égyptiens voyaient condensées dans l'aspic, dans la vipère, dans le serpent, en général. Peut-être l'ont-ils choisi pour emblème solaire, parce qu'ils croyaient qu'il ne vieillissait pas et qu'ils le voyaient se mouvoir avec une grande aisance, quoique sans pieds ni pattes. C'est là, du moins, l'avis de Plutarque. D'après cette interprétation, ils s'imaginaient donc que le soleil glissait à travers les espaces célestes d'un mouvement analogue à la marche du serpent.

44. — Plusieurs scarabées. L'un est d'or massif, les autres sont moulés en bronze.

LXXIII

Une autre cage renferme un choix précieux de monuments religieux, funéraires, civils et historiques : statuettes, stèles, petits meubles symboliques, ustensiles divers, vases, emblèmes, etc., en bronze, en faïence émaillée, en porcelaine verte ou grise, en pâte, en albâtre, en porphyre, en basalte, en granit ou même en bois. M. Mariette, dans son livret de l'Exposition égyptienne, les décrit en détail, et il n'y a pas lieu d'en donner ici un deuxième catalogue. Négligeons donc les figures des dieux avec qui nous avons déjà fait connaissance suffisamment, et Osiris, Isis, Nephtys, Horus, Typhon, Ammon, la déesse Nout, le dieu Chons, Hathor, Ptah ne nous arrêteront pas davantage.

Pour Apis pourtant, peut-être vaut-il la peine de faire une exception. Il est représentée dans notre collection par une statuette de bronze finement modelée. Dans Apis, on l'a lu plus haut, les anciens Égyptiens vénéraient le peuple, une génération du bon peuple. Bœuf ou taureau, ou même à la fois l'un et l'autre, quadrupède vulgaire, mais utile, doux et fort, voilà Apis, voilà l'idée que les prêtres des Pharaons se faisaient des classes inférieures. Le dieu mourait tous les vingt-huit ans, et un autre le remplaçait, comme à une génération éteinte une nouvelle génération succède. Parfois l'animal sacré avait la vie plus longue; mais il était alors d'usage, dans le culte pharaonique, de le tuer de mort violente. Je ne sais si cela se faisait au cri de « Place au jeunes, place aux jeunes! » ou bien s'il en résultait quelque jeu de bascule politique, comme dans nos temps révolutionnaires; mais, en vérité, Apis prend toujours part du haut du ciel au gouvernement de la vie humaine.

Non moins qu'Apis, Thoth est une divinité éternelle. Avec la tête d'ibis et quelque emblème solaire, Thoth est le secrétaire des divines sciences; avec la tête de chien, coiffé du disque lunaire, il est le révélateur de toute poésie. Sous une forme, il est celui qui sait que tout est fait *avec nombre, poids et mesure*, qui calcule, pondère, expérimente d'un œil clair ; sous l'autre il écrit fidèlement ce que son sentiment lui dicte à la pleine lueur de la lune.

Parmi les monuments funéraires il y a une statuette d'albâtre, haute de vingt-deux centimètres, trouvée à Thèbes, et datant de la dix-huitième dynastie. Elle est un de ces nombreux portraits dont on parsemait le sol des tombes, et qui figurent auprès du mort autant *d'autres lui-même*, avec mission de l'aider dans les luttes de sa vie éternelle. Cet usage de donner à un homme, pour compagnons de son immortalité, plusieurs *schabti* se justifie tout à fait dans la réalité des choses. En effet, il n'y a pas qu'un Napoléon, mais plusieurs Napoléon, tous vivants à jamais dans la mémoire des hommes et tous le secondant dans le difficile labeur de son existence d'outre-tombe.

Citons ensuite, parmi les monuments civils, un manche de boîte à parfum ou de cuiller, très-curieusement façonné en forme de femme nue, nageant les bras étendus devant elle ; un miroir dont le manche se termine par une tête d'Hathor et dont le disque est de bronze, autrefois vernissé d'or ; cinq magnifiques vases d'argent massif, précieux échantillons d'ustensiles sacrés ; un panier en jonc tressé, teint de couleurs diverses ; enfin des vases de diverses matières, des flacons de verre, etc.

Le grand intérêt des monuments historiques consiste dans les problèmes qu'ils posent ou qu'ils tendent à résoudre, des solutions qu'ils corroborent ou qu'ils infirment. Prenons pour exemple une statuette du dieu Harpocrate, en albâtre, haute de sept centimètres : elle est ornée de quatre cartouches qu'on rencontre isolés ailleurs, mais ici pour la première fois unis ensemble, et la question maintenant est de trouver leur lien historique. Un scarabée en pâte verte nous parle du Pharaon Néchao, que la Bible nous montre battu à Karkémisch par Nabuchodonosor. Néchao y est représenté en guerrier victorieux, avec deux prisonniers à ses pieds, et la déesse Neith lui accorde la victoire sur toutes les contrées : il est donc clair qu'il a été un prince aventureux et entreprenant. Un petit vase en granit noir, dont un singe grimpant forme l'anse, nous ramène au temps de la reine Hatasou, comme aussi une tête de lion, en jaspe rouge, d'un très-beau travail et portant en inscriptions les divers noms adoptés par la régente quand, après la mort de Thouthmès II, elle occupa seule le trône.

LXXIV

La première partie de notre livre se termine ici, et il nous reste à justifier en peu de mots le point de vue d'où nous nous sommes efforcé de la comprendre et de l'écrire. Notre seul souci n'a pas été de nous mettre au courant des découvertes les plus récentes; il nous a paru curieux de pénétrer plus avant dans l'esprit de l'égyptianisme qu'une simple relation des faits ou une simple description des choses ne permet d'ordinaire de le faire. Toujours nous avons cherché à dégager l'impression intime et le sens profond caché sous les surfaces, et plus d'un de nos aperçus, clairement dégagé, précisé, fortifié par une plus longue étude, serait peut-être nouveau. Jusque dans le Labyrinthe nous avons entrevu un symbole; nous avons essayé d'interpréter le sphinx et la pyramide; nous nous sommes efforcé d'arracher au bœuf Apis une partie des mystères que le grand sacerdoce de la vallée du Nil offrait, sous la forme de ce dieu, en adoration aux fidèles; architectures, peintures, sculptures, nous avons tout voulu regarder non-seulement avec nos yeux, mais avec notre âme, et nous en avons sollicité la raison morale; nous avons trouvé bon qu'une religion ne connaissant guère d'autres dieux que les forces de la nature adorât des bêtes; et pour le menu détail même, pour le geste des statues, pour l'arrangement des chevelures et des draperies, pour le choix des couleurs, nous nous sommes convaincu que rien n'est du hasard, que tout est de nécessité chez les anciens Égyptiens.

On comprend, du reste, que notre ambition n'ait pas été de faire tomber aux pieds d'une antiquité si reculée, si peu connue, le voile tout entier qui la cache. Loin de là, nous n'avons fait que glisser une main furtive et vague sous l'épais mystère. Mais enfin peut-être vaudrait-il la peine de mêler désormais à l'étude aride et sèche de l'égyptologie les préoccupations qui n'ont pas cessé de nous tenir en haleine et qui sont, après tout, le grand, le véritable intérêt de cette science.

Avouons en outre que notre tentative est quelque peu prématurée. Mais nous ne prétendons pas avoir marché d'un pas sûr dans la voie que nous nous sommes choisie. Nous avons senti, au contraire, plus d'une fois le terrain se dérober sous nos pieds. Aussi voulons-nous porter seul la responsabilité de nos hardiesses. Sans doute le savant auteur du livret de l'Exposition égyptienne, M. Mariette, si nous l'avions consulté, ne les aurait pas approuvées toutes, et il convient peut-être de déclarer qu'il est tout à fait étranger à ce livre.

L'ÉGYPTE MOYEN AGE

I

L'Égypte, par intervalle, se fait oublier dans l'histoire, mais comme un premier rôle au théâtre, et sitôt qu'une grande chose se passe, elle rentre en scène. C'est qu'elle est prédestinée à faire se rencontrer de temps en temps et à jamais l'Orient et l'Occident sur le Nil. Le conflit est-il flagrant? tous les yeux sont sur elle, et puis, une double fécondation étant venue à bien, les deux mondes reviennent sur eux-mêmes et développent, chacun à sa manière, le fruit de leur commerce. Toujours le drame recommence et recommencera, tant que l'Asie et l'Europe auront quelque chose à se donner et à se prendre. Au premier acte il y a des bruits de bataille et les fanatiques violences de la guerre; puis aux conquérants succèdent bientôt les marchands, à l'instinct sanguinaire de la gloire le pacifique instinct du lucre. Tout cela rapproche, tout cela unit, tout cela de part et d'autre adoucit les angles, et, quand enfin on vient à se toucher du cœur et de la tête, au lieu d'un choc stérile, il en résulte cet embrassement qui déjà tant de fois a renouvelé la face de la terre. Mais, hélas ! tout aussitôt on se sépare, on emporte le précieux germe produit en commun, on le confie aux climats les plus divers, on finit par le cultiver en se tournant le dos jusqu'à ce que le besoin renaisse d'une autre étreinte, et ainsi de suite.

II

Alexandre, en caressant l'ambition d'unir de son temps l'Orient et l'Occident, ne faisait pas qu'un rêve. Il y a dans sa vie glorieuse autre chose que la tentative vaine d'une monarchie universelle. Son génie obéissait à la nécessité tout autant qu'à l'insatiable soif des conquêtes. Les temps étaient venus sous son règne de remettre en contact les deux extrémités du monde, et il n'a fait que ramasser dans sa puissante main les forces secrètes qui d'avance se portaient toutes vers le but. Il n'est guère sorti de son rôle, même dans ce qu'on a appelé ses folies. A Babylone il le poursuivait encore, mais déjà après avoir fondé Alexandrie il aurait pu mourir : il l'avait rempli. Tous les immenses efforts de son génie gaspillés à travers l'Asie ne sont rien auprès des conséquences incalculables de son séjour en Égypte. Il tenait là, pour ainsi dire, sa mission par les cornes.

Il venait de détruire Tyr et Sidon, incapables, à cause de leurs vieilles traditions, de servir ses vues, et pas assez bien situées du reste. Il créa de ses mains, pour les nouveaux besoins du monde, un foyer nouveau : il fonda Alexandrie. Il avait bien déjà sur le Nil même Péluse, Tanis et Naucratès, d'origine grecque; mais les diverses embouchures qui font de ces villes des ports de mer s'ensablent aisément, et puis il était poussé par les inspirations mystérieuses qui ne manquent jamais de guider les vrais grands hommes. On sait la tradition : il eut un songe; Homère lui apparut, lui indiqua l'île de Pharos. L'emplacement est si bien choisi, que Napoléon,

(ÉGYPTE MOYEN AGE)

SELAMLICK

en l'admirant, a osé en dire, sans le penser peut-être, qu'il faisait plus d'honneur à Alexandre que toutes ses conquêtes. Toujours est-il que le roi de Macédoine, en mettant le doigt sur le seul lieu du monde qui pût alors servir de rendez-vous aux nations du Levant et à celles du Couchant, couronnait l'œuvre de sa vie et permettait à la paix d'achever, de féconder ce que la guerre avait commencé par la destruction.

III

Pharos était une île étroite et longue, émergeant de la mer parallèlement à la plage, à la distance d'environ mille mètres ou sept stades. Une jetée fut construite, non plus du vivant d'Alexandre, mais par son frère Ptolémée Soter, son premier successeur, le seul grand homme de sa race, afin d'unir l'île à la terre ferme. Elle s'appelait l'Heptastade, et il en résultait un double port. Elle était vers le milieu coupée par deux arches sous lesquelles les plus hauts navires pouvaient passer. Des atterrissements l'ont depuis de beaucoup élargie; elle sert maintenant d'assiette à toute la ville moderne. C'est comme si Cherbourg, de décadence en décadence, finissait par ne plus occuper que sa jetée un peu élargie. La ville des Ptolémées s'étendait en terre ferme sur quatre ou cinq lieues de tour. Les anciens lui trouvaient ingénieusement la forme d'un manteau macédonien, comme si Alexandre l'avait taillée sur le patron du sien. Elle était régulière comme toutes les cités venues pour ainsi dire toutes grandes au monde. Deux belles voies de trente à trente-cinq mètres, se coupant à angle droit, l'aéraient d'outre en outre, bordées de palais et de temples. La population était de cinq à six cent mille âmes, et très-grecque, railleuse, frondeuse, légère, assez juive, peu romaine et presque point égyptienne, du moins jusqu'aux derniers jours de la domination ptolémaïque; car, avec le christianisme, l'élément national reprit de la force. Tout cet ensemble était comme Stockholm entre la mer et un lac, le lac Maréotis, et en outre communiquait avec le Nil par un canal que Méhémet-Aly a rétabli. Vers le milieu de la ville était le tombeau d'Alexandre. Ptolémée Soter avait enlevé le corps du conquérant à Perdiccas et l'avait apporté sur un char colossal que traînaient soixante-quatre mules, et ensuite couché dans un cercueil d'or. Il ne reste presque plus trace des monuments. Une affreuse tour carrée remplace le phare en marbre blanc, cette merveille du monde ancien. Mais, s'il n'y a guère de débris à Alexandrie, il y a des souvenirs, les souvenirs vivants de son École, du Musée, de la Bibliothèque, de ses savants, de ses philosophes, de ses littérateurs, du Sérapéum et de ses prêtres, du Didascalée, un des berceaux du christianisme et de tant de Pères de l'Église et des hérésiarques.

IV

Qu'on se figure le confluent de deux fleuves : les eaux d'abord coulent sans vouloir se mêler, et voilà comment dans les premiers temps l'Orient et l'Occident se rencontrent à Alexandrie : objet d'étonnement, objet de mépris l'un pour l'autre.

Les Ptolémées Lagides appellent autour d'eux une colonie grecque de plus en plus nombreuse et brillante. Ils attirent les poëtes, les penseurs, les savants de la Grèce déchirée par des guerres civiles, devenue incapable d'offrir aux sciences et aux lettres l'abri paisible qui leur est nécessaire. Ils assignent à tous les nobles transfuges qui se rendent à leur appel une demeure dans un de leurs palais, fournissent royalement à leur entretien, et, au moyen de larges dotations, assurent l'avenir à l'institution. Ce fut là le Musée; on y menait une vie tout intellectuelle, exempte des soucis vulgaires, en commun, mangeant à la même table. Les travaux, libéralement encouragés, consistaient à diriger des voyages maritimes, des chasses lointaines; à former et à entretenir à grands frais des collections d'animaux rares et précieux; à acheter, à reviser, à transcrire, à classer de bons ouvrages, à en faire de bonnes éditions, à les condenser en abrégé; à faire des compilations, à classer par pléiades les poëtes, les savants, les philosophes; à tout revoir, tout annoter, tout commenter. La grande poésie, malgré les jeux et les combats poétiques, n'arrive guère à fleurir. On est dans un monde trop vieux, l'inspiration naïve manque, l'enflure règne et la rhétorique. On imite, on vit sur le passé, surtout sur Homère, et de quelle façon! Des rimeurs écrivent l'*Odyssée* sans employer la lettre *s*, d'autres retranchent à chaque chant de l'*Iliade* une des vingt-quatre lettres de l'alphabet. Mais on excelle dans les œuvres de moindre haleine, dans l'épigramme, dans l'idylle, dans l'élégie. Peu à peu aussi la philologie se dégage de toute préoccupation puérile, l'esprit de critique s'élève. Au commencement on n'a guère fait qu'amasser des trésors scientifiques et littéraire, avec choix, avec goût, avec un profond respect, pour les admirer, pour s'en entretenir; maintenant on pense aller au fond de toute chose, et le dilettantisme devient philosophie.

V

La philosophie alexandrine! un large et profond résumé de toutes les richesses éparses jusque-là dans l'âme humaine! temple curieux où les prêtres, plus hauts que toute religion, embrassent toute religion, plus hauts que toute manifestation isolée de Dieu, s'étudient à tout comprendre, à tout pardonner, à tout admirer ce qui vient de Dieu. Ni les horizons prochains, ni les horizons lointains, ni les cieux avec leurs étoiles ne sont les mêmes pour les peuples par toute la terre, et il n'en est pas autrement des horizons de la pensée et du sentiment. Mais si l'homme, sous toutes les latitudes, à tous les moments du jour, en levant la tête, ne voit pas le même ciel, partout le ciel n'est-il pas beau? toutes les religions, toutes les grandes philosophies ne sont-elles pas belles? Voilà l'idée mère de l'École d'Alexandrie. Jamais le principe de la tolérance religieuse et philosophique n'a eu base plus noble et plus solide, et la compréhension n'ira pas au delà de ce respect magnifique pour toute grandeur intellectuelle et morale. D'ailleurs ce n'est pas tout. Après avoir ouvert leur vaste cerveau aux formules variées de l'idéal, nos Alexandrins travaillent à en faire un ensemble qui se tienne, à faire un corps de tant de membres dispersés sous tous les climats, à travers tous les temps. Le nom d'éclectisme vient ici naturellement sous la plume, mais quel éclectisme! Il ne pénètre pas dans l'âme humaine pour en chasser tout ce qui n'est pas raison étroite, il en veut tout retenir, il y fait son profit de l'extase même, et s'il en garde les spéculations abstraites, il prend à cœur d'en garder aussi tous les trésors plastiques. Il sait où la science s'arrête; mais où commence la poésie, il ne s'arrête pas, il laisse la science et fait de la poésie. Le monde et l'homme qu'il enseigne ne sont pas seulement des abstractions mortes, obtenues par la méthode scientifique, mais ils vivent incarnés dans le cortége sans lacune et sans fin des grands et des petits dieux, des démons, des génies. Au surplus, la plus grande horreur pour l'esprit de système. La philosophie chétive et pointue de nos jours ne le pardonne pas aux Alexandrins et leur reproche de se contredire. C'est qu'ils ne font jamais plier les faits aux nécessités de la synthèse. Une contradiction est-elle dans le monde ou dans l'homme, ils l'enregistrent et l'acceptent. Leur doctrine n'est qu'un reflet de la vie universelle, et comme la vie elle est ondoyante et diverse.

L'honneur de l'édifice remonte à la race grecque. Pendant qu'il a été élevé, la Grèce n'était plus à Athènes, elle était à Alexandrie. Au contraire, les matériaux qu'on y a fait entrer proviennent de toutes les races; mais on ne sait pas bien dans quelle mesure chacune a fourni les siens. La part de l'Égypte antique a été faite tantôt, et le plus souvent, trop grande, tantôt trop petite. A côté du Musée il y avait la Sérapéum. Là se conservait assurément, sous des formules vieillies, peu comprises par un sacerdoce dégénéré, et en même temps que le culte des vieux dieux, plus d'une vérité précieuse, comme un bon fruit dissimulé dans la fadeur de son enveloppe. Un seul mot ne suffit-il pas parfois pour faire une grande lumière dans un esprit curieux, et l'Égypte ne disait-elle pas de ces mots à chaque pas d'entre les débris de sa conscience religieuse et de sa longue expérience? C'est surtout en fournissant la claire intelligence du langage symbolique qu'elle a aidé les Alexandrins dans leur œuvre, et, par le fait, elle leur a donné ainsi la maîtresse clef de l'esprit humain. Des Arabes, des Perses, des Juifs remplissaient en outre la ville, et il est hors de doute qu'on a mis à profit leurs croyances, leurs traditions. Le souffle de Platon enfin animait, vivifiait tout.

VI

La grande bibliothèque d'Alexandrie était la source où chacun puisait. Il semble pourtant qu'elle n'ait guère contenu que de la littérature grecque : environ cinq cent mille rouleaux, ce qui représente cent cinquante mille de nos volumes. On sait qu'Omar est innocent de la destruction de ces trésors; c'est César qui leur a porté le premier et le plus terrible coup. Il était assiégé dans le quartier de la ville où ils étaient déposés, et ils les incendia pour sa défense en voulant mettre le feu à la flotte égyptienne, dit-on, et aux maisons voisines. Antoine, plus tard, fit don à Cléopâtre des trois ou quatre cent mille rouleaux de la bibliothèque de Pergame et reconstitua au Sérapéum une collection moins précieuse qu'on appela la fille de la première. Celle-ci, à son tour, après deux incendies qui ont dû singulièrement la réduire, fut enfin totalement ruinée, sous Théodose, par une multitude fanatique qu'un édit autorisait dans ses fureurs et que l'évêque Théophile poussait contre ce dernier refuge de la pensée païenne. La triste besogne qu'on a imputée à Omar était, bien avant lui, déjà aux trois quarts faite. Du reste il y avait depuis longtemps un fonds de livres au Sérapéum, avec des cabinets d'étude ouverts à toute la ville. C'était l'arsenal de l'esprit égyptien, et en général des études orientales, en opposition aux lettres grecques. Là devait se trouver ce choix d'ouvrages hiératiques attribués à Thoth, le scribe des dieux (Hermès), comme on a depuis attribué l'Évangile au Saint-Esprit, et toute la secrète littérature, inaccessible au vulgaire, l'interprétation des mystères d'Isis et d'Osiris, ou au moins quelques vestiges de cet enseignement sacerdotal aux origines si lointaines, à la durée si longue, beaucoup aussi des écrits de la Perse, de l'Inde peut-être, de la Chaldée, de la Phénicie, de la Syrie; Tertullien y a vu un texte hébreu de la Bible. Qu'on se figure ainsi le Sérapéum à côté du Musée, dans la cité cosmopolite, et de l'un à l'autre allant et venant l'éclair des intelligences; puis, une fois le Musée détruit et, en revanche, la doctrine fondée, tous ces esprits divers communiant en un seul et même esprit au Sérapéum ainsi restauré, renouvelé.

VII

Mais le christianisme vient à naître et tout autres sont ses tendances. Il ne se pique pas de haute science. Sorti des besoins du peuple et des entrailles du peuple, il ne cherche pas à savoir, il ne demande qu'à croire. Il ne cherche pas à comprendre, il repousse ce qu'il ne comprend pas tout de suite. Il n'est pas curieux, il est intolérant. La souplesse merveilleuse, l'élasticité intelligente, la pleine liberté, la haute indulgence, l'abondance d'idées, le luxe de poésie avec lequel une philosophie aristocratique interprète et concilie tout lui est un scandale; il veut qu'on soit carré par la base; il n'entend rien aux nuances; pour lui, tout est noir ou blanc, oui ou non. Il vient avec l'unité et la simplicité, avec l'immobilité d'un symbole concentré en formules brèves et précises, avec une règle inviolable d'enseignement et de croyance, avec l'entêtement de l'autorité. Au reste, qu'importe! les révolutions se font par le cœur et non par le cerveau. S'il a le cerveau faible, il a le cœur gonflé de force. Par le pressentiment de l'avenir, par l'instinct profond qui le pousse en avant, il l'emporte sur toute la science du passé; il est l'enfance d'une humanité nouvelle; il n'a que faire de la sagesse et de l'expérience d'autrefois. Vieilles idées, vieilles poésies; c'est pur embarras pour lui. Place, place au renouvellement du monde!

De sorte que peu à peu le Sérapéum, après n'avoir été au commencement qu'une sorte d'université du paganisme, se fit sa forteresse. Il y eut un beau siége qui dura près de cinq cents ans, résistance magnifique d'une science profonde contre un ensemble de sentiments plus profonds encore.

VIII

Comme autrefois le Musée, maintenant s'élève en face du Sérapéum une école rivale. Il est vrai qu'elle ne ressemble en rien à la superbe fondation des Ptolémées. Les grands et les riches n'y viennent pas faire leur cour à des maîtres vivant dans l'intimité du roi. C'est une humble école, une école de petits enfants, un didascalée. On n'y enseigne pas la science, on y prêche les mystères de l'Évangile. Les maîtres sont des chrétiens voués à la persécution et à la pauvreté; pieds nus, grossièrement vêtus, à peine nourris, mais indifférents à leur misère, ils expliquent la bonne nouvelle, la nouvelle alliance. Ils racontent les actes des apôtres, les martyrs et les saints. Le peuple se donne à eux volontiers; ils relèvent déjà d'une organisation admirablement faite pour la propagande. L'Église a eu vite fait de constituer sa puissante hiérarchie. Leurs disciples finissent par être partout. C'est en vain que Julien l'Apostat, cédant aux conseils de son intelligence distinguée, essaye de rattacher le monde à Platon, à Jamblique, à Olympiodore, à Proclus, à Hiéroclès. On ne veut pas d'Apollonius de Tyane, on veut du Christ. Les apôtres vulgaires du Galiléen et leur religion l'emportent sur la plus noble philosophie du monde. Déjà au temps de saint Athanase, l'évêque arien qui pendant son exil occupait le siége d'Alexandrie put dire en passant devant le Sérapéum, à la foule qui l'entourait : « Jusqu'à quand tolérera-t-on ces sépulcres? »

Peu à peu se déclarent enfin, contrastant avec l'ancienne « gaie science » les fureurs théologiques. Je ne sais quoi d'emporté et de sombre se mêle à tout. C'est évidemment un réveil de l'esprit égyptien. L'influence grecque est refoulée. L'arianisme, avec sa tendance au déisme, est d'essence grecque et répugne aux instincts coptes. On fait une guerre à outrance aux ariens, et le levain de nationalité envenime la lutte et l'embrouille. On ne hait pas moins les juifs et tout ce qui est d'inspiration hébraïque. Les moines peuplant le désert aux portes d'Alexandrie forment une espèce de milice à l'orthodoxie naissante. Ils sont presque tous de race égyptienne, comme leurs noms l'indiquent : ils s'appellent Ammon, Sérapion. On voit l'un deux, un jour, Ammon, jeter une pierre à Oreste, le préfet d'Égypte, en lui reprochant d'être païen et Grec. On sait le sort de la belle et savante Hypathie, mathématicienne, astronome, *philosophe* : le peuple la renversa de son char, la dépouilla de ses vêtements, la déchiqueta avec des tessons, la traîna nue sur le pavé et enfin la déchira en morceaux. La noble femme est aux mains de ses bourreaux comme une personnification du génie grec expirant à Alexandrie. La loi est dure qui veut que, l'initiation faite, l'initiatrice meure, et qui a fait naître aussi le christianisme, comme, du reste, toutes choses humaines ou divines, dans la douleur et le sang.

IX

Mais si le sentiment chrétien est tout d'abord jaloux de détruire, il devient bientôt avide de s'instruire. Il n'a été, pour commencer, qu'un instinct obscur, intime ; il sent à son tour le besoin de sortir des ténèbres et de se faire lumière. Et pour cela il emprunte beaucoup à la gnose alexandrine et aux traditions de l'Égypte. La religion du Christ est tout imprégnée de spéculations platoniciennes et de croyances pharaoniques. Sans le Musée et le Sérapéum de la ville d'Alexandre, elle ne serait pas, ou du moins elle ne serait pas ce qu'elle est. L'Église est comme ces monuments de la vallée du Nil édifiés sur les vieilles assises arrasées de constructions antérieures, avec des pierres qui ont longtemps eu ailleurs leur place, aussi sans doute avec un grand nombre de pierres neuves, exprès tirées des carrières, et toutes disposées ensemble dans un goût nouveau, dans une ordonnance nouvelle. En résumé, des deux extrémités du monde, on avait entassé, depuis des siècles, dans Alexandrie la prédestinée, les matériaux qui devaient donner au christianisme le caractère de son universalité morale.

L'influence de certaines conceptions alexandrines sur la théologie et la dogmatique chrétiennes est bien connue; mais on s'étonne davantage de retrouver, même dans les monuments de l'antique religion égyptienne, plus d'un lien de parenté avec la nôtre. Déjà, dans la première partie de ce livre, il y a plus d'une allusion à des emprunts faits par les Pères de notre Église au sacerdoce pharaonique; et, puisqu'il y faut revenir, voici encore quelques détails à ce sujet, qui, du reste, est inépuisable.

Au temps de Ramsès II, et même bien avant, les prêtres de Thèbes avaient déjà dégagé un symbole analogue au parallélisme du Christ et de la Vierge, l'homme-Dieu et la femme-Dieu. Il y a à Ipsamboul, tout au bout de la vallée du Nil et dans la *solitude chaste*, creusés dans la roche, deux temples dédiés, l'un à Ramsès et l'autre à Nofréari, « la royale épouse qu'il aime. » De belles peintures, admirablement conservées, les décorent. Évidemment Ramsès ici symbolise l'humanité dans ses vertus masculines, comme aussi Nofréari figure ce qu'on a appelé depuis l'éternel-féminin. Notre Christ est plus résigné, plus souffreteux que le Christ égyptien; il est plus contemplatif, moins actif; il porte sur ses épaules *une plus lourde croix*. Les dieux pharaoniques portent bien aussi une croix, mais toute petite et passée par un anneau dans leur main. Ensuite, dans l'apothéose de la femme égyptienne, l'idée de virginité est remplacée par celle de pureté conjugale. On lit à Ipsamboul : « J'ai construit, » c'est Ramsès qui parle, « cette demeure dans la grotte de pureté. » Un scène très-curieuse et d'un sentiment presque moderne est celle où le roi saisit un ennemi par les cheveux, lève sa hache victorieuse sur le barbare, la reine étant présente comme pour sanctionner la vengeance ou pour demander la grâce de la victime peut-être. Plus tard s'est encore développé sur le même thème le mythe d'Osiris et d'Isis. Osiris a peu servi au Christ; mais Isis, par plus d'un côté, est déjà Marie. Isis a sous les pieds, comme Marie, le croissant de la lune, la lune étant, du reste, dans toutes les religions, l'emblème du sentiment. Au surplus, beaucoup de ces emprunts faits dans les premiers temps par le christianisme à l'égyptianisme, après avoir été généralement acceptés, ont fini par être rejetés à la longue. C'est ainsi qu'on ne représente plus la Vierge en noir, comme on l'a fait longtemps, conformément à l'antique usage qui avait voué cette couleur à Isis. C'est ainsi encore qu'un prédicateur prêterait à rire s'il appelait en chaire Jésus-Christ le bon scarabée, et pourtant saint Ambroise aimait à l'appeler de ce nom. La résurrection de la chair, que le catéchisme nous enseigne encore à croire, est très-évidemment une idée plus égyptienne que chrétienne; elle a eu, au rapport de saint Augustin, beaucoup de peine à s'implanter dans les consciences ailleurs que sur les bords du Nil. Enfin, et pour achever d'un trait cette rapide esquisse d'une religion naissante se débrouillant d'avec une religion non encore tout à fait morte, voici ce qu'en pensait l'empereur Adrien, après en avoir vu de ses yeux le curieux spectacle : « Ceux qui honorent, » écrit-il dans une de ses lettres, « ceux qui honorent Sérapis se disent chrétiens, et ceux qui se disent chrétiens sont dévots à Sérapis. »

C'est que dans la réalité les choses ne se passent pas comme elles en ont l'air dans nos livres d'histoire, où, d'un trait de plume, un chapitre sépare deux grandes époques. Les temps sont d'un tissu continu et pour ainsi dire sans couture, et, quoique en définitive très-différents entre eux, ils passent les uns aux autres par des transitions à peine sensibles.

X

Mais voici déjà venir derechef des temps nouveaux pour l'Égypte. Après Memphis elle a eu Thèbes, après Thèbes elle a eu Alexandrie. Or Alexandrie, à son tour, touche à son déclin, et, pour prendre la place de la cité grecque, le Caire, la ville musulmane, va être fondé; et, comme toujours, à cette nouvelle capitale de l'Égypte correspondra un renouvellement de sa destinée. Il est même vrai que jamais encore révolution si radicale n'a si bien changé de fond en comble les hommes et les choses sur les bords du Nil. Les Hycsos eux-mêmes n'ont peut-être pas eu une si profonde influence. Ils étaient, comme les Arabes, des Sémites; mais la race indigène a fini par avoir raison d'eux, ce qui n'arrivera pas pour les Arabes mahométans.

Quant à Alexandrie et à sa prospérité, on sait comment et par qui le dernier coup lui a été porté. Beaucoup de sa gloire déjà s'était retiré d'elle au moment où nous sommes; mais elle avait encore, après tout, le commerce du monde et faisait grande figure parmi les villes les plus florissantes. Du jour, hélas! où les Portugais découvrirent la voie des Indes par le cap de Bonne-Espérance, son port, à son tour, devint désert comme ses écoles, et ce qui lui restait de sa splendeur passée s'évanouit à travers un rapide crépuscule, dans une nuit profonde. Alexandrie, au commencement du siècle, n'était plus qu'une bourgade. — Mais voyons Mahomet et l'islamisme, puisque désormais l'Égypte ne séparera plus son histoire de leur histoire.

XI

Mahomet donc et l'islamisme ne vont pas tarder à paraître. Une invasion se prépare contre l'Empire d'Orient et lui arrachera une à une toutes ses provinces, et le fera succomber, à son tour, comme son aîné d'Occident. C'est une idée séduisante de comparer ainsi deux grands faits de l'histoire et de chercher en quoi ils se sont ressemblé, en quoi ils ont différé. Les Germains se sont répandus sur le monde comme une inondation : ils sont, pour me servir d'une expression bien connue, de race neptunienne. Les Arabes l'ont fait comme un incendie, le dieu du feu les poussait. Les premiers ont longtemps attendu avant d'avoir Charlemagne et puis Luther. Tout est plus rapide chez les autres, qui du premier coup produisent Mahomet, en un seul homme le prophète, le réformateur, le conquérant et le poëte même. Là il y a eu au matin une longue aurore, ici le soleil torride est monté comme un trait jusqu'à son zénith.

Un brûlant foyer de vie nomade, voilà l'Arabie avant Mahomet, mais sans unité. Chacun dépensait son ardeur à sa manière, de peuplade à peuplade, de tribu à tribu, de famille à famille, de guerrier à guerrier. On est fier, toujours prêt à s'entr'attaquer, à piller les tentes les uns des autres, à se voler femmes, enfants, serviteurs et troupeaux. Une querelle éclate-t-elle, tout le monde bientôt prend parti ; on se transmet de père en fils les griefs et les vengeances comme un héritage, et toutes ces habitudes prises au berceau de la race ne manquent pas de retentir tout le long de son histoire. Un instant, le souffle du fils d'Abdallah, en passant sur tous ces feux épars qui jusque-là se consumaient inutilement les uns contre les autres, en fit une seule et même flamme immense, assigna pour but au brasier allumé ses desseins et ses rêves, et, d'année en année, verset par verset, l'alimenta avec le Coran, le véritable et seul instrument de sa puissance, ce chef-d'œuvre de style et de poésie, admirable par la magnificence de l'expression, par la richesse des images, réellement sublime lorsqu'il parle de Dieu.

XII

Mahomet était de taille moyenne ; il avait une grosse tête, la barbe forte, le visage rond, les joues roses, le front haut, la bouche largement fendue, le nez long, légèrement arqué, les cheveux tombant jusqu'aux épaules et noirs, les mains et les pieds très-grands. Sa famille appartenait à l'aristocratie de la Mekke, mais était si pauvre que sa mère, Amina, eut de la peine à lui trouver, lors de sa naissance, une nourrice. Orphelin de bonne heure, il a été, dans son enfance, gardeur de moutons et conducteur de chameaux. Il est douteux qu'il ait su écrire. Ce qu'il savait du judaïsme et du christianisme, il le tenait d'un parent de sa femme qui semble avoir eu sur lui une influence analogue à celle de saint Jean sur Jésus-Christ. Dans les premières années, il se contenta d'enseigner sa révélation à ses proches et à ses amis, à Abou-Bekr et à Aly, qu'il préférait entre tous. Une veuve qu'il avait épousée lui avait donné le loisir et l'aisance. Ses idées trouvèrent de l'écho tout d'abord dans les classes inférieures, chez les pauvres, chez les faibles ; car il aimait à s'en prendre à l'orgueil et à l'avarice de l'aristocratie. Il souffrait d'une maladie terrible et étrange : il tombait du haut mal, il était épileptique. De son temps on disait les épileptiques possédés du diable. Il expliquait, lui, ses crises par l'intervention d'un ange. Il tenait très-sincèrement pour inspiré d'en haut ce qui lui venait à l'esprit en se réveillant de son mal. Déjà l'idolâtrie, parmi les Arabes, était à sa fin : on n'y croyait plus. Il était né au vrai moment pour l'abattre. Une fois pourtant il faillit passer un compromis avec les idoles. Sa mission n'allait pas assez vite au gré de son impatience. Mais il le rétracta bientôt comme une inspiration de Satan. Ses oncles lui furent d'abord hostiles et se rallièrent ensuite à lui par esprit de famille. L'esprit de famille est un des grands ressorts chez l'Arabe d'autrefois, un des grands facteurs de son histoire. Enfin, ce n'est qu'après onze ans d'efforts, de lutte, d'humiliations, de désespoir et d'énergie sans cesse grandissants, d'éloquence entraînante et de génie pratique, que les affaires du prophète et de sa religion prirent une tournure décidément favorable. Mais aussi, une fois en branle, comme l'islam se précipite vers ses destinées!

Un trait caractéristique chez Mahomet, c'est qu'il conciliait, sans trop en souffrir au fond de sa conscience, la conviction sincère du prophète avec les habiletés du politique, l'enthousiasme avec le calcul. Il avait en cela vraiment l'âme d'un Arabe, tout entière faite de calcul et d'enthousiasme singulièrement fondus ensemble. Il est bien le héros national du peuple qui s'est si bien peint plus tard dans les arabesques, cette gracieuse géométrie de l'imagination, ce charmant délire d'algèbre.

Ainsi, par la force de son éloquence et par la force de ses armes, Mahomet finit par être le maître de l'Arabie entière, et, avant de mourir, il put encore donner l'ordre de faire la conquête de la Syrie. Ces premières guerres de l'islam n'étaient qu'un *compelle intrare,* une manière de faire sentir aux infidèles le bras d'Allah. Ignorant de tout, excepté de chasse et de poésie, de chant et de danse, et de la religion nouvelle, on ne pensait guère à fonder des États; on pillait, on levait des tributs. On n'aurait pas pu, du reste, se maintenir; on allait en avant, on s'en retournait. Le feu ne faisait encore que lécher, pour ainsi dire, ce qu'il allait bientôt dévorer.

XIII

Déjà sous Abou-Bekr deux armées victorieuses débordent sur la Syrie et en Perse, puis sous Omar la Perse est conquise ville à ville avec sa capitale, et la Syrie définitivement incorporée, la race qui la peuplait ayant de grandes affinités avec la race envahissante.

Puis l'Égypte est menacée. Omar hésita longtemps pour l'Égypte. Il y avait là des villes fortes, de grandes villes qui lui imposaient. Amrou, un de ses lieutenants, ne lui arracha qu'à grand' peine l'ordre d'attaquer. Les communications d'Alexandrie avec Byzance étaient si aisées, et il ne disposait que de quatre mille hommes. Il est vrai que les Coptes l'appelaient de leurs vœux. On sait que les Coptes sont l'élément natal de l'ancienne Égypte. Ils haïssaient les Grecs. Menf, la Memphis d'autrefois, détestait, par suite d'un léger réveil de la nationalité égyptienne, Alexandrie, la ville grecque. Des querelles religieuses envenimaient encore cette haine. Les Memphites étaient jacobites; les Alexandrins, melkites. Il y avait une sorte de vice-roi à Menf, du nom de Makaukas, Grec d'origine, mais né en Égypte, et que ses relations de famille et ses affections unissaient à la cause des Coptes. Il avait déjà eu quelques correspondances avec Mahomet lui-même. Son concours était tout acquis à Amrou. Celui-ci attendit quelques renforts et se présenta devant Alexandrie. Les Coptes ne virent pas plutôt les mahométans répandus autour de la ville, qu'ils traitèrent avec eux. En retour d'une soumission entière, l'islam leur assurait la liberté religieuse, la sûreté personnelle, l'inviolabilité des propriétés, une justice impartiale pour tous, et n'exigeait pour toute redevance qu'un dinar par tête, environ quinze francs de notre monnaie. En peu de temps Amrou se rendit ainsi maître de presque toute l'Égypte. Le siége seul d'Alexandrie traîna en longueur; mais il ne venait aux assiégés que les plus tristes nouvelles de Byzance; tout espoir de secours leur était enlevé. Le Bas-Empire n'avait pas su défendre la Syrie, il devenait clair qu'il ne ferait rien pour sauver l'Égypte. Parmi les Grecs renfermés dans la ville, les uns finirent par se réfugier sur leurs vaisseaux pour gagner la haute mer, les autres capitulèrent. Amrou, émerveillé de sa conquête, écrivit à Omar : « J'ai conquis la ville de l'Occident, et je ne pourrais énumérer tout ce que renferme son enceinte. Elle contient quatre mille bains et douze mille vendeurs de légumes, quatre mille juifs payant le tribut, quatre mille musiciens et baladins, etc. »

Après quoi il y eut une immense immigration d'Arabes attirés du fond de leurs solitudes par la fertilité du sol, par tous les prestiges accumulés dans la vallée du Nil, si bien que l'Égypte cessa d'être égyptienne, plus encore par une sorte de conquête du sang que par la seule force des armes. Ce que ni les Hycsos, ni les Perses, ni les Éthiopiens, ni encore moins les Grecs et les Romains n'ont su faire, la race de Mahomet l'a fait : elle a fait sienne cette antique terre.

XIV

Mais où s'arrêteront maintenant les armées victorieuses de l'islam? Nulle part elles ne rencontrent d'ennemis redoutables. On ne leur oppose de résistance que dans la mesure où la résistance enflamme le courage, excite à passer outre. Comme en Égypte, partout elles trouvent dans leur marche les Empires déchirés de dissensions intestines, prêts à être leur proie. Aussi viennent-elles se répandre sur le monde à droite et gauche avec la rapidité d'un éventail qui se déploie, faisant reculer devant elles à la fois l'idolâtrie et l'Évangile. Il leur faut un peu plus d'un siècle à peine pour porter le croissant au delà de l'Oxus, au cœur même de l'Inde; pour asservir à la parole du Prophète l'Afrique jusqu'à l'Océan, et passer en Espagne; pour enlever au Bas-Empire l'île de Rhodes, la Sicile, et les plus belles provinces d'Asie, pour faire plusieurs fois le siége de Constantinople même, qui ne doit son salut qu'au feu grégeois. Plus tard on les voit, en même temps que d'un côté elles gagnent les rives de l'Indus, se rendre de l'autre maitresses de Toulouse, de Narbonne, de la Provence, du Languedoc, de l'Aquitaine, menacer le Poitou, s'avancer jusqu'à Tournus en Bourgogne. C'est entre Tours et Poitiers que Charles Martel rencontra ce courant de lave humaine pour le refouler. Puis elles pénètrent de plus en plus dans l'extrême Orient, s'y consolident, menacent d'entamer la Chine. L'Espagne les rejette, il est vrai, de l'autre côté du détroit de Gibraltar; mais, comme par une sorte de contre-coup, presque au même moment l'islam, sous les Turcs, rentre en Europe par les Dardanelles, s'établit enfin à Constantinople, la ville si souvent convoitée, puis à Belgrade, et fait trembler Vienne comme il a fait trembler Orléans. Il tient l'immense Asie, il tient l'Afrique, il a le pied en Europe.

XV

Tout en faisant ainsi, au nom d'Allah et pour l'amour de Mahomet, la conquête de la moitié du monde, la race arabe se créait des devoirs bien au-dessus de ses forces et de son caractère. Elle ne sut pas fonder la paix dans un Empire tout entier sorti de la guerre. Avec une religion plus propre que toute autre à servir de base à une monarchie universelle, elle ne réussit pas à se défaire de son tempérament, le plus anarchique du monde. Il est vrai qu'elle devait fatalement rencontrer, dans le réveil des diverses nationalités soumises à son génie, et le schisme religieux et le démembrement politique; mais elle a véritablement contribué elle-même à compromettre sa domination de toutes ses forces. Sa vraie histoire, c'est-à-dire l'enchaînement logique des grands événements auxquels elle prend part, est comme noyée sous un capricieux roman d'effroyables aventures.

XVI

Cependant Omar faillit donner à l'islam une assiette solide. Il n'avait pas seulement l'énergie, mais le sens réfléchi, une vraie piété, beaucoup de conscience, une simplicité de mœurs patriarcale. Après lui on rencontre bien encore à la tête des affaires plus d'un homme d'action, mais les ambitions se corrompent. Il était sobre et économe, ne se nourrissait que de pain d'orge, de dattes et d'olives, ne buvait que de l'eau et n'avait pour couchette qu'un matelas de fibres de palmier. Il ne possédait que deux robes, une pour l'hiver, l'autre pour l'été, toutes deux rapiécées en maint endroit. Il ne manqua, sa vie durant, aucun des pèlerinages prescrits par le Coran. Faire justice, maintenir la pureté de la foi, assurer à la religion nouvelle l'empire du monde, voilà ses préoccupations uniques. Il organisa la justice des provinces conquises, régla leur administration, établit des chancelleries et des trésoreries, fit faire le dénombrement des populations et le cadastre des biens, afin d'assurer l'équitable répartition de l'impôt. Mahomet n'avait guère fondé que la religion; il est, lui, le vrai fondateur de l'État. Avant de mourir, il confia à six de ses compagnons le soin d'élire son successeur. Il avait contracté quelques petites dettes qu'il légua à sa famille, avec prière de les payer, car il ne laissait pas de quoi se faire ensevelir. Pourtant il avait été le souverain absolu de toute l'Arabie, et ses lieutenants avaient soumis à son autorité les plus belles et les plus riches provinces de l'Empire de Perse et de l'Empire de Byzance.

Osman déjà, son successeur, ne résiste pas à la tentation de faire servir à des fins plus personnelles les immenses richesses qui viennent de tous les côtés lui passer par la main. Il les distribue à sa famille, à ses créatures. Il faut être son parent ou du moins son partisan pour servir l'État et la religion. Bientôt toute l'influence et tout le pouvoir se concentrent dans sa maison.

XVII

Aly, au contraire, plus encore qu'Omar, est un croyant sincère, aveuglément cramponné à la foi du Prophète et à ses traditions de conduite. Mais il comprend mal les nécessités nouvelles; il s'en fie trop à Dieu du soin de lui faire justice, et il a affaire à des ennemis prompts à agir et sans scrupule. Il se scandalise des menées intéressées qui tendent à étouffer partout le pur enthousiasme des premiers temps, et, recrutant ses partisans parmi les vrais fidèles, il se pose en gardien de la loi. Osman se souciait peu du Coran quand le Coran contrariait ses desseins ou gênait la politique;

Osman, en outre, descendait d'Omeyya, l'ennemi le plus acharné de Mahomet, tandis qu'Aly descendait, comme le Prophète lui-même, de Hachem. Outre ces vieilles haines, enfin, d'un côté était l'usurpation, de l'autre, sinon des droits héréditaires dans le sens occidental du mot, du moins un certain prestige de légitimité.

La guerre civile ne pouvait manquer d'éclater. Elle tourna d'abord au profit des Alides. Osman fut assassiné, mais déjà sa maison était trop puissante pour ne pas se relever de cet échec. Les deux partis bientôt reprirent les armes. A la tête des Omeyyades parut Moawiah, le gouverneur de la Syrie; il commandait une armée parfaitement disciplinée et homogène. Aly, de son côté, réunit à Koufah soixante-dix mille hommes, ramassés dans toutes les provinces au nom d'une sorte de droit divin, et passa l'Euphrate à Rakkah.

Les deux armées campèrent pendant plusieurs mois en présence l'une de l'autre, sans en venir à une bataille générale. Quelques-uns des chefs cherchaient à amener une entente. Les plus ardents se provoquaient en combat singulier ou se rencontraient sur la limite des camps en de petites escarmouches. La masse des troupes répugnait à s'engager dans une lutte dont elle n'attendait ni un gros butin ni le paradis en récompense du martyre. On avait, de part et d'autre, le désir et l'espoir d'un accommodement, et on n'en croyait qu'à demi Aly et Moawiah quand ils dépeignaient comme une guerre sainte la querelle où ils avaient engagé l'islam. Enfin il y eut bataille; elle dura trois jours. Les solides régiments de Moawiah se battaient froidement, mais sans rompre. Les troupes d'Aly étaient plus exaltées; elles comptaient au nombre de leurs capitaines beaucoup des vieux chefs qui avaient connu le Prophète et conservaient le feu sacré d'autrefois. Un d'entre eux, Hammar-Ibn-Yazid, faillit décider de la victoire; il se jeta dans la mêlée en s'écriant : « Suivez-moi, compagnons du Prophète! les portes du ciel sont ouvertes, les houris sont parées pour vous faire accueil; il faut vaincre ou nous en aller rejoindre Mahomet et ses amis au paradis! » Après quoi il se battit comme un lion et expira couvert de blessures, entraînant par son exemple tous les siens d'un élan irrésistible. Moawiah, désespérant de la fortune des armes, eut recours à la ruse. Il fit attacher des Corans aux lances de ses Syriens en signe de trêve, et ceux-ci, ainsi retranchés comme derrière un bouclier, disaient à leurs ennemis : « Croyants, si nous nous entre-détruisons, qu'est-ce qui restera de l'islam? qui jeûnera, qui priera, qui fera la guerre aux infidèles? Bas les armes, et soumettez-vous à la divine révélation! » Moitié par respect pour le livre saint, moitié par trahison, les compagnons d'Aly consentirent à un armistice. Aly lui-même, dans l'aveuglement de sa confiance, dans la naïveté de sa foi, tout en voyant le piége, s'y laissa tomber. Le Coran, consulté et diplomatiquement interprété, décida contre lui et lui dénia le titre de prince des fidèles. Aly, désormais, ne régna plus que sur Koufah et les provinces orientales. Quant à Moawiah, resté maître de la Syrie, il conquiert bientôt l'Égypte, étend au loin, de jour en jour, sa domination, et, à la mort d'Aly, amène le fils de ce dernier à renoncer à ses droits, ce qui lui vaut enfin de régner seul sur tout l'Empire musulman.

Ainsi fut fondée la dynastie des khalifes omeyyades. Sans doute Moawiah eut encore beaucoup à faire pour assurer sa succession à son fils Yazid et à sa famille, et même pour prévenir de son vivant des guerres civiles. En Syrie, il est vrai, sa volonté ne rencontra jamais qu'obéissance aveugle, mais l'Arabie et l'Irak répugnaient à voir l'autorité se transmettre dans une même maison et flétrissaient l'innovation comme étant un fatal emprunt fait à Byzance. Ce n'est qu'à grand'peine et à force de menacer les uns et de corrompre les autres qu'il amena la Mekke, Médine et Basrah à reconnaître par serment son fils pour son successeur légitime.

XVIII

Les Omeyyades virent leur fortune s'user assez vite. En un tour de roue qui ne dura guère plus de cent ans, les divers éléments de leur puissance eurent le temps de s'évanouir entre leurs mains, et, comme sous Aly et Moawiah, l'islam se retrouva divisé. D'autres hommes vont se disputer à qui sera son maître; mais au fond, chose singulière, les partis en présence sont encore les mêmes. Tout est toujours en mouvement dans les pays d'Orient et, à vrai dire, jamais rien ne se transforme. Entre le premier des Abbassides et le dernier des Omeyyades, les mêmes idées, les mêmes sentiments, les mêmes passions s'agitent qu'entre Moawiah et Aly. Seulement ce qui a été vainqueur autrefois sera maintenant vaincu. Abou'l-Abbas, c'est Aly triomphant. Il se lève en prêchant le dogme alide de la légitimité, l'amour de la famille de Mahomet, l'horreur du descendant de ses ennemis. Sans doute il n'a pas, comme Aly, la foi vivante, il n'est que théologien et casuiste; mais, dans l'interprétation du Coran, il est de l'école qui s'autorise d'Aly et de ses adhérents, il est chiyte. De même ensuite que les Omeyyades déplacèrent par leur avénement le centre de gravité de l'Empire en faisant de Damas la capitale et de la Syrie le point d'appui de leur domination, au détriment de l'Arabie, de la Mekke et de Médine, de même les Abbassides à leur tour installèrent leur résidence dans de nouvelles provinces, plus particulièrement dévouées et vivaces, et fondèrent Baghdad.

XIX

C'est le khalife Mansour, le deuxième de la dynastie, qui fonda Baghdad sur la rive occidentale du Tigre, à la distance d'environ quinze milles anglais des ruines de l'ancienne ville de Ctésiphon. Il pensait en faire une forteresse protégée par une double muraille, par les eaux du Tigre et par de nombreux canaux qui relient ce fleuve à l'Euphrate. La garnison de Baghdad devait tenir en respect les populations inquiètes de Koufah, de Basrah et de Wasit. Mansour, du reste, a été un grand constructeur de forteresses. Il bâtit celle de Rafikkah, sur l'Euphrate, vis-à-vis de Rakkah, par méfiance contre les Kharidjites de la Mésopotamie et les Syriens restés attachés aux Omeyyades, et en éparpilla beaucoup d'autres encore stratégiquement dans tout son Empire. Seulement, la situation de Baghdad était si favorable au commerce que la ville cessa bientôt d'être une place de guerre. Devenue le grand rendez-vous des échanges entre l'Inde, l'Arabie méridionale et la Perse, entre la Syrie, l'Arménie et la Mésopotamie, elle fit craquer bientôt son corset de murailles et s'étendit même sur la rive orientale du Tigre. C'est un fait caractéristique que Mansour n'ait pas eu la vue assez longue pour prévoir la fortune de sa nouvelle capitale. Il est vrai que son gouvernement s'absorbait tout entier dans le soin de se consolider; le reste venait à ses peuples comme par surcroit. L'influence persane surtout était bienfaisante et active à Baghdad, et il lui laissait toute latitude, car il la savait dévouée à sa maison. Les Perses apprirent aux Arabes les sciences qu'ils tenaient alors eux-mêmes de l'Inde et des Byzantins, et sous le khalifat de Mansour parurent les premiers ouvrages arabes d'histoire, de jurisprudence, de théologie, de géographie, de grammaire, de mathématique, d'astronomie et même de médecine : poésie et science jusque-là ne se transmettaient que par tradition orale. La cité du Tigre fut un moment un foyer d'études comme l'avait été Alexandrie, et nos écoles d'Occident ont fait, on le sait, leur profit de plus d'une idée précieuse élaborée par la suite dans ce centre d'une civilisation renaissante. Mansour tirait vanité de la gloire que tant de splendeurs répandaient sur son règne, mais sans rien encourager réellement. Les forces vives des pays soumis à son despotisme étaient entrées en activité spontanément, non pas sollicitées. Encore sa politique méfiante a-t-elle faussé en plus d'un point le développement naturel des choses et stérilisé d'avance plus d'un germe fécond. Il ne semble avoir laissé le commerce enrichir sa capitale que pour satisfaire sa propre avarice, pour amasser lui-même d'immenses trésors qu'il se plaisait à contempler tout en se privant du nécessaire. Il tolérait la poésie sans l'aimer et la faisait servir aux intérêts de sa politique, comme aussi l'historiographie. Armé de la toute-puissance, au lendemain d'une guerre civile, sûr de ne pas révolter les consciences par le plus monstrueux abus de la force arbitraire, il étouffa tout ce qui lui faisait peur. Le génie arabe ne s'en est jamais relevé.

XX

Le prince le plus populaire des Abbassides est Haroun-er-Rachid (le Juste). Sous son règne Baghdad atteint son apogée. C'était un prince libéral de ses richesses ; il sut attirer à sa cour les hommes les plus distingués de son temps et jouir de la gloire que cet entourage lui procurait. Au demeurant il ne valait guère mieux que son grand-père Mansour. Comme lui, il simulait une grande piété et ne reculait devant aucun crime. Il était près de mourir quand on lui amena le frère d'un rebelle : « Il ne me resterait, s'écria-t-il en le voyant, que la force de dire un mot, ce mot serait : Meurs! » Après quoi il manda un boucher et fit couper le malheureux en morceaux.

XXI

Sans doute le tempérament anarchique de la race arabe servait d'excuse à la tyrannie des khalifes, mais en revanche cette tyrannie justifiait, de son côté, toutes les révoltes. Les haines de famille à famille, de secte à secte, ne sont d'ailleurs pas les seules qui tenaient les peuples toujours prêts à l'émeute. L'immense Empire musulman est un assemblage de nationalités diverses qu'une commune religion est impuissante à maintenir, et que toujours la politique tend à disjoindre. Déjà les Omeyyiades tremblaient d'envoyer dans les provinces lointaines, comme gouverneurs, des hommes énergiques et capables, de peur qu'ils ne se rendissent indépendants dans leur commandement en exploitant, à leur profit, les tendances séparatistes. Sous les Abbassides, la monarchie, devenue de plus en plus impossible, se vit contrainte encore à de plus graves méfiances. D'un bout à l'autre du monde musulman, il y avait tant de querelles, qu'il n'était plus possible de réunir une armée homogène, ou du moins les Arabes, partout entortillés dans ces querelles, n'offraient plus au khalife les garanties nécessaires. On élimina peu à peu, des armées chargées de défendre l'Empire, la race qui l'avait fondé. Déjà le khalife Motassem avait à son service soixante-dix mille étrangers; le noyau de ses troupes était composé d'esclaves de mamlouks. On sait de quelle étrange façon se recrutaient les mamlouks : c'étaient des enfants qu'on prenait tout petits, qu'on élevait exprès pour la discipline militaire et dans des idées de gloire. Il y a toujours imprudence à se faire des créatures; on finit par en dépendre. Peu à peu les mamlouks devinrent exigeants vis-à-vis du khalifat; ils mirent leurs services à un prix de plus en plus haut, posèrent des conditions qu'il fallait accepter pour pouvoir compter sur eux. Bientôt ils se placèrent de la sorte au-dessus de toute loi, se firent de la magistrature judiciaire un instrument, s'enhardirent jusqu'à conspirer contre leur maître, jusqu'à faire et à défaire les khalifes, et enfin ils gouvernèrent en leur lieu et place dans la personne du sultan, leur capitaine.

XXII

Il y a eu deux dynasties de ces sultans : c'étaient de vraies dynasties de condottieri. Qu'on imagine que Wallenstein eût réussi à se subordonner l'empereur d'Allemagne et à perpétuer le pouvoir suprême dans sa maison, sans toutefois prendre la couronne impériale : car ni les sultans Bouyides ni les Seldjoukides ne supprimèrent jamais le titre de khalife, et laissèrent toujours les Abbassides s'en parer comme d'un hochet. Les Bouyides étaient les descendants de Abou-Choudja'-Bouyeh, chef d'une horde guerrière, qui avait commencé sa fortune dans des querelles entre Alides et Samanides, en servant tantôt l'un des partis, tantôt l'autre; il se prétendait issu de la famille des anciens rois de Perse. Quant aux Seldjoukides, ils tiennent leur nom de Seldjouk, le fondateur, le père de leur race. Seldjouk avait commencé par faire la guerre pour le compte de Peïghou, prince des Kirghiz; de là il se rendit, accompagné de ses adhérents et des membres de sa famille, à Boukhara, où il se convertit à l'islamisme. Il ne tarda pas à devenir si puissant, que le prince de Boukhara, son hôte, en conçut de l'ombrage et essaya de se débarrasser de lui. Il passa alors l'Oxus avec tous les siens. Un de ses fils, à la tête d'une armée de Ghouzes s'en fut vers Ispahan, et ses deux neveux vers Mérou. En peu d'années Mérou fut conquis, avec Nisabour et Hérat, et tout le Khorassan; les provinces de Djardjan, de Tabaristan et de Kharizm succombèrent à leur tour, et tout le territoire entre Hamadan et Holwan; puis Ispahan fut enlevé ainsi que les provinces méridionales de la Perse. En même temps commencèrent, par l'initiative des Seldjoukides, les longues luttes contre les débris de l'Empire de Byzance, avec Constantinople, la ville chrétienne, pour objectif, ce qui ne manqua pas de leur attacher les plus ardents parmi les fidèles. De nombreuses recrues arrivaient de toutes parts aux hordes victorieuses, et avant tout beaucoup de Turkomans. Ce n'est pas ici, du reste, la première fois que les Turkomans se mêlent aux affaires musulmanes; mais de ce jour leur influence ne fera que grandir, et ils finiront par jouer en Asie le rôle prépondérant qu'ils ne sont pas près d'abdiquer de nos jours même.

XXIII

Tels sont les traits qui nous semblent caractéristiques de l'histoire musulmane. A l'origine, tout y est enthousiame religieux, et c'est la belle époque de la race arabe, qui, en un temps miraculeusement court, conquiert une moitié du monde à la parole de son Prophète et à la langue même du Coran. Puis la nécessité d'organiser la conquête amena le despotisme politique : une infernale et infatigable habileté tenta en vain de maintenir l'édifice d'ensemble ; la monarchie était construite comme sur un terrain mouvant; on la relevait sur un point, elle s'effondrait ailleurs, toujours quelque colonne venant à s'insurger contre le couronnement. Les Arabes s'épuisèrent à la tâche, et le moment vint où ils se cherchèrent des maîtres à eux-mêmes.

XXIV

Mais l'Égypte, comment se comporta-t-elle dans l'ensemble si tourmenté de l'islamisme? On se souvient qu'elle accepta sans résistance la domination arabe. Le joug d'un peuple jeune n'était pas, du reste, tout malheur pour elle. Elle était habituée depuis des siècles à des vainqueurs qui ont certes moins fait pour sa gloire. Longtemps elle resta à peu près passive ; mais, la langue arabe gagnant du terrain et la religion mahométane se répandant de proche en proche, ce levain nouveau se prit à fermenter. Peut-être même trouverait-on, à certains moments des querelles religieuses entre les sectes mahométanes, que le vieil esprit égyptien de bonne heure y a pris une part active. Certains ultra-chiytes, en effet, aimaient à donner à Aly le nom de fils de Dieu, et c'est là une idée pharaonique. Un vrai musulman aurait cru blasphémer en donnant ce titre même à Mahomet, qui ne se disait que le lieutenant d'Allah. On sait qu'Omar se faisait appeler lieutenant du lieutenant de Dieu. Toutefois la vallée du Nil fut pour l'islam, pendant plus de deux cents ans, surtout un grenier d'abondance, et, en même temps qu'un champ de bataille pour ses querelles intestines, une école des arts et des métiers. Il n'y a jamais eu fusion complète entre la race des vainqueurs et celle des vaincus; mais il est clair que toutes deux profitèrent d'avoir été mises en contact intime. Quelle impression ne durent pas faire sur l'Arabe habitué à vivre sous la tente, ignorant de toute civilisation, les villes magnifiques de l'Égypte! Il y eut donc un temps de fécondation réciproque pendant lequel l'Égypte n'a pas, à vrai dire, d'histoire propre. Les khalifes lui envoyaient des gouverneurs, les rappelaient pour en envoyer d'autres. Des révoltes éclataient dans la population aborigène et étaient aussitôt comprimées. Des chefs arabes, soulevés par ambition personnelle ou par fanatisme sectaire, bataillaient ensemble et contre le représentant du khalife. Des crimes, des intrigues, la bonne ou mauvaise administration des gouverneurs, leurs exactions, les belles constructions qu'ils élevaient dans le style nouveau, c'est là tout l'intérêt de cette première période. Peu à peu cependant les circonstances firent rentrer l'Égypte un moment, pour son propre compte, sur la scène historique; et les Arabes eux-mêmes, devenus de plus en plus nombreux dans le pays, par suite d'immigrations incessantes, vont, sinon lui rendre son autonomie natale, du moins lui refaire des destinées indépendantes.

XXV

C'était au temps où la monarchie des Abbassides commençait à se détraquer. La Perse venait d'échapper au khalife de Baghdad. L'esprit de révolte était partout dans l'Empire et avait gagné même l'apathique Égypte. Il était clair que, pour soustraire la vallée du Nil à une autorité lointaine et faible, il ne fallait qu'un homme entreprenant et énergique, capable d'entraîner les populations, et cet homme se rencontra en la personne même du gouverneur. Son nom est Ahmed-Ibn-Touloun. Il fonda une véritable dynastie d'Égypte : les Toulounides. On n'a qu'à se rappeler Méhémet-Aly pour bien comprendre Ahmed.

A peine installé dans son commandement, Ahmed brisa un à un

les liens d'obéissance qui l'attachaient au khalife, sans toutefois lui dénier jamais une suzeraineté nominale. Il se fit roi; puis, poussé par une ambition grandissante, sans doute aussi par la crainte d'être déposé si quelque jour le khalifat venait à avoir un retour de fortune, il pensa à le détruire; il profita d'un moment où les forces impériales étaient engagées dans d'autres guerres, et envahit la Syrie à la tête d'une armée égyptienne. Il conquit ainsi Damas, Hims, Hamah, Haleb, Antioche et Tarse presque sans coup férir, se tourna ensuite contre la Mésopotamie, s'empara de Rakkah et de Haran. Il était en train de porter ses armes victorieuses bien plus loin encore, quand on lui apporta la nouvelle que son propre fils s'était mis à la tête d'une insurrection en Égypte. Il lui fallut abandonner ses desseins et revenir sur ses pas. Son fils et d'autres rebelles l'occupèrent plusieurs années, et, sur ces entrefaites, le khalife, après des avantages remportés sur sés ennemis du Sud et de l'extrême Orient, menaça sérieusement d'une guerre le gouverneur infidèle. Il sut parer le danger en faisant amende honorable et en se mettant lui-même et ses armées au service de son maître. Celui-ci était engagé dans de trop grosses difficultés pour ne pas pardonner; mais Ahmed trouva moyen d'éluder sa promesse. Le khalife le fit maudire du haut de toutes les chaires de l'Empire.

La tentative d'Ahmed était prématurée : le temps n'était pas venu encore de rendre à l'Égypte une indépendance durable, d'en faire un royaume. Déjà, de son vivant même, une partie de ses conquêtes hors de la vallée du Nil vint à se soustraire à sa domination. Sous son fils et successeur, toute la Syrie s'en alla faire retour au khalifat. Ensuite, ce prince sacrifia même les prérogatives de la royauté à la vaine gloire de devenir le gendre du khalife et se soumit à lui payer de nouveau un tribut de 300,000 dinars par an. Vingt-cinq ans après la mort d'Ahmed, c'en était fait de la dynastie des Toulounides : elle ne compte en tout que cinq princes. Et l'Égypte redevint une simple province.

XXVI

Mais bientôt après, de graves événements vinrent au secours de l'Égypte et lui préparèrent un rôle digne d'elle. Jusqu'ici les khalifes de Baghdad n'avaient perdu que leur autorité temporelle; ils vont maintenant être attaqués aussi dans leur prestige spirituel. Une sorte d'antipapauté est en train de se fonder en Afrique. Aux Abbassides de l'Orient, l'islam va opposer en Occident les Fatimites. Il s'agit d'une véritable révolution religieuse, et, comme elle est peu connue, il vaut la peine peut-être de la raconter avec quelques détails.

L'origine en est dans la secte chiyte des ismaélites, ainsi nommés parce qu'ils tenaient Ismaël, un petit-neveu d'Aly, pour le seul et véritable imam. Ils croyaient, en outre, au dogme du retour de Mahomet. A la mort d'Ismaël, ils nommèrent sept docteurs chargés d'interpréter la loi, mais sans se mêler aux affaires publiques, afin de ne pas attirer sur la petite église les persécutions des khalifes qu'ils appelaient des usurpateurs. La propagande ne devait se faire que par des missionnaires qui avaient ordre de ne jamais engager la communauté. Toute une doctrine finit par être mise au jour, un enseignement complet, reposant sur une très-libre interprétation du Coran. Le livre sacré était présenté aux prosélytes comme une longue allégorie où il fallait se garder de rien prendre à la lettre. De sorte que l'islam bientôt perdit son assiette primitive; Mahomet ne passa plus pour le dernier prophète, mais pour l'imam qui devait venir, pour le mahdy, pour le messie, pour une sorte de Paraclet. La libre pensée trouvait d'ailleurs son compte, sinon du fond de la doctrine, du moins de sa méthode. Des écoles peu à peu se fondèrent sur toute l'étendue de l'Empire, entre autres celle de Abd-Allah-Ibn-Meïmoun, où l'on préparait les hommes de bonne volonté à la prédication. Dans le Yémen aussi, les ismaélites réussirent à prendre pied, et de là des missionnaires se répandirent en Afrique, et parmi eux était Abou-Abd-Allah-Hassan-Ibn-Ahmed, qui sut en peu de temps se créer chez les Berbers une sorte de dictature morale. La dynastie des Aghlabites régnait alors dans ce pays, et se trouva bientôt en conflit avec le chef de la secte. Une guerre éclata; après un temps de revers, Abou-Abd-Allah fut vainqueur en une brillante série de batailles et s'empara de la capitale. Il pensa alors le moment venu d'appeler en Afrique un soi-disant descendant d'Ismaël, qui vivait dans la retraite à Salamieh, et d'en faire un khalife. Le prétendant s'appelait Obeïd-Allah-Ibn-Mohammed. Il se mit en route, déguisé en marchand, afin d'échapper aux sbires que le gouverneur de l'Égypte avait reçu ordre d'envoyer contre lui. Il traversa l'Égypte sans encombre; mais, à Sedjelmes, il tomba aux mains de ses ennemis. Abou-Abd-Allah accourut à son secours, prit la ville d'assaut, délivra Obeïd-Allah et le présenta à son entourage comme le mahdy tant désiré, comme le véritable prince des fidèles. Puis il fit lire, un vendredi, la profession de foi nouvelle, et jeta en prison quiconque y contredisait. Mais, devant les résistances qu'il rencontra, il ne lui fut pas possible de persévérer dans son intolérance. Pour le reste, il se figurait avoir affaire à un homme qui se contenterait de son nom de messie, et, trônant sans ambition, comme un demi-dieu, au fond de son palais, lui laisserait à lui-même tout le pouvoir. Il en fut autrement : Obeïd voulut gouverner. Abou-Abd-Allah se mit à prêcher contre lui, le traita de tyran, et mourut assassiné par ordre de sa créature. Les amis du réformateur essayèrent en vain de le venger par une révolte; ils furent comprimés, et Obeïd, pour affermir son autorité, tenta de conquérir l'Égypte. Dans son dessein, la vallée du Nil, avec le Caire pour capitale, devait servir de point d'appui et de centre à la monarchie restaurée de l'islam, sous la domination des khalifes fatimites.

XXVII

Mais la dynastie naissante avait encore trop d'ennemis au dedans et au dehors pour réussir tout de suite dans une si difficile entreprise. Trois fois Alexandrie fut prise et le Fayoum envahi, et trois fois force fut de lâcher de nouveau la proie convoitée, à demi saisie. Ce n'est guère que cinquante ans après la mort d'Obeïd qu'un de ses successeurs, du nom d'Al-Moëzz, vint enfin à bout de couronner l'ambition de sa famille. Le Caire ouvrit ses portes au Fatimite, qui en fit sa résidence. La population égyptienne se soumit volontiers : elle venait d'avoir à souffrir d'un triple fléau qui lui avait fait désirer de nouveaux maitres : une effroyable anarchie, un despotisme insupportable et la famine. En même temps que l'Égypte, la Syrie reconnut Al-Moëzz pour prince des fidèles. Et voilà le Caire, à son tour, devenu capitale politique du monde mahométan. Depuis les Pharaons, pareille fortune pour la première fois échéait à la vallée du Nil, qui recommença d'être ainsi le siége d'un grand Empire.

XXVIII

Le règne du khalife Hakim est caractéristique. Il faut que nous en racontions quelques détails en peu de mots. Al-Hakim était à peine âgé de onze ans quand son père mourut. Deux personnages influents se firent la guerre pour savoir qui serait régent. L'un d'eux, un eunuque, l'emporta; mais, enorgueilli de ses succès, il porta ombrage au khalife, alors à peine entré dans sa quatorzième année, et qui, un matin, ordonna à un de ses esclaves de lui apporter sa tête. L'esclave obéit. La population aimait l'eunuque, et il y eut des attroupements devant le palais. Le jeune Hakim harangua la foule : « Il était mon ennemi, dit-il, j'ai bien fait de le tuer, et puis je ne suis qu'un enfant; » et il se mit à pleurer. Quatre ans après, il imagina pour un rebelle, à la fois bon capitaine et dangereux prophète, qui du reste avait manqué de le précipiter du trône, un supplice d'une cruauté bizarre. Il le fit lier sur un chameau, le coiffa d'une sorte de bonnet de bouffon, lui mit en croupe un singe dressé à lui cravacher le visage, et ainsi accoutré, en proie au fouet de la bête, il lui fit faire le tour des rues du Caire, après avoir ordonné à la ville de se parer comme pour une fête.

Il était, du reste, l'esprit le plus inconstant du monde, le plus facile à se laisser séduire par toutes les influences, les bonnes et les mauvaises. Il commença par faire dans son Empire la propagande du chiysme le plus outré. On risquait sa vie à faire sa prière dans le rite sunnite ou à dire quelque bien d'Abou-Bekr et d'Omar. Il chassa les juifs et les chrétiens de tous les emplois publics et les persécuta : ceux-ci ne pouvaient sortir dans les rues que vêtus de bleu et portant une longue et lourde croix, les autres ne devaient se montrer que vêtus de jaune et portant une boule noire au cou. Il fit jeter une malédiction du haut de toutes les mosquées jusque sur les légumes que Moawiah aimait. Défense était faite aux femmes de sortir, même voilées, même pour aller en quête de leur nourriture : on passait à manger au bout d'une longue pelle à celles qui n'avaient pas de domestiques mâles. Puis à cet épouvantable accès d'intolérance succéda un accès de tolérance. Il appela de nouveau un chrétien au secrétariat d'État. Mais bientôt il le livrait à des gens qui le haïssaient et qui l'accablèrent de coups jusqu'à le laisser pour mort, et ensuite, une fois guéri de ses blessures, il le reprit en faveur, pour finir par le faire exécuter tout de même. Les masses, du reste, l'aimaient pour le soin qu'il prenait des intérêts populaires, pour sa libéralité sans borne et pour son fanatisme religieux, qui était sincère, quoique plein de contradictions éclatantes, pour tous les vizirs, chanceliers, eunuques, courtisans livrés par lui au bourreau, souvent en toute justice et à la grande joie des classes inférieures. Il aimait à se mêler à la foule, simplement vêtu, affable, accessible, répandant l'argent à pleines mains, priant dévotement. Il a fondé et doté de nombreuses mosquées et des écoles, allégé des impôts qui pesaient le plus lourdement sur le peuple, introduit une discipline sévère dans les troupes, et mis un terme aux vexations que soldats et esclaves exerçaient contre les habitants des villes. Enfin et surtout il prenait à tâche de rendre bonne et prompte justice. On lui savait gré de la sévérité qu'il déployait contre les buveurs de boissons fermentées, contre les croyants relâchés dans les pratiques prescrites, contre les dissidents; et ce qui nous semble monstrueux à distance était peut-être, de son temps, ce qui le rendait le plus populaire. Sur la fin de son règne, un missionnaire ultrà-chiyte s'empara de son esprit, et, après avoir prêché quelque temps dans les mosquées, entre autres doctrines à demi hindoues et à demi pharaoniques, que le khalife était dieu, finit par convaincre Hakim lui-même de sa divinité. Dès lors il cessa de paraître dans les mosquées, lui qui y était autrefois si assidu; la religion mahométane lui devint indifférente; il n'ordonna plus de pèlerinage à la Mekke, et exigea qu'on l'adorât. Au Caire, la foule était tenue de s'agenouiller sur son passage. Elle ne s'y prêtait pas de mauvaise grâce, du reste, dans ce pays où les rois pendant mille et mille ans ont été identifiés avec des êtres divins, et beaucoup s'écriaient en le voyant, peut-être par un vague souvenir de quelque antique formule : « O toi, le dispensateur de la vie et de la mort! » Hakim mourut assassiné par un Berber qui avait encouru sa vengeance, disent les uns, par un musulman scandalisé dans sa foi, disent les autres.

XXIX

Le plus grand souci des khalifes fatimites fut d'établir solidement leur autorité en Arabie et en Syrie. Ils ne prirent pas la peine, une fois installés au Caire, de retenir sous leur domination les provinces du nord de l'Afrique, qui avaient été le berceau de leur fortune et qui ne tardèrent pas à s'affranchir. L'extrême Orient, en outre, ne connut jamais leur influence, et les Omeyyades d'Espagne ont su toujours s'y soustraire. Ils régnèrent quelque temps sur la Sicile et les Calabres, mais en furent chassés par des dynasties locales. Quant à la cohésion et à la solidité de leur Empire, elle était bien faible. Ils le voyaient à chaque instant se détraquer, se reconstituer, se réduire, et puis s'étendre outre mesure pour se réduire de nouveau. Le règne du sultan Mostanser résume fidèlement ces alternatives de revers et de succès. Il a duré soixante ans, et comme il montre bien aussi à l'œuvre les causes qui ruinèrent la prépondérance reconquise par l'Égypte dans le monde oriental et amenèrent la chute de ses modernes Pharaons, il faut nous y arrêter.

Mostanser monta sur le trône à l'âge de sept ans. Il était le fils d'une esclave noire, qui longtemps gouverna pour lui. Ses premières années furent marquées par de grandes victoires sur le khalife de Baghdad. Un instant il fut permis d'espérer, au Caire, qu'on se rendrait maître du souverain abbasside, et déjà Mostanser faisait construire, à côté de son grand palais, un petit pavillon pour loger son ennemi. Baghdad alors reconnaissait l'autorité du prince fatimite, ainsi que la plus grande partie de l'Afrique, la Sicile, l'Arabie, la Syrie et la Mésopotamie. Mais le sort des armes et l'inconstance de ses alliés bientôt réduisirent sa souveraineté à la seule ville du Caire. A peine se fut-il tiré de cet embarras, qu'une guerre de race éclata, provoquée par le meurtre d'un Turc dont un nègre s'était rendu coupable. Les Turcs étaient alors déjà très-puissants en Égypte. Ils prirent les armes pour venger la victime. La mère de Mostanser et lui-même protégeaient les nègres, qui, malgré cela, furent battus et refoulés au delà des Cataractes. Au retour de l'armée turque, c'en était fait du prestige du khalife. Les vainqueurs désormais, n'obéissant plus qu'à leur capitaine, mirent le souverain en tutelle. Ils avaient rallié à eux presque toutes ses troupes. Ils le ruinèrent, ils le mirent littéralement sur la paille en exigeant une solde de plus en plus forte. Quand il leur eut distribué ses caisses pleines de pierreries, de perles, ses vases d'or, d'argent, de cristal, sa porcelaine fine et jusqu'à ses meubles de prix, ses tapis, ses tentures, ses armes précieuses, il fut contraint de leur donner les lustres d'or, les encensoirs et autres objets qui ornaient les tombeaux de sa famille et les richesses même de sa bibliothèque. Poussé à bout, Mostanser résolut de faire assassiner le chef de ces hordes insatiables, mais n'y réussit pas. Il appela ensuite le gouverneur de Damas à son aide. Celui-ci vint, livra bataille aux mutins et les dispersa; mais ils se reformèrent, proclamèrent la déchéance du khalife fatimite, et tentèrent de remettre l'Égypte aux mains de l'Abbasside. Le Caire fut bloqué et affamé, non pas par un siége, mais par un impitoyable cordon de douane. Mostanser dut vendre le peu qu'il avait encore pour se procurer le plus strict nécessaire. On mangeait de la chair humaine dans la ville. Sans la charité d'une dame très-riche, le khalife, abandonné de tous, serait mort de faim. Des alliés cependant lui arrivèrent, et il réussit à refaire encore une fois sa fortune.

XXX

Quoique les invasions des Mongols soient de gros événements pour l'islam, et qu'elles se soient fait sentir jusque vers l'Égypte, nous négligerons d'en rien raconter. On a tout dit aussi sur les croisades, et nous n'essayerons pas non plus de rafraîchir à cet égard des souvenirs présents à toutes les mémoires. Passons donc tout de suite aux destinées qui vont être faites à l'Égypte après le naufrage définitif du khalifat fatimite. Il est à noter, du reste, et nous le remarquerons en temps et lieu, que tout autre aurait été l'histoire de l'Égypte sans les Mongols et sans les croisades. C'est, en effet, la guerre sainte contre les chrétiens qui créa les hommes et les choses de la situation nouvelle, Nour-eddîn et son influence, Salah-eddîn et sa dynastie ; et c'est une irruption des Mongols sous Batou-Khan, petit-fils de Djenguiz-Khan, qui fournit plus tard aux marchés de l'Orient les innombrables esclaves destinés à donner à la vallée du Nil une de ses deux dynasties mamloukes.

XXXI

Nour-eddîn donc en Syrie était dans toute sa gloire, pendant qu'en Égypte, sur les ruines du khalifat, deux vizirs, chacun à la tête d'une moitié de l'armée, se disputaient le pouvoir. Le compétiteur évincé se sauva du Caire à Damas avec ce qui lui restait de ses trésors, et demanda à Nour-eddîn de s'intéresser à ses affaires : il lui promettait le tiers des revenus de l'Égypte et de faire tous les frais d'une campagne. Après quelque hésitation, Nour-eddîn envoya Chirkouh, un de ses meilleurs capitaines, sur les bords du Nil. Celui-ci rétablit d'abord le vizir au nom de son maître, finit par le déposer pour gouverner lui-même, et à sa mort laissa l'autorité à son neveu, le célèbre Salah-eddîn (*Salut de la religion*, en arabe). Nour-eddîn, du reste, exerça tant qu'il vécut une sorte de suzeraineté sur la conquête de son lieutenant, et il était si populaire pour son courage, sa piété, sa bienfaisance, sa science même, pour les innombrables écoles, caravansérails, mosquées et hospices édifiés par son ordre, que même après sa mort, Salah-eddîn n'osait refuser à son fils mineur l'hommage-lige et un semblant de soumission. Sa famille resta ainsi quelque temps prépondérante en Égypte et en Syrie. L'Égypte naturellement échappa bientôt à une influence de beaucoup trop faible pour s'imposer à elle, et Salah-eddîn ne s'y sentit pas plutôt le maître, qu'il jeta les yeux aussi sur la Syrie, n'attendant qu'une occasion pour s'en emparer. Des querelles intestines ne tardèrent pas à fournir le prétexte, et ainsi Salah-eddîn fonda l'Empire qu'il transmit à ses descendants, lesquels enfin, sous le nom d'Ayoubites (Ayoub est le père de Salah-eddîn), ne surent, du reste, se maintenir que pendant près de cent ans.

XXXII

Ils succombèrent, comme tant d'autres dynasties musulmanes, à une révolte de leur milice. Ils avaient imprudemment profité d'une occasion qui s'offrait à eux de fortifier par des recrues nombreuses leur garde d'esclaves. Les Mongols fournissaient alors tout l'Orient d'hommes choisis, bien faits, forts, vigoureux, jeunes, ramassés tout le long de leurs courses conquérantes, qu'ils vendaient en masse au plus offrant, après avoir tué tout ce qui n'était pas de défaite facile sur les marchés de marchandise humaine. Cette garde était appelée *halkah* (ceinture), et en effet elle était destinée à ceindre le prince et à l'entourer partout comme un vêtement ou plutôt comme une armure. ***Mamlouk*** veut dire ***esclave***, comme on sait. Les avertissements ne manquèrent pas aux Ayoubites quand ils accrurent si inconsidérément le nombre de leurs mamlouks. L'expérience en avait été si souvent faite! « Imprudent monarque, dit un poëte du temps, dans le nid de l'aigle tu appelles les vautours; les fils du grand Salah-eddîn ont acheté des esclaves pour se vendre à eux comme esclaves eux-mêmes! » Bientôt, en effet, la discipline se relâcha dans ces dangereuses troupes; leurs chefs occupèrent les principales dignités, et toutes les forteresses de l'Égypte étaient en leurs mains. L'anarchie éclata; le dernier prince de la race de Salah-eddîn fut assassiné. Du haut de leurs navires, Louis IX et Joinville, alors prisonniers au Caire, assistèrent à la catastrophe. L'un des meurtriers, Farès-Oktay, que Joinville nomme ***Pharacatail***, avait arraché le cœur de sa royale victime et en fit l'offrande à Louis IX.

Ce fut là l'origine d'une première dynastie mamlouke d'Égypte, celle des sultans ***Baharites***, ainsi nommée parce que les régiments qui la portèrent au pouvoir occupaient de vastes quartiers fortifiés, à l'extrémité méridionale de l'île de Raoudah, sur le ***Bahr***, c'est-à-dire le Nil. Par la race, elle était turque et originaire de Kiptchak, contrée immense de l'Asie septentrionale. Elle périt, chose singulière, par les mêmes causes qui avaient amené la ruine des Ayoubites. Elle aussi fit la faute « d'appeler les vautours dans son nid ». Sa milice, fondue par la guerre et la discorde, se renouvela peu à peu en se recrutant d'esclaves de provenance circassienne, et, après avoir fait quelque temps sa force, se tourna contre elle. De sorte que le pouvoir passa aux mains d'une nouvelle série de sultans, qu'on distingue sous le nom de *Mamlouks circassiens*.

XXXIII

Faire de l'Égypte, de la Syrie et de l'Arabie, une sorte de Royaume-Uni, avec le Caire pour capitale, telle est, en résumé, la fin où hommes et choses semblent tendre, dans le cours de plusieurs siècles, sur toute l'étendue centrale du monde musulman. Le fait s'explique naturellement par l'instinct de cohésion que les Arabes, en peuplant ces trois pays, y déposèrent. Malheureusement, comme à tout développement oriental, l'esprit de suite ici aussi manqua, et, du reste, les obstacles à vaincre par les émigrations de la race arabe pour se constituer en une nationalité compacte et une étaient peut-être insurmontables. La Syrie encore s'y serait assez aisément prêtée; mais l'Égypte est singulièrement réfractaire au mélange des races diverses qui l'habitent et qui vivent encore maintenant, après tant de siècles, presque aussi distinctes sur son sol qu'au premier jour. Ensuite les Mongols vinrent encore compliquer ce travail déjà si difficile, en poussant devant eux, à travers le monde oriental, du fond le plus reculé de l'Asie, des populations ethnographiquement très-différentes des races syriaques et arabes. On devine qu'il s'agit des Turcs et de tous leurs congénères. D'innombrables hordes turkomanes, en effet, s'implantèrent dans l'islamisme comme de véritables corps étrangers dans un organisme qu'ils irritent, enflamment, troublent, font dévier de ses fins, menacent de mort.

XXXIV

Les Osmanlis sont une de ces hordes turkomanes. Leur nom leur vient d'Osman, le premier de leurs chefs qui fut vraiment leur prince. Pourchassés par les Mongols, ils quittèrent, vers le commencement du treizième siècle, leur patrie et se réfugièrent en Asie Mineure, auprès des sultans seldjoukides, qui y régnaient alors et qui, déjà affaiblis, firent bon accueil à ce renfort inespéré de frères d'armes. Ils s'en servirent avec succès dans leurs guerres contre les Mongols et contre l'Empire de Byzance. Osman enfin, à la tête de la tribu, entreprit des conquêtes pour son propre compte. Son dessein était de faire de Brousse la capitale d'une principauté indépendante. A sa mort, son fils Orchan acheva l'œuvre commencée, établit, en effet, sa résidence à Brousse et s'empara même de Nicomédie et de Nicée. C'est là le berceau de l'Empire turc ou ottoman et de la Sublime Porte.

Il n'entre pas dans notre cadre de raconter les laborieux et brillants commencements des sultans ottomans, ni leurs guerres avec les Mongols, avec Timour (Tamerlan), sous Bayezid (Bajazet), ni leurs entreprises contre ce qui restait du Bas-Empire, ni leur siége et la chute de Constantinople, sous Mahmoud II, ni leurs ambitieuses querelles avec tant d'autres princes musulmans de l'Asie. Nous nous en tiendrons à leurs rapports avec les sultans d'Égypte.

XXXV

Une fois Constantinople aux mains des Ottomans, c'en était fait de l'Empire égypto-syriaque. Du vivant même de Mahmoud, la situation commence à se tendre entre les deux gouvernements rivaux. Déjà en 1464 un ambassadeur de la Porte arrive au Caire et refuse de s'agenouiller, le front contre terre, devant le sultan d'Égypte, comme le voulait l'étiquette. Il était, en outre, porteur de lettres qui n'étaient pas rédigées conformément aux usages consacrés. La guerre éclata sous Bajazet II. L'armée ottomane poussa une pointe hardie vers la Syrie et d'abord ne rencontra pas de résistance, les troupes égyptiennes n'étant pas prêtes. Un peu plus tard on en vint aux mains dans plusieurs batailles plus sérieuses, et la victoire resta aux mamlouks. Kait-Bey alors était sultan d'Égypte; il fit la paix sans pousser plus loin ses avantages. Il avait subi des pertes malaisées à réparer, et il craignait de pousser à bout le peuple, les ulémas et les cadis, déjà irrités contre lui par la lourdeur de l'impôt, par des exactions, par toutes sortes de mesures violentes. Une grande cherté régnait du reste en Égypte et rendait impossibles de nouveaux sacrifices, et difficile même l'approvisionnement de l'armée. Il est curieux de se demander ce que serait aujourd'hui la question d'Orient si les mamlouks, à cette époque, avaient étouffé l'empire ottoman.

XXXVI

L'Égypte et la Syrie étaient en train de construire une flotte pour l'opposer aux entreprises des Portugais dans la mer des Indes, quand sonna la dernière heure de leur commune indépendance. C'était en 1516. Sélim régnait à Constantinople; il venait de battre le chah de Perse en une campagne décisive et se retournait enfin contre l'Empire des mamlouks pour en finir. Les griefs ne lui manquaient pas, et d'ailleurs, comme toujours en pareil cas, le plus subtil prétexte suffit à un souverain entreprenant. Il fit ses préparatifs, et, afin de surprendre ses ennemis autant que possible, il feignit de méditer une campagne contre la Perse; puis il attira une ambassade égyptienne à Constantinople et lui fit le plus terrible accueil. « Il est impudent, s'écria-t-il, de m'envoyer pour messagers de paix des hommes si beaux et choisis évidemment tout exprès pour intimider mes Ottomans! » Et il fit maltraiter et décapiter tous ensemble les envoyés, excepté le chancelier, qu'il laissa repartir dans le plus triste état, la barbe rasée, enveloppé de guenilles, sur une bête galeuse, boiteuse, paralytique, — avec une déclaration de guerre. Il jetait le masque : déjà ses troupes étaient massées sur la frontière de la Syrie.

Il y eut une sanglante bataille dans la plaine de Dabik, à une journée de marche au nord d'Alep. Les troupes syriennes et les émirs d'Égypte avec leurs mamlouks se battirent au commencement avec une grande bravoure; mais, mal soutenus par la garde du sultan, qui avait ordre de se ménager et de leur laisser tout le poids de la lutte, se sentant trahis, engagés d'ailleurs avec des forces supérieures, mieux exercées, mieux armées, ils finirent par plier. Un de leurs capitaines alors donna, par trahison, le signal de la fuite. A l'aspect de la déroute, le sultan d'Égypte tomba mort d'un coup de sang. Alep ne fut pas défendu; Sélim y entra sans coup férir, bien venu, au contraire, de la population, qui haïssait les mamlouks. Il ne rencontra pas non plus de longue résistance devant Damas, et déjà il se présentait aux frontières de l'Égypte, alors que ses ennemis avaient à peine eu le temps de choisir un nouveau sultan. Il envoya à celui-ci une ambassade, qui fut maltraitée en manière de représailles, et la guerre reprit de plus belle. Après une série de combats acharnés, le Caire fut assiégé et pris par les Ottomans. Les vainqueurs firent un grand massacre de mamlouks, rançonnèrent les plus riches parmi les habitants, pillèrent la ville pendant trois jours. Enfin Sélim transporta son camp à Boulak et fit faire dans les mosquées la prière en son nom : « Dieu protége le sultan, le seigneur des deux terres fermes et des deux mers, le vainqueur des deux armées, le conquérant des deux Irak, le serviteur des deux nobles villes saintes, le prince victorieux, Sélim-Chah! » La paix cependant n'était pas encore faite; les vaincus firent encore, en moins d'un mois, plusieurs efforts pour reconquérir leur indépendance. Ce fut en vain : ils ne réussirent qu'à fournir à Sélim l'occasion de se débarrasser par le bourreau des émirs les plus hostiles à son nom. Un de ces derniers, avant de mourir, récrimina en ces termes : « Gagner une bataille avec des canons n'est pas, aux yeux d'Allah, un grand mérite : avec des canons, une faible femme peut jeter bas le guerrier le plus brave. Nous avons combattu, nous, comme autrefois combattaient le Prophète et ses successeurs, avec l'épée et la lance; mais toi, comment as-tu osé combattre avec du feu contre des gens qui croient en Allah? » Le dernier sultan d'Égypte, fait prisonnier, fut pendu au Caire, à la porte Zouweilah, et le pays enfin soumis et pacifié à demi par d'autres exécutions terribles, et à demi par la clémence et des amnisties. Après quoi Sélim nomma des gouverneurs pour la Syrie et l'Égypte, ainsi redevenues de simples provinces, et s'en retourna à Constantinople. Peu avant son départ, il eut la joie de voir le fils du chérif de la Mekke venir lui rendre hommage au nom de son père, et désormais il put prendre le titre de protecteur de la ville sainte, qu'il enviait depuis longtemps aux princes de l'Égypte. Il emmena, au surplus, à sa suite les survivants de toutes les familles autrefois souveraines du Nil, tous les descendants des khalifes et des sultans, afin de ne pas laisser derrière lui ce souci. Beaucoup de savants aussi, de cadis, de cheikhs, de fonctionnaires, d'architectes, d'artistes, d'ouvriers habiles, reçurent l'ordre de le suivre à Stamboul. Ce n'est pas tout : il fit emballer tout ce qu'il rencontra de précieux dans la ville, il déménagea pour ainsi dire le Caire tout entier; tout l'or et l'argent, des armes et des ustensiles, des chevaux, des mules, jusqu'aux colonnes de marbre des palais, de la citadelle et d'autres édifices prirent avec lui le chemin du Bosphore. De sorte que le Caire, du même coup, perdit non-seulement la réalité de sa puissance, mais même les apparences d'une capitale d'Empire, et déchut au rang de simple chef-lieu de province. Sélim ne nomma jamais les gouverneurs d'Égypte que pour un an, afin de les pouvoir rappeler au premier soupçon, et longtemps ses successeurs en ont agi de même. Il en résultait pour ces fonctionnaires la tentation de s'enrichir dans le moins de temps possible. N'ayant pas à se soucier de l'avenir du pays, ils l'exploitaient au jour le jour, les uns après les autres, et, pour se faire pardonner leur propre avarice, faisaient dans leurs exactions la part du lion à leurs maîtres. Du temps des mamlouks, sans doute l'Égypte était accablée d'impôts, mais du moins ce qu'on lui extorquait alors restait dans le pays. Maintenant le plus clair de ses revenus, les plus beaux produits de son sol, son argent et son or, vont s'engloutir dans le gouffre de Constantinople. Quant à ses khalifes, désormais il n'en est plus question, et les sultans ottomans se considèrent comme les héritiers légitimes des princes des fidèles, au spirituel comme au temporel (1).

XXXVII

Coupons ici le fil de notre récit; nous le renouerons plus tard. Le moment est venu de voir les peuples mahométans et les Arabes d'Égypte donner carrière à leur génie, non plus dans d'interminables guerres, mais dans les travaux de la paix. Sur leur poésie d'abord, sur leur littérature, ouvrons, en peu de mots, une perspective.

Mahomet est resté le plus grand poëte arabe. De son temps, du reste, sa race avait déjà de la très-belle poésie, non écrite, il est vrai; on la chantait sous la tente et on la transmettait ainsi de génération en génération. Le chef de tribu était d'autant plus populaire s'il savait, après avoir glorifié les siens par les armes, mettre en vers entraînants ses hauts faits et les fiers sentiments de son âme. Outre la guerre, on aimait à entendre décrire de belles armes, de beaux chevaux de bataille, la bravoure, la bienfaisance, l'hospitalité, l'éloquence, les êtres et les choses de la vie nomade, la tente, le chameau, la femme aimée, ou bien de longues courses à travers le désert, pendant des ouragans de sable ou des chaleurs acca-

(1) Dans aucun livre, que nous sachions, l'histoire de l'islam n'est dégagée aussi clairement d'entre le fatras des historiens arabes, que dans le bel ouvrage du docteur Gustave Weil, professeur ordinaire de langue orientale à l'Université d'Heidelberg : *Geschichte der islamitischen Vœlker*, dont notre travail n'est souvent qu'un résumé fidèle.

blantes; la chasse au chacal, au léopard, à l'hyène, ou bien encore quelque festin terminé par des chansons, des danses et des jeux. C'est là une première époque dans la poésie arabe, toute de spontanéité et d'impressionnabilité naïve.

Or il arriva que plus tard le genre de vie où les poëtes primitifs puisaient ainsi leurs inspirations changea complétement pour les Arabes, et qu'ils n'en continuèrent pas moins à chercher dans le désert la matière même de leur poésie. Chanter avec un succès durable la tente et ses privations, l'existence nomade et ses libres allures, quand on passe ses nuits dans l'orgie raffinée des palais, et ses jours à flatter un maître jaloux, n'est pas facile, et force fut de laisser là l'enthousiasme sincère pour l'imitation travaillée et froide. A Baghdad donc, avec toutes les apparences brillantes d'une floraison littéraire, le génie poétique des Arabes se dessèche vite. Les encouragements mêmes des khalifes, plus encore qu'ils ne le stimulent, contribuent à l'étouffer, car ils manquent de désintéressement et ne sont pas pour le sentiment original, mais bien pour la pensée adroitement louangeuse. La prosodie, en se fixant sous l'influence d'une cour savante, porta aussi de mauvais fruits. Il est vrai que le vers se fit plus correct et plus coulant, mais il perdit de sa fraîcheur et de son jet. Ce n'est pas tout : une fois la religion de Mahomet constituée, un réseau d'entraves arriva peu à peu à paralyser tout élan de l'idéal, et, comme toute orthodoxie, l'islam tarit vite, en la tenant pour suspecte et dangereuse, la vie intérieure des fidèles, cette vraie source de toute vraie poésie.

XXXVIII

On peut, dans une certaine mesure, considérer la littérature persane, sous les khalifes, comme un rejeton de la littérature arabe. Par suite de la conquête, la Perse laissa périr son antique civilisation, extirper de son sein le vieil élément païen, et triompher dans les esprits le génie de l'islam. Le Coran devint le livre inspirateur des sciences et des lettres, et la langue arabe fut la langue des classes éclairées. Plus tard, à l'avénement des princes indépendants, le monde savant et lettré se trouva habitué à la terminologie des conquérants et à leurs formes poétiques, et il lui fut malaisé de s'en affranchir. Beaucoup de mots, des phrases entières, empruntés au vocabulaire arabe et aux auteurs, gardèrent leur droit de cité et font, dans la littérature persane, à peu près la figure que dans notre français, au temps de Rabelais, les emprunts latins ont failli faire. En résumé, pour lire le persan de cette époque et même de plus tard, il est nécessaire de savoir l'arabe, et on sent de quelle gêne cet état de choses a dû peser sur les facultés poétiques et littéraires d'une nation d'ailleurs parfaitement douée.

XXXIX

Quant à la littérature turque, elle a moins encore sa racine dans les classes populaires que la littérature persane ; elle est moins spontanée encore, moins *native*, si l'on peut ainsi dire. Elle est tout entière faite d'une langue que jamais le peuple n'a parlée, d'une langue élaborée dans le silence du cabinet par des pédants, et par des écrivains raffinés de décadence, imitateurs serviles des formes arabes à la fois et des formes persanes. Il n'y a guère, dans les poëmes turcs, que les conjonctions, les prépositions et les verbes auxiliaires qui soient turcs; le reste est ou persan ou arabe. Cela fait un bizarre mélange où l'inspiration n'a rien à voir, une compilation indigeste. On sent combien l'idée et le sentiment souffrent d'avoir à se vêtir ainsi d'oripeaux empruntés, et quelle chétive littérature a dû sortir d'une langue qui n'a à son service, au lieu du flot vivant de la parole, que des formules depuis longtemps mortes.

XL

Dans son architecture, plus encore que dans les autres arts, un peuple se peint avec son caractère et les vicissitudes de son histoire. Il existe un mystérieux rapport entre le temple et la maison que l'homme édifie et les habitudes mêmes de son âme. « Dis-moi *où* tu hantes et je te dirai qui tu es. » L'Arabe donc habitait sous la tente depuis des siècles, et quand il est enfin appelé à se construire un toit solide, il le veut léger comme une draperie que le vent secoue; il rêve des colonnettes élancées, sveltes, qui n'aient pas l'air de supporter de la maçonnerie, mais qui s'en aillent comme le bois élastique d'une lance tendant sous le ciel un abri de toile. Il n'aime pas sur sa tête les couvertures plates, qui, du reste, contrastent en Orient avec la hauteur surélevée du firmament; il préfère la coupole, et il la veut surélevée aussi et toute fouillée de dentelures, toute découpée d'ouvertures, resplendissante de stalactites, toute passementée de franges. Il invente l'ogive ou du moins en fait le premier un constant usage; car le zénith pour lui, selon l'expression de Gœthe, est arqué en pointe; et puis il la tourmente de cent manières, jusqu'à la faire ressembler, par le caprice souple de la forme, à des portières en tenture. Comme il a lui-même le dehors calme et sérieux, il donne à ses maisons un extérieur sévère; mais, à l'aspect noble et singulièrement expressif de la porte et des rares fenêtres, presque toujours voilées, on devine combien doit être intense et éclatante l'existence intérieure. Une interminable guerre a encore mis partout des créneaux, devenus, il est vrai, de purs ornements, mais qui n'en conservent pas moins à l'ensemble un caractère un peu rébarbatif. Au dedans, cependant, la construction aux apparences mornes éclate en mille fantaisies charmantes, s'ouvre de tous côtés en vastes et longues perspectives, à travers les arcades et les cours. C'est un éblouissement féerique! Il y a de l'ombre, de la fraîcheur et le murmure des fontaines. Sur les murailles, sur les colonnes, sur les plafonds des galeries, sur les arceaux, il y a la prodigieuse harmonie des arabesques, le mouvement rhythmique des couleurs et des lignes; ensuite il y a l'odeur des parfums qui brûlent, et, en résumé, une animation extraordinaire de toutes les parties, qui se résout, par un miracle, en un bel équilibre de l'ensemble, comme il convient à l'habitation d'une race belliqueuse et rêveuse à la fois.

XLI

On serait bien téméraire de chercher au développement de l'architecture arabe une règle et une loi; il n'y en a pas. Cet esprit de suite, que notre Occident, depuis l'invasion germanique, apporte à tout ce qu'il crée, manque en Orient : à sa place règnent l'arbitraire et le caprice. Nous n'essayerons donc pas de décrire le système architectonique des Arabes; ils ne possèdent rien de semblable, et, de même que les divers éléments de leurs constructions ne s'enchaînent et ne se commandent pas intimement, de même aussi l'histoire de leur art est décousue, pour ainsi dire. En Espagne, pourtant, ils ont développé organiquement leur style, et on remarque là une triple série de monuments procédant les uns des autres et dont les derniers venus marquent distinctement un progrès sur les premiers. Mais jamais, même en Espagne, ils n'ont éprouvé le besoin de considérer un édifice comme un tout rigoureux. Comme nos architectes du moyen âge, ils avaient l'ogive; mais ils n'ont pas vu, l'ogive étant donnée dans un monument, qu'elle appelait le pilier élancé et tant d'autres parties qui font de l'art gothique un ensemble si bien lié, et qui sont venues les unes après les autres s'imposer à nos architectes.

XLII

Certaines conditions fondamentales, toutefois, sont de nécessité dans l'architecture arabe. La construction d'une mosquée, par exemple, est subordonnée aux exigences du culte. Il faut invariablement pour une mosquée plusieurs choses essentielles : d'abord, une grande cour pour les ablutions que la religion prescrit avant tout exercice pieux, et dans cette cour une sorte de sanctuaire *mihrab*), où le fidèle puisse se recueillir pour faire sa prière. Comme il est ordonné de se tourner vers l'Orient pour prier, un petit édifice est ensuite indispensable qui indique ce côté de l'horizon, la *kiblah*. Un endroit, en outre, est affecté à contenir le Coran, et une chaire est dressée, le *minbar*, d'où le prêtre puisse parler à la foule. Enfin, il y a une ou plusieurs tours élancées et minces, *minarets*, du haut desquelles le muezzin annonce les heures de la prière.

Lié par rien que par ce programme, l'architecte, pour tout le reste, avait carte blanche, et l'on comprend l'anarchie artistique qui en est résultée. Quelque diverses pourtant que soient les mosquées, elles se ramènent aisément à deux formes fondamentales.

La première consiste en une cour figurant un carré long, entourée de tous les côtés de galeries couvertes et séparée du monde extérieur par de hautes murailles. Les galeries sont portées par des rangées de colonnes, et, du côté où se trouvent le mihrab et le Coran, elles ont une plus grande profondeur. Dans la cour, la fontaine des ablutions s'élève sous un édicule coiffé d'une coupole. Parfois aussi, une ou plusieurs coupoles marquent l'emplacement du sanctuaire et la tombe du fondateur de la mosquée. Les autres toitures sont ou bien plates ou légèrement façonnées en voûtes par des ornements de toute nature. Les minarets, minces et singulièrement écrasés sous une lourde coupole, s'élancent de l'un ou de l'autre coin de l'édifice, sans règle fixe.

La deuxième forme affectée par les mosquées s'inspire de l'art byzantin et en a heureusement conservé une certaine unité organique. Nous avons affaire ici à une partie centrale puissamment mise en relief par une grande et haute coupole et pourtournée de galeries latérales plus basses, souvent couvertes elles-mêmes par des coupoles.

XLIII

Maintenant faut-il des détails particuliers sur chaque élément architectonique des Arabes? En ce qui concerne leurs coupoles, qui ne sait l'étrange parti que leur imagination en a tiré? Ils en ont fait en forme de bulbe et les ont tourmentées de mille façons, subissant ainsi sans doute l'influence de l'Inde plus encore que les conseils d'une inspiration spontanée. Mais ce qui est bien à eux, c'est la construction intérieure de leurs voûtes. Voici comment ils s'y prenaient : ils coulaient en plâtre de petits segments de coupole et les glissaient les uns dans les autres, les collant et les agençant non pas en une surface lisse, mais en pendentifs, en stalactites, par un travail analogue à celui que les abeilles font pour suspendre ensemble leurs alvéoles.

L'arc ensuite, est-il nécessaire de dire quelles charmantes tortures ils lui ont fait subir? Ils prennent le plein cintre, le surbaissent, le surélèvent, le courbent en fer à cheval; ils prennent l'ogive et la tordent tant et si bien qu'ils finissent par lui donner la forme d'une quille de vaisseau renversée. Il n'est pas de forme si compliquée, si énervée, qu'ils ne compliquent encore davantage et n'affaiblissent par des dentelures, des franges, comme d'un tapis.

Certes, rien n'est plus loin des proportions rigoureuses de la colonne grecque que la leur; mais on ne peut nier qu'ils aient su donner à cet élément de leur architecture une grâce charmante et le mettre en harmonie avec le reste. Mince, svelte, fragile autant que possible, tout entière ornée de dessins délicats, la colonnette arabe, avec son chapiteau élastique comme un paquet de passementerie, semble prête à faire rebondir dans les airs les arceaux qu'elle porte. Si l'on trouve dans certains monuments élevés par les Arabes la solide colonne classique, c'est que ces édifices sont d'un temps où, en Asie Mineure, en Syrie, en Égypte et même en Espagne, les khalifes et leurs lieutenants, pour élever une mosquée ou un palais, mettaient en coupe réglée quelque belle colonnade antique.

Ce qui est vraiment caractéristique de l'art arabe, ce sont, comme le nom seul l'indique, les arabesques. Un tel genre d'ornementation devait nécessairement fleurir chez un peuple réfractaire à toute sérieuse imitation de la nature, et si peu fait pour la vraie sculpture et la vraie peinture, qu'il a laissé sa religion lui en interdire l'usage. Le sentiment de l'harmonie exigeait, du reste, que les murailles fussent reliées ensemble par quelque artifice, puisqu'on ne s'était pas soucié de leur donner une membrure strictement logique. Mais à quoi bon tant de réserves? Mieux vaut admirer, et aussi bien ne peut-on s'en empêcher. L'Arabe a mis son âme entière dans les arabesques, et il a une âme pleine de feu, étourdissante de verve à la fois et agréable et charmante. Ces lignes qui se cherchent et se fuient pour se retrouver, s'entrelacer et se quitter encore; ces couleurs vives qui scintillent avec une sorte de cadence harmonieuse, le pêle-mêle calculé des détails et leur désordre savant, le calme et la paix partout présents au milieu d'une agitation sans frein, toutes les formes les plus fantastiques du monde fondues intimement, comme par un miracle, avec les figures régulières de la géométrie, cette folle rêverie dessinée au compas et à la règle, — oui, la race de Mahomet est bien là tout entière, la race si prodigieusement active et pourtant si paresseuse, si prompte à laisser l'imagination l'égarer et pourtant d'une raison pratique si subtile.

XLIV

Non-seulement les mosquées, mais encore les constructions profanes des Arabes, se ramènent en principe à une cour non couverte entourée de bâtiments. Les *khans* ou caravansérails ne sont pas autre chose : un espace à ciel ouvert avec un portique sur lequel donnent des salles et des magasins où les voyageurs et les marchands trouvent un abri. Il en est de même du bâtiment élevé au Champ-de-Mars pour contenir l'Exposition de l'Égypte moderne, et que nous décrirons plus tard sous le nom d'*Okel*. Les bazars affectent de préférence la forme de longues galeries voûtées en arcades et garnies quelquefois d'échoppes et de boutiques.

Les maisons particulières sont, en général, très-simples et souvent construites en bois. L'intérieur en est divisé en deux parties, dont l'une, le harem, est réservée aux femmes, et l'autre au maître du logis. Les fenêtres du harem sont garnies de grillages en bois nommés *moucharabiehs*, et dont on admire de très-beaux spécimens à l'Exposition égyptienne.

Les palais et les châteaux renferment dans leur enceinte des cours, des jardins, des eaux jaillissantes. Les toits font toujours une forte saillie sur les cours, afin d'y répandre de l'ombre. Dans les jardins, des kiosques s'élèvent.

Parmi les monuments que les Arabes aiment et réussissent de préférence, citons les fontaines publiques et les abreuvoirs. On en rencontre d'admirables à Constantinople, mais surtout au Caire. L'usage est de les placer aux angles des rues ou au centre des places et de leur donner la forme semi-circulaire ou polygonale, de les couvrir d'une coupole, de les décorer de marbres fins, de bronzes, d'arabesques et d'inscriptions peintes ou dorées.

Les tombeaux des princes, des cheikhs et des saints sont aussi un genre d'architecture cultivé avec amour par les Arabes, et enfin les bains, auxquels ils conservent à peu près la disposition des thermes antiques.

XLV

Maintenant que nous nous sommes familiarisé avec les formes architectoniques des Arabes, il nous reste à voir comment elles se sont répandues sur le monde musulman, et quels partis divers on en a tirés dans les régions diverses où la conquête en a porté les germes. Une curieuse analogie historique se présente ici sous notre plume, et, sans pourtant la pousser trop loin, il semble bien que l'Égypte ait joué dans la création de l'architecture mahométane le rôle dont la France à juste titre se glorifie dans l'invention des beaux édifices gothiques de notre moyen âge : elle a été l'initiatrice. Les premières mosquées vraiment arabes, les mosquées mères du style arabe, ont été construites sur les bords du Nil, de même que les bords de la Seine ont vu surgir de terre les premières cathédrales. Importé ensuite en Syrie, en Perse, dans les Indes, en Sicile, à travers le nord de l'Afrique, en Espagne, et enfin en Turquie, le nouvel art, en s'acclimatant peu à peu à ces milieux différents, se fit naturellement différentes physionomies. C'est ainsi que les mosquées construites en Syrie, peu après la conquête, se ressentent de l'inspiration byzantine. Le plus souvent même, elles sont l'œuvre d'architectes byzantins et n'ont rien d'arabe, si ce n'est la richesse de leur ornementation. Dans l'Inde, à Delhi d'abord, et, après la destruction de cette superbe ville, à Agra, il était encore plus difficile aux Arabes de se soustraire aux influences locales, et ils empruntèrent à l'antique civilisation hindoue, si amoureuse des proportions colossales, un sentiment plus grandiose du monument, une idée plus haute et plus claire des ensembles, le secret des beaux appareillages en pierres de taille, et surtout le besoin, nouveau pour eux et qu'ils n'ont pas manifesté ailleurs, d'orner l'extérieur de leurs édifices de façon à le rendre digne de l'intérieur. On en peut dire presque autant de la Perse, où de splendides débris les excitèrent aussi aux grandes conceptions architecturales, mais où ils apprirent surtout à manier le stuc et d'autres matières plus ou moins précieuses. Le style mahométan n'a, du reste, atteint, à Ispahan, son plus beau développement que vers la fin du seizième siècle. Quant à la Turquie, hélas! elle n'a guère fait que servir de tombeau au génie arabe. Incapables d'inventer un art qui leur fût propre, les Turcs n'ont pas même pu s'assimiler avec intelligence et avec goût l'art d'autrui. Leurs mosquées de Constantinople ne sont presque toutes que des copies de Sainte-Sophie, et ne se distinguent des églises byzantines au dehors que par les minarets dont elles sont flanquées, et au dedans par les arabesques et les inscriptions qui en couvrent les murailles. Depuis le dernier siècle même, ils ne construisent plus leurs palais et leurs monuments que dans le style occidental. Après avoir volé le génie arabe, ils l'ont laissé s'éteindre. Il en est de leur architecture tout à fait comme de leur littérature.

XLVI

L'art mahométan eut en Espagne la bonne fortune de se développer avec quelque esprit de suite. On distingue clairement dans les monuments arabes de la péninsule ibérique trois époques s'enchaînant l'une à l'autre, et se résumant dans ces trois beaux noms : Cordoue, Séville, Grenade. A Cordoue, la fleur sort de terre avec sa tige et ses feuilles; à Séville, elle est comme un bouton de rose; à Grenade enfin, tout est ouvert et épanoui. L'influence du génie occidental se fait ainsi sentir, et, chose singulière, sans être fatale au génie arabe qui nulle part ailleurs n'a su pousser plus loin son originalité. Du reste, l'originalité peut-être n'est jamais au commencement d'un art, et on se trompe en l'exigeant tout d'abord : elle est elle-même, comme toute chose précieuse au monde, le fruit d'une longue élaboration; elle ne se dégage qu'au prix d'efforts suivis.

La mosquée de Cordoue est le plus beau spécimen de la première époque. Elle repose sur une forêt de colonnes empruntées à des édifices romains et reliées entre elles par des arcs en fer à cheval. Pour donner plus de hauteur aux arceaux, de forts piliers ont été mis debout sur les chapiteaux de ces colonnes et reliés à leur tour par une autre série d'arcs à jour. Enfin une grande baie surmonte deux à deux et exhausse encore les arceaux. Dans les constructions de la deuxième époque, à Séville, l'élégance et la légèreté des lignes peu à peu s'accentue avec tous les caractères de la race arabe; l'ornementation tend à devenir magnifique. La grâce et la liberté partout se déploient. Citons ce surprenant minaret qui s'appelle la Giralda, citons l'Alcazar. A Grenade est l'Alhambra. Après tant de poëtes qui en ont décrit les beautés légères et charmantes, nous n'avons rien à en dire, sinon que c'est le monument par excellence d'une race. En cherchant plus haut le signe caractéristique de l'Arabe dans le contraste si frappant de son aspect un peu morne et sévère et de sa vie intérieure si puissante et si riche, nous avions dans l'esprit les puissantes murailles extérieures, aux apparences presque hostiles, de l'Alhambra et la surprise magique que les magnificences intérieures procurent à l'improviste à qui pénètre dans l'édifice.

XLVII

L'Égypte, avons-nous dit, a vu naître les formes élémentaires de l'architecture mahométane. Il nous reste à voir avec quelque détail comment elle aussi les a développées dans la suite. Tout naturellement, à chaque renaissance de son autonomie politique correspond sur son sol une renaissance artistique, et toutefois le lien logique entre les différentes périodes est difficile et presque impossible à saisir. Les monuments des divers temps ne constituent pas un progrès évident les uns sur les autres. Les architectes n'ont jamais été assez libres dans leur inspiration et dans leur goût que des souverains jaloux maintenaient sous une tutelle arbitraire et capricieuse. Pour qu'une évolution progressive se fasse dans le monde des arts, il faut que ce monde soit libre, abandonné à lui-même, et qu'il vive de sa vie propre.

Voici une anecdote peut-être inventée après coup, mais qui n'en est pas moins significative. Ahmed-Ibn-Touloun venait d'entreprendre la construction de la mosquée qui porte encore son nom au Caire. Il était, racontent les auteurs arabes, d'un caractère grave, d'une contenance toujours sérieuse. Jamais on ne le voyait un seul instant se livrer à l'oisiveté ou à des distractions futiles. Un jour, cependant, entouré des principaux officiers de sa cour et des chefs les plus illustres de son armée, il était assis, oisif et distrait, devant une petite table, et, à son insu, il jouait avec une feuille de papier qu'il roulait, déroulait, pliait et repliait, coupait et découpait. Comme un enfant pris en faute, il se réveilla tout à coup de l'espèce de léthargie où sommeillait son esprit, et rougit légèrement en voyant le jeu auquel il venait de se livrer et l'étonnement peint sur toutes les figures. Prenant aussitôt son parti, il ajouta rapidement quelques modifications à son léger ouvrage : « Qu'on appelle l'architecte, » dit-il aussitôt. Celui-ci étant arrivé : « Voilà, ajouta-t-il, la forme que tu donneras au minaret de ma mosquée : songe à suivre, dans sa construction, le modèle que je me suis donné ici la peine de préparer de mes propres mains. » L'architecte, sans doute, fit de son mieux pour ne pas se conformer trop scrupuleusement à ces ordres, et il avait, du reste, encore bien de la marge. Mais on sent combien est grande la part du hasard dans les produits artistiques d'un pays où de pareilles histoires se racontent.

On peut cependant, sans faire violence aux choses, distinguer clairement une marche ascensionnelle de l'architecture arabe en Égypte, et lui assigner pour but et pour terme la période sarrasine. Tout d'abord, aux premiers temps de la conquête, les monuments nouveaux se ressentent naturellement de l'imposante impression que les débris encore debout de l'antiquité pharaonique ne pouvaient manquer de produire. Puis, peu à peu, des caractères propres à la race de Mahomet se dégagent l'élégance et la légèreté, mais alliées toujours à une certaine recherche des grandes masses, de la force et de la solidité.

XLVIII

Nous avons vu Memphis, Thèbes, Alexandrie, et que l'Égypte successivement a concentré toute son activité dans ces trois capitales. Il nous reste à nous faire une idée du Caire; car l'Égypte arabe du moyen âge est tout entière au Caire. Prenons la ville à son origine la plus lointaine. Elle a sa légende, que les historiens arabes racontent ainsi. Amrou, en train de faire la conquête de l'Égypte, avait placé son camp entre le bord du Nil et la forteresse de Babylone. Sur sa tente, des colombes vinrent faire leur nid, et il ordonna, au moment de se rabattre sur Alexandrie pour en faire le siége, de respecter les colombes et de leur laisser sa tente plantée. Au retour de l'armée : « Où irons-nous placer notre nouveau camp? » se demandèrent les soldats les uns aux autres. « A la tente du général! » s'écria-t-on de toutes parts. Ce qui fut fait. Puis des cabanes temporaires s'élevèrent, et bientôt devinrent des habitations permanentes. Une ville ainsi naquit, ville militaire et toute musulmane, qui prit le nom de Fostat, pour perpétuer la mémoire de l'événement. *Fostat*, en arabe, veut dire *tente*.

Fostat fut la capitale de l'Égypte arabe pendant plus de trois cents ans. Mais, quand la vallée du Nil vint à reprendre sur la carte du monde un rôle digne d'elle, la ville d'Amrou cessa d'être assez grande, et une nouvelle cité s'éleva rapidement à peu de distance et se développa vite, au point que Fostat bientôt n'en fut plus qu'une sorte de faubourg. Gawher, son fondateur, général des khalifes fatimites du Maghreb, la nomma *El-Kâhirah*, la Victorieuse, dont la langue française a fait le Caire. On sait que les khalifes fatimites ne tardèrent pas à y transporter leur résidence, et, après avoir rivalisé avec Baghdad, la cité égyptienne, encore de nos jours, est, après Constantinople, la plus grande et la plus belle ville musulmane.

Fostat n'est plus guère connu aujourd'hui en Europe que sous le nom de Vieux-Caire, et les Arabes eux-mêmes l'appellent Mesr-el-Atikah, le Vieux-Mesr, formule qui signifie littéralement la vieille Égypte, et s'emploie dans le sens de vieille capitale.

Le Caire a été bâti à peu près à la hauteur de Memphis, mais de l'autre côté du Nil et à quatre lieues des grandes pyramides. Il touche, vers l'est et vers le sud, à des terrains sablonneux et à une plaine aujourd'hui couverte de décombres, et du côté de l'Orient à de vastes plantations de palmiers, à de magnifiques avenues d'acacias et de sycomores qui s'étendent jusqu'au Nil. C'est un site merveilleux. Constantinople, sans nul doute, l'emporte par la beauté de la vue; mais la ville des khalifes fatimites est plus exclusivement orientale peut-être et, en tous cas, plus purement arabe que la capitale des sultans turcs. Mosquées, palais et habitations ont un style plus franc, un caractère plus local. La cité, dans son ensemble, forme un carré long tout hérissé de minarets et de coupoles, traversé par de longues rues étroites et sinueuses, qui aboutissent à soixante et onze portes, entrecoupé de ruelles et d'impasses, rafraîchi par un canal dérivé du Nil, par le *Khalig*, sur lequel s'ouvrent des tonnelles en ogive et, garnies de *moucharabiehs*, les fenêtres d'une longue ligne de maisons capricieusement alignées, plus capricieusement construites encore. La plus étrange animation y règne partout, et n'a pas manqué de frapper tous les voyageurs. La foule la plus bigarrée se presse dans les rues, sur les marchés, dans les bazars, surtout le matin, avant la chaleur du jour : l'humble fellâh, le Bédouin superbe, le Copte sombre, le Grec éveillé, tous les types de nègre, depuis le noir foncé jusqu'au teint clair de nos Kabyles, les chameaux des caravanes, les ânes, si lestes et si jolis, vont, viennent et se heurtent.

XLIX

Amrou lui-même fit élever au Vieux-Caire, vers l'an 643, la première mosquée que les Arabes aient construite en Égypte. L'enceinte est un carré régulier faisant le tour d'une cour rectangulaire sur laquelle s'ouvrent des arcades portées par deux cent trente colonnes. L'ordonnance des colonnes est assez irrégulière et disparate, et elles sont, du reste, empruntées à divers monuments romains, et surmontées de chapiteaux byzantins. Mais l'édifice, quoique très-délabré, n'en produit pas moins encore aujourd'hui une forte impression. Une construction octogone abrite, au centre, la source saumâtre qui sert aux ablutions. Du côté occidental il n'y a qu'une rangée de colonnes; latéralement il y en a trois, et du côté oriental il y en a six en profondeur. Les arceaux sont en forme de fer à cheval ogival, mais ils n'appartiennent, sans doute, qu'à une restauration faite vers le neuvième siècle.

Un édifice plein de belles promesses pour le style arabe d'Égypte, c'est la mosquée de Touloun, bâtie vers 885, près d'un siècle avant le Caire, et qu'on admire encore entre la citadelle et le canal, à l'extrémité méridionale de la ville. Les auteurs arabes en attribuent le plan à un architecte chrétien. Peut-être l'ogive a-t-elle trouvé dans ce monument, pour la première fois, un emploi rigoureusement harmonique, si l'on peut ainsi dire. Ici les arcades ogivales, en effet, ne reposent pas sur des colonnes grecques ou romaines conçues en vue du plein cintre ou de la plate-bande, mais un pilier les porte, inventé tout exprès pour ne faire qu'un avec elles. Malheureusement la tentative resta isolée; personne n'éprouva le besoin de la développer. On était dans la vraie voie qui menait au style; mais on ne sut pas y rester, faute d'esprit de suite.

On s'accorde à regarder la mosquée de Sultan-Hassan comme la plus belle du Caire. Elle a été commencée en 1356 et achevée en 1358, sous le règne du sultan baharite En-Nâser-Hassan. Vue du dehors, elle affecte la forme rectangulaire, mais au dedans elle dessine une croix ; sur les quatre côtés de la cour centrale, quatre nefs carrées se rencontrent. Le vaisseau oriental, plus haut que les autres, mesure vingt et un mètres d'ouverture. Le *mihrab*, que recouvre une haute coupole, occupe la place où, dans les églises chrétiennes, se trouve le maître-autel. A droite du *minbar*, une porte fermée par un simple loquet mène dans une salle nue surmontée d'un dôme, qui est le tombeau du fondateur. Le mobilier de la mosquée a dû être d'une richesse inouïe, comme aussi l'ornementation intérieure. L'extérieur lui-même a une physionomie extraordinairement imposante à la fois et élégante : une magnifique corniche crénelée en fait le tour ; de fiers minarets s'élancent en l'air aux angles, et la porte surtout, percée sous une voûte à stalactites, est du plus bel effet.

Citons encore, pour mieux montrer l'inconséquence capricieuse de l'architecture mahométane du Caire, la mosquée El-Moyed. Elle date de 1415, et, aux détails près, elle n'est qu'un retour aux formes primitives : cour centrale ; sur trois côtés une double arcade, et, vers l'Orient, pour le sanctuaire, une triple nef. Les arceaux sont en fer à cheval, hardiment ouverts, hauts et larges. Il n'y a pas de voûtes, mais des plafonds de bois décorés de peintures et de dorures à profusion, et ornés sur les coins de petites coupoles en stalactites formant voussure. Les chapiteaux des colonnes, en grande partie, proviennent de monuments antiques.

L

L'architecture sarrasine n'est nulle part si belle que dans les tombeaux des nécropoles, aux environs du Caire : elle est là dans toute sa pureté. Il semble que l'Égypte soit prédestinée à exceller surtout dans les choses funéraires. Il y a, à quelque distance du Caire, de vieux cimetières qui sont tout à fait, pour l'art arabe, ce que les cimetières de Memphis et de Thèbes sont pour l'art pharaonique. Le plus curieux de ces champs des morts est couvert d'édicules malheureusement ruinés maintenant et abandonnés, mais qui produisent encore un effet saisissant avec leurs coupoles à voûte surélevée, ovoïde ou bien surbaissée, ou bien encore ogivale, ou enfin capricieusement recourbée, étranglée, en bulbe ou autrement; avec leurs minarets d'angles, avec leurs sculptures exquises, leurs balcons délicieusement fouillés et leurs légères colonnettes. On compte même dans le nombre huit ou dix mosquées, constructions un peu plus importantes, véritables temples-tombeaux analogues aux monuments funèbres de l'Égypte ancienne. L'ensemble de ces sépultures s'appelle les *Tombeaux des khalifes*, mais la désignation est impropre. La forme toutefois de ces édicules n'a rien de pharaonique, si ce n'est qu'elle rappelle parfois, mais rarement, le pylône à murs inclinés, toujours surmonté, du reste, de quelque coupole, et revêtu des mille ornements charmants où se complaît le goût arabe.

LI

Après cette rapide revue de la politique et de l'art que la conquête mahométane a fait fleurir sur les bords du Nil, revenons ensemble à l'Exposition. On n'a pas oublié qu'une construction est affectée, dans le Champ-de-Mars, à l'Égypte du moyen âge : le *Selamlik*. Elle s'élève à main droite du Temple et fait avec lui un curieux contraste, qui montre mieux que de longues phrases combien l'invasion arabe a modifié profondément les hommes et les choses sur l'antique terre des Pharaons. D'un côté tout est austérité sacerdotale et splendeur royale, de l'autre tout est légèreté aristocratique et grâce chevaleresque.

Une coupole, ou plutôt un lanternon coiffé d'une calotte surélevée et semblable à la plus grosse moitié d'un œuf, surmonte l'édifice à son centre, et se termine par une pointe dorée, ornée du croissant. L'élégante surface courbe est du style le plus pur, sans exagération des contours, et couverte d'arabesques d'or sur un fond gris où la lumière du soleil se joue délicieusement. Une ceinture bleu de ciel étrangle imperceptiblement la base de l'hémisphère ovoïde, et la prépare à se reposer sur des arceaux de marbre légèrement recourbés en fer à cheval. Les colonnettes qui portent les arceaux ont leurs fûts en marbre blanc et des chapiteaux dorés.

Puis tout cet ensemble brillant de couleurs vives s'appuie sur une grosse tour carrée, rayée de larges bandes alternativement d'un bleu sombre et d'un blanc pâle, ou plutôt il y plonge tout à coup. Des créneaux blancs couronnent la tour, capricieusement ajourés en dentelures hérissées, et plus bas une corniche en saillie vient se confondre avec les murs, comme par plusieurs étages de nids d'hirondelles.

La tour ensuite disparait elle-même dans l'intersection de deux nefs couronnées des mêmes créneaux et de la même corniche, rayées aussi de bleu et de blanc alternativement sur les surfaces de leurs murailles. Une troisième ligne crénelée se développe enfin en avant-corps, celle du vestibule, sans compter qu'aux encoignures formées par la rencontre des nefs, des chambres basses sont ménagées et en fournissent une quatrième.

Une coupole et quatre lignes de créneaux tombant en cascade : voilà le Selamlik à l'extérieur, si l'on se met en regard de la façade principale.

Les murs d'angle et les couronnements sont revêtus d'une teinte neutre, ainsi que toutes les surfaces couvertes d'arabesques. Partout ailleurs courent de larges bandes blanches et bleues, éclatantes et claires, ou bien blanches et d'un rouge sombre.

LII

Un perron de cinq marches mène au seuil du vestibule. Le portail d'entrée est vraiment monumental : un grand cadre carré l'entoure, montant jusqu'à la corniche et fait de baguettes brisées et entrelacées comme un branchage gothique, mais plus régulièrement. Deux colonnes en marbre rouge, cannelées jusqu'à mi-corps du fût et torses par le haut, avec bases et abaques en marbre blanc, surmontées d'un dé plus haut que large et richement ornementé, s'élancent à droite et à gauche dans le cadre, et portent un grand arc en plein cintre dont la clef de voûte est indiquée en bleu, et les autres parties alternativement en blanc et bleu. Puis en retrait de cette baie, que des arabesques aveuglent à peu près aux deux tiers de sa hauteur, un deuxième portail s'ouvre, dessiné en un élégant fer à cheval ogival que deux colonnettes de marbre vert reçoivent sur leurs chapiteaux de marbre blanc. Quant à la porte elle-même, elle est en bois brun, à deux battants séparés par une colonnette et à riches compartiments. Une sorte de tenture dentelée en boiserie la recouvre en haut d'un double arceau qui retombe s'appuyer au milieu sur la colonnette, et aux angles, de chaque côté, sur une console. La menuiserie est du travail le plus délicat, chargée d'arabesques et rehaussée de bronze, d'ivoire, et d'incrustations de bois noir.

En retrait, aux angles du monument, des colonnes de marbre, engagées par la base et par le chapiteau, mais libres par le fût, sont du plus charmant effet.

Les fenêtres du rez-de-chaussée sont étroites et hautes, et semblables à des meurtrières qu'on aurait couronnées d'un arceau surélevé outre mesure et ornées de deux colonettes.

La nef transversale se termine en dehors par deux *verandahs* en hémicycle. Six légères colonnes en bois s'échappent, à hauteur d'appui, d'une boiserie, se continuent à mi-hauteur environ de la toiture, par de petits pilastres ornés de consoles et de colonnettes engagées, et enfin reçoivent sur une console sculptée, en forte saillie, le toit d'où retombe une longue et délicate dentelle de bois. Des découpures laissent circuler l'air sous l'ombre projetée par cette dentelle, et plus bas s'ouvrent des rosaces en verres de couleur. Sous les roses enfin, de longues fenêtres arquées en fer à cheval, voilées par des rideaux de soie, se déploient deux à deux dans les entre-colonnements.

LIII

Entrons dans le vestibule. Quatre meurtrières mauresques l'éclairent, très-habilement placées, de manière à ne pas distraire le visiteur. Derrière nous, l'intérieur du portail fait une forte saillie qui correspond au retrait extérieur, et dans laquelle la porte s'ouvre, décorée, au dedans comme au dehors, d'ornements de bronze et d'arabesques, mais sans la même richesse. Deux autres portes, à gauche et à droite, ont des traverses carrées qu'une dentelle en fer à cheval dissimule dans le haut, selon l'usage. Le pavé est en marbre blanc. A hauteur d'appui, une boiserie brune relevée d'un entrelacs de rubans bruns en relief, est installée tout autour de la salle; et le long de ce socle, comme aussi autour des portes, court, sur un fond d'un rouge sombre, une double baguette brune imitant un branchage. Un filet du même rouge encadre les murailles que recouvre une décoration géométrique très-simple et d'une harmonie douce. Le plafond est d'un jaune brun. Les compartiments n'en sont pas de même niveau. Divers motifs le décorent, et l'un d'eux surtout est charmant : c'est une surface en saillie, encadrée dans des filets rouges et noirs, et ornée d'un entrelacement de losanges en relief, avec leurs angles alternativement très-aigus et très-obtus, comme les zigzags de la foudre. Une frise faite de reliefs bruns sur fond rouge, avec des accents de blanc, relie le plafond aux murailles verticales. Tout cet ensemble, dans sa grâce sévère, est calculé pour ne pas nuire à l'éblouissant effet de la grande salle, à laquelle nous mène une quatrième porte faisant face à l'entrée.

LIV

Le seuil de cette porte est derrière nous. Nous sommes sous une coupole à triple étage. Toute la lumière vient d'en haut; elle filtre à travers les vitraux du lanternon, se tamise par quatre ouvertures faites chacune de cinq fenêtres accouplées, et enfin éclate dans les rosaces des *verandahs*. L'aménagement des grandes lignes rappelle Sainte-Sophie de Constantinople et la croix grecque. De la large tour qu'on voit du dehors, il ne reste plus ici que ses quatre piliers d'angle reliés deux à deux, aux deux tiers de sa hauteur, par des poutres transversales ; et en avant, à droite et à gauche s'ouvrent de hautes nefs. Adossée contre les piliers qui sont or sur rouge, une colonnette en bois brun, ornée en haut et en bas de légers filets d'or, s'élance, rencontre un élégant chapiteau rehaussé d'or sur ses arêtes, qui s'en va s'élargissant jusqu'à être un large dé sculpté de reliefs couleur de bois sur fond d'or. Puis de cette base partent deux colonnettes accouplées, plus courtes, terminées en une console sur laquelle s'appuie, dissimulée sous un revêtement, une charpente destinée à soulager les poutres transversales, et à donner à leur ouverture la forme d'un cintre fortement aplati par le milieu. Au-dessus des traverses, en manière de frise, court une boiserie que décorent divers motifs d'arabesques encadrés dans une guirlande de feuilles vertes à nervures d'or sur fond rouge éclatant. Il y a là de l'or sur du rouge, de l'or sur du jaune, et encore de l'or sur du rouge. Puis commence la coupole : elle est faite des quatre murs droits de la tour, dont les angles disparaissent sous des écoinçons en voussure qui s'en vont se rapprochant vers le haut et y forment une ouverture de huit côtés. Cinq fenêtres, accouplées tout à fait dans le goût de nos églises romanes, sont percées dans le milieu des quatre murs et garnies de verres de couleur. Les voussures ensuite reprennent de plus belle, se compliquent de stalactites d'argent sur fond rose et or, repartent ensemble pour se rejoindre en un autre octogone, et figurent en réalité une double coupole capricieusement sillonnée de lignes et de dessins divers où l'ogive domine, alternant avec des coquilles roses à arêtes d'or. L'ensemble est d'un éclat de couleurs de plus en plus riche. Une décoration est charmante entre toutes les autres, faite d'un feuillage vert tendre et argent, en relief sur fond or. Vient ensuite le lanternon, sur son socle violet, vert, rouge, or et argent, avec ses huit colonnettes et ses arcs en fer à cheval et sa voûte surélevée, dont le fond est peint en bleu de ciel et orné d'étoiles, de nervures, de pendentifs en or et en argent.

LV

Les quatre branches de la croix grecque que l'édifice figure ont des plafonds d'inégale hauteur. Le moins élevé est celui du vestibule; celui du transept est déjà plus haut, et le même à droite comme à gauche; le plus élevé, enfin, est celui qui recouvre la partie où se trouve le chœur dans les églises byzantines. Ils sont tous à poutres apparentes et ornés d'arabesques.

Comme dans le vestibule d'ailleurs, une grande sobriété de couleurs et de lignes règne dans les trois nefs intérieures. Les murailles sont revêtues d'une peinture conçue dans une harmonie tranquille : un jaune éteint, du vert sombre, deux nuances d'un violet timide, et un dessin sévère quoique charmant d'audace. Un large encadrement en bois brun, couvert d'arabesques sobrement rehaussées d'or et d'argent, fait bien ressortir les grandes surfaces ainsi décorées.

Dans les deux *verandahs*, au contraire, les couleurs sont d'une vivacité et d'une clarté éblouissantes. Un divan d'un rouge intense, en satin, contourne l'hémicycle. Les colonnes ici ont des piédestaux blancs, des fûts dorés, des chapiteaux rehaussés, sur les arêtes, de blanc sur or ou d'or sur blanc. Les rideaux des fenêtres sont en soie verte, frangés de rouge; et les sept roses se détachent en bleu, en rouge, en argent et en jaune, sur la boiserie blanche agrémentée de dessins en or qu'entoure un trait noir. Au-dessus des roses, et les recouvrant à demi, retombe une tenture verte à frange écarlate. Plus haut court une frise en bois blanc, fouillée à jour, et une autre frange écarlate. Le plafond, enfin, est blanc sur or et sur bleu de ciel, et divisé en compartiments par des poutrelles rayonnantes du centre et toutes dorées.

Il reste à dire un mot de la porte. Elle en bois admirablement fouillé et fait une saillie monumentale en dehors de la muraille. Selon l'usage, elle est carrée et ne doit sa physionomie ogivale qu'à une tenture dentelée en menuiserie qui en recouvre le haut et retombe en arc de fer à cheval. De chaque côté, deux colonnettes, dont l'une libre et l'autre un peu engagée, ajoutent au caractère de l'ensemble. La riche ordonnance des détails est mauresque plutôt qu'égyptienne et du style le plus pur de la merveilleuse époque qui a vu construire l'Alhambra.

LVI

L'intérieur du Selamlik est disposé surtout en vue de servir de lieu de repos, de *buen retiro* à Son Altesse le Vice-Roi pendant ses visites à l'Exposition universelle. Il rappelle dans ses grandes lignes un palais du Caire, nommé Gamalieh, palais où est né le Vice-Roi. Le projet primitif en a été dressé et envoyé du Caire, par M. Schmitz, l'architecte ordinaire du Gouvernement égyptien. Mais c'est au bon goût d'un architecte français, de M. Drevet, que l'on doit la magnifique ordonnance des détails, la belle harmonie des éléments secondaires, l'agencement des divers motifs d'arabesques. Dans un édifice arabe, tout n'est que décoration, et la beauté de l'ensemble ne repose que sur la fusion harmonieuse et difficile des détails de sculpture et de peinture. M. Bin, un peintre de talent, et M. Mallet, décorateur, ont puissamment contribué au succès de M. Drevet. Les plus belles parmi les boiseries des portes proviennent du Caire et sont des spécimens authentiques de l'art arabe : on n'a fait que les mettre en place ; d'autres sont des restaurations. Un magnifique Coran du moyen âge, exposé dans un meuble du Selamlik, a servi de modèle à toute l'ornementation intérieure.

LVII

L'ameublement est semblable à celui qui est en usage dans les palais vice-royaux d'Égypte. Au fond de la travée de face est placé un grand meuble en bois brun et noir, orné d'incrustations. La forme générale en est belle; mais il est remarquable surtout parce qu'il est fait de panneaux anciens, apportés du Caire, et du travail le plus précieux. Il renferme les armes du Vice-Roi et un magnifique Coran. — Les armes et le Coran, le glaive et la loi.

Ces armes ne sont pas moins riches que celles qui sont exposées dans les galeries et qui ont appartenu à Méhémet-Aly. Il s'agit, on s'en souvient sans doute, d'un sabre légèrement recourbé, dans son fourreau en écaille, avec garniture d'or, enrichi d'un bouquet de diamants à la croix de la poignée, et d'un fusil dont la crosse est aussi en écaille et ornée d'un autre bouquet, plus grand encore, fait de plusieurs centaines de diamants.

Quant au Coran, c'est une merveille. Il est relié en maroquin rouge, orné de vignettes d'or, en creux dans des empreintes profondes, et se ferme comme un portefeuille. Les proportions du format sont exquises. Le texte est enluminé. La première ligne de chaque verset est écrite sur une large bande couverte d'arabesques coloriées tantôt en blanc, tantôt en or. Chacune de ces bandes a son motif de lignes et son harmonie de tons. Ici triomphe le génie arabe, et il fait pâlir nos manuscrits du moyen âge. Sans doute la figure humaine lui manque, et aussi la partie profonde de l'œuvre ; mais pour les vignettes, qui ne sont que des vignettes, il est incomparable. Les titres des grandes divisions du livre couvrent des pages entières du plus étourdissant entrelacement géométrique qui se puisse imaginer, et il y a par-dessus le tout une fanfare des couleurs les plus intenses. Sur les marges, diverses figures géométriques, des cercles, des croix, des triangles à base recourbée en demi-cercle, disposées comme au hasard, mais en relation intime avec le texte, font le plus charmant effet. Le texte lui-même a sur nos manuscrits cet avantage que l'écriture arabe est faite de caractères qui non-seulement s'alignent comme les nôtres, mais s'entrelacent.

LVIII

Le pavé est en marbre blanc, et sous la coupole il se creuse en un bassin d'où se dresse, sur un support d'albâtre égyptien, une vasque de marbre gris. Cet albâtre est une matière si transparente et si lumineuse, avec ses reflets d'or, que les Arabes l'appellent du *soleil cristallisé*. Du milieu de la vasque un mince jet d'eau s'élance et retombe en perles.

Aux divers plafonds, six lampes de mosquée sont suspendues. On sait avec quel soin, avec quel amour, les Arabes du bon temps ciselaient leurs lampes, leurs lustres, leurs candélabres. Sous un climat où le soleil est si radieux, l'homme ne pouvait manquer d'être exigeant en pareille matière, et ils y ont longtemps excellé. Les six lampes du Selamlik sont les spécimens les plus précieux peut-être de cet art aujourd'hui perdu.

A droite et à gauche, en avant des *verandahs*, sont deux tables en bois sculpté.

Quelques fauteuils enfin et des siéges complètent le mobilier. Ils sont de même étoffe rouge que le divan.

Un buste de Son Altesse le Vice-Roi, en marbre blanc, sur un élégant piédestal, occupe la place d'honneur, en face de la porte d'entrée. Il représente le Vice-Roi en costume militaire, le grand cordon de l'Osmanieh en écharpe sur la poitrine. Il est, du reste, l'œuvre d'un artiste français du plus grand mérite, d'un des maîtres du genre, de M. Cordier.

LIX

Une grande salle est adossée à la partie postérieure du Selamlik, de manière à ne faire avec lui qu'une seule et même construction. On y entre par deux portes profondes, voûtées en un segment de coupole chargé de stalactites. Un grand cadre rectangulaire les enveloppe, orné d'un branchage. Deux colonnes en retrait, à l'angle des montants, avec fûts en marbre rouge et chapiteaux blancs, donnent à l'ensemble de la grâce et de la force. A droite et à gauche sont figurées d'élégantes fenêtres faites d'un arc cintré, surélevé, avec de profondes échancrures en demi-cercle, et porté sur des colonnettes en divers marbres, aux chapiteaux délicatement dessinés et fouillés. Du côté où la salle ne touche pas le Selamlik, elle se termine en une muraille sévère, en retrait sur cinq pilastres, dont deux sont aux angles et les trois autres espacés au milieu. Entre chacun de ces pilastres il y a une fenêtre semblable à celles que nous venons de décrire. Cinq marches mènent sur le seuil. L'architecture intérieure n'est remarquable que par un plafond couvert d'arabesques, qui est un morceau très-réussi et d'un grand charme.

Cette annexe sert d'abri à divers objets n'appartenant pas à l'Égypte du moyen âge, et dont la description ne serait pas ici à sa place (1).

En revanche, c'est ici le lieu de dire un mot de la belle collection d'antiquités arabes du moyen âge que M. le docteur Meymar a exposée dans les galeries de l'Exposition égyptienne, pour servir à l'histoire du travail. Il y a là des panneaux sculptés, incrustés d'ivoire et de nacre, qui sont des merveilles de menuiserie artistique. Une petite moucharabieh surtout est ravissante. Puis il y a de belles armes, des plateaux, des vases, des coffrets en bois travaillé, en métal damasquiné, une hache de luxe, des serrures, nobles débris d'une civilisation qui a été elle-même noble entre toutes.

(1) Voir l'*Égypte moderne*, page 203.

LX

Mais le moment enfin est venu de tirer le rideau sur le moyen âge de l'Égypte. C'était assurément une brillante époque pour tout l'Orient et pour la vallée du Nil. Une longue décadence s'en est suivie: toute chose humaine a ses jours et ses nuits. Maintenant d'autres temps vont recommencer. Après avoir fait beaucoup d'emprunts à la civilisation syrienne et égyptienne pendant les croisades, l'Europe est devenue à son tour prépondérante par la politique, les sciences et les arts, et à son tour elle a pris en main ce flambeau régénérateur que l'Orient et l'Occident se passent alternativement l'un à l'autre à travers l'histoire.

Toujours il faut s'attendre à quelque grande chose quand une moitié du monde ainsi féconde l'autre. Le christianisme, on ne l'a pas oublié, est sorti d'un pareil mariage entre l'esprit grec et l'esprit égyptien. Qui sait si rien de semblable encore ne se prépare? L'étrange curiosité qui a reporté sur l'Orient, il y a peu d'années, l'attention enthousiaste de tant d'âmes religieuses n'est-elle pas un symptôme peut-être? N'y a-t-il pas de nos jours, comme aux temps de l'Empire romain, de douloureuses lacunes à combler dans la raison humaine, un affreux vide à remplir dans les consciences? Il serait à souhaiter qu'on pût raisonnablement espérer un si beau résultat.

Un fait pourtant est certain, c'est que l'Égypte a été visiblement choisie pour initier le reste de l'Orient à la civilisation moderne. Elle a reçu la première la secousse qui réveillera peu à peu l'Asie entière à des destinées nouvelles. Sa situation géographique lui en conférait naturellement le privilége. Mais il y a mieux : déjà il s'est rencontré de grands hommes, il s'est passé de grands événements, sur les bords du Nil, qui ont préparé les voies, entamé l'œuvre de régénération et même assuré le succès. Ce n'est pas tout pour un pays d'être bien placé sur la carte du monde pour remplir une mission, il lui faut encore le bonheur des faits et la coopération du génie.

Il fallait à l'Égypte Bonaparte et son expédition, Méhémet-Aly et son ambition si prodigieusement active. En effet, le premier n'a pas peu contribué, par le prestige de son nom et de ses victoires, à faire faire au génie oriental un retour sur lui-même et à l'ouvrir aux idées de réforme. Quant au second, il a mis à flot l'ordre de choses nouveau, et, s'il a laissé beaucoup à faire à sa dynastie, la lourde tâche d'achever son œuvre n'est jamais tombée dans des mains indignes. De nos jours enfin, sur le Nil, un prince règne, d'une ambition moins remuante que celle du fondateur de sa race, mais assurément plus éclairée et plus sage et allant au but plus sûrement peut-être.

D'un mot résumons-nous : l'Égypte bien gouvernée, c'est tôt ou tard l'Orient lui-même régénéré par de bons gouvernements.

(Égypte Moderne)

OKEL

[illegible]

[illegible]

mença sa décadence. C'est un vice d'[illegible] nation ottomane [illegible] longtemps le désordre de toute politique [illegible]

Devenus assez [illegible] l'anarchie qui y régnait [illegible] [illegible] laisser [illegible] [illegible] armes, [illegible]

L'ÉGYPTE MODERNE

I

Ce que la violence met au monde presque du premier coup atteint toute sa grandeur et ne peut plus que rester stationnaire, c'est-à-dire périr. Il en a été ainsi de l'Empire ottoman. La force n'a pas eu plus vite fait de donner à la Turquie toute son extension, qu'aussitôt commença sa décadence. C'est un vice d'origine qui a fait de la domination ottomane le corps sans âme que nous voyons être depuis si longtemps le désespoir de toute politique prévoyante.

Devenus assez aisément les maitres du monde musulman, grâce à l'anarchie qui y régnait, admirablement propres à gouverner par la ruse, au jour le jour, sinon par l'ascendant d'une conscience supérieure et de vues plus longues, les Turcs donc, à force de mettre à chaque chose son frein, arrêtèrent tout. Ils étaient une poignée d'hommes régnant sur un immense Empire, et ne pouvaient rien laisser se développer autour d'eux, sans craindre de le voir se tourner contre eux : ils étaient des étrangers parmi la race conquise par leurs armes. Ils trouvèrent d'ailleurs dans un clergé fanatique du passé, hostile à toute innovation, un allié, non point désintéressé sans doute, mais sincère. En sorte que la Turquie finit par s'immobiliser dans ses institutions, dans sa législation. Restée étrangère aux conquêtes intellectuelles que le monde fit aux XVIe, XVIIe et XVIIIe siècles, elle ne tarda pas à perdre sa supériorité dans l'art de faire la guerre, et, après que les nations chrétiennes eurent pris le parti d'organiser aussi des armées permanentes, les Ottomans, n'en ayant plus le privilége, perdirent de plus en plus leur prestige militaire, pour tomber enfin au point où on les voit de nos jours. D'un autre côté, l'organisation économique de l'État finit par être en opposition directe avec les conditions modernes de la prospérité politique et sociale. Les lois de l'impôt, du commerce, de l industrie et des finances, ont encore de nos jours le Coran pour base, quoique, depuis près de deux siècles, la réalité des faits exige, en pareille matière, un tout autre esprit que le vieil esprit de Mahomet.

En résumé, une double grande réforme serait nécessaire pour rendre un peu de vie au monde musulman : renonciation des Turcs aux exorbitants priviléges qu'ils s'arrogent par droit de conquête, et participation de toutes les races aux honneurs et aux emplois civils et militaires; rénovation religieuse et affaiblissement d'un clergé qui n'a des yeux que pour le passé et qui est aveugle devant les nécessités du présent.

II

Mais où est le pays de l'islam qui soit près d'entrer dans cette voie et d'entraîner l'Orient à sa suite? Où est l'homme énergique et entreprenant capable de préparer à toutes ces contrées déchues des destinées nouvelles? Il est hors de doute que l'Égypte en a pris sur elle la mission glorieuse, et que Méhémet-Aly, *le Grand Pacha*, a bien été l'homme qu'il fallait pour retourner de fond en comble ce sol épuisé, pour l'ensemencer derechef et lui faire porter à l'avenir d'autres fruits. La vraie civilisation, grâce au beau génie de Méhémet, a pris pied sur les bords du Nil, elle s'y acclimate, elle y fera tôt ou tard des merveilles telles que la contagion gagnera tout l'Orient de proche en proche. Ce que sera Constantinople dans cinquante ans, on l'ignore; mais assurément le Caire saura reconquérir le rang où les khalifes fatimites l'avaient placé. Sans être prophète, il faut le prévoir, l'Égypte tend à devenir de nouveau le centre de l'islamisme.

III

Méhémet-Aly est né en 1768 ou 1769, à Cavala, place forte de la Roumélie, située sur le golfe de Macédoine, près de Philippi, autrefois Philippes, à cent vingt-huit kilomètres au nord-est de Salonique. Il perdit, à l'âge le plus tendre, son père, qui était garde de sûreté des routes, et peu de temps après le seul parent qui lui restât, son oncle, décapité par ordre de la Porte. Un ami de sa famille, capitaine des janissaires de Praousta, le recueillit, le fit élever et le maria dans la suite avec une de ses parentes qui venait de divorcer. Il se livra d'abord au commerce, dont un négociant français lui avait inspiré le goût, et il acquit ainsi des connaissances qui lui permettront un jour de pousser d'une main plus sûre, vers le négoce et l'industrie, le pays qu'il est destiné à gouverner. Plus tard, l'expédition de Bonaparte l'amena en Égypte. Il assista à la bataille d'Aboukir comme lieutenant en second d'une petite troupe. Son capitaine, démoralisé par la défaite, lui laissa bientôt le commandement en chef, et ce fut là le commencement de sa fortune. Il conquit rapidement divers grades, devint *chef de la police du palais* du pacha d'Égypte, et enfin fut mis, avec le titre de *serchimè*, à la tête de trois à quatre mille Albanais. Son ambition grandissant avec son influence, il porta bientôt ombrage au maître qu'il servait et qui résolut de le perdre. Mais Méhémet, à la tête d'une poignée de mécontents et de ses Albanais, prévient les desseins qu'on nourrissait contre lui, accule le pacha dans Damiette, prend la ville, le fait prisonnier. Peu de temps après, nous voyons notre héros, mêlé à toutes les révolutions, surnageant à toutes les intrigues, arrivé au faîte du pouvoir, gagnant les faibles par ses caresses, imposant aux forts par son autorité, suscitant des dissensions entre la Porte et les mamlouks, toujours prêt à profiter de tout avec une persévérance opiniâtre et une merveilleuse souplesse. A la fin, le peuple, les cheikhs et les ulémas, gagnés à la cause de son génie, se révoltèrent à la fois contre la Porte et les mamlouks et le proclamèrent pacha. Pour couronner son ambition, ou du moins pour la légitimer, il ne lui manquait plus que le firman d'investiture, qui, du reste, ne se fit pas longtemps attendre. Il est vrai que le sultan essaya à plusieurs reprises de remplacer dans la suite son pacha d'Égypte. Une fois, entre autres, Méhémet étant absent d'Égypte et en guerre contre les Wahabis pour le compte même de la Porte, un envoyé de Constantinople vint au Caire, muni d'un firman d'investiture. Mais le gouverneur laissé par Méhémet en son lieu et place s'empara de l'envoyé et le fit publiquement décapiter.

IV

Pacifier son pachalik fut le premier souci de Méhémet, et, pour extirper dans sa racine la guerre civile et d'interminables agitations, il résolut avant tout d'en finir avec les mamlouks : il fit égorger la milice turbulente en masse. Cela se passa après une fête où il les avait conviés. Le lieu de réunion était le palais de la citadelle du Caire, un palais bâti sur le roc, accessible seulement par des chemins encaissés à pic. La fête fut brillante. Après les cérémonies d'usage, les mamlouks se retirèrent. Ils étaient à peine engagés dans la gorge étroite, qu'un feu bien nourri les accueillit, et ils y moururent. Dans le même moment, des scènes analogues complétaient la destruction de la glorieuse soldatesque sur toute l'étendue de l'Égypte. Méhémet-Aly, pendant que s'accomplissait sa justice, s'était enfermé, dit-on, dans le divan de sa résidence, l'œil fixe, immobile et silencieux, son chicheh éteint et oublié à la main. Au plus fort de la fusillade, il demanda un peu d'eau.

Afin d'encourager ses sujets au travail et de leur en assurer la jouissance, il résolut ensuite de mettre un terme aux incursions et aux déprédations des Bédouins, et il retint, à cet effet, en otage à sa cour les chefs des tribus les plus menaçantes. Cela suffit pour rendre au fellah, dans le voisinage du désert, une sécurité depuis longtemps perdue.

En même temps il prit à tâche, tout en observant les rites de l'islamisme, de se garder du fanatisme et d'inaugurer dans son Empire une grande tolérance pour tous les cultes. Il sut faire respecter les chrétiens, il sut les traiter avec confiance, les attirer à lui, se les attacher, leur donner des titres et des commandements, enfin les associer à son œuvre, en bravant les préjugés de son peuple et la jalousie des grands de sa cour. Sa mission était, il le sentait avec la clarté du génie, d'ouvrir l'Orient à la civilisation occidentale, et rien ne pouvait l'en distraire ni le rebuter.

V

La première pensée de Méhémet-Aly, après quelques années consacrées à fortifier son autorité, fut pour l'armée. La bataille d'Aboukir, tous les engagements de l'expédition d'Égypte n'avaient que trop bien fait voir l'énorme supériorité de l'armement et de l'organisation de nos troupes et de leur manière de combattre, sur les habitudes militaires des Turcs et des Arabes. Mais ce n'était pas une petite affaire d'introduire la forte discipline, les exercices sévères dans des hordes qui mettaient leur gloire traditionnelle à une certaine bravoure fantaisiste. L'ensemble des mesures choquait en outre, par leur origine étrangère, les préjugés religieux. Il y eut des résistances; Méhémet s'obstina. Une émeute éclate : il n'a que le temps de se renfermer dans la citadelle du Caire; son palais est pillé, saccagé, et lui-même ne sauve son pouvoir et sa vie qu'en renonçant solennellement à son projet. Toutefois il n'était pas homme à tenir une promesse extorquée. Il se remit à la besogne bientôt avec plus de prudence. Un officier français, M. Sèves, plus connu sous le nom et le titre de Soliman-Pacha, fut chargé d'organiser à la française une petite troupe de fellahs et d'esclaves qui devait servir par la suite de noyau à des levées d'hommes de plus en plus nombreuses. On choisit le champ de manœuvres dans la haute Égypte, loin du Caire, et ainsi peu à peu la réforme se propagea sans faire éclater la malveillance. Pour la première fois depuis des siècles, l'Égypte se vit ainsi dotée d'une armée nationale recrutée sur le sol, et ce fait peut avoir, dans l'avenir, d'incalculables conséquences.

VI

C'est avec une sollicitude plus énergique encore et plus active que le pacha s'occupa de transformer l'agriculture et le commerce en Égypte et d'y fonder l'industrie. Des cultures nouvelles furent introduites dans le pays, celle du coton à longue soie entre autres. Des filatures de coton furent construites, des fabriques de drap, d'indiennes, de tarbouches, une raffinerie de sucre, une distillerie de rhum, des salpêtrières par évaporation, sans compter les grandes manufactures militaires, les arsenaux de terre et de mer, et ateliers de toutes sortes. Pour faciliter la rentrée des impôts, un décret fut rendu qui permit d'en faire le payement en nature, et du même coup d'immenses magasins furent fondés pour servir d'entrepôts aux marchandises ainsi perçues. Mille barques construites aux frais du Gouvernement sillonnaient le Nil en tous sens, prenant leur chargement dans les ports du fleuve pour le transporter sur la Méditerranée et le livrer au commerce d'exportation, qui se trouva ainsi constitué. En moins de quinze ans, les revenus de l'Égypte doublèrent et de trente millions montèrent à soixante millions de francs.

Il y avait toutefois un écueil caché où devait échouer en partie l'énergique volonté qui présidait d'en haut à tous ces mouvements : c'étaient les inconvénients du monopole. Méhémet-Aly, en effet, ne sut pas se retenir assez sur la pente de son génie et de son initiative toute-puissante. La prospérité publique n'augmentait pas assez vite au gré de ses désirs. Beaucoup plus avancé que ses peuples, il ne leur laissait pas le temps de le suivre dans ses réformes. Des obstacles de toute nature irritaient son impatience. Il finit par faire le rêve d'être en Égypte le seul propriétaire, le seul négociant, le seul manufacturier, et il réalisa son rêve. Le pays bientôt se sentit obéré par un régime qui exigeait de lui plus qu'il n'était encore apte à donner, et qui, du reste, menaçait d'étouffer chez les fellahs le peu d'initiative qui leur restait. Déjà auparavant des séditions s'étaient fait jour, et cette fois le mécontentement général se trahit par des émigrations en masse.

Il est facile maintenant de blâmer le grand homme pour avoir si impitoyablement précipité son peuple dans une voie où il ne pouvait marcher sûrement qu'à condition d'y avancer avec prudence et pas à pas. Mais n'est-il pas de toute nécessité qu'une grande révolution, pour ne pas rester tout à fait stérile, dépasse le but ? Hélas ! un pays arriéré est une chose si difficile à remettre en mouvement, que toute impulsion reste stérile si elle n'est outrée. Ces violences du génie sont peut-être, pour emprunter un mot à un grand poëte, une de ses vertus.

VII

L'Orient moderne n'a qu'un nom vraiment glorieux, celui de Méhémet-Aly, et naturellement le pacha doit sa gloire, non à ses réformes, mais à ses guerres. C'est comme vassal de la Porte qu'il fit une première fois passer les frontières de l'Égypte à ses troupes. Des sectaires, les Wahabis, les protestants de l'islamisme, désolaient l'Arabie, refusaient de livrer aux orthodoxes l'accès de la Mekke et interrompaient les pèlerinages. A la requête du sultan de Constantinople, Méhémet entra en campagne; mais la guerre traîna en longueur et ne fut terminée, après une longue suite de désastres, qu'en **1818**, par son fils Ibrahim.

Après avoir dispersé les schismatiques et détruit Darieh, capitale du Nedj, il forma le projet de conquérir le pays des noirs, le Sennaar, le Soudan et le Kordofan, organisa une expédition et en donna le commandement à Ismaël, un autre de ses fils. Le but de cette prise d'armes était surtout de découvrir des mines d'or, afin de les exploiter. Ismaël n'eut pas de peine, malgré les difficultés d'une campagne dans le désert, et grâce à ses troupes aguerries, à quelques canons, de se rendre maître des contrées convoitées; mais il finit par tomber dans une embûche où il périt brûlé vif. Le guet-apens eut pour conséquence de terribles représailles.

Dans l'intervalle éclate l'insurrection de la Grèce, de Candie et de la Morée. La Porte est contrainte de donner encore une fois à son pacha d'Égypte la mesure de son impuissance en lui ordonnant de marcher contre les rebelles. Méhémet-Aly s'empressa d'obéir. Il réunit soixante-trois vaisseaux et cent bâtiments de transport dans le port d'Alexandrie, et embarqua sur cette escadre dix-sept mille hommes et huit cents chevaux, de l'artillerie de campagne et de siége. On sait le reste. Ibrahim-Pacha, à qui était confié le commandement en chef, pacifia en peu de temps Candie et la Morée. Puis vint la bataille de Navarin, où la flotte égyptienne et celle de la Turquie furent ensemble anéanties. En résumé, cette campagne coûtait cher à Méhémet; mais il mit tant d'ardeur à réparer son désastre naval, qu'en peu de temps il disposait d'une escadre plus forte que la première, et il ne lui en resta finalement au cœur que le sentiment de sa force, une grande confiance dans son armée, et le désir de donner carrière à son ambition contre l'Empire caduc du sultan de Constantinople.

VIII

En effet, il ne tarda pas à voir ses Égyptiens aux prises avec les troupes ottomanes. Le prétexte lui en fut fourni par le pacha d'Acre.

Il avait obligé ce dernier d'une grosse somme d'argent, et ne rencontrait pas chez lui la reconnaissance qu'il avait espérée en retour du service rendu. Le territoire d'Acre était devenu le séjour de plusieurs milliers de fellahs émigrés, que Méhémet réclamait en vain. Il est vrai que la sainte loi de l'hospitalité empêchait de faire droit à sa demande. Les hostilités commencèrent à la fin de l'année 1831. Vingt-quatre mille hommes d'infanterie et plus de quatre-vingts bouches à feu, divisés en deux corps, entrèrent en Syrie, par le désert à la fois et par la mer. Ibrahim-Pacha les commandait en chef. Plusieurs villes furent enlevées, Gaza, Jaffa, Caïffa, presque sans résistance et haut la main. Mais il n'en fut pas ainsi de Saint-Jean d'Acre, surnommée la *Pucelle*, depuis que Bonaparte avait essayé en vain de s'en emparer. Force fut d'entreprendre un long siége. Assiégés et assiégeants se conduisirent vaillamment. Les premiers avaient pleine confiance derrière des murailles réputées inexpugnables, mais ne faisaient qu'irriter l'obstination d'un ennemi enivré de sa supériorité. Les pachas d'Alep, de Kaïsarieh et de Maadeh firent une inutile tentative pour faire lever le siége ou du moins ravitailler la place; ils furent refoulés. Enfin Ibrahim, après six mois d'efforts, donna le signal d'un suprême et furieux assaut, et Saint-Jean d'Acre tomba. Ce n'était plus qu'un amas de ruines.

Ce succès valut à Méhémet, dans le monde musulman, une immense popularité de gloire, et bientôt d'autres succès s'ensuivirent. Tripoli et Damas même ouvrirent leurs portes sans coup férir et reçurent des garnisons; partout les Osmanlis reculaient devant les Égyptiens, même sans oser combattre. Ils offrirent enfin la bataille près de Homs et essuyèrent là une première défaite en rase campagne, et une deuxième, à peu de jours d'intervalle, près de Beylan. La Syrie entière se trouva être ainsi conquise, avec Adana, Tarsous et les défilés du Taurus. Le sultan Mahmoud, cruellement humilié dans son prestige plus encore que dans sa puissance, fit alors des préparatifs formidables, et les Égyptiens ne tardèrent pas à se trouver en présence d'une nouvelle armée, près de Koniah.

Mais les Osmanlis ne tinrent pas davantage devant un ennemi

mieux armé, mieux exercé, mieux commandé, plus décidé qu'ils ne l'étaient eux-mêmes. Mahmoud alors appela les Russes à son secours. Il avait peur pour Constantinople, et le fait est que, si Ibrahim, dès le lendemain de sa victoire, eût marché sur la ville sainte, il aurait réussi peut-être à y faire une révolution. La gloire de Méhémet-Aly était alors si grande, qu'il était possible de tout risquer en son nom. Les plus belles provinces étaient prêtes à se détacher d'un Empire décidément incapable de se défendre, et déjà l'Anatolie s'était jetée entre les bras du vainqueur. L'intervention russe sauva la Porte ottomane. La paix fut faite : elle valut au pacha d'Égypte l'investiture de la Syrie, et reconstitua ainsi à son profit l'Empire autrefois fondé par Ahmed-Ebn-Touloun.

IX

Une autre guerre et un événement imprévu portèrent la puissance de Méhémet-Aly à son apogée, et faillirent faire au grand homme une fortune digne de son génie. Le sultan Mahmoud fomenta de nouvelles hostilités, pensant y trouver sa revanche; mais une bataille sanglante, livrée près de Nézib, fut décisive, et une fois encore la victoire se déclara en faveur du *Grand Pacha*. Par-dessus tout enfin, dans la même semaine, Mahmoud mourut de phthisie pulmonaire, laissant le trône vide. Mettre Méhémet à la tête de l'islam fut naturellement la pensée qui frappa aussitôt l'imagination des plus ardents parmi les musulmans. Énergie et prestige, il avait au plus haut degré tout ce qui était nécessaire pour relever la Turquie. Il était l'homme prédestiné à la tâche, et il n'y en avait pas d'autre que lui. Des adhésions et des encouragements lui venaient de toutes parts. L'amiral ottoman vint lui-même dans le port d'Alexandrie offrir, avec sa flotte entière, ses services à l'heureux vice-roi.

L'Europe, hélas! en décida autrement. Au moment où le vainqueur de Nézib se disposait à poursuivre ses avantages, il reçut l'ordre de n'en rien faire. La diplomatie occidentale se mettait en travers de l'immense événement qui menaçait de se produire. On sait l'attitude des puissances. La France se montra sympathique à Méhémet-Aly, mais fut impuissante à faire triompher ses vues. Le traité de Londres régla l'affaire. L'Angleterre, la Russie, la Prusse et l'Autriche ramenèrent le pacha à se reconnaître le vassal de la Porte. Méhémet-Aly résista, fit des prodiges; ce fut en vain. La Syrie était en pleine révolte, et les Anglais y débarquèrent un corps d'armée. On offrait au vice-roi le pachalik d'Acre avec celui d'Égypte. On lui offrait l'hérédité dans sa famille, sous certaines réserves qui tendaient visiblement à écarter son fils Ibrahim. Il se roidit et refusa, fit des levées en masse, enrégimenta des invalides, des borgnes, organisa une garde nationale. Toute sa merveilleuse activité se dépensa en pure perte et aboutit à un désastre. Finalement, il se vit contraint d'accepter des conditions moins bonnes que celles qu'il avait rejetées; mais il laissait en Égypte sa dynastie, et déjà toutes les entraves injustes dont on avait embarrassé son indépendance sont tombées les unes après les autres.

X

En résumé, l'Égypte moderne commence à Méhémet-Aly, et, bien mieux, sans Méhémet-Aly, il n'y aurait pas peut-être d'Égypte moderne. Jamais l'influence d'un grand homme n'a été plus décisive et plus féconde, et jamais il n'a été donné à personne d'entreprendre une plus radicale révolution, et de la laisser à sa mort, sinon achevée, du moins aussi indestructiblement commencée. En Occident, le génie ne fait guère que résumer les forces déjà existantes ou révéler des énergies latentes et les mettre en œuvre; en Orient, sa puissance est plus absolue, et l'Égypte est le pays par excellence de la grande initiative créatrice. Cela est plus vrai encore, chose remarquable, pour les entreprises agricoles et industrielles que pour les entreprises militaires. On n'a pas oublié le mot de Bonaparte : « Le Gouvernement fait, dans la vallée du Nil, à la lettre, la pluie et le beau temps. »

Aussi Méhémet a-t-il mis à profit, avec une activité prodigieuse, cette circonstance curieuse. Pour les travaux publics, il a été un véritable Pharaon, tant il a fait remuer de moellons et de terre. Certes, il savait faire la guerre et il a été un conquérant, mais il est surtout un administrateur. Son barrage du Nil est une idée gigantesque, rivalisant même avec le lac Mœris, et le canal qu'il a fait rétablir entre Alexandrie et le fleuve n'a pas tardé à raviver dans cette ville une prospérité qui semblait à jamais éteinte. Nous rencontrerons dans la suite de ce livre, presque à chaque page, la trace du novateur, et du reste le souvenir de son règne est encore dans toutes les mémoires : de plus longs détails sont donc inutiles. Il faut laisser son œuvre prospérer aux mains de sa famille, et l'arbre qu'il a planté grandir, fleurir et fructifier sous l'œil vigilant de ses descendants. C'est peut-être pour la première fois qu'une impulsion régulièrement progressive, nourrie incessamment avec suite et sagesse, entraîne l'Égypte vers l'avenir, et on est en droit d'en attendre des merveilles.

XI

Le plan de notre travail maintenant nous ramène une troisième et dernière fois au Champ-de-Mars. Dans le Temple et le Selamlik nous avons vu les deux civilisations mortes des Pharaons et des khalifes ; il nous reste à voir l'Égypte vivante, l'Égypte d'Ismael-Pacha. Nous y respirerons plus à l'aise ; le présent a toujours sur le passé cet immense avantage de se laisser comprendre, pour ainsi dire, à pleins poumons. Adieu donc les nécropoles et les momies!

Mais, avant tout, pour ne pas nous égarer, établissons quelques jalons. C'est par l'*Okel* que nous commencerons notre revue. Nous nous familiariserons là avec la petite industrie et le petit commerce de l'Égypte actuelle, hommes et choses pris sur le fait, et nous regarderons tout ce monde à l'œuvre. La mise en scène est d'une vérité scrupuleuse, et, chemin faisant, plus d'une agréable surprise nous arrêtera au passage. Puis nous verrons les *Écuries* et nous y apprendrons à ne plus juger l'âne, la charmante bête, d'après ce que notre climat peut-être et notre négligence en ont fait, comme encore à ne plus croire que le dromadaire a deux bosses. De là, nous nous dirigerons vers la Seine, où la *Dahabieh* est à flot, donnant ses voiles au vent, au bruit de la musique arabe. Nous reviendrons ensuite jeter un coup d'œil sur les objets exposés dans la grande salle qui est adossée au Selamlik, et que nous appellerons la *Salle du plan*, parce qu'un plan en relief de la vallée du Nil l'occupe presque tout entière. Enfin nous parcourrons les *Galeries* et nous achèverons d'y faire connaissance avec les produits de l'industrie et de l'agriculture égyptiennes. Notons d'ailleurs que ces produits viennent, les uns des régions civilisées du Nil, et les autres de la Nubie, du Sennaar, du Kordofan, du Soudan ; et ne sera-t-il pas curieux de passer ainsi, des ravissantes broderies sur velours ou sur soie que fabrique le Caire, aux peaux de bêtes dont se couvre l'habitant des rives du haut Nil et des déserts ?

XII

L'Okel est une construction tout orientale, qui toutefois peut se comparer, dans une certaine mesure, à nos *galeries* parisiennes, à nos *passages*, à notre Palais-Royal, par exemple. C'est tout ensemble une auberge, un bazar, un magasin, un atelier, une bourse même, en un mot un grand édifice public où se résume toute l'industrieuse activité d'un peuple. Okel en est le nom égyptien ; à Constantinople on l'appelle caravansérail. Sultans, pachas et cheikhs mettent leur gloire à fonder des bâtiments de ce genre, et il n'est pas rare d'en rencontrer qui non-seulement sont vastes, mais très-agréablement décorés. On les désigne généralement sous le nom de leurs fondateurs. L'*Okel-Cheikh-Abd-el-Mansour* et l'*Okel-Sidi-Abd-Allah*, tous deux à Assouan, dans la haute Égypte, ont servi de modèle au nôtre.

Voyons d'abord l'intérieur. Ce n'est autre chose qu'une cour couverte ; les murailles sont en briques de plusieurs couleurs et disposées en dessins gracieux. L'Arabe est d'une habileté extraordinaire dans le maniement des figures géométriques, et il sait tirer un merveilleux parti de la brique. Ces arrangements, à la fois si simples et d'un effet si étonnant, sont empruntés çà et là à des constructions d'Assouan, de Girgeh et de Keneh. Une profonde galerie fait le tour de la cour, le long de ses quatre faces ; elle est à deux étages, et un massif de briques, en manière de frise, sépare le rez-de-chaussée de la partie supérieure. Les piliers sont en bois, avec chapiteaux carrés, très-hauts, en bois et en briques, et reliés par des chanfreins. Une boiserie découpée à jour sert de garde-fou à la galerie du premier étage. La toiture repose sur une charpente apparente et se soulève en *tabatière*, de manière à former deux larges ouvertures. Ces prises d'air s'appellent *malkaf* dans le pays, et il n'y en a jamais qu'une; seulement, la nécessité de bien éclairer notre Okel a forcé de lui en donner deux : chez nous la lumière est si peu éclatante, qu'il faut mettre pour y voir plus de fenêtres aux maisons. Le malkaf d'ailleurs est fait pour aérer plus encore que pour éclairer.

A l'extérieur, le plan général consiste en quatre murailles, rayées, au rez-de-chaussée, de larges bandes alternativement d'un blanc terne et de gros bleu, et simplement crépies et blanchies à la chaux, selon l'usage, à partir du premier étage. Le toit, tout autour, se découpe en plate-forme sur le ciel, et ses lignes horizontales ne sont interrompues que par la saillie des malkafs et par un lanternon auquel aboutit un escalier qui donne accès sur la terrasse. La cage de cet escalier est en saillie sur la façade postérieure. Sur un des côtés se développe, au premier étage, une galerie couverte dont la toiture est portée par des piliers de bois avec chanfrein. Au milieu de la galerie, qui est coupée en deux, une construction annexe fait une saillie profonde : elle renferme au premier étage une salle de réunion à l'usage de la Commission vice-royale, et figure un cube parfait posé sur quatre piliers de pierre en portique. Une autre construction annexe fait avant-corps sur le troisième côté : elle se compose de deux salles, l'une au rez-de-chaussée, disposée en café arabe, l'autre au premier étage, affectée à une collection de crânes de momies. Une porte s'ouvre dans la quatrième et dernière façade, qui est percée en outre, au premier étage, d'une ouverture occupant plus de la moitié de son étendue et garnie d'une grande et belle moucharabieh.

XIII

Sous cette moucharabieh s'ouvre une porte à laquelle un perron donne accès. C'est par là que nous entrerons dans l'Okel. La porte elle-même mérite de fixer, du reste, un instant notre attention. Elle est une reproduction de l'une de celles qui desservent la maison dite de Fadil-Pacha, à Keneh, et, quoique toute en briques, elle n'en a pas moins l'aspect monumental d'une œuvre d'art. Il y en a une autre sous le portique, très-belle aussi, et dont le modèle existe à Assouan. Toutes deux se distinguent par un caractère de solidité alliée à l'élégance, et elles sont de bons spécimens du style arabe de la haute Égypte.

Nous voici dans l'Okel. L'illusion ne saurait être plus complète. Le décor dans l'ensemble et dans les plus petits détails, les hommes et les choses, tout nous transporte en Égypte. Sous la galerie du rez-de-chaussée, à droite et à gauche, des boutiques sont installées, et sur un rebord, derrière une balustrade légère et basse, devant chaque boutique, le patron et ses ouvriers travaillent à leur métier. Les boutiques se ferment au moyen de deux volets à charnière horizontale, disposés de telle sorte, que l'un se relève, s'accroche contre la devanture et sert d'enseigne, et que l'autre s'abaisse, s'applique sur le sol et forme plancher. Accroupi à l'orientale sur ce plancher, que recouvre une natte ou un coussin et qui le préserve de l'humidité, l'artisan, entouré de ses ustensiles, creusets, pinces, tour à tourner, métier à tisser, poinçons et table à broder, etc., en plein air, se livre à son industrie. Un client vient-il lui faire quelque achat, un tapis est étendu sur le rebord, en dehors de la balustrade, et on cause, on prend du café, et on conclut l'affaire. Les marchandises sont en montre dans des armoires attachées à la muraille. Les bijoutiers eux-mêmes ont ainsi leurs ateliers sur la voie publique. Quand le marchand s'absente dans la journée, il étend simplement devant sa porte un filet, que tout le monde respecte. Tout cet ensemble constitue un coin de l'Orient saisi sur le vif, et il faut en faire la revue en détail.

Commençons par les orfévres. Cheikh-Aly-Hassan est un bijoutier du Soudan; il a amené avec lui quatre ouvriers, et fabrique des bijoux en filigrane d'or et d'argent. Son installation et ses procédés sont très-curieux à voir. Guirguès-Mikhaïl est un bijoutier du Caire, et, aidé d'un ouvrier, il fabrique des bijoux arabes modernes, en or et en argent, bracelets, bagues. Gabriel Boutrous est aussi du Caire, et fait spécialement des objets en filigrane d'argent, tels que coupes, vases, chandeliers. L'orfévrerie du Soudan s'inspire encore des traditions de la bonne époque, et elle est préférée à toute autre. Les ouvrages qui sortent des mains de Gabriel Boutrous sont pourtant des merveilles d'habileté et de patience. L'or manufacturé sous les yeux du public est récolté en poudre dans le Soudan. Lorsque, dans le pays, les bijoutiers manquent de cette matière, ils se procurent des monnaies étrangères; mais, même à la pièce d'or française, ils préfèrent les sequins de Hongrie, qu'ils purifient au moyen de l'arsenic.

Ibrahim-Cherkawi est un passementier du Caire. Un ouvrier est venu ici avec lui et l'aide dans la fabrication d'articles propres à l'Orient et passementés d'or, d'argent, de soie et d'autres matières.

Mohammed-Id fabrique des articles brodés. Il est aussi du Caire. Il brode d'or et d'argent la soie et le velours, et en fait des bourses, des sacs à tabac, des rideaux.

Puis il y a un sellier qui s'appelle Hassen-el-Agha. Outre les objets de sellerie, il fabrique des articles de fantaisie arabe en cuir brodé.

Un chibouquier du Caire fait des chibouks sous les yeux du public, et il les fait dans toutes leurs parties, bout, tuyau et ornements. Son nom est Ahmed-Hamed.

Aly-el-Kourdy est un tourneur du Caire. Son installation est très-originale et très-primitive, ce qui ne l'empêche pas de fabriquer de fort jolies choses en bois, en os, en ivoire, etc.

Saïd-Ahmed, enfin, est nattier. Il est du Caire. Il se sert d'une sorte de métier à tisser pour faire des nattes de toutes grandeurs.

Une boutique de barbier aussi a été installée. Le Figaro s'appelle Aly-Dawaba. On sait avec quelle dextérité les barbiers arabes manient le rasoir, et Aly, du reste, en est la preuve vivante.

La plupart des matières premières employées par les ouvriers dans leurs ateliers de l'Okel sont de provenance égyptienne : les fils d'argent, par exemple, pour filigranes, le cuir, le velours et la soie, la paille des nattes, le bois des chibouks, etc. Notons encore que tous les dessins qui ornent le travail d'un ouvrier sont faits par lui-même, et qu'il est toujours le créateur de ses modèles.

Ateliers et boutiques ne bordent que deux côtés de la cour. Sous la galerie, en face de la porte par où nous sommes entrés, s'ouvre une autre porte basse qui donne accès dans un réduit voûté. Il y a là un bassin avec jet d'eau pour les ablutions.

XIV

Un escalier en bois, brisé en plusieurs paliers, dans une cage carrée, mène au premier étage et jusque sur la terrasse, où il se termine, nous l'avons dit, en un lanternon fait tout entier en moucharabiehs. Nous le quittons pour visiter la galerie supérieure. Les logements des ouvriers de l'Okel la bordent des deux côtés. Deux portes plus grandes, vis-à-vis l'une de l'autre, mènent, celle qui est à notre droite, dans la salle où sont rangés les crânes des momies, et l'autre dans la salle de réunion de la Commission.

Cette collection de crânes est unique au monde et très-curieuse à étudier au point de vue anthropologique. Un des grands intérêts qu'elle offre, c'est que toutes les têtes qu'elle renferme sont classées par dynasties, et qu'on leur peut assigner un âge et une date.

Comme, en outre, plusieurs milliers d'années séparent les plus vieilles d'avec les plus récentes, on a ainsi le moyen de vérifier dans quelle mesure le volume du cerveau humain a changé ou est resté le même. Le problème, sans doute, est bien délicat; mais enfin il a été posé, et jamais plus belle occassion ne s'est offerte d'en raisonner pièces en mains. Il y a près de cinq cents crânes. Une demi-douzaine de momies entières, dans la même salle, ne manquent pas non plus d'attirer l'attention des savants et, assurément, rendront service à la science.

A la charpente du toit est accroché un lustre en bronze travaillé d'une grande beauté; il affecte la forme d'un cylindre. Qu'on imagine une plaque de métal recourbée et soudée en cylindre, toute fouillée, criblée d'arabesques à jour, ornée dans le haut d'une dentelle et dans le bas d'une base également dentelée. Plusieurs rangées de petites tiges de fer se hérissent autour du lustre quand on veut le mettre en état de servir, et, à l'aide d'une charnière coudée, soutiennent des godets où des mèches nagent dans l'huile. Le lustre du sanctuaire de la mosquée du sultan Hassan, au Caire, est du même genre. Celui qu'on admire dans l'Okel provient de la mosquée de Kaïd-Bey, au Caire.

Les moucharabiehs valent qu'on les examine de près, et elles ne sont pas la partie la moins curieuse de notre construction. Elles ont été toutes détachées de la maison dite d'Husseïn-Bey, située au Caire. La plus élégante cependant vient du palais de Gamalieh. On la distingue aisément entre les autres à la grâce extraordinaire de son dessin et à sa légèreté vraiment incroyable. C'est, du reste, au Caire qu'on a de tout temps fabriqué les plus belles moucharabiehs. La haute Égypte, moins complétement envahie par la race arabe, est restée quelque peu réfractaire au génie des arabesques. On s'y contentait de simples baguettes de bois croisées en losange. Au Caire, au contraire, les moucharabiehs se compliquent des motifs les plus capricieux. Ce sont, on le sait, des treillages faits de petits morceaux de bois tournés et assemblés ensuite avec une étonnante patience. Une imagination fougueuse alliée à une grande patience, voilà encore un contraste qui est un trait de caractère chez l'Arabe. Ces treillages, naturellement, arrêtent au passage beaucoup de lumière; mais la lumière en Orient est si intense qu'elle éclaire suffisamment, pour si peu qu'il y en ait dans une maison, et du reste le grand but des moucharabiehs, c'est d'établir des courants d'air et de donner de la fraîcheur.

XV

Un café arabe est installé au rez-de-chaussée; on y pénètre par la cour de l'Okel et du dehors. Ici, encore, rien n'a été livré au hasard de l'inspiration : le local a une façade extérieure qui se compose d'un vitrage copié sur celui d'un barbier au Caire et de deux entrées, à droite et à gauche du vitrage, qui sont toutes deux des reproductions fidèles du portail d'une mosquée située dans la rue Franque, à Alexandrie. L'ensemble est très-original; les deux portes surtout ont un beau caractère : les grandes lignes en sont tracées avec une pureté de goût remarquable, les saillies ménagées avec une excellente entente des jeux de lumière, et le détail en est d'une admirable harmonie.

A l'intérieur, il y a trois divans le long des murs; des nattes couvrent le sol; le plafond est à compartiments décorés d'arabesques très-claires sur fond clair.

L'entrée n'est ouverte que sur la présentation de cartes. Dans une ville comme Paris, peuplée de près de deux millions d'habitants, l'hospitalité orientale est une vertu impossible à mettre en pratique sans réserve ni formalités. Or, tout est gratuit dans notre café : chibouk, narguileh et le café lui-même. Le service se fait exactement dans la forme arabe : cinq personnes y sont consacrées, et, comme les ouvriers de l'Okel, ce sont des indigènes appartenant à divers types ethnographiques. Ils sont sous les ordres d'un chef cafetier du nom de Agha-Hassen-Badawi. Il est très-curieux de les voir en fonction. Précédé de quatre hommes sur deux rangs, un plateau couvert de tasses à la main et une cafetière arabe dans l'autre, une sorte de sommelier s'avance, dans l'attitude de ce respect plein de dignité qui est un secret de la race. Le moindre signe est immédiatement obéi et tous les désirs de l'hôte prévenus avec une cordialité frappante. Le café est versé tout bouillant et tout sucré, non point dans des tasses, mais dans de petites coques sans pied ni anse, glissées dans un coquetier qui permet d'y mettre la main sans se brûler. Le chibouk est offert tout allumé, et par terre, devant le fumeur, un plateau de cuivre sert à en recevoir le fourneau.

XVI

Une modeste construction, dont il n'a pas encore été question, s'élève dans le parc égyptien, entre le Selamlik et le Temple, un peu en arrière; ce sont des écuries. Quatre animaux y sont entretenus : deux dromadaires et deux ânes.

Le dromadaire n'est autre chose qu'un chameau jeune et de bonne race, dressé aux allures régulières du trot et du galop, habitué à porter une selle et à obéir à un maître. Il n'a pas deux bosses, comme le croit le vulgaire, et son éducation seule le distingue du chameau. On sait, du reste, qu'il se distingue des autres animaux domestiques par une très-grande sobriété, par son aptitude à endurer, dans la sécheresse nue du désert, la fatigue d'un voyage prolongé et la soif et la faim. Notons encore que le chameau de l'Arabe nomade du désert est bien plus propre que celui des campagnes nilotiques à faire un bon dromadaire.

Les ânes d'Égypte sont des bêtes bien faites et d'une élégance, d'une gentillesse à laquelle les baudets d'Europe ne nous ont pas habitués. Leur croupe s'arrondit avec la grâce de la croupe de l'antilope ou de l'hémione. Ils sont en outre très-alertes, grands et forts. On s'en sert parfois dans le désert en place de chameau. Ils ont encore cette qualité, inouïe chez les nôtres, d'être dociles et sans l'entêtement proverbial de maître Aliboron. Ils portent d'énormes charges et se laissent atteler; mais ils sont avant tout la monture par excellence des Égyptiens, leur allure étant très-douce et en même temps très-rapide : ils vont une sorte de pas relevé qui n'est pas tout à fait l'amble. Achevons d'un trait leur éloge : ils savent se contenter de peu.

Nos deux dromadaires sont des femelles. L'un est de la race dite des Bicharis et est né à Abou-Hamed, dans le Soudan, de parents du même pays; il est âgé de dix ans. L'autre, âgé de neuf ans, est de la race d'Haïdi et né à Abou-Rich, près du Ras-el-Ouady, dans la basse Égypte, de parents de la même localité. Ils sont harnachés, sellés et armés en guerre, et confiés aux soins de deux chameliers, de Bou-Salam-Saad et de Odah-Hossen.

L'un des ânes est blanc, âgé de trois ans et né à Abousyr, dans la basse Égypte, d'un père de la province d'Assouan et d'une mère de la province de Charkieh. L'autre est noir, âgé de quatre ans et né à Minieh, dans la moyenne Égypte, d'un père de la haute Égypte et d'une mère de Minieh. Deux *saïs* ou conducteurs d'ânes sont attachés à leur écurie : Moustafa-Aly et Saïd-Abdallah.

XVII

On a appelé le chameau le navire du désert; mais le Nil aussi a sa navigation représentée au Champ-de-Mars. Un joli bateau égyptien se balance à l'ancre, sur la Seine, près du pont d'Iéna; c'est la *Dahabieh*, une de ces embarcations qui sont comme les diligences du Nil et servent à remonter le fleuve jusque dans la haute Égypte. Sa coque, largement et profondément arrondie en arrière, s'en va en s'amincissant vers la proue et se termine en un tailloir tranchant, effilé et gracieusement recourbé. Ses dimensions sont de vingt-sept mètres sur quatre. Un crocodile doré en orne la pointe extrême. Un plancher mobile couvre l'avant du navire et s'étend à peu près au tiers de sa longueur sur toute la partie réservée à l'équipage. Sous ce plancher une petite cale est utilisée comme magasin de bouche et remise de cordages. Tout à fait à l'avant, dans une cabine, un fourneau de cuisine est installé. Des supports de cuivre sont disposés autour du bord pour recevoir une tente. Plus loin, vers l'arrière, occupant les deux autres tiers de la longueur totale, il y a comme une maison, assez semblable, dans sa construction et son aménagement, à nos voitures de chemin de fer, mais beaucoup plus spacieuse et surtout plus haute. On y descend par trois marches. Une première porte mène dans un couloir sur lequel donnent deux petites pièces, à droite et à gauche; une grande salle vient ensuite, meublée de deux larges divans et d'une table. Puis, sur un autre couloir, s'ouvrent deux chambres à coucher, et enfin on trouve un salon oblong, arrondi à l'extrémité comme l'arrière lui-même du navire qu'il occupe. Deux escaliers, d'un côté de la porte d'entrée et de l'autre, bordés d'une main courante, permettent de monter sur le toit de la petite construction ou plutôt sur le pont de l'embarcation, et il y a là une tente. Quant à la décoration, elle est tournée au confort, comme il convient, et ne vise pas au luxe. Un divan fait le tour du salon, il est recouvert d'étoffe à fil d'or fabriquée au Caire; d'épais tapis y sont étendus; le plafond en est blanc et or, légèrement concave; des glaces alternent avec les fenêtres; les portes, et du reste presque toute la charpente, sont en bois rougeâtre d'un beau poli.

Le navire est venu à la remorque d'Alexandrie à Marseille, et ensuite par les canaux, par la Loire et la Seine, à Paris. Il est à une voile; son mât se démonte en trois morceaux et porte une longue antenne; la voile est triangulaire, énorme, et tout à fait la voile latine. Six paires de rames aident en outre à la marche. Les rames et toute la carcasse du bateau sont peints en gris mat. Le pavillon de l'embarcation est rouge et porte au centre un croissant et une étoile d'or. Son nom est *Bent-en-Nil*, la fille du Nil.

L'équipage se compose de douze marins et d'un pilote, sous les ordres d'un capitaine, et porte le costume de la marine vice-royale, tarbouche rouge, turban blanc, veste cramoisie richement brodée d'or.

Lorsque le bateau va à la voile et que le vent suffit à sa marche, les marins quittent les rames : l'un d'eux prend la daraboukah, espèce de tambour de basque; les autres s'accroupissent en rond; puis, tous ensemble, en chœur, ils chantent les airs du Nil, les vieux airs populaires du vieux fleuve. Ces chants sont d'ordinaire des mélodies douces et plaintives, en harmonie avec le paysage d'Égypte, et qui s'en vont se perdre avec un charme inexprimable dans l'infini du désert bordant les deux rives dans la vallée haute.

A côté de la *Dahabyeh*, une barque de pêcheur des bords du Nil est amarrée. Sa forme est celle de notre bachot ordinaire; le gréement seul est autre et rappelle celui des barques de l'Égypte antique.

L'illusion ainsi est complète, et, au sortir du Temple, du Selamlik et de l'Okel, on n'a qu'à gagner la Seine pour être tout à fait sur le Nil.

XVIII

On n'a pas oublié que dans la salle adossée au Selamlik divers objets sont exposés. Le moment est venu de les passer en revue; mais auparavant, et tout en nous dirigeant de ce côté, il nous faut rendre à un homme éminent un hommage mérité. Son nom reviendra souvent dans la partie de ce livre qui traite de l'Égypte moderne. Il s'agit d'un officier supérieur, chef de la mission française auprès de Son Altesse le Vice-Roi, du colonel d'état-major Mircher. M. Mircher est le digne successeur de Soliman-Pacha, et il continue et achève l'œuvre fondée par ce dernier. Inculquer à la race arabe l'esprit de discipline et d'ordre, acclimater sur les bords du Nil les éléments si complexes d'une bonne organisation militaire, avec tous les arts, toutes les sciences, toutes les industries puissantes qui concourent à l'armement, au bon entretien des troupes, à une bonne tactique, n'est pas une entreprise facile, et, à mesure qu'elle s'accomplit, de profondes modifications s'introduisent dans l'état social même du pays. Quiconque prépare une nation à faire la guerre moderne, par cela même l'initie presque à tous les progrès des temps modernes. M. Mircher, du reste, a pris une part active à l'organisation de l'Exposition égyptienne, et c'est à ses soins que nous devons en grande partie les pièces justificatives réunies à la fin de ce volume.

Les sciences naturelles sont elles-mêmes dignement représentées auprès de Son Altesse le Vice-Roi d'Égypte, en la personne de Figari-Bey. Dès l'âge de vingt et un ans, en 1825, M. Figari, Italien d'origine, arrivait en Égypte. Muni de son diplôme de chimie pharmaceutique, il avait passé un contrat de trois ans avec le Gouvernement de Méhémet-Aly. Il débuta dans la Pharmacie centrale militaire du Caire, passa ensuite, avec le grade d'aide-major, à l'Hôpital militaire d'Abou-Sabel, et deux ans après, une École de médecine ayant été fondée au Caire, il fut nommé professeur au Jardin botanique annexé à cet établissement. Plus tard il revint à l'Hôpital militaire, en qualité de pharmacien en chef. Il est en ce moment chargé de l'inspection du service pharmaceutique en Égypte, et, après avoir été le pharmacien particulier du vice-roi Saïd-Pacha, il est entré, avec les mêmes fonctions, au service d'Ismael-Pacha. Le titre de bey, enfin, a été la juste récompense d'une vie tout entière consacrée à l'Égypte. Figari-Bey est en outre décoré de l'ordre de la Légion d'honneur. Une longue et laborieuse mission géologique dans le désert, à la recherche de gisements houillers, a solidement assis sa réputation et son autorité scientifiques. Elle a duré dix-huit ans, et nul mieux que lui ne connaît le sol et le sous-sol de ces contrées lointaines, qu'il a fouillées en tous sens, criblées de sondages, de puits et de galeries. Ses travaux littéraires consistent en un grand nombre de mémoires d'histoire naturelle, adressés à l'Académie des sciences de Turin. Il a publié, en outre, un grand ouvrage en deux forts volumes, intitulé : *Studj scientifichi sull' Egitto e le sue adjacenze*, et accompagné d'une carte géologique en six grandes feuilles coloriées. L'ouvrage a été traduit en langue arabe, et, après avoir révélé à l'Europe plus d'un fait nouveau, il ne manquera pas assurément de produire de féconds effets dans le pays même.

XIX

Un grand plan-relief de quarante-cinq mètres de superficie est établi sur un plancher dans la salle qu'il nous reste à visiter. Il reproduit en miniature la basse et la moyenne Égypte, et il donne une idée fidèle de cette étrange vallée du Nil, si fertile entre deux déserts. Partout où l'eau du fleuve, à travers les innombrables canaux qui en sortent à droite et à gauche, humecte et féconde le sol, les villes et les villages se pressent serrés et drus comme les étoiles dans la voie Lactée, et à droite et à gauche, sans transition, brusquement, il n'y a plus trace de population, il n'y a plus possibilité de vie. On a marqué sur le plan le tracé du canal de Suez, des chemins de fer de l'Égypte, la route suivie par les Hébreux sous la conduite de Moïse, et aussi le chemin suivi par la division de l'armée française qui s'en fut jusqu'au delà de la première cataracte à la poursuite des mamlouks, sous les ordres du général Desaix. Un fait très-curieux que les reliefs mettent en évidence, c'est la tendance du fleuve à se porter vers l'ouest, tandis que les sables sont rejetés vers l'est. La science attribue pour cause au phénomène la rotation de la terre. L'échelle des distances horizontales et des altitudes est au $\frac{1}{50000}$. Ç'a été chose malaisée de se procurer toutes ces mesures et l'entreprise n'a été menée à bonne fin qu'à travers des difficultés très-sérieuses. Les éléments manquaient ou étaient contradictoires ; il a fallu les relever sur place ou les contrôler. Le colonel Mircher dirigeait l'œuvre, et sur ses ordres une brigade topographique recrutée en France se mit en campagne. Elle eut à lutter contre les fréquentes maladies, la dyssenterie, les ophthalmies, les fièvres pernicieuses qui assaillent d'ordinaire l'étranger non acclimaté, surtout s'il se livre à quelque travail forcé. La petite expédition se composait de quatre jeunes gens, et à leur tête était M. Karl Schroeder, membre de la Société de

Géographie et de l'Association scientifique de France. — Il est curieux de voir, couché à ses pieds, un grand pays qu'on parcourt de l'œil dans tout son ensemble, dans tous ses détails, aussi aisément qu'on pourrait le faire si on était Micromégas en personne.

XX

Trois belles cartes géognostiques garnissent la muraille de gauche. Elles se continuent l'une l'autre et complètent ensemble un résumé très-intéressant de l'histoire géologique de l'Égypte et de ses dépendances, y compris la Palestine et la péninsule de l'Arabie Pétrée. Elles sont l'œuvre de Figari-Bey et le résultat de ses longues et savantes recherches.

Plusieurs faits de la plus haute importance scientifique sont mis en évidence sur ces cartes, pour la première fois, avec précision et netteté. On y voit, par exemple, le tracé exact et détaillé de l'ancien cours du Nil. Le fleuve égyptien, avant d'avoir rompu la barrière des roches syénitiques, coulait à travers le désert libyque et s'en allait se jeter dans la Méditerranée à l'ouest de son embouchure actuelle. Plusieurs oasis existent encore de distance en distance le long de la vallée qu'il arrosait autrefois, et en quittant son vieux lit il y a naturellement laissé plus d'une trace de son séjour, des alluvions, des coquillages, des couches de son limon. C'est sans doute dans ces contrées maintenant arides qu'il faut placer le berceau de la civilisation égyptienne.

Figari-Bey a encore indiqué par des signes, sur ses cartes, l'ancien littoral d'une mer que le soulèvement du continent a mise à sec et qui s'appelle, en géologie, la mer Pliocénique.

Il y donne aussi des coupes géologiques prises sur différents points du bassin de l'Égypte et du groupe du Sinaï. Il y a marqué le gisement des différents minerais et l'emplacement des carrières exploitées par les anciens. Il y a tracé les principales vallées du désert oriental, avec leurs inclinaisons et leurs courants, ainsi que les routes suivies par les caravanes de l'antiquité pour se rendre des bords du Nil à la mer Rouge. Le sol et le sous-sol de l'isthme de Suez y sont étudiés avec ses lacs correspondants aux lacs de natron et aux grandes cuvettes du nord de l'Égypte. On y trouvera enfin une coupe du limon qui constitue le sol de la vallée nilotique actuelle, et une précieuse indication de toutes les sources du désert.

XXI

D'autres plans encore et d'autres cartes nous arrêteront un moment. Et d'abord deux plans en relief d'Alexandrie, levés et dressés par Mahmoud-Bey, astronome de Son Altesse le Vice-Roi, montrent, l'un la ville restituée d'autrefois, l'autre la ville actuelle et les côtes où elle est assise, avec tous les changements que l'action de la mer et des influences de toute nature ont fait subir à ce rivage dans le long intervalle de mille neuf cents ans.

Jetons ensuite un coup d'œil sur de belles cartes hydrographiques. L'auteur en est M. Linant de Bellefonds, un Français, qui fut lontemps directeur général des ponts et chaussées en Égypte, et qui a conçu lui-même et en partie exécuté le système d'irrigation que ces cartes reproduisent.

Mentionnons enfin une carte d'un pays très-peu connu, très-peu fréquenté, habité par les Arabes Bicharis, et qui s'appelle l'Etbaye. Elle est encore l'œuvre de M. Linant de Bellefonds.

XXII

Sur les gradins d'une grande table sont groupés les échantillons des différentes roches qui ont servi aux anciens Égyptiens tant pour leurs grosses constructions, leurs ponts et leurs chaussées, que pour l'architecture de leurs temples, pour leurs sarcophages, leurs stèles, leurs colonnes, leurs statues. On sait, du reste, combien la vallée du Nil est riche en carrières de belle et bonne pierre.

C'est Figari-Bey qui a conçu le plan de cette collection et qui l'a réunie. Il y a ajouté, en outre, des spécimens de diverses matières propres à être exploitées au profit de l'industrie moderne.

Le Catalogue, imprimé à la fin de ce volume, donne la liste détaillée de tous ces objets, et ce n'est pas la peine ici de les nommer tous. Citons, toutefois, différentes variétés de granit, de porphyres, de brèches à grain vert, rouge, noir ou rouge sanguin, et susceptibles d'un beau poli; l'albâtre des carrières de Siout et de Beni-Souef; divers marbres calcaires et entre autres un marbre noir de l'époque liasique, qui se rencontre dans la basse Thébaïde, principalement dans la vallée d'Araba; les beaux grès siliceux de Gebel-Selseleh (Silsilis); divers calcaires et, dans le nombre, certaine espèce dont on fait des dallages, et une autre dont on pourrait faire de la pierre lithographique; des argiles pour terre de pipe, pour poteries et faïences, et pour terre à bardaques, — la terre poreuse des bardaques est un mélange d'argile de la vallée de Keneh, de limon vierge du Nil et de cendre de paille de sorgho; un grès siliceux très-remarquable, et qui s'est formé de la manière suivante : des sources thermales hydrosiliciques bouillonnaient, à quelque époque primitive, de dessous les sables, en bulles qui vinrent à s'épaissir par suite de dépôts successifs de silice et à se pétrifier, à se convertir en de véritables cailloux; après quoi survint un état de fusion basaltique, et cailloux et sables maintenant forment un agglomérat; — des pétrifications siliceuses de bois, productions du même geure; des calcaires pour chaux grasse et pour chaux hydraulique maigre, et de la pierre à plâtre; des minerais de cuivre, non pas assez riches toutefois pour être exploités; des minerais de plomb, qui se rencontrent en gisements malheureusement trop éparpillés; des minerais de fer très-riches (fer pisolitique), qui seraient d'un rendement extraordinaire si le combustible ne manquait pas dans le pays pour en faire la fonte; des minerais de manganèse assez riches, mais provenant du massif du Sinaï, en Arabie; du limon du Nil pris à différents endroits,—celui de la haute Égypte est le plus fertile; des briques crues faites avec ce limon, en y mélangeant un peu de paille; du sable du désert à divers états d'oxydation; des natrons, des bitumes liquides dont l'exploitation, du reste, n'est plus rémunératrice à cause de la concurrence des autres pays; du sel gemme très-beau, qu'on n'extrait pas, parce que la basse Égypte renferme de nombreuses salines; enfin du soufre natif très-riche et des eaux minérales de l'Égypte.

Sur une autre table est rangée une collection paléontologique d'un assez grand intérêt, quoiqu'elle soit incomplète et recueillie un peu au hasard des circonstances. Elle est l'œuvre du docteur Reyl, du Caire, un connaisseur, sans doute, un amateur. Les terrains récents de l'isthme de Suez et les environs du Caire y sont assez complétement représentés par leurs fossiles.

XXIII

Les arts libéraux et l'instruction publique ont aussi leur place dans la salle du plan.

Une bibliothèque, ou plutôt une collection de livres en langue arabe et turque, est installée dans une armoire vitrée. Elle se compose de quatre cents ouvrages, compositions originales ou traductions du français : livres classiques, théologie, philosophie et morale, lettres et poésies, mathématiques, législation, sciences médicales, histoire et voyages, industrie, art militaire et marine, administration, mœurs et coutumes.

Il n'y a pas, du reste, en ce moment de littérature originale et vivace en Égypte, ni scientifique ni littéraire. La poésie est toute d'imitation. En astronomie, on en est resté aux principes ptolémaïques : c'est encore le soleil qui tourne. Pour la médecine, on s'inspire toujours des théories d'Avicène. Avant Figari-Bey, il n'y avait ni pharmacie ni science pharmaceutique. La chirurgie est tout empirique et a recours, le plus rarement possible, aux amputations, à cause de l'horreur qu'inspire l'usage du couteau; pour ouvrir les tumeurs, le caustique seul est employé. En général, l'Égyptien lit peu et n'aime guère laisser lire; les bibliothèques des maisons riches sont couvertes de poussière. L'énergique impulsion du Gouvernement remet pourtant l'étude peu à peu en honneur, et la situation s'améliore aussi à cet égard. Ce qui le prouve, c'est que, pour l'impression et la fonderie des caractères arabes, les librairies du Caire ne sont plus tributaires de Malte ni de Rome. On fait aussi depuis peu de temps, au Caire, de la litho-typographie.

L'architecte du Gouvernement égyptien, M. Schmitz, expose le plan, l'élévation et la coupe d'une galerie arabe que Saïd-Pacha avait projeté de construire à Alexandrie, dans la cour d'honneur de son palais de Gabari, une de ses résidences préférées. Le jury d'architecture de l'Exposition de 1867 a récompensé cette création par une mention honorable.

M. Désiré, artiste photographe établi au Caire, a envoyé une très-intéressante collection de photographies représentant les différents corps de métiers du pays, des scènes de mœurs, des usages locaux, des costumes, des monuments de l'Égypte antique et de l'époque des khalifes, etc., etc.

Enfin, l'enseignement primaire est représenté par des modèles d'écriture gravés sur des tablettes de bois, dont l'usage s'est conservé dans les petites écoles des mosquées. D'autres modèles d'écritures arabes sont d'une assez grande beauté de style. Les diverses écoles militaires, placées toutes sous la haute direction du colonel Mircher, exposent des tracés de fortifications, des travaux géographiques, topographiques, des épures de géométrie descriptive et de mécanique, du dessin d'architecture, d'ornement, de paysage et de tête. Ces dessins de tête, on le sait, sont, en ce genre, les premiers essais de la race arabe. Il n'a pas encore été fait de tentative pour introduire dans le pays la peinture de figure.

XXIV

Il ne nous reste plus qu'à visiter les *Galeries* de l'Exposition égyptienne pour l'avoir passée en revue tout entière. Un long commentaire ici devient de plus en plus inutile. On trouvera vers la fin de ce livre de nombreuses pièces justificatives et des notes détaillées sur l'Égypte moderne, sur sa situation et ses divisions géographiques, sur les ressources industrielles, commerciales, militaires, en un mot un aperçu complet du pays. Un Catalogue enrichi d'observations et d'éclaircissements contient en outre, à la suite de ces données générales, le détail de tous les objets qui figurent dans les *Galeries*. Pour éviter les redites, force nous est donc de faire un choix judicieux des matières les plus intéressantes sur lesquelles nous nous étendrons davantage, en en négligeant beaucoup d'autres. C'est ainsi que les tableaux intercalés dans les pièces justificatives nous dispenseront de nous occuper de chiffres et de statistique, et nous y renvoyons d'avance le lecteur. Ainsi encore nous laisserons au Catalogue les longues énumérations des produits exposés, et nous nous attacherons surtout à résumer la physionomie générale de l'agriculture et de l'industrie égyptiennes.

XXV

Des boutiques garnies de rayons et de vitrages sur trois côtés, donnant par le quatrième sur un passage, et alternant, de travée en travée, avec de simples vitrines, telles sont nos galeries. Construites en bois et peintes dans le goût de l'Égypte pharaonique, elles donnent à peu près l'idée de ce que devait être l'architecture privée de Thèbes. Elles s'étendent ainsi, décorées d'une frise d'uréus dressés et de légères colonnettes à têtes d'Hathor, depuis le jardin central du palais jusque sous la grande nef circulaire des machines. Là, elles se continuent de plain-pied sous une large plate-forme carrée que portent de beaux piliers de bois, également de style pharaonique. Le dessus de la plate-forme est de niveau avec la passerelle de la grande nef et a été lui-même utilisé.

La galerie, ses boutiques et ses vitrines sont affectées spécialement à l'Exposition de la haute et basse Égypte et renferment les produits agricoles, industriels et artistiques de la vallée du Nil proprement dite, c'est-à-dire comprise entre les deux déserts et entre les Cataractes et la mer. Quant aux deux planchers de la plate-forme, ils sont consacrés aux hautes régions du fleuve, à la Nubie, au Sennaar, au Kordofan, au Soudan oriental.

XXVI

Mais, avant de décrire les produits que les habitants de ces contrées si diverses y recueillent et les fruits du travail de leurs mains, il convient de les étudier eux-mêmes. Un mélange intime et déjà achevé aux temps anté-historiques, du type nègre et du type sémite, voilà l'Égyptien primitif. Les nègres venant du sud, les sémites venant du nord, et finalement confondus en une race de métis, ont peuplé la vallée du Nil. Mais de bonne heure, on s'en souvient, cette population primordiale a été très-mêlée d'éléments nouveaux et greffée pour ainsi dire à plusieurs reprises. Les monuments nous l'ont montrée recevant, sous la douzième dynastie, une infusion de séve étrangère. Puis vinrent les Hycsos, sémites eux-mêmes, et il se fit aussi, sans doute, plus d'un renouvellement du sang éthiopien. Toutefois la première transformation profonde, radicale, eut lieu lors de la conquête arabe. L'élément sémite alors l'emporta décidément sur l'éthiopien, après une série d'oscillations qui tantôt faisaient prédominer l'un, et tantôt l'autre.

Le type de l'Égyptien des premiers temps s'est conservé dans les Coptes et dans les paysans de certaines provinces, surtout vers la vallée haute et dans le Fayoum. Les Coptes sont véritablement un débris de nationalité, et, au même titre que les pyramides, ils perpétuent sur le sol nilotique l'immortalité pharaonique. Voyons en peu de mots les traits divers qui les caractérisent. Ils ont l'œil toujours noir, généralement grand et allongé, relevé légèrement à l'angle extérieur; le nez droit, arrondi à l'extrémité; les narines dilatées; les lèvres assez fortes ; les cheveux noirs et bouclés ; la taille petite ; le caractère sombre, méfiant, plein de haine pour tout ce qui leur est étranger. Ils ont, encore de nos jours, des couvents dans les déserts de la Thébaïde et y conservent la foi chrétienne et la langue de leurs ancêtres, malgré l'invasion musulmane.

Le fond de la population actuelle est arabe. Les Arabes d'Égypte se distinguent eux-mêmes en trois classes : les Arabes des campagnes, les Arabes des villes et les Arabes nomades. On nomme les premiers Fellahs, et ce mot signifie cultivateur ; les seconds se désignent par la qualification de Awlad-el-Beled, enfants de la ville, ou encore d'Awlad-Mesr ou d'El-Mesriyin, les enfants de Mesr ; les autres sont les Bédouins.

Les Fellahs ont la tête d'un bel ovale, le front large et saillant, l'œil noir, enfoncé, brillant, le sourcil noir comme la barbe, la bouche bien taillée, mais un peu marquée, les dents belles. Leurs femmes sont remarquables par les justes proportions de leur taille et de leurs membres, par de larges épaules, une poitrine bien placée, des yeux étincelants sous de longs cils noirs, par une démarche fière, leste et élégante, par la grâce de leurs attitudes. Le costume des hommes ne se compose que d'un caleçon et d'une chemise de coton. Les femmes portent aussi le caleçon et la chemise, et, pour sortir en public, se drapent tout entières d'une longue pièce de coton noir. Il y a aussi en Égypte des Arabes de Tunis, c'est-à-dire des Maghrebins, professant la religion musulmane et s'occupant de négoce, et des Maghrebins bédouins, originaires des oasis et des déserts de la Libye et de la Cyrénaïque.

Citons encore les Turcs, puis quelques Persans, des Kourdes, des Syriens, des Arméniens, des Circassiens, des Grecs, des Juifs. L'immigration juive date du moyen âge. Ici, comme partout, ce peuple, qui porte cette sorte de joug moral sans se plaindre, s'occupe d'opérations de banque, du change de la monnaie et exerce le métier d'orfévre. Ils parlent presque tous l'espagnol et l'arabe.

XXVII

Depuis des siècles très-reculés vivent aussi en Égypte des descendants de la race de Cham, émigrés des régions nubo-soudaniques, c'est-à-dire du Darfour, du Dakroury, du Kordofan. Ils parlent des idiomes très-variés, professent la religion musulmane, et s'occupent principalement de commerce ou servent comme domestiques.

Il en est de même de la nation berbère, originaire de l'Ouady-Kenousi, des cataractes d'Assouan, du Dongola. Le Berberin est résolu, d'un caractère indépendant, fidèle et bon domestique; il rend d'utiles services aux explorateurs qu'il accompagne, aux maisons de commerce qui l'emploient comme commis. Il a un dialecte particulier et pratique la religion musulmane.

Il s'en faut que l'ethnographie et la linguistique aient dit leur dernier mot sur tous ces peuples divers, et nous n'insisterons pas davantage. Certaines tribus nomades des confins de l'Égypte méritent toutefois que du moins on les mentionne, à cause du rôle qu'elles ont joué autrefois dans l'histoire. Ce sont d'abord les Abbadehs, les Bicharis, les Haddarebs, qui habitent les pays compris entre le parallèle de Souakim et la ville de Massaouah, port de l'Empire abyssin. Le lien social qui les relie est très-lâche et leur civilisation à peu près nulle. Leur langue, tirée de l'éthiopien, est le beggiam; leur religion est celle de Mahomet. Leur nourriture se compose de coquillages, de mollusques, des poissons de la mer Rouge. Les historiens classiques leur ont donné le nom fameux d'Ichthyophages; puis, comme pendant aux Ichthyophages, il faut citer les Troglodytes, entre le 26° et le 24° latitude nord, c'est-à-dire de Kosseïr à Bérénice.

XXVIII

Puisque nous nous sommes engagé si avant dans l'intérieur de l'Afrique, voici enfin quelques détails complémentaires authentiques, recueillis de la bouche même de l'abbé Stella, missionnaire lazariste en Abyssinie, et qui depuis vingt ans habite ces contrées inhospitalières et peu connues. Nous en devons la communication à la bienveillante obligeance de Figari-Bey, qui les tient de l'abbé Stella lui-même.

Depuis les relations de voyage, relations quelquefois discutables, de M. Lejean, et l'interminable captivité du consul anglais Caméron, l'empereur d'Abyssinie, Théodoros, a eu la gloire d'occuper souvent l'attention publique; et, puisqu'il nous est donné de pouvoir jeter quelque lumière sur ce personnage et sur son peuple, on nous saura gré de le faire.

Théodoros est bien le tyran cruel, défiant et superstitieux que l'Europe connait par les articles des journaux; mais il est doué, en outre, au rapport de M. Stella, de grandes qualités politiques.

Il croit voir la mort à chaque pas, il s'entoure des précautions les plus minutieuses, interdisant même à son peuple de prononcer son nom, évitant avec soin de faire découvrir sa retraite, lors de ses fréquents déplacements. Pour peser davantage sur la facile imagination de ses sujets, il se donne comme étant en commerce fréquent avec les esprits, et de ces évocations naissent la terreur et le respect. Rusé, fourbe, comme presque tous les chefs des peuplades de l'Afrique centrale, il refuse d'entrer en relation avec les ministres de France et d'Agleterre, et n'accepte pour réelles que les lettres signées de la main propre de l'empereur Napoléon ou de la reine Victoria.

M. l'abbé Stella, dans un savant commentaire, a tenté d'établir que la dynastie de la reine de Saba, cette admiratrice du roi Salomon, était d'origine abyssinienne.

L'Abyssinie comprend trois royaumes, que Théodoros a réunis sous sa domination implacable.

La race est belle, vigoureuse, intelligente, guerrière. La classe des lettrés, *deftera*, est très-sophistique et très-scolastique, et les bardes abyssins, comme nos anciens bardes gaulois, célèbrent, à la grande joie du peuple, qui les écoute attentivement, la guerre et les vertus guerrières.

Les Abyssiniens professent la religion chrétienne : ils ont les mêmes livres saints, la même Bible que nous, et, en outre, les Machabées, Esdras, Ermas (le compagnon de saint Paul) et Énoch, non acceptés par notre autorité ecclésiastique. Une Bible revient dans le pays à 300 francs; chaque livre se vend à part et coûte 80 francs. Ce sont des manuscrits sur parchemin. Depuis peu, cependant, M. Stella et monseigneur Bell, évêque français de Galles, ont établi à Massaouah une imprimerie avec caractères fondus à Paris.

La langue abyssinienne est le troglodyte ou éthiopique classique.

XXIX

Tels sont les principaux types qu'on rencontre en Égypte et qui donnent à la population de ce pays sa physionomie pittoresque. La diversité des costumes en usage chez les diverses races ajoute encore à la variété du spectacle. Nous avons déjà dit un mot de l'animation bigarrée des rues du Caire. Or on peut dans nos galeries prendre de cette animation une idée complète : types et costumes y sont représentés. Dix figures, toutes choisies avec intelligence, hommes et femmes, caractérisés et habillés dans leur expression propre, dans l'attitude qui leur est le plus familière, résument la population entière de la vallée du Nil. M. Cordier en est l'auteur, c'est assez dire que ces mannequins sont de véritables œuvres d'art. On sait avec quelle merveilleuse aptitude M. Cordier saisit le trait ethnographique et réussit à le fixer en sculpture. Il a fait en ce genre des chefs-d'œuvre que tout le monde admire, d'une précision de style qu'aucun artiste peut-être n'a jamais dépassée, d'une vérité si frappante que les savants s'en étonnent.

Voyons d'abord le fellah, caractère placide, esprit contemplatif, nature honnête, franchement naïve, partageant les heures du jour entre le travail et la prière; résigné, appuyé sur sa pioche, il montre sa gerbe. Plus loin, la femme fellah, ravissante d'élégance innée, de tournure et d'intelligente vivacité, revient de la berge du Nil, portant sur sa tête un grand vase coquettement incliné sur l'oreille, et, dans la paume de sa main ramenée sur l'épaule, un vase plus petit.

Ce nègre vêtu d'une peau de loup, avec son arc et ses flèches, est un Gallas. Il quitte parfois sa tente et vient au Caire des confins de la Nigritie, où il a laissé sa femme, comme les Auvergnats et les maçons de la Creuse viennent à Paris pour y gagner un peu d'argent et le rapporter ensuite à leur famille.

Tout voyageur qui a été l'hôte de quelque riche maison d'Égypte reconnaîtra cette Abyssinienne. C'est elle qui, sur un signe de son maître ou de sa maîtresse, est venue apporter le café ou le chibouk.

Voici enfin le fellah riche et la grande dame, et d'autres figures encore, et d'autres costumes dont le Catalogue, pour le reste, donne le détail.

XXX

Par son agriculture surtout l'Égypte est un pays à part. Cela tient au Nil : le rôle que joue le Nil est unique au monde. C'est lui qui fait les saisons en Égypte, et non pas le soleil. Le temps de son inondation est une sorte d'hiver, ou plutôt la saison du repos : tout est suspendu et ses eaux couvrent tout. Dès qu'il a repris son niveau dans son lit, les semailles commencent, et voilà le printemps, la saison de la verdure renaissante. Puis vient le temps de la moisson et des récoltes, qui est la troisième et dernière saison de l'année ; car les almanachs égyptiens, depuis les siècles les plus reculés des époques pharaoniques, n'en comptent pas davantage. Le jour de l'an, le jour par excellence, le point de séparation des deux exercices, tombe à l'équinoxe d'automne, au milieu de la saison morte.

Ni engrais, ni pluie, ni charrue, ni herse, ni rouleau : le Nil tient lieu de tout. Son limon est un engrais. Il se dépose doucement et se tasse assez lentement pour que la charrue soit le plus souvent inutile. La semence, en y tombant des mains du fellah, s'y enfonce par son propre poids, et point n'est besoin de herse. Il se solidifie ensuite à la surface et on n'a que faire d'un rouleau. Quant à la pluie, il n'y a pas d'autre pluie en Égypte que l'inondation du fleuve.

Mieux encore : s'il était possible de distribuer régulièrement l'eau du Nil, pendant l'année entière, à la terre d'Égypte, cette terre ne cesserait jamais de produire; entre une récolte faite et des semailles nouvelles à faire, il n'y aurait nul intervalle, et on ne ferait que moissonner et semer et semer et moissonner. Déjà maintenant il y a plusieurs récoltes, et on en obtient d'autant plus qu'on arrive à ménager mieux les arrosements.

XXXI

Arroser est donc la grande affaire, arroser les terrains que la crue du fleuve, trop faible, n'a pas touchés, ou qui ont eu le temps de se dessécher après la retraite des eaux. La nécessité de grands travaux publics s'ensuit nécessairement : canaux, dérivations, réservoirs. Le lac Mœris a été une gigantesque solution du problème.

Puis, de plus petits moyens sont en usage. Le plus élémentaire est le *chadouf*. C'est une espèce de grande écoupe, souvent un simple panier suspendu entre deux cordes, qu'un homme placé sur le côté fait mouvoir comme il ferait d'une balançoire, à l'aide d'une troisième corde; un contre-poids en levier facilite le travail. A chaque oscillation l'écoupe ou le panier rase l'eau, s'emplit et au haut de sa course se vide dans une rigole. La *nattalah* est un chadouf sans contre-poids, mais desservie par deux hommes. Un seul de ces appareils si ingénieusement rudimentaires monte l'eau à la hauteur de deux ou trois mètres. La *sakieh* est une vraie machine mise en mouvement par des bœufs : un manége fait tourner une roue verticale garnie de pots qui s'emplissent au plus bas de leur course et se déversent ensuite.

Mais des engins modernes plus puissants tendent enfin à remplacer chadouf et sakieh. L'agriculture égyptienne, plus que toute autre, tire avantage et profit de la vapeur déjà maintenant; on devine de quelle utilité sont pour elle les machines élévatoires, à grand effet, de nos constructeurs. Partout la grande culture en fait usage, et les fellahs eux-mêmes s'associent volontiers entre eux pour se procurer à frais communs quelque locomobile. La vallée du Nil, à cet égard, est en avance sur presque toutes les contrées de l'Europe, et ce n'est pas sans surprise qu'on voit pour la première fois, en remontant le cours de ce beau fleuve, fumer de distance en distance les cheminées des pompes à feu.

XXXII

La faune qui peuple la vallée du Nil et les confins des déserts est assez connue; elle se compose du chat, une des bêtes sacrées de l'Égypte ancienne, de l'hyène, du renard, du sanglier, animal impur pour les Arabes, de la gazelle, de l'hippopotame, d'un petit hérisson, de la martre-furet, qui fait de grands ravages dans les basses-cours, d'un lièvre à oreilles longues, de l'ichneumon, célèbre dans la mythologie, de la musaraigne et du rat, du lézard, du caméléon, du crocodile, du céraste, qu'on suppose être l'aspic, du scarabée, de la blatte, de la sauterelle, de quelques espèces de papillons et d'arachnides, de l'autruche, de cinq espèces d'ibis, de l'aigle et du vautour, du pluvier, du trochilus, du corbeau, de la chauve-souris et d'un grand nombre de poissons, etc., etc.

Les animaux domestiques les plus utiles sont le chameau, l'âne et le mulet. Comme l'âne, le mulet d'Égypte est plus beau que celui d'Europe. Le cheval, exclusivement réservé à la selle, ne sert point à la culture. Les bœufs sont nombreux et d'une belle espèce. Il y a beaucoup de buffles. Comme dans tout l'Orient, les chiens vivent en liberté et errent par troupes dans les villes et dans les campagnes. Les poules sont innombrables ; on fait éclore leurs œufs, depuis les temps les plus reculés de l'Égypte pharaonique, dans des fours, artificiellement, et il paraît qu'elles ne manifestent plus le désir instinctif de les couver elles-mêmes. Il y a enfin des chèvres, mais surtout de beaux moutons, de haute taille et de toison abondante.

Comme nous allons faire avec quelque détail la revue des produits du sol égyptien exposés dans nos galeries, il nous suffira ici de présenter des observations générales.

Le fait le plus curieux du monde végétal, sous le climat d'Égypte, c'est sa vigueur et sa richesse, malgré l'absence de pluie. Le savant Hasselquist écrivait à Linné : « Que penserez-vous, si je vous dis qu'il y a des arbres dont l'existence remonte à six cents ans, et sur lesquels il n'est jamais tombé six onces d'eau? » On a découvert que tous les végétaux habitués aux étranges conditions de ce sol ont dû s'y approprier par une modification particulière de leurs fonctions organiques normales : au lieu de se nourrir presque exclusivement par les racines, comme font les plantes des autres régions, ils aspirent par les pores de leurs feuilles, extraordinairement ouverts, la fraîcheur et la rosée des nuits, ce qui leur donne la force de résister aux chaleurs du jour et à la sécheresse de la saison des basses eaux. Tout végétal qui ne réussit pas à se faire, pour ainsi dire, cette autre nature, languit bientôt, dégénère et périt sur les bords du Nil. Cela rend l'acclimatation d'espèces nouvelles très-difficile, et nous en verrons plus d'une preuve par la suite. On a pourtant réussi à acclimater en Égypte le tabac, le maïs, le riz et la canne à sucre, ainsi que divers cotonniers des Indes et d'Amérique. En revanche le papyrus et le lotus ont à peu près disparu, et aussi la vigne : il est vrai que la cause en est ailleurs que dans les influences climatériques.

XXXIII

Une belle collection de fibres végétales attire tout d'abord l'attention, à l'entrée de nos galeries. Il y a là du lin magnifique, en fibre peignée, très-longue et très-souple, et en étoupe susceptible d'être filée; puis du chanvre du pays (*Hibiscus cannabinus*) en fibre non peignée, en fibre peignée de cinq à six pieds de long, et en étoupe de bonne qualité; du chanvre d'Europe en filasse, mal venu : il ne prospère pas en Égypte et tend à y dégénérer rapidement. Voici ensuite diverses espèces de coton en laine, de longue ou de courte soie, de la haute, basse et moyenne Égypte : du coton du pays, naturalisé dans la culture depuis un temps immémorial (*Gossypeum herbaceum*); du coton des Indes, introduit depuis soixante ans par un Français du nom de Jumel, à qui Méhémet-Aly en avait donné la mission; du coton de l'intérieur de l'Afrique, où il prospère depuis la conquête du Soudan, et enfin un coton d'origine américaine et d'introduction tout à fait récente, qui depuis six ou sept ans réussit parfaitement. En résumé, l'Égypte est un pays fait exprès pour cette précieuse plante, et on peut fonder à cet égard sur la vallée du Nil les plus brillantes espérances.

La fibre du dattier est aussi un textile, et sert à faire des cordes pour puits et des cordages de marine, car elle ne macère pas dans l'eau. On la tire de l'enveloppe du bourgeon terminal de l'arbre, ou encore de ses feuilles. Le régime du pédoncule qui porte les fruits donne en outre une filasse très-tenace, d'un blanc argentin, ressemblant à la fibre de l'agave (espèce d'aloès), et en usage dans les bains sous forme d'éponge à friction. Avec les feuilles peignées du palmier, ou plutôt avec ses folioles, on tresse des nattes et des paniers.

Le dattier est véritablement l'arbre le plus utile du monde, et tout en est bon. Le pétiole encore sert à faire des paniers, des siéges et toutes sortes de meubles du même genre, et à très-bas prix. Sa tige, enfin, s'emploie comme poutre de charpente : le bois en est compacte, se coupe très-bien en planches minces et prend un beau poli. Il ne faut pas du reste le confondre avec le palmier *doum*, dont le fruit a le goût de la caroube, et qui est bien moins précieux. Le noyau de la datte du doum se tourne en perles pour chapelets. Les nattes les plus fines sont faites avec les folioles de sa palme. On fait enfin avec les grappes des deux dattiers une sorte d'eau-de-vie, du vinaigre et du sirop ou mélasse, et on en broie les noyaux pour nourrir les chameaux.

XXXIV

L'Égypte produit et expose aussi des laines. Elles sont assez recherchées dans le commerce. Nous avons déjà dit que le mouton du pays est grand et bien fourni d'une toison parfois un peu dure. Les brebis sont très-fécondes : presque toutes produisent annuellement quatre agneaux en deux portées. Le mouton de Barbarie est plus commun et donne la laine la plus fine. Parmi les béliers provenant du Sennaar, du Kordofan et du Yémen, il y en a qui ont le poil ras et cassant comme celui de l'antilope.

L'introduction du mérinos, en Égypte, a été essayée depuis près de trente ans. Il s'acclimate lentement et très-difficilement, surtout celui de la Baltique et de la mer Noire. Celui d'Espagne se plie plus aisément au climat du Nil, ainsi que celui de Sicile. L'expérience a montré que le problème finira par être résolu par des croisements bien menés entre les races étrangères et les meilleures races du pays. La basse Égypte convient le mieux au mérinos, surtout vers les confins du désert. Ailleurs la bête contracte facilement la maladie du pied et du nez.

Citons encore, parmi les textiles d'Égypte, le poil de chameau; c'est presque de la laine, tant il est fin et long, mais il faut le prendre sur une bête encore jeune. On en fait des étoffes dans le pays, principalement dans la vallée haute, pour tentes ou tapis. Peut-être conviendrait-il d'en essayer des mélanges avec la laine et réussirait-on ainsi à obtenir des tissus d'un meilleur usage.

XXXV

Passons aux céréales. La terre d'Égypte est si fertile, qu'elle les produirait sans autre travail que les semailles. Toutefois, pour avoir de plus belles moissons, il faut faire un ou deux légers labours, soit à la charrue, soit à la houe; et, pour la deuxième et la troisième récolte, l'opération est indispensable. On ne chaule point le blé avant de le semer. Chaque feddan de terre reçoit un douzième d'ardeb et en rend ordinairement de quatre à sept, et même huit. On ne coupe pas le blé à la faucille; on l'arrache à la main : la sécheresse du sol permet de le faire. Trois rouleaux armés de rondelles de fer saillantes et reliés par une sorte de traîneau attelé de deux bœufs, servent à égrener les gerbes; l'appareil s'appelle un *noreg*. Pour vanner le blé, le fellah se sert d'une fourche à deux dents, laquelle, du reste, ne sépare que la grosse paille d'avec le grain.

La haute Égypte donne de préférence des blés durs et demi-durs, plus riches en gluten et plus lourds, qui toujours aussi se vendent plus chers. Ceux de la basse Égypte sont plus tendres, moins glutineux, moins pesants. Figari-Bey chercha à en régénérer la culture par l'introduction de variétés nouvelles : c'est ainsi qu'il a fait au jardin d'acclimatation du Caire, sur le blé de Médéah (Algérie), des essais qui ont été couronnés de succès, et ce blé maintenant, une magnifique espèce, a passé dans la grande culture d'Égypte, et donne d'excellents rendements. Des blés de France, d'Angleterre, de Naples et de Sicile ont aussi réussi et ont même gagné en beauté et en force. Pour du grain provenant des provinces danubiennes le résultat a été meilleur encore. On en a essayé aussi provenant du Caucase, mais il a des tendances à dégénérer.

Les orges d'Europe réussissent très-bien en Égypte et deviennent même plus belles; le seigle d'Asie Mineure aussi prospère à souhait. L'avoine d'Europe devient peu à peu plus petite, et quoique, du reste, la plante reste encore assez belle, elle souffre vite dans sa fleur et dans sa graine et devient stérile. Le maïs de l'Asie Mineure vient bien et sans dégénérer; mais le maïs d'Amérique, superbe la première année, dégénère à partir de la deuxième, jusqu'à ne plus donner de grain du tout.

En général, les plantes des pays froids, introduites sous le climat du Nil, ont une tendance à se ramener à l'état sauvage, à leur type naturel. Il en est ainsi de presque tous nos légumes, fèves, salades, et, on ne l'a pas oublié, de notre chanvre. Le chanvre d'Europe pousse, la première année, sur le sol égyptien, des tiges de six à sept pieds de haut, et finit par avoir la taille même de celui du pays, qui est d'un pied et demi.

Le sorgho d'Égypte est très-beau; il y en a plusieurs variétés; la graine de l'une d'elles fournit une matière colorante rouge, dont on se sert, en Nubie, pour teindre les nattes, les tapis et la laine. La canne de l'une de ces variétés renferme une matière sucrée incristallisable.

XXXVI

Parmi les légumes du Nil, citons les fèves : elles sont meilleures dans la haute Égypte, comme aussi les lentilles. Pour les pois chiches, c'est le contraire : ils sont préférables dans le Delta. Les lupins viennent mieux dans la haute Égypte; c'est un très-utile végétal. On sait que la graine de lupin sert à faire une saumure; avec la farine, les femmes du pays préparent une pâte propre à donner à la peau, comme notre pâte d'amandes, de la souplesse et du moelleux, à cause d'un peu de saponine qu'elle renferme. La plante sert de combustible, et en l'écorçant on en peut faire du charbon propre à la fabrication de la poudre. Diverses variétés de petis pois, enfin, sont cultivées dans la vallée du Nil.

Les champs de petits pois sont en partie coupés en herbe, l'hiver, et la plante donnée en fourrage. Il en est de même des fèves et du sorgho. Les animaux, tels que les bœufs, les buffles, sont nourris de préférence avec de la paille d'orge, la plante hachée des fèves, etc. La paille hachée du blé, mêlée à de la fève, convient mieux, en hiver, aux juments, génisses et poulains, pour lesquels on cultive, du reste, en été, comme pâturage vert, la luzerne (*Medicago saliva*) et le sorgho. Le trèfle (*Trifolium alexandrinus*), à l'état vert ou à l'état de foin sec, sert aussi à l'alimentation des bêtes de somme dans la haute et la basse Égypte.

XXXVII

La vallée du Nil est très-fertile en graines oléagineuses, et on en peut voir de nombreuses séries dans les bocaux de nos galeries. Le sésame réussit mieux dans le Delta et donne là un plus grand rendement d'huile; le colza est de première qualité. De la graine du carthame, ensuite, on extrait de très-bonne huile, limpide, blanche, qui saponifie très-bien et est même propre à manger. Celle du pavot sert à l'éclairage et à faire du savon. Voici ensuite la moutarde, la navette, la laitue, la coloquinte et d'autres cucurbitacées.

Les tubercules du *Cyperus esculentus* servent aussi à faire de l'huile, comme encore les fruits d'arachides et le ricin, notamment le ricin rouge.

L'olivier cultivé en Égypte donne des fruits très-grands, qu'on consomme plutôt en saumure qu'on ne les emploie à faire de l'huile. Certains oliviers toutefois, ceux de Crète, récemment introduits. ont un meilleur rendement d'huile, quoique leurs fruits soient plus petits.

Les bonnes rizières sont dans le Delta, et les plus belles aux environs de Damiette. Le battage et le mondage du riz se font avec des machines américaines et anglaises. Les méthodes indigènes sont abandonnées, et il ne reste plus que quelques manéges à buffles. Le commerce du riz se fait presque exclusivement à Alexandrie, par Damiette et par Rosette.

Une des plantes les plus réfractaires au climat du Nil, c'est le caféier. On a vainement essayé de le naturaliser jusqu'à ce jour dans l'Égypte proprement dite : même dans le haut pays, l'arbre, à peine arrivé à la hauteur de deux pieds, se dessèche et meurt. Les variétés de café exposées dans nos galeries proviennent d'Abyssinie, des régions du fleuve Blanc, et cette dernière se distingue par la petitesse de son grain.

Mentionnons encore une collection de graines diverses: melon, concombre, pastèque, coriandre, cumin, carvi, fenouil, anis poivré, etc.; et, parmi les graines de plantes forestières, celles de l'acacia nilotica et de l'acacia du Sénégal. Le fruit de ces arbres renferme du tannin, et on l'emploie pour préparer des cuirs et le maroquin. L'acacia du Sénégal en outre, sécrète quelquefois de la gomme et fournit une matière colorante d'un rouge foncé; l'écorce de ses jeunes branches est faite d'une fibre très-résistante, et les Bédouins du désert en fabriquent des cordages. L'arbre qui produit le fruit de casse prospère aussi en Égypte. Son bois se débite en planches qui, exposées au soleil, prennent une couleur rouge acajou, et feraient d'assez beaux meubles.

XXXVIII

Mais il faut laisser au Catalogue les longues et complètes nomenclatures, et faire un choix. Une collection de dattes sèches, pourtant, mérite encore qu'on la cite, et diverses variétés de bananes candies; puis de beaux échantillons de gomme arabique provenant de Djeddah et du Kordofan; de l'indigo d'Égypte et de l'opium de la Thébaïde; des fleurons de safranon (*Carthamus tinctorius*); le fruit et la pulpe de tamarin du Kordofan et des Indes; de la poudre de feuilles de henneh, servant aux dames à se teindre les mains, les cheveux et les sourcils en rouge brun, et aussi à teindre la laine, la soie, la fibre végétale en jaune paille; de l'huile essentielle de néroli et de fleur d'oranger; du savon sec d'huile de ricin, et enfin une collection de miels de la haute et basse Égypte.

Parmi ces miels, il y en a un très-agréable, blanc, cristallin, qui a un goût très-prononcé de fleur d'oranger : il se recueille dans un pays où l'oranger et le citron se cultivent. Un autre a le goût de datte et de fleur de palmier, et il est jaune et fluide. Les cires des abeilles du Nil sont d'assez bonne qualité.

Quand le bétail d'Égypte est au complet, on exporte un peu de beurre; il y a alors dans le pays environ un million de bêtes à cornes. Malheureusement les épizooties sont terribles : la dernière a enlevé, à elle seule, plus de 800,000 bœufs et buffles, et rendu la vallée du Nil tributaire de la Russie et de l'Italie, pour le beurre.

La graisse des bœufs d'Égypte est assez riche en acide stéarique, et celle du mouton est plus riche encore. L'exportation en est toutefois très-minime : tout se consomme dans le pays. Il se fait, au contraire, une grande importation de graisse de provenance moscovite, pour le service de la marine.

Nous terminerons cette revue des produits du sol égyptien par les cannes à sucre. On en cultive de deux espèces : la canne jaune d'Égypte et la canne rouge de la Jamaïque, plus récemment introduite dans la culture. L'une et l'autre réussissent beaucoup mieux dans la vallée haute que dans le Delta ; de sorte qu'on ne les cultive guère que dans la vallée haute, où naturellement sont concentrées aussi l'industrie d'extraction et de préparation du sucre, et les distilleries de rhum et d'alcool.

XXXIX

Presque toute la grande industrie d'Égypte a été fondée par Méhémet-Aly, aux frais de son trésor, et est exploitée encore maintenant par le Gouvernement. C'est au Caire, dans le quartier dit le Khorounfech, que fut montée une des premières fabriques à l'européenne, une filature de soie pour velours et satins légers. Ensuite un Français, Jumel, le même qui venait d'acclimater sur le Nil le coton des Indes, fut chargé de construire un vaste établissement de filature de coton, à Boulak. Coup sur coup des arsenaux, enfin, furent créés, avec fonderie et forges et ateliers de construction, chargés à la fois de pourvoir aux besoins militaires du pays et aux exigences de son activité civile. Comme, du reste, les diverses branches du travail moderne se tiennent et s'appellent, pour ainsi dire, les unes les autres, le réseau industriel tendait spontanément à se compléter, et Méhémet-Aly, avec son énergie incomparable, comblait les lacunes à mesure qu'elles venaient à se faire sentir. Partout surgissaient de terre des manufactures.

Nécessairement la concurrence européenne a été fatale à quelques-unes des industries ainsi improvisées. Il a fallu réduire le nombre des broches de la filature du Caire. Une belle papeterie a été fermée; une verrerie aussi a périclité. Pour la papeterie, il y a espoir qu'on la relève, l'Égypte ayant un avantage évident à manufacturer sur place les chiffons qu'elle exporte maintenant en très-grande quantité.

Le nombre des établissements restés debout est encore considérable. A la filature du Caire sont annexés des tissages de coton et de lin, une blanchisserie, une fabrique d'impression sur indiennes et sur mousseline, une teinturerie avec fabrique de produits chimiques, des ateliers pour la gravure des rouleaux. Une manufacture de tarbouches est aussi en pleine prospérité, et une verrerie et une poterie ne faisant que le modèle d'Europe. Citons encore de beaux fours à chaux construits à l'européenne, une grande tannerie, une savonnerie, une fabrique de colle et de noir animal, plusieurs fabriques de sucre avec raffineries, installées sur un si beau pied qu'elles pourraient servir de modèles, en ce genre, aux meilleurs établissements d'Europe et d'Amérique, des indigoteries, des salpêtrières, des raffineries de nitre et une manufacture de poudre de guerre, un hôtel des monnaies, avec bureau de garantie pour les articles d'or et d'argent, des distilleries d'alcool et autres spiritueux, un établissement modèle servant d'école pratique des arts et métiers, et organisé en vue de fournir de bons contre-maîtres, une typographie où s'impriment des ouvrages arabes, des ateliers de galvanoplastie et de dorure, des moulins à vapeur remplaçant, presque partout, les moulins à vent d'autrefois, des presses hydrauliques, des chantiers de construction de barques, répartis le long du Nil, trois arsenaux avec un bassin de carénage, une fonderie de canons et des ateliers de modelage.

XL

Quant à la petite industrie, elle existe aussi en Égypte, et, comme partout ailleurs, elle est éparpillée dans les villes et les villages, et varie selon les contrées. On tisse la soie surtout dans le Delta ; les tisserands de lin et de coton, pourtant, se rencontrent par tout le pays. Il y a ensuite de petites usines de sucre brut sans raffinerie, dans la haute et moyenne Égypte. La fabrication du vin et de l'alcool est réservée aux chrétiens, aux Coptes et, par conséquent, aussi à la haute et moyenne Égypte. On sait qu'il s'agit de vin et d'alcool obtenus par la fermentation des dattes, du *doura* (espèce de maïs) et des raisins secs. Les Coptes, encore, ont le monopole des vermicelles, des pâtes, des huiles, des graisses, des chandelles, de l'amidon. La soude se fabrique surtout à Alexandrie. Deux industries considérables sont celles des poissons salés du Fayoum et du lac Menzaleh, surtout la dernière. Les fellahs, ensuite, font de l'apiculture, du miel et de la cire. Signalons encore les petites distilleries d'eau de rose et de menthe, de petites tanneries et de petites teintureries, répandues dans l'Égypte entière, et ensuite le cortége obligé de toute civilisation, la sellerie, la cordonnerie, etc., etc. Au Caire et dans la basse Égypte, on prépare aussi une sorte de choucroute faite avec des citrouilles, des concombres, des aubergines, du piment, des pastèques, des raves, des navets. L'orange amère, aussi, se met en salaison.

XLI

On trouvera plus loin, dans la Notice statistique, tout un chapitre et des tableaux de chiffres consacrés au commerce de l'Égypte. Il faut donc ici nous en tenir aux généralités sommaires. Commençons par l'exportation. Les céréales, étant la grande richesse du pays, forment naturellement la base de son exportation. En seconde ligne viennent les cotons, puis les graines oléagineuses et les huiles fixes, enfin le rhum, la mélasse, le nitre, le natron, l'opium, la gomme arabique, le tamarin, le séné, le madrépore de la mer Rouge (nacre), l'écaille de la mer Rouge, l'éponge de la mer Rouge, la coloquinte, la cire jaune, le safranon, la plume d'autruche, les dattes, les peaux salées de buffle et de bœuf, les chiffons, les vieux cordages, etc.

En ce qui concerne le mouvement des ports, tout le monde sait que le grand commerce se fait principalement à Alexandrie. Quand le canal de l'isthme de Suez sera achevé, Port-Saïd aussi deviendra vite une ville de premier ordre. Les ports de Suez et de Kosseïr, ensuite, ont une certaine importance. Les rades de Damiette et de Rosette ne viennent qu'en quatrième ligne. Outre ces places maritimes, il y a enfin, le long des rives du Nil, de distance en distance, les nombreux entrepôts de la navigation fluviale. Celui d'Assouan est le centre d'échange et de transit entre l'Égypte et le Soudan, et celui de Keneh entre l'Égypte, d'une part, et l'Arabie et les Indes de l'autre. A Assiout est un très-beau port où se donnent rendez-vous les caravanes du Darfour. Le Vieux-Caire aussi est un port fréquenté, comme encore Mansourah, et tant d'autres.

Un mot encore sur les routes de transit qui mettent l'Asie et l'Afrique centrale en communication avec le Nil, par l'intermédiaire des caravanes. La principale d'entre elles va de Darfour à Assiout et traverse le grand désert; une autre unit le Kordofan à Dongolah, dans la basse Nubie; la troisième de ces grandes lignes est celle qui joint Keneh à Kosseïr, l'Égypte à l'Arabie. Il y en a une autre de Berber à Souakim, sur la mer Rouge. Une caravane faisait autrefois régulièrement le trajet du Caire à Suez, mais l'établissement du chemin de fer y a mis fin. Il faut mentionner encore la petite route de Beni-Souef à Fayoum; puis celles de Fayoum à l'oasis de Jupiter-Ammon et de l'oasis à Alexandrie. Il se fait un grand commerce de dattes sur les deux dernières.

Voir en outre, pour les chemins de fer, chaussées et canaux navigables, le détail qui en est donné dans la Notice statistique.

XLII

En résumé, le chemin fait par l'Égypte, depuis cinquante années, dans la voie de l'industrie moderne, donne les plus brillantes espérances. Tout ce qui était humainement possible a été réalisé jusqu'à ce jour. Il reste sans doute beaucoup à faire ; mais dès à présent, dans l'une ou l'autre branche, ce pays si nouveau venu se montre supérieur. Ainsi on admire beaucoup une collection de peaux tannées exposées dans nos galeries, et qui sortent des tanneries d'Alexandrie et du Caire. D'autres produits, hier encore tout à fait étrangers au travail égyptien, laissent naturellement à désirer, si on les compare à ceux d'Angleterre et de France : ce n'est que lentement que la main de l'ouvrier se forme. Dans une de nos vitrines sont exposés des instruments de précision qui méritent, à ce point de vue, une mention honorable; ils ont tous été exécutés par des Arabes, sous la direction d'un Français, M. Langlois, et leur exécution est bonne. Ce sont des balances, un niveau, une boussole, des instruments de topographie et d'arpentage, des sabliers, etc. Une nation neuve encore au maniement des métaux prend le taureau par les cornes en s'attaquant tout d'abord à des choses si difficiles.

Une autre vitrine renferme des objets dont la fabrication est depuis longtemps dans les mœurs de l'Égypte, des objets de poterie. Tous ceux qui sont en terre rouge appartiennent à l'industrie d'Assouan : têtes de pipes de différentes formes, assiettes et coupes, bols, gargoulettes, tasses à café avec leurs coquetiers, carafes, calices. La poterie blanche se fabrique surtout à Keneh, et c'est avec la terre poreuse de cette localité que sont le plus souvent faites les bardaques d'Égypte. A Assiout, des centaines de familles vivent aussi de poterie : on y fait, en une terre spéciale, des frotte-pieds en usage dans les bains, des assiettes avec couvercle, etc.

Tout cela est à demi de l'industrie et à demi de l'art, comme encore des objets ciselés dans de la défense de rhinocéros, des coupes, des vases, des tasses, des fioles à bec et à anse, des cafetières, des poignées de sabre; ou bien taillés dans l'albâtre égyptien ou l'ivoire, tasses, verres, bougeoirs, écritoires, verres à pied.

Il se fait de très-beaux ouvrages de luxe à Assiout, en ivoire et en marbre fin. Dans une de nos vitrines est exposé un jeu de trictrac du travail le plus fini et d'un style charmant, en bois précieux incrusté d'ivoire et d'autres matières; c'est un échantillon de ce qu'on fait en ce genre à Assiout. Une collection de chasse-mouches avec manches en ivoire, très-élégants, terminés par un éventail de folioles de palmier, est de même provenance.

Mentionnons encore de beaux chibouks et des broderies sur soie, sur velours, sur maroquin, sur drap et sur casimir. Nous en avons vu fabriquer de semblables dans l'Okel.

XLIII

Mais c'est au Catalogue qu'il faut ouvrir ce livre pour visiter en détail nos galeries. L'espace nous manquerait pour tout décrire, et tout citer ferait double emploi. Il y a pourtant certains tissus devant lesquels il faut s'arrêter un peu, et des étoffes d'une grande originalité. Une étoffe de soie et de fil d'or et d'argent est tout à fait charmante, d'un ton chatoyant et doux, d'un dessin simple et pourtant riche. Les broderies aussi sont comparables aux plus belles qui se puissent voir. On peut admirer dans une de nos vitrines des tapis de velours et de soie, verts et rouges, brodés d'or et d'argent, avec une grande perfection d'aiguille et de goût. Le dessin en est fait de fleurs qui entrelacent symétriquement leurs tiges en arabesques gracieuses. L'un d'entre eux, un tapis pour faire la prière, est une merveille, et un autre encore, une sorte de surtout pour servir la limonade et le café, n'est pas moins riche.

Puis vient la sellerie. C'est encore une des vieilles industries où l'Arabe excelle depuis des siècles. Notons qu'une de nos selles est faite exprès pour des chevaux allant l'amble.

Une jolie création de la coutellerie égyptienne, ce sont des ciseaux d'une forme exquise, et des couteaux en acier avec manches en acier, le tout damasquiné d'or et bien autrement distingué de forme que nos couverts anglais et même français.

Nous avons déjà vu, dans le Selamlik, des meubles de fabrication moderne égyptienne, mais faits d'après des modèles anciens. La menuiserie et l'ébénisterie de luxe, au Caire, ne sortent guère des vieilles formes. Nos plus beaux meubles français ne sont-ils pas de même presque tous des imitations? A la tête de cette industrie, en Égypte, se trouve un homme de goût, M. Parvis, du Caire. Outre plusieurs meubles en bois brun, les uns restaurés, les autres créés de toutes pièces, il expose encore un buffet-étagère, une glace, un porte-chibouks en forme d'applique, une armoire, en un mot un mobilier complet en bois rehaussé d'arabesques en relief et peint des couleurs les plus vives.

Beaucoup d'autres produits de la petite industrie ont encore place dans nos galeries : des jouets d'enfants, des berceaux, une cantine de voyage, un pupitre en forme d'X pour lire le Coran; des lanternes en carton et en papier, en toile et en fer blanc, en bois; des outres ordinaires en cuir, des outres jumelles en cuir, des costumes et étoffes, etc., etc.

XLIV

Il nous reste à faire connaissance avec les hautes régions du Nil. C'est une ambition, une nécessité politique que l'Égypte a ressentie aux temps les plus reculés de son histoire, de conquérir à sa civilisation la vallée entière arrosée par son fleuve, et sa domination s'étend de nos jours aussi loin que jamais vers le centre de l'Afrique, sur la Nubie, sur le Sennaar, sur le Kordofan, sur le Soudan oriental. On devine ce que peut être l'Exposition de ces contrées lointaines, qui n'ont qu'une industrie rudimentaire et un commerce primitif. L'intérêt en est plutôt ethnologique et de curiosité scientifique, comme d'un musée, mais d'un musée complet, véritable résumé d'un monde étrange.

Si peu d'industrie et déjà de l'art, déjà le besoin de l'art, mais surtout celui de la guerre, voilà la pensée qui frappe tout de suite. Ces peuplades perdues sur les rives du Nil Blanc, du Nil Bleu, dans les savanes du Kordofan, ont leur musique et leurs instruments de musique : des tambourins de différentes formes, des tambours en peau d'antilope, des espèces de lyres, des violons à quatre cordes; il y a un violon à manche sculpté d'une tête humaine et qui provient du pays des Niam-Niams; puis des porte-voix en corne de bubale, d'antilope, de gazelle, qui servent à sonner le tocsin de tribu à tribu, à travers le désert, en cas d'attaque, et dont le plus grand, en corne d'éléphant, s'entend, dit-on, à plus d'une lieue. Les Niam-Niams exposent même de la bijouterie et, entre autres objets, une bague curieuse ornée d'une chauve-souris en chaton et faite d'un alliage d'argent et de cuivre. Un bijou moins recommandable, c'est ce petit cône d'onyx qui se porte, en manière de parure, dans un trou percé dans la lèvre inférieure.

Voici les armes : des lances de différentes formes, avec leurs fers, tous plus atroces à voir les uns que les autres, avec des hampes faites tantôt d'une espèce de bambou, tantôt en bois jaune élastique; des carquois chargés de flèches et de dards dont la forme et la matière varient de tribu à tribu : dans certaines régions, la pointe en est en bois noir, dans d'autres, dit-on, en pierre, et le plus souvent empoisonnée à l'aide d'une substance très-âcre, corrodant l'épiderme, brûlant les yeux et les narines de qui la manie même avec une extrême prudence, et dont, au reste, il y a un flacon plein dans une de nos vitrines; des armes de jet qui reviennent sur elles-mêmes, et, dans le nombre, le curieux tranchant recourbé en S qui sert à couper les jarrets aux éléphants; des couteaux, enfin, que les indigènes lancent sur l'ennemi avec une étonnante adresse, à la distance de plus de cent mètres, en les prenant par la pointe et en les faisant tournoyer, ce qui n'empêche pas l'arme de frapper toujours par la pointe; des boucliers de différentes formes et de différentes matières, ronds, elliptiques, en peau de girafe, de rhinocéros, de buffle sauvage, de crocodile, d'éléphant, d'hippopotame, de gros bubale du désert. Notons en passant, puisque nous venons d'énumérer quelques-uns des animaux de la faune de l'Afrique centrale, qu'il y a dans ces pays reculés un grand nombre d'ânes.

Une tribu très-remarquable entre toutes les autres par ses engins de guerre est celle des Cheilouks. Ils ont des sabres à pointe et à double tranchant, et, en tenue de combat, ils se couvrent littéralement les bras et les jambes d'une foule de petits poignards et de couteaux plus grands, afin d'en avoir de rechange. Les fourreaux de ces armes sont le plus souvent en peau de serpent, de lézard du désert ou de jeune crocodile, et la poignée en corne de rhinocéros ou en bois jaune. Leurs arcs sont faits avec la branche très-élastique d'un arbre du pays et enveloppés le plus souvent de lanières de peau de serpent. La corde qui tend l'arc est une lanière, légèrement tordue, de peau de jeune vache, ou bien du boyau tordu, ou encore une fibre végétale très-tenace.

Après la guerre et la chasse, la pêche est l'occupation favorite des riverains du haut Nil, et surtout la pêche au crocodile. Ils prennent le crocodile avec des piéges et rarement se servent de filets. Ils ont aussi des harpons emmanchés dans un bambou creux et attachés à une corde qu'ils laissent se dérouler sous l'effort de la bête blessée, comme font nos pêcheurs de baleines. Cette corde n'est ni du chanvre, ni du coton, ni de la laine; elle est faite avec le tissu vasculaire ligneux d'une plante connue dans la science sous le nom d'*Asclepias procera* (Delille, *Flor. agr.*), et remarquable non-seulement par la solidité de sa fibre, mais encore par l'aigrette de son fruit (follicule), qui est très-soyeuse et dont on pourrait peut-être tirer parti dans l'industrie textile. L'*Asclepias procera* est très-abondant dans toutes les parties de la Nubie, dans le désert oriental de l'Égypte, dans la région du Fayoum, dans l'Arabie Pétrée, etc.

XLV

Pour tout vêtement on sait que les nègres n'ont que le pagne et, tout au plus, à certaines heures du jour, des écorces d'arbre pour se couvrir. Ce pagne est fait de légères lanières de peau, qu'ils arrangent ensemble en franges. Le plus souvent ils se servent, à cet effet, de peau de jeune vache ou de peau de gazelle. Un tissu des mêmes lanières, à mailles lâches et entre croisées à la main, s'attache autour des reins comme une ceinture et porte le pagne. Des coquillages de la mer Rouge, des perles en verroterie de Venise, des perles et autres ornements en fer, en onyx, en argent ou en cuivre rouge, c'est là tout leur luxe.

Ils portent des sandales de peau de poisson sur les bords de la mer Rouge, et ailleurs de feuilles de palmier ou de quelque autre matière. Ils ne se coupent jamais les cheveux, et, pour les assouplir, ils les oignent de différentes graisses parfumées. Il y a dans nos vitrines une collection complète de leur parfumerie : des graisses d'autruche, de crocodile, de bœuf, de ricin et autres, mêlées à quelque substance aromatique. Ils s'en frottent d'ailleurs le corps tout entier, ou bien encore d'une pommade d'ocre ferrugineuse qui leur rougit la peau. Ces frictions graisseuses sont indispensables dans le désert : elles donnent au corps de la souplesse, facilitent la transpiration, remplacent le bain. Leur mobilier est assez curieux et se compose de vases où ils conservent le lait caillé, les graisses, les huiles ; de bols en bois dans lesquels ils mangent ; d'une grosse courge, en forme de gourde, avec son couvercle fait en feuilles de palmier, et destinée à être suspendue aux arbres par des cordons en fibre végétale ; de chenêts en bois sculpté, dont quelques-uns sont à deux fins, siéges pendant le jour, oreillers pendant la nuit ; d'outres à conserver l'eau, les corps gras, le lait, les graines et les farines et qui sont presque toutes en peau de chèvre ou d'antilope, tannée et colorée en rouge brun, par l'écorce des diverses espèces d'acacias du pays ; de vases en terre cuite capables de résister au feu et dans lesquels ils font leur cuisine. Leurs bijoux sont des bracelets en ivoire, en défense de rhinocéros, en fer, etc. Des colliers et autres ornements en verroterie se portent au cou, aux oreilles ou autrement. Ils ont aussi des bagues en cuivre rouge, en peau, etc.

Il ne faut pas confondre cette population nègre du haut Nil avec celle du Kordofan et du Sennaar, qui est de race arabe et occupe un tout autre rang dans le monde, quoique mêlée de sang chamitique. Nous avons vu à l'œuvre, dans l'Okel, des ouvriers de ces deux derniers pays, et il y a loin de leur industrie à l'industrie rudimentaire du nègre. Leur langue est la langue arabe, et ils sont restés Arabes par le fond de leur type, Ce sont des enfants perdus de la grande famille sémitique, et non pas des sauvages. L'exposition de leurs meubles et produits le fait, du reste, voir au premier coup d'œil. Ils savent travailler l'or et l'argent, tresser la paille en paniers et en corbeilles, qu'ils colorient avec goût et qu'ils ornent de dessins; ils font des nattes d'une grande finesse, décorées aussi de dessins et de peintures; ils ont le luxe des selles, des tentes, des vêtements, etc.

XLVI

Notre tâche va être terminée. Il ne nous reste plus qu'à appeler l'attention sur divers produits de provenance animale ou végétale, et originaires de ces contrées lointaines ou même de l'Afrique centrale.

C'est d'abord une collection de cornes de différents animaux. Plusieurs d'entre elles appartiennent à des espèces tout à fait inconnues et dont on ignore jusqu'au nom; elles ont été apportées en Égypte par des caravanes qui les tenaient, par voie d'échange, de quelque tribu lointaine, laquelle les tenait elle-même d'une tribu plus lointaine encore, et ainsi de suite, de sorte qu'il a fallu renoncer à en savoir davantage.

Un produit très-remarquable, c'est une écorce d'arbre ressemblant, à s'y méprendre, à un tissu de coton, tant elle est souple. Elle provient d'un arbre tellement grand qu'il a une largeur de plus de trois mètres. On l'appelle *Magango,* du nom du pays où cet arbre croît, et qui est situé à peu près sous le sixième degré de latitude nord, à la distance de plusieurs journées de marche, à l'ouest du fleuve Blanc.

Les hautes régions du Nil produisent beaucoup d'arbres et on en a exposé des coupes. La menuiserie et l'ébénisterie trouveraient assurément à tirer un excellent parti de ces bois, qui prennent un beau poli et sont d'une fibre fort bien disposée pour l'effet que ces industries recherchent.

Parmi ces arbres, notons encore celui qui donne la gomme élastique et tant d'autres d'où coulent des gommes et des résines odorantes. Il y en a un autre, le *crossopteryx kochia,* de la famille des rubiacées, dont l'écorce renferme une assez grande quantité de synchonine, sans trace de quinine, il est vrai.

Une nombreuse collection de sorghos mérite aussi qu'on s'y arrête. Les nègres font du pain avec la farine de sorgho et une espèce de bière (*merisa*). Les cucurbitacées sont une plante non moins précieuse pour l'habitant du haut Nil. Il y en a de très-nombreuses variétés. Le fruit sert de nourriture, et on en fait encore, après l'avoir desséché, des vases pour la conservation des matières alimentaires.

Pour terminer enfin, voici des peaux de tigres, de léopards, de lions, d'hyènes tigrées, de zèbres, de girafes, de buffles sauvages, de bubales et d'autres antilopes.

XLVII

Ce ne serait pas laisser au lecteur une impression juste de l'Égypte que de terminer notre livre sur ces annexes lointaines et à demi sauvages. Revenons donc, en descendant le cours du Nil, au centre de l'empire. Là nous rencontrerons à chaque pas quelque marque grandiose de la civilisation moderne. Près de sept cents kilomètres de chemins de fer sont en exploitation dans la vallée égyptienne, sans compter plus de quatre cents kilomètres de voies en construction. Un réseau télégraphique couvre le pays. L'instruction publique est organisée sur une large échelle. L'ordre règne dans la comptabilité des finances. Une armée permanente est sur pied, organisée et instituée à l'européenne, la première armée véritablement *nationale* de tout l'Orient, disciplinée, habituée aux manœuvres, animée d'un excellent esprit militaire. Un gouvernement régulier fonctionne. En un mot, on a là un spectacle qui fait douter qu'on soit sur le Nil, qui ferait presque croire qu'on est sur la Seine ou sur la Tamise.

Entre ce qui est maintenant et ce qui était autrefois, quelle différence! Depuis des siècles, l'Égypte tournait dans un cercle de guerres continuelles, de luttes anarchiques; mais, aux fureurs des ambitions, la paix et la tranquillité succèdent. Au lieu d'une armée propre à assurer, au moment venu, l'indépendance et la grandeur du pays, il n'y avait que des milices turbulentes, plus propres à tout compromettre par leur fanatisme. La souveraineté n'est plus le prix de l'intrigue : elle se transmet dans une dynastie régulièrement assise. Tout récemment même, les ingérences si souvent fâcheuses de la Turquie et ses exigences surannées ont été définitivement écartées, et l'Égypte est devenue un royaume qui ne relève que de ses propres destinées. Peu à peu ainsi se dégageront, pour ce pays, les conditions de sa nationalité, et le reste lui viendra par surcroît.

CONCLUSION

Et maintenant, cette longue histoire de l'Égypte sous les Pharaons nationaux, sous les Ptolémées grecs, sous les Césars romains, sous les khalfies, sous Méhémet-Aly et sa dynastie, ne porte-t-elle pas en elle un enseignement? Faut-il y voir la confirmation de la foi que notre siècle professe pour la généreuse idée du progrès humain? Nous avons donné à Memphis la préférence sur Thèbes, et pourtant Memphis est antérieure à Thèbes. Dans sa plus grande splendeur, le Caire n'a jamais dépassé Alexandrie, et pourtant Alexandrie est une cité de plusieurs siècles plus ancienne que le Caire. N'est-ce pas là, au lieu de progrès, de la décadence? Non, au contraire, l'ascension est manifeste, et à mesure que les civilisations se succèdent sur les bords du Nil, elles ne brillent pas sans doute d'un éclat de plus en plus beau, mais au fond et par quelque point elles s'améliorent. De nos jours, il est vrai, nous allons beaucoup plus vite et plus sûrement vers l'avenir, et surtout avec plus d'impatience. Notre climat, notre caractère nous portent en avant avec plus de force. Mais ce que nous ne devons pas oublier, c'est qu'un même coin de la terre ne brille pas toujours du même éclat, et que les peuples vieillissent, si l'humanité est éternellement jeune.

NOTICE STATISTIQUE

SUR

LE TERRITOIRE

LA POPULATION, LES FORCES PRODUCTIVES

LE COMMERCE

L'EFFECTIF MILITAIRE ET NAVAL, L'ORGANISATION FINANCIERE

L'INSTRUCTION PUBLIQUE, ETC.

DE L'ÉGYPTE

RÉDIGÉE SUR DES DOCUMENTS OFFICIELS ET D'APRÈS LE PROGRAMME ARRÊTÉ

PAR

LA COMMISSION IMPÉRIALE DE PARIS.

I

TERRITOIRE

Position géographique. — Mers, montagnes et principales rivières. — Division administrative, et villes les plus importantes. — Superficie : développement des côtes et des frontières terrestres; étendue des bassins principaux. — Voies de communication : développement des routes, canaux, et rivière navigable ; surface et périmètre des lacs et des mers intérieures ; longueur des chemins de fer et des lignes télégraphiques.

L'Égypte, proprement dite, est comprise entre le 24ᵉ et le 31ᵉ degré 40′ de latitude sud, et les 27ᵉ et 31ᵉ degrés de longitude orientale.

Elle a pour limites naturelles :

Au nord, la mer Méditerranée;

A l'est, le golfe Arabique;

A l'ouest, les déserts de Libye;

Au sud, les régions nubiennes qui commencent au delà de la cataracte d'Assouan et qui, d'ailleurs, sont également sous la domination du Vice-Roi jusque vers le 8ᵉ degré de latitude nord.

Montagnes et rivière navigable

La vallée est enclavée entre deux coupes presque verticales, d'un plateau calcaire à couches régulières, ayant une inclinaison du sud-sud-est vers le nord-nord-ouest, et une autre inclinaison moins sensible du levant vers le couchant.

Il y a vingt-quatre siècles, Hérodote écrivait :

« La plus grande partie du pays dont je viens de parler est un présent du « Nil, comme me le dirent les prêtres ; et c'est le jugement que j'en portai « moi-même. »

Depuis, le grand fleuve a continué son œuvre.

Jusqu'au 30e degré de latitude, la vallée est étroite; mais là, les chaînes arabique et libyque s'écartent et permettent à la vallée de s'ouvrir elle-même. Autrefois, le fleuve s'y partageait en un grand nombre de rameaux ; mais deux branches principales s'y sont seules maintenues jusqu'ici : la branche de Damiette, à l'est, et la branche de Rosette, à l'ouest.

Un grand canal, creusé par Méhémet-Aly, rattache cette dernière branche au port d'Alexandrie, et assure l'approvisionnement de cette ville en eau douce. Dans quelques années, un canal ouvert à travers l'isthme de Suez, et accessible aux plus grands navires, reliera la Méditerranée à la mer Rouge ; et déjà un canal d'eau douce rattache le Caire à Ismaïliah, et alimente Suez, Port-Saïd, et tous les chantiers du canal maritime.

Nous présenterons d'ailleurs, plus loin, le tableau général des canaux navigables de l'Égypte.

Le Nil est la seule rivière du pays ; et tout le monde connaît le phénomène de ses crues annuelles, dues aux pluies qui tombent au printemps dans les régions équatoriales. Ce n'est cependant que quelques mois après, vers le solstice d'été, que le phénomène commence à se manifester en Égypte. Les eaux du fleuve s'étendent alors sur les deux rives et dans les limites que leur imposent la configuration du terrain et les travaux d'endiguement et de canalisation qui couvrent le pays comme un réseau, et dont le bon entretien est, par conséquent, de la plus haute importance pour sa prospérité.

Quand les eaux se retirent, elles laissent sur le sol un limon d'une remarquable puissance fécondante.

C'est la succession, soixante fois séculaire au moins, de ces alluvions, qui a constitué le sol agraire de l'Égypte proprement dite.

Le gouvernement de l'Égypte est centralisé entre les mains du Vice-Roi et de ses ministres ; et, pour l'administration, le pays est divisé en provinces, subdivisées elles-mêmes en districts.

Les grandes villes sont soumises à un régime particulier, et un fonctionnaire, ayant le titre de gouverneur, est placé à la tête de chacune d'elles.

Ces villes sont : le Caire, capitale politique, et résidence habituelle du

Vice-Roi; Alexandrie, siége des consulats généraux; Damiette, Rosette, Port-Saïd, Ismaïliah.

Les administrateurs des provinces ont le titre de *moudirs,* duquel découle, pour celles-ci, le nom de *moudirieh.*

La moudirieh, comme nous venons de le dire, se subdivise, suivant son étendue, en un nombre variable de districts appelés *aksam,* à la tête desquels se trouvent des sous-administrateurs ayant le titre de *nazir-kism.* Dans chaque moudirieh, il y a, en outre du moudir, un ingénieur, un médecin en chef, résidant au chef-lieu, et des ingénieurs et médecins de division, résidant dans les villes principales. Il est encore établi, dans chaque moudirieh, un hôpital, une préfecture de police, ainsi qu'un conseil de province.

Enfin, un inspecteur général pour l'administration, avec deux sous-inspecteurs, deux ingénieurs pour les irrigations et les travaux des ponts et canaux, et deux inspecteurs généraux médecins, pour surveiller l'état sanitaire du pays, achèvent de compléter l'administration générale.

Quant à l'administration de la justice, elle est confiée, au premier degré, à plusieurs tribunaux de première instance, dont le recours en appel ressort au Caire et à Alexandrie pour la basse et la moyenne Égypte, et à Assiout pour la haute Égypte. Tous ces tribunaux relèvent, en outre, d'une cour de cassation nommée *akham,* dont le siége est au Caire.

Voici la nomenclature des quinze moudiriehs :

BASSE ÉGYPTE

1° Moudirieh de Behara, chef-lieu Damanhour, comprenant 4 districts et 330 villages ;

2° Moudirieh de Gizeh, chef-lieu Gizeh ; elle comprend les ruines de l'ancienne Memphis, les grandes pyramides, et la vallée de Tourah, sur la rive droite du Nil. Cette dernière ville a, dit-on, été fondée par des Troyens, qui étaient venus se réfugier en Égypte, après la ruine de leur fameuse cité ; 3 districts et 160 villages ;

3° Moudirieh de Galioubeh, chef-lieu Galioub, où est établi le haras du Vice-Roi ; ville principale : Benhah ; 3 districts et 150 villages ;

4° Moudirieh de Charkieh, chef-lieu Zagazig ; villes principales : Bulbeis et Brahimieh ; 5 districts et 399 villages ;

5° Moudirieh de Menoufieh, chef-lieu Chibin ; 4 districts et 322 villages ;

6° Moudirieh de Garbieh, chef-lieu Tantah ; villes principales : El-Mahal

Jat-el-Kabirieh, Samanhoud, Zifteh, Mahallat-el-Kassab, Biar, Kafr-Zaïat, Desoulk et Touah ; 9 districts et 564 villages ;

7° Moudirieh de Dakhalieh, chef-lieu Mansourah ; villes principales : Mil-Gamr, Simbellawen et Menzaleh ; 4 districts et 422 villages.

MOYENNE ÉGYPTE

1° Moudirieh de Beni-Souëf et du Fayoum, chef-lieu Beni-Souëf; villes principales : Bibet et Medinet-el-Fayoum, comprenant 3 districts ;

2° Double moudirieh de Minieh et de Beni-Mazar, chef-lieu Minieh ; entrepôt commercial d'une partie de la moyenne Égypte ; ville principale : Beni-Mazar ; cette double moudirieh comprend 3 districts.

HAUTE ÉGYPTE

1° Moudirieh d'Assiout, chef-lieu Assiout ; entrepôt pour les riches caravanes venant du Darfour et d'autres régions de l'Afrique centrale ; cette ville est également le centre du commerce de la haute Égypte. Comprenant 6 districts ; villes principales : Monfalout et Mellawi ;

2° Moudirieh de Girgeh, chef-lieu Sohag ; comprenant 4 districts. Cette province est la plus fertile de la haute Égypte ;

3° Double moudirieh de Keneh et de Kosseïr, chef-lieu Keneh ; entrepôt de commerce de l'Arabie par Kosseïr ; villes principales : Farchout et Armant. Les ruines de l'ancienne ville de Thèbes se trouvent dans cette circonscription, qui comprend 3 districts ;

4° Moudirieh d'Esneh, chef-lieu Esneh ; entrepôt commercial de l'Égypte avec les grandes oasis du désert libyque ; ville principale : Assouan, comprenant 2 districts.

Les possessions égyptiennes situées au delà du parallèle de Halfa (deuxième cataracte) portent le nom général de *Soudan ;* elles sont administrées par un gouverneur général, nommé par le Vice-Roi, et qui réside à Khartoum, et se divisent en six grandes circonscriptions ou moudirichs, savoir :

1° Dongolah et Barbar, chef-lieu Dongolah ; villes principales : Barbar Motammeh, Chandy ;

2° Taka, chef-lieu Taka ; ville principale : Kassalah ;

3° Khartoum, chef-lieu Khartoum ;

4° Sennaar et Fazoglou, chef-lieu Sennaar ;

5° Kordofan, chef-lieu Kordofan ;

6° Enfin, El-Bahr-el-Abiad, à l'extrémité méridionale des possessions égyptiennes.

Massaoua et Souakim ont des gouverneurs particuliers qui relèvent directement du Vice-Roi.

Étendue du territoire. — Développement des côtes et frontières terrestres.

Si l'on comprend dans le territoire égyptien les arides montagnes qui le bordent à l'est et à l'ouest, on trouve une surface de 240,000,000 d'hectares, ayant 8,000 kilomètres de tour, 2,600 kilomètres de longueur du nord au sud, et une largeur moyenne d'environ 765 kilomètres. Ce territoire est baigné par la Méditerranée, sur une étendue d'environ 640 kilomètres, depuis la montagne d'Akahah, située à 225 kilomètres nord-ouest d'Alexandrie, près du golfe de Milhr, jusqu'à El-Arich, à 150 kilomètres au delà de l'emplacement de l'ancienne ville de Péluse ; d'El-Arich jusqu'à un autre mont Akabah, situé au fond du golfe de la mer Rouge, portant le même nom, il y a 225 kilomètres ; cette ligne a de tout temps servi de frontière à l'Égypte du côté de l'Asie.

La mer Rouge baigne environ 1,300 kilomètres d'étendue du territoire égyptien proprement dit, savoir :

500	kilomètres	d'Akabah à Suez ;
500	—	de Suez à Kosseïr ;
300	—	de Kosseïr à Bérénice.

Elle baigne, en outre, les dépendances nubiennes de l'Égypte, sur une étendue de 1,100 kilomètres, savoir :

650	kilomètres	de Bérénice à Souakim ;
440	—	de Souakim à Massaoua ;

Ce qui fait en tout 2,400 kilomètres de côtes sur cette mer.

La ligne qui va de Massaoua jusqu'à Medinet-Mohammed-Aly, fondée par Mohammed-Aly lui-même sur le Nil bleu (à 600 kilomètres environ de Khartoum), sépare les possessions égyptiennes de l'Abyssinie, sur une étendue de 750 kilomètres.

La frontière se continue ensuite sur une étendue égale, jusqu'au point où le Nil blanc quitte les montagnes de la Lune, sous le 8ᵉ degré de latitude nord. De là, elle remonte vers le nord jusqu'aux marais des Tortues, situés à l'extrémité méridionale de la vallée du Fleuve-sans-eau, sous le parallèle de Dongolah, c'est-à-dire pendant environ 1,400 kilomètres. Cette ligne sépare les possessions égyptiennes du royaume de Darfour, et du grand désert libyque. La vallée du Fleuve-sans-eau forme ensuite la frontière égyptienne, sur une longueur de 800 kilomètres, jusqu'aux oasis d'Ed-Dakhleh, placés sous le parallèle des ruines de Thèbes, à environ 260 kilomètres sud-ouest de Siout. La chaîne des autres oasis limite ensuite le territoire égyptien, sur une étendue de 675 kilomètres environ. La dernière oasis, celle de Siout, se trouve à 460 kilomètres ouest-sud-ouest des pyramides de Gizeh, et à 400 kilomètres d'Alexandrie; c'est là qu'était construit le fameux temple de Jupiter Ammon.

Enfin, on compte 325 kilomètres de cette oasis au Gebel-Akabah de la côte méditerranéenne.

VOIES DE COMMUNICATION

Les voies de communication sont :

1° Les chemins de fer ;

2° Le Nil et les canaux ;

3° Les digues, qui font l'office de routes, et quelques routes ferrées.

I. — CHEMINS DE FER

Le Gouvernement égyptien s'est réservé la création et l'exploitation des voies ferrées.

En 1863, à l'avénement de Son Altesse Ismael-Pacha, le nombre de kilomètres exploités était de 443. Il y a aujourd'hui en exploitation 673 kilomètres; et il ne reste que peu de travaux d'art à exécuter, pour que le réseau des chemins de fer égyptiens atteigne le chiffre de 1,189 kilomètres.

Le matériel qui sert à l'exploitation des différentes lignes se compose actuellement de 165 locomotives fournies par l'industrie européenne, et qui, suivant leur provenance, se répartissent ainsi :

108	d'Angleterre ;
39	de France;
12	de Belgique :
4	d'Allemagne;
2	d'Amérique ;

et de 3,731 wagons qui se divisent de la manière suivante, selon leur destination :

560	pour voyageurs;
2,923	pour marchandises ;
228	pour chevaux et bestiaux;
20	pour le service de la poste.

Le nombre de tonnes de marchandises transportées par les chemins de fer égyptiens, pendant l'année 1282 de l'hégire, c'est-à-dire comprenant une partie de 1864-1865, s'est élevé à 499,750.

Voici comment est tracé le réseau des chemins de fer égyptiens :

1° LIGNES CONSTRUITES

D'Alexandrie au Caire	212	kilomètres.
Du Caire à Suez	144	—
De Belbeïs à Mansourah	131	—
De Zagazig à Benha	38	—
De Tantah à Mansourah par Samanhoud	51	—
De Zifteh à Mehallet-Roh	22	—
De Dessouk à Mehallet-Roh	54	—
De Mit-Berry à Benha	11	—
Total	673	kilomètres.

2° LIGNES EN CONSTRUCTION

Du Caire à Minieh (dite ligne de la haute Égypte).	225	kilomètres.
De Dessouk à Damanhour (dite ligne de Rahmanieh).	19	—
De Zagazig à Suez par Koïor........................	160	—
De Dessouk à Cherbin et Damiette (dite ligne basse du Delta)...................................	112	—
Total des lignes en construction................	516	—
Report des lignes construites....................	673	—
Total du réseau complet........................	1,189	kilomètres.

II. — NIL ET CANAUX

Le parcours des voies navigables, c'est-à-dire du Nil, depuis Assouan jusqu'à Damiette d'une part, et jusqu'à Rosette d'autre part, et des canaux navigables en toute saison, est d'environ 4,170 kilomètres.

Le nombre des bateaux à vapeur qui appartiennent tant à la Daïra de Son Altesse le Vice-Roi qu'à la Compagnie Azizieh est de 39, d'une force ensemble de 2,471 chevaux.

10,322 barques servent aux transports, dont 676 appartenant à la Daïra, 175 à la Compagnie Azizieh, et 9,471 à des particuliers.

La contenance totale de ces 10,322 barques est de 1,850,958 ardebs, ou environ 338,700 tonneaux.

Dans ce chiffre ne sont pas comprises les barques ou dahabiehs, servant au transport des voyageurs.

Ne sont pas non plus comprises les barques pour marchandises ou pour voyageurs qui se trouvent en amont d'Assouan, entre chacune des Cataractes.

Onze canaux restent navigables pendant toute l'année, savoir :

1° Le canal Ouady, qui a sa prise d'eau au sud de Boulak, près du palais de Kasr-en-Nil, longe le désert arabique en passant près de Kankah, Belbeïs et Ras-el-Ouady, puis le traverse par Ismaïliah, et aboutit enfin à Suez, après un développement de 200 kilomètres environ ;

2° Le Cherkewieh, qui a sa prise d'eau à 7 kilomètres au nord du Caire, passe par Chibin, et s'y divise en plusieurs branches, dont la principale porte le nom de Khalily, et se jette dans Masrof-Abou-el-Akhdâr ;

3° Le Bahr-el-Mousa (le Canal de Moïse) part du Nil à 6 kilomètres au nord de Benhah, arrive à Zagazig, après un parcours de 45 kilomètres, s'y divise en plusieurs branches, dont la principale passe par Sân, à 75 kilomètres de Zagazig, et débouche à 15 kilomètres au delà, dans le lac de Menzaleh ;

4° El-Bahr-es-Saghir, qui s'étend de Mansourah à Menzaleh, sur un développement de 80 kilomètres ;

5° El-Bahr-ech-Chibin, qui a sa prise d'eau près du village appelé Harimeïn, passe par Chibin-el-Koum, Dikk, Birket-es-Saba, Kafr-Hidjazy, près d'El-Mahallat-el-Kabirieh, à Nabaroh, Dimirah, Bisendileh, et débouche enfin dans la Méditerranée, à 30 kilomètres à l'ouest de la branche de Damiette. La longueur totale de ce canal est de 170 kilomètres, et il alimente plusieurs autres canaux : le canal de Chanaan, qui prend le nom de Bahr-Seïf, dans sa partie inférieure; le canal Djaafarieh, qui passe par Tantah ; le canal Millazid, ou Bahr-en-Nizam ; le Bahr-el-Mahallah, et le Bahr-Bilkas, qui se perdent tous dans le lac Bourlos ;

6° Le canal Badjourieh, qui, après le Bahr-Chibin, est le plus important du Delta ; il a, comme le Sirsaouieh, sa prise d'eau entre les villages de Birkhams et les villages de Kafr-Mahmoud. Son développement est de 120 kilomètres jusqu'à son embouchure dans le lac Bourlos. Un embranchement portant le nom de Canal de Roddabah, dérive de ce canal, et débouche dans le Bahr-es-Saïdy;

7° Le Bahr-es-Saad, qui a sa prise d'eau près de Mit-Abou-Galib, sur la branche de Damiette, et débouche dans Bahr-Nabaroh, près la mer ; il a une vingtaine de kilomètres de longueur.

Ces sept canaux sont alimentés par la branche de Damiette.

8° Bahr-es-Saïdy, qui a sa prise d'eau près de Dessouk, et débouche dans le lac Bourlos, après un développement de 25 kilomètres ;

9° Le canal Mahmoudieh, qui a sa prise d'eau à Atfeh, vis-à-vis de Touah et va aboutir dans le grand port d'Alexandrie. Il alimente en eau douce les citernes de cette ville ; son développement est de 75 kilomètres ;

10° Le Katatbeh, qui a sa prise d'eau entre Bani-Salannah et Abou-Bichabah, longe le Nil jusqu'au village de Mahallah-Bicher, dérive vers Damanhour, pour aller déboucher dans le Mahmoudieh, à 9 kilomètres ouest de Djaniat-Ghazal.

Sa longueur totale est d'environ 110 kilomètres. Ces trois derniers canaux sont alimentés par la branche de Rosette.

11° Enfin le Bahr-Youssef, qui a sa prise d'eau près de Monfalout, à environ 220 kilomètres de Beni-Souef. Ce canal entre dans la vallée du Fayoum, par une gorge appelée Lahoum, ouverte dans la chaîne libyque, à une vingtaine de kilomètres nord-ouest de Beni-Souëf. Grossi par les eaux d'un canal nommé le Madjnounah, qui a sa prise d'eau à Beni-Souëf, il va passer à Medinet-el-Fayoum, puis s'épanouit dans cette vallée, en une multitude de canaux secondaires.

III. — DIGUES ET ROUTES

En Égypte, il y a peu de routes proprement dites; mais les digues des deux branches du Nil et des canaux en tiennent lieu; nous citerons cependant :

1° Dans la haute Égypte, la grande vallée de Kosseïr qui, aboutissant à l'ouest, vers la ville de Keneh, sert de ligne de communication dans cette région, entre les pays nilotiques et la mer Rouge. Les caravanes à chameaux emploient quatre jours pour aller de Keneh à Kosseïr, et trois seulement pour revenir de Kosseïr à Keneh.

Une seconde ligne est celle des oasis du désert libyque, qu'elle relie aux villes d'Esneh et de Siout. La durée du trajet est de huit à dix jours.

Enfin, une troisième ligne remonte de Keneh vers le nord-est pour aboutir au port de Gebel-Zeït.

2° Dans la moyenne Égypte, une grande ligne de communication part de la ville de Minieh pour aller aboutir aux petits oasis du désert libyque. Une autre ligne conduit de Beni-Souëf dans le Fayoum et dans l'oasis de Jupiter-Ammon.

3° Dans la basse Égypte, une grande route ferrée conduit du Caire à Suez; en outre, des routes accessibles seulement aux caravanes relient le Caire à Belbeïs, à Salakieh et aux lacs de Natron; de plus, les digues servent de chemins vicinaux, surtout pendant la période de l'inondation.

IV. — LACS

Les lacs de l'Égypte sont nombreux et étendus; ils communiquent tous directement ou indirectement avec la Méditerranée.

Le plus important est celui de Menzaleh, dont la superficie varie, suivant la hauteur des eaux, de 180,000 à 230,000 hectares; il est très-poissonneux, et fournit, en outre cependant, une très-grande quantité de sel marin.

Nous citerons ensuite :

Le lac Bourlos, d'une étendue qui varie de 70,000 à 110,000 hectares, et qui est également très-poissonneux et riche en sel marin ;

Le lac Maréotis, d'une superficie de 55,000 à 75,000 hectares, moins poissonneux que les précédents;

Le lac d'Edko, de 34,000 hectares de surface moyenne;

Le lac Madieh ou d'Aboukir, de 14,000 hectares de superficie moyenne ;

Le Birket-el-Balah (Étang des Dattes) ;

Le Sebkhah-Bardouat ;

Les lacs amers et de Timsah, que traverse le canal de Suez, et qui ont 30,000 hectares de superficie ;

Les lacs de Natron;

Enfin, le Birket-el-Karoun, ancien lac Mœris, auquel il convient d'ajouter la vallée desséchée, appelée aujourd'hui le Fleuve-sans-eau. Ce lac est aussi très-poissonneux, et, en outre, on recueille sur son périmètre une grande quantité de sel marin et de natron à l'état efflorescent.

V. — LIGNES TÉLÉGRAPHIQUES

Le réseau télégraphique se compose des lignes ci-après, toutes à deux fils, sauf la première qui en a quatre, et les troisième et quatrième qui n'en ont qu'un :

	Kil. M.
1° D'Alexandrie au Caire (ligne européenne).	209,17
2° Du Caire à Suez (id.)...................	144,81
3° Du Caire à Gaza (ligne internationale)....	458,56
4° Du Caire à Gaza (ligne turque)..........	458,56
5° Du Caire à Alexandrie (id.).............	209,17
6° Du Caire à Suez (id.)...................	144,81
7° Embranchement de Galioub (id.)........	93,32
8° Du Caire au Barrage (id.)..............	14,48
9° Du Caire à Zagazig (id.)................	38,61
10° Du Caire à Mitbina (id.)................	14,48
11° De Birket à Chibin-el-Korn (id.).........	17,69
12° De Tantah à Samanhoud (id.)...........	51,48
13° De Talka à Damiette....................	77,22
14° De Mahallet-Roh à Zifteh...............	30
15° De Damanhour à Atfeh..................	16,09
16° D'Atfeh à Rosette......................	57,92
17° Ligne particulière du Vice-Roi (environs d'Alexandrie et du Caire).............	25,74
18° Lignes de la haute Égypte, du Caire à Wady-Halfeh........................	1,480,28
Et de Brama-Beni-Souëf à Medinet-Faïoum...	24,13
Total du réseau actuel.........	3,573,52
Il convient, en outre, d'ajouter la ligne de Wady-Halfeh à Souakim, avec embranchement de Chendy à Berber, et dont la longueur présumée est de.................	2,896,20
Ce qui donne, en lignes télégraphiques, un total de..	6,469,72

L'Égypte est reliée avec l'Europe par deux lignes télégraphiques, l'une sous-marine, partant d'Alexandrie et passant par Malte; et l'autre terrestre, se dirigeant sur Constantinople par El-Arich et la Syrie.

II

POPULATION

Population absolue et spécifique; population par races, par cultes, par langues, par professions usuelles ou libérales. — Population des villes principales. — Accroissement moyen de la population. — Émigration et immigration.

La population de l'Égypte, au 15 mai 1866, correspondant au 29 dzi'l-hiddjeh 1282, dernier jour de l'année musulmane, était de 4,848,549 habitants, soit 1 habitant pour 52 mètres carrés.

Si l'on cherche à reporter le chiffre de population par races et par cultes, on trouve les résultats approximatifs ci-après :

32/40 d'Égyptiens musulmans;
2/40 d'Égyptiens chrétiens (Coptes) ;
2/40 de Turcs musulmans ;
3/40 d'Arabes, Barbarins et autres Africains presque tous musulmans;
Enfin 1/40 d'Européens ou protégés des puissances étrangères, chrétiens pour la plupart.

La langue du pays est l'arabe; mais le turc est parlé par les hauts fonctionnaires. Les Coptes ont, en outre, un alphabet et un calendrier spéciaux dont ils se servent dans leurs écritures. La colonie européenne, bien que formée d'éléments de toutes nationalités, fait surtout usage de l'italien et du français.

Il n'est guère possible de classer exactement par professions la population de l'Égypte; toutefois on peut établir les bases ci-après :

L'agriculture, étant la principale ressource du pays, constitue la profession de la grande majorité des Égyptiens musulmans dont le reste se livre à l'industrie et au commerce.

Les Coptes, plus lettrés que les autres indigènes, tirent leur subsistance des professions d'écrivains, de teneurs de livres, d'employés, etc.

Les Turcs occupent généralement des emplois publics.

Les Barbarins sont domestiques, portiers, etc.

Enfin, les Européens s'adonnent au grand commerce, à la banque, aux arts et métiers, et quelques-uns, en très-petit nombre, aux arts libéraux.

La population des villes principales, dans lesquelles d'ailleurs il est à remarquer que les étrangers sont concentrés, se compose, savoir :

Pour	Alexandrie,	de	180,796	habitants environ.
—	Le Caire,	de	282,348	—
—	Damiette,	de	57,000	—
—	Rosette,	de	21,130	—
—	Suez,	de	15,000	—

Le tableau suivant donne le chiffre des naissances et des décès dans toute l'Égypte, pendant une période de onze années, du 12 septembre 1855 au 15 mai 1866.

On peut voir, par ce tableau, que pendant l'année de l'hégire 1282, comme pendant les précédentes, le chiffre des naissances a encore augmenté d'une manière absolue, et aussi relativement au chiffre des décès de cette même année. Ce dernier, cependant, s'était lui-même accru par suite de l'épidémie cholérique.

L'émigration de l'Égypte est presque nulle; car on ne peut donner ce nom au départ momentané des individus, Européens pour la plupart, qui, chaque année, voyagent pour leurs affaires, leur santé ou leurs plaisirs.

Quant à l'immigration, son mouvement devient de plus en plus considérable.

Pendant l'année 1865, voici quel était le nombre de voyageurs arrivés dans les ports d'Alexandrie, Suez, Damiette et Port-Saïd, abstraction faite des passagers militaires :

1° Alexandrie, 79,832, dont 74,990 pour l'Égypte et 4,842 en transit;
2° Suez, 9,881, dont 2,188 pour l'Égypte et 7,963 en transit;
Plus 18,428 pèlerins pour la Mekke;
3° Damiette, 746;
Et 4° Port-Saïd, 7,080. Les voyageurs débarquant dans ces deux derniers ports sont presque exclusivement pour l'Égypte.

En tout, 85,004.

ANNÉES de L'HÉGIRE	DATES CORRESPONDANTES DU CALENDRIER GRÉGORIEN	NAISSANCES	DÉCÈS
1272	Du 12 septembre 1855 au 30 août 1856	138,309	93,449
1273	— 31 août 1856 — 19 id. 1857	128,138	107,936
1274	— 20 id. 1857 — 7 id. 1858	161,702	99,392
1275	— 8 id. 1858 — 30 juillet 1859	159,345	100,750
1276	— 31 juillet 1859 — 18 id. 1860	163,353	131,968
1277	— 19 id. 1860 — 9 id. 1861	171,552	113,292
1278	— 10 id. 1861 — 27 juin 1862	176,909	112,100
1279	— 28 juin 1862 — 17 id. 1863	179,634	118,548
1280	— 18 id. 1863 — 4 id. 1864	173,820	170,283
1281	— 5 id. 1864 — 26 mai 1865	165,772	131,152
1282	— 27 mai 1865 — 15 id. 1866	181,122	174,270
	TOTAUX...........	1,618,534	1,178,870
	DÉCÈS..........	1,178,870	
	Excédant des naissances sur les décès pendant la période de onze ans..........................	446,516	
	Soit, par année, 40,592, ou environ 8,37 p. 100.		

ÉTAT GÉNÉRAL SYNOPTIQUE

DES

NAISSANCES DÉCLARÉES DE LA BASSE, MOYENNE ET HAUTE ÉGYPTE

Pendant l'année de l'Hégire 1282, du 24 Mai 1865 au 16 Mai 1866

NOMS DES VILLES ET PROVINCES	MOHARREM	SAFAR	RABI-EL-EWEL	RABI-EL-AKHER	GIAMADY-EL-EWEL	GIAMADY-EL-AKHER	REGEB	CHABAN	RAMADAN	CHAWAL	DZUL-KADEH	DZUL-HIDDJEH	TOTAUX
BASSE ÉGYPTE													
Caire	1,162	1,411	1,292	1,143	1,249	1,229	1,179	1,155	1,117	1,195	1,017	1,030	13,969
Alexandrie	701	625	676	634	792	832	875	859	921	797	749	639	9,100
Rosette	42	21	18	31	28	36	53	48	61	51	24	50	463
Damiette	93	66	85	137	96	152	93	80	105	501	82	65	1,156
Port-Saïd	10	4	2	4	6	8	4	5	6	9	10	1	69
Suez	20	24	31	24	20	28	10	26	22	38	34	24	301
El-Arich	6	12	13	11	10	5	11	10	8	8	11	7	112
Boheïra (chef-lieu)	42	34	31	35	22	70	53	62	50	61	35	71	566
Districts	581	404	264	518	414	553	618	530	511	527	658	516	6,094
Gizeh (chef-lieu)	33	34	35	40	36	40	33	35	39	36	45	39	446
Districts	555	657	530	576	507	616	590	597	676	652	775	606	7,287
Garbieh (chef-lieu)	64	66	70	71	64	100	69	77	65	67	49	57	819
Districts	1,888	1,581	1,858	1,734	1,904	2,015	2,310	2,174	2,323	3,192	2,071	2,077	24,097
Bakahlieh (chef-lieu)	82	82	73	83	85	108	87	61	67	71	72	72	943
Districts	1,182	1,034	937	1,268	1,185	1,259	1,442	1,409	1,362	1,349	1,399	1,310	15,166
Galioubieh (chef-lieu)	21	41	29	29	28	52	19	24	24	26	24	19	336
Districts	702	632	625	532	422	493	621	631	619	727	760	821	7,645
Menonsieh (chef-lieu)	38	49	59	56	63	55	65	73	66	54	56	54	663
Districts	1,286	1,334	1,461	1,390	1,105	1,205	1,700	1,729	1,791	1,839	2,059	1,870	18,773
Charkieh (chef-lieu)	16	21	18	32	22	27	41	32	36	14	45	10	284
Districts	936	828	837	877	804	880	1,058	1,041	944	1,058	1,031	1,025	11,349
MOYENNE ÉGYPTE													
Beni-Zouef	21	29	[illegible]	34	23	28	27	32	31	38	18	32	313
Districts	315	298	202	255	325	392	451	397	475	414	357	353	4,324
Fayoum	83	60	61	69	63	70	75	77	71	78	86	63	856
Districts	344	297	438	283	381	440	503	358	447	439	457	389	4,806
Minieh et Beni-Mazar	51	49	37	56	55	53	64	61	45	38	53	43	605
Districts	366	347	262	367	346	557	405	415	575	483	397	395	4,656
HAUTE ÉGYPTE													
Assiout (chef-lieu)	93	96	115	107	107	107	132	101	112	87	87	89	1,221
Districts	1,232	1,103	951	1,149	1,216	1,361	1,278	1,138	1,023	1,292	1,002	1,184	14,010
Girgeh (chef-lieu)	27	23	9	25	37	37	40	18	37	32	18	26	329
Districts	1,345	1,318	1,085	742	1,653	1,426	1,455	1,313	1,349	1,190	1,147	1,132	15,157
Keneh (chef lieu)	75	67	55	45	61	43	70	49	57	52	33	31	648
Districts	811	809	537	683	879	783	672	719	745	701	702	604	8,645
Esneh (chef-lieu)	31	26	57	47	51	37	39	35	28	30	29	38	448
Districts	454	422	442	459	500	322	511	472	459	444	411	366	5,462
TOTAUX	14,711	13,614	13,301	13,551	14,569	15,660	16,632	15,873	16,120	16,120	15,923	15,039	181,123

ÉTAT GÉNÉRAL SYNOPTIQUE

DES

DÉCLARÉS DE LA BASSE, MOYENNE ET HAUTE ÉGYPTE

Pendant l'année de l'Hégire 1282, du 24 Mai 1865 au 16 Mai 1866

DES VILLES ET OVINCES	MOHARREM	SAFAR	RABI-EL-EWEL	RABI-EL-AKHER	GIAMADY-EL-EWEL	GIAMADY-EL-AKHER	REGEB	CHABAN	RAMADAN	CHAWAL	DZUL-KADEH	DZUL-HIDDJEH	TOTAUX
SE ÉGYPTE													
....	1,515	8,189	1,171	1,524	2,235	1,173	1.260	1,303	1.267	1,327	1,230	1.275	23,475
ie............	1,890	4,053	924	648	606	661	651	649	595	557	574	510	12,318
....	193	2,174	81	69	57	25	38	26	25	25	29	25	2.770
....	73	1,012	210	139	102	79	67	59	67	71	38	49	1.966
l............	8	82	17	11	2	10	12	14	6	8	20	19	209
....	41	86	67	31	21	16	22	29	18	30	32	39	432
....	6	36	9	3	9	4	4	15	5	1	2	1	98
(chef-lieu,.....	54	254	41	42	49	40	43	50	44	47	54	48	766
ts............	283	1.850	556	329	294	230	245	233	242	209	247	223	4.950
hef-lieu).......	28	432	55	47	31	42	34	33	31	44	20	26	523
ts............	230	830	1 103	419	395	345	344	314	305	256	392	387	5.262
(chef-lieu).....	431	1,083	127	103	92	85	83	93	69	64	93	119	2,451
ts............	1,177	7,497	3,695	1,686	1,113	1,035	1.100	1.132	1,335	1,011	834	1.218	22,838
h (chef-lieu)...	109	612	128	80	72	55	60	67	61	61	56	73	1,458
ts............	684	5,615	2,617	862	659	593	720	720	608	557	511	637	14,774
ch (chef-lieu)...	49	64	136	42	25	11	18	19	14	11	16	16	391
ts............	349	719	519	423	347	342	358	416	359	299	370	394	4.958
ch (chef-lieu)...	32	143	83	33	27	42	69	50	47	47	37	81	699
ts............	778	2,403	1,716	1,042	804	715	864	927	963	797	793	882	12,714
(chef-lieu)....	202	778	52	36	15	14	27	34	35	34	30	36	1,293
ts............	663	2,709	1,297	719	570	479	534	598	513	463	475	556	9,570
NNE ÉGYPTE													
ef............	26	72	29	41	21	29	26	28	23	24	31	21	371
ts............	103	310	201	763	104	139	232	162	132	111	103	96	2.453
....	52	58	232	59	54	53	60	58	26	36	41	73	802
ts............	131	132	1,152	245	248	313	326	228	124	141	123	152	3,315
et Beni-Mazar...	43	210	64	46	44	39	69	30	33	31	28	41	672
ts............	187	485	1,418	464	171	297	235	157	189	134	170	158	4,056
TE ÉGYPTE													
(chef-lieu).....	89	259	638	103	83	93	89	69	65	33	69	65	1,688
cts............	520	932	3,872	1,051	755	972	843	655	547	457	443	364	11,526
(chef-lieu)......	20	29	165	20	22	13	20	13	10	15	12	10	349
cts............	419	498	5,487	1,185	702	642	1,566	519	419	458	359	401	11,565
chef-lieu.......	38	59	1,132	53	39	65	62	43	33	52	26	30	1,622
cts............	389	456	1,417	1,092	374	487	603	582	486	363	378	369	6,995
chef-lieu).......	25	28	116	72	45	47	45	36	31	23	22	22	512
cts............	349	285	504	858	246	329	427	364	337	264	207	258	4,429
TOTAUX.......	11,441	44,110	31,034	14,351	10,331	9,533	10,136	9,742	9,069	8,076	7,930	8,777	174,270

ÉTAT GÉNÉRAL SYNOPTIQUE

DES

VACCINATIONS DÉCLARÉES DE LA BASSE, MOYENNE ET HAUTE É

Pendant l'année de l'Hégire 1282, du 24 Mai 1865 au 16 Mai 1866.

NOMS DES VILLES ET PROVINCES	MOHARREM	SAFAR	RABI-EL-EWEL	RABI-EL-AKHER	GIAMADY-EL-EWEL	GIAMADY-EL-AKHER	REGEB	CHABAN	RAMADAN	CHAWAL	DZI'L-KADEH	DZI'L-HIDDJEH
BASSE ÉGYPTE												
Caire	1,246	834	1,110	989	890	1,133	1,284	989	748	1,210	1,546	1,063
Alexandrie	762	169	547	502	429	487	417	339	257	310	781	563
Rosette	38	»	3	53	38	53	64	33	45	61	44	51
Damiette	96	»	»	21	103	49	8	37	106	101	82	65
Port-Saïd	»	»	»	»	»	»	»	»	»	»	»	»
Suez	35	16	19	14	17	52	29	38	20	26	34	24
El-Arich	13	9	7	10	5	5	7	10	12	12	12	11
Boheïra (chef-lieu)	24	67	24	29	32	48	30	28	36	36	43	34
Districts	248	61	95	159	186	110	301	208	255	362	313	338
Gizeh (chef-lieu)	30	23	36	45	33	35	25	30	40	40	46	49
Districts	497	83	129	258	340	561	473	444	269	612	329	390
Garbieh (chef-lieu)	72	14	34	44	33	37	21	25	32	33	59	34
Districts	2,051	414	456	525	913	817	1,490	911	700	1,028	1,274	1,343
Bakablieh (chef-lieu)	69	54	40	24	73	82	53	71	70	24	65	120
Districts	799	136	210	562	501	722	709	823	1,099	1,103	1,014	957
Galioubieh (chef-lieu)	23	3	18	»	45	3	66	8	20	15	17	10
Districts	425	77	7	8	81	612	757	488	516	858	795	635
Menousieh (chef-lieu)	39	39	51	52	44	50	92	49	43	84	58	66
Districts	679	278	170	73	193	235	186	504	703	659	1,014	1,211
Charkieh (chef-lieu)	32	»	»	»	46	39	36	18	31	33	49	19
Districts	607	222	207	115	313	406	600	435	275	490	774	671
MOYENNE ÉGYPTE												
Beni-Zouef	24	18	31	13	24	25	6	18	20	42	33	34
Districts	219	151	149	97	187	195	152	126	100	214	268	263
Fayoum	47	45	6	»	34	52	36	33	47	7	116	97
Districts	150	167	269	87	77	208	296	160	101	85	383	272
Minieh et Beni-Mazar	48	57	31	31	34	44	32	33	18	62	51	36
Districts	143	114	157	148	226	206	326	236	175	191	196	203
HAUTE ÉGYPTE												
Assiout (chef-lieu)	120	65	64	69	7	62	88	55	66	43	87	119
Districts	782	817	383	421	546	970	934	989	1,058	1,032	1,074	935
Girgeh (chef-lieu)	32	27	23	7	23	27	28	24	22	19	34	29
Districts	1,152	1,275	912	690	1,149	1,208	1,197	1,324	1,281	1,287	1,261	1,092
Keneh (chef-lieu)	64	58	10	29	48	82	54	57	52	56	39	65
Districts	326	134	116	67	470	664	373	231	312	623	754	850
Esneh (chef-lieu)	29	36	24	53	31	24	30	20	25	20	22	47
Districts	314	293	221	224	324	336	454	276	214	292	286	234
TOTAUX	11,226	5,606	5,649	5,419	7,523	9,639	10,654	9,074	8,787	11,630	12,988	11,936

ÉTAT GÉNÉRAL SYNOPTIQUE

DES

ADES TRAITÉS DÉCLARÉS DE LA BASSE, MOYENNE ET HAUTE ÉGYPTE

Pendant l'année de l'Hégire 1282, du 24 Mai 1865 au 16 Mai 1866

IS DES VILLES ET PROVINCES	MOHARREM	SAFAR	RABI-EL-EWEL	RABI-EL-AKHER	GIAMADY-EL-EWEL	GIAMADY-EL-AKHER	REGEB	CHABAN	RAMADAN	CHAWAL	DZIL-KADEH	DZIL-HIDDJEH	TOTAUX
BASSE ÉGYPTE													
e	4,333	4,425	1,171	4,140	4,271	3,494	3,364	3,203	2,867	3,198	3,443	3,786	41,695
andrie	»	»	»	»	»	»	»	»	»	»	»	»	»
tte	87	79	55	12	22	68	40	15	23	38	55	60	554
'ette	116	358	217	105	106	122	98	97	100	124	132	147	1,722
-Saïd	»	»	»	»	»	»	»	»	»	»	»	»	»
	56	81	57	36	60	41	34	48	22	71	120	108	734
rich	38	68	23	28	22	23	14	11	11	20	23	16	297
ira (chef-lieu)	270	358	242	268	228	186	100	82	74	162	187	212	2,378
stricts	40	155	33	390	101	235	33	54	42	48	63	66	1,218
n (chef-lieu)	119	265	54	140	88	148	65	72	66	96	114	109	1,336
stricts	26	4	9	105	44	31	14	35	8	11	39	72	395
ieh (chef-lieu)	90	56	81	33	37	26	24	23	25	10	38	33	476
stricts	59	117	72	106	93	104	99	85	86	67	111	103	1,102
hlieh (chef-lieu)	55	68	49	407	38	379	366	333	314	317	415	160	2,901
stricts	261	263	332	12	347	6	4	10	9	3	14	18	1,279
ubieh (chef-lieu)	72	61	65	61	31	31	37	43	41	56	61	2	561
stricts	9	91	7	7	7	8	6	3	9	15	8	7	177
usieh (chef-lieu)	98	119	84	68	35	58	57	63	72	74	96	118	942
stricts	29	61	49	23	376	25	31	39	38	41	24	26	762
kieh (chef-lieu)	63	118	66	96	76	89	127	96	49	96	100	113	1,089
stricts	17	61	19	»	»	107	124	90	80	128	19	24	609
MOYENNE ÉGYPTE													
-Zouef	72	90	102	82	79	46	65	53	50	123	167	139	1,068
stricts	3	36	17	74	7	18	2	5	2	19	5	»	188
um	159	110	100	136	140	119	100	69	29	44	80	65	1,151
stricts	4	14	34	2	13	13	7	19	13	15	16	28	178
eh et Beni-Mazar	68	41	36	38	24	33	18	22	26	27	16	34	383
stricts	163	188	243	160	175	125	114	137	138	186	234	113	1,976
HAUTE ÉGYPTE													
out (chef-lieu)	251	201	161	173	124	138	96	89	55	85	95	125	1,593
stricts	23	129	11	36	19	24	23	»	84	23	18	14	404
eh (chef-lieu)	36	57	97	43	80	74	46	54	54	120	96	102	864
stricts	248	199	93	123	96	21	18	15	7	69	94	96	1,079
eh (chef-lieu)	70	70	150	20	114	87	36	22	97	91	51	23	831
stricts	32	39	29	11	17	18	10	9	6	30	45	31	277
eh (chef-lieu)	96	60	46	65	30	31	17	8	6	49	24	20	452
stricts	»	»	»	»	»	»	241	185	»	»	15	»	441
TOTAUX	7,033	8,042	3,804	7,000	6,900	5,928	5,427	5,086	4,508	5,450	6,018	5,970	71,172

III

FORCES PRODUCTIVES

Quantité et valeur annuelle des produits de l'agriculture, des forêts, de la chasse et de la pêche, de l'industrie minérale, des industries textiles et des industries manufacturières diverses.

L'Égypte a été de tout temps un pays essentiellement agricole. Voici, pour l'époque actuelle, un aperçu des principaux produits de son sol :

Blés, fèves, maïs et céréales diverses..	15,000,000	hectolitres.
Riz..................................	200,000	—
Coton, de 2 à 2 millions 1/2 de quintaux, ou de 100,000,000 à.....	125,000,000	kilogrammes.
Sucre..............................	800,000	—
Lin..................................	1,500,000	—
Laine..............................	2,000,000	—
Henné..............................	3,000,000	—
Natron............................	2,500,000	—

Les dattes forment une production assez abondante ; mais, comme elles sont presque en totalité consommées sur place, il est fort difficile de faire entrer le chiffre de leur récolte dans cette énumération.

Il est à remarquer, d'ailleurs, que ces quantités varient souvent beaucoup d'une année à l'autre, non-seulement en raison de la bonté de la récolte, mais aussi, parce que, une notable partie de ces productions étant destinée aux marchés extérieurs, la culture se subordonne aux demandes présumées de ceux-ci.

Du reste, bien que les fluctuations des cours ne nous permettent pas de présenter un tableau général, fixe et précis, de la valeur absolue de ces productions, comme le comporterait le titre de cet article, nous en donnerons, pour l'année courante, les estimations approximatives des derniers exercices, lorsque nous traiterons la question du commerce d'exportation.

La nature n'a donné que peu de forêts à l'Égypte. Les gouvernements qui se succédèrent jusqu'au règne de Méhémet-Aly ne se sont jamais préoccupés de cette question; mais elle avait fixé la sollicitude de ce grand prince, et seize millions de pieds d'arbres ont été plantés par ses ordres dans la basse Égypte. Toutefois, le pays ne donne pas encore, à proprement parler, de produits forestiers.

La chasse mérite à peine d'être mentionnée comme passe-temps de quelques Européens des grandes villes; mais il en est autrement de la pêche.

Le Nil offre cette particularité, que les poissons qui vivent dans ses eaux se livrent presque tous à des pérégrinations, de sorte qu'ils ne deviennent une ressource d'alimentation qu'à des époques variables. Mais un des lacs de l'Égypte, le lac Menzaleh (si intéressant pour la science, et qui a été l'objet d'études remarquables de la part de l'expédition française, et notamment du général Andréossi), est fort poissonneux; et ses abondants produits donnent lieu à un commerce considérable avec les îles et les provinces continentales de la Grèce. L'exploitation de ce lac est affermée chaque année, moyennant 1,500,000 francs environ; et les ressources qu'il offre au commerce augmenteraient dans une proportion notable, si son exploitation passait entre des mains expérimentées, car ses poissons en général sont très-gras, et leur graisse, aujourd'hui délaissée, pourrait être utilisée d'une manière très-productive. En outre, les bords de ce lac sont habités par de nombreux animaux aquatiques, dont la chasse deviendrait, si on le voulait, un autre élément de richesse.

On peut encore citer, comme très-poissonneux, les lacs d'Edko et de Bourlos dont la pêche est affermée annuellement à près de 500,000 francs. Les autres lacs donnent, proportionnellement à leur superficie, des produits moins abondants.

Quant à la pêche maritime, elle n'a qu'une importance très-restreinte et toute locale.

L'industrie minérale est aujourd'hui peu développée, malgré les ressources qu'offrent les deux chaînes qui bordent la vallée du Nil. Les monts libyques sont généralement calcaires; les monts arabiques renferment du granit et des marbres de différentes espèces.

L'industrie manufacturière n'a pas encore acquis non plus un développement considérable; mais le pays n'en est plus à sa période d'essai, notamment en ce qui concerne l'industrie textile. Méhémet-Aly avait fondé plusieurs établissements qui n'auraient pas tardé à prospérer, si la vapeur avait pu être substituée à la main de l'homme. Mais, les frais qu'aurait entraînés cette substitution n'ayant pas permis de l'effectuer, la concurrence est devenue impossible, et le successeur de Méhémet-Aly a dû abandonner ses projets.

Aujourd'hui, cependant, la voie a été ouverte de nouveau par Son Altesse Ismael-Pacha, qui a fondé dans des conditions plus avantageuses deux autres établissements. Enfin, l'initiative individuelle, obéissant à cette impulsion, est entrée elle-même dans les vues du Gouvernement pour le développement industriel du pays, et tout porte à espérer que, sous peu d'années, l'Égypte trouvera de nouvelles sources de richesses dans cette branche de l'activité humaine.

IMPORTATION — DOUANES ÉGYPTIENNES — ANNÉE 1865

MARCHANDISES.	QUANTITÉS.	ANGLETERRE. Quantités.	ANGLETERRE. Valeurs (fr. c.)	AUTRICHE. Quantités.	AUTRICHE. Valeurs (fr. c.)	FRANCE. Quantités.	FRANCE. Valeurs (fr. c.)	ITALIE. Quantités.	ITALIE. Valeurs (fr. c.)
Ambre	Colis	»	»	»	»	3	10,346 80	10	70,400 00
Acier	Kilogrammes	47,390	54,331 36	127,880	78,850 52	72,450	45,208 80	»	»
Armes	Colis	16	16,312 60	»	»	110	524,778 80	»	»
Alquifoux	Idem	497	97,044 22	»	»	»	»	»	»
Bonneterie	Douzaines	»	»	3,160	98,628 32	1,360	61,974 38	1,200	37,485 90
Bois de construction	Idem	»	222,801 62	»	2,260,066 35	»	397,272 00	»	160,992 00
Bois à brûler	Kilogrammes	»	»	»	»	»	»	»	»
Blé	Hectolitres	»	»	3,430	58,156 80	»	»	»	»
Céruse	Colis	»	»	1,635	10,627 50	»	»	1,810	42,354 00
Cordages	Kilogrammes	376,380	391,435 20	104,400	108,376 00	23,535	24,476 40	260,525	250,146 00
Charbons divers	Idem	105,753,780	4,488,174 72	»	»	5,053,850	234,062 40	1,930,410	89,643 84
Coutellerie	Colis	»	»	613	77,017 20	»	»	»	»
Clous assortis	Idem	413	35,204 00	221	8,619 00	1,895	59,124 00	432	34,882 38
Café d'Europe	Kilogrammes	22,509	37,910 08	4,303	7,246 72	5,187	8,736 00	4,905	8,261 78
Chandelles diverses	Colis	436	56,680 00	1,014	263,640 40	4,263	886,680 00	63	67,215 20
Cristaux et Verreries	Idem	249	113,492 60	983	163,425 60	1,639	237,438 50	582	36,998 08
Cochenille	Kilogrammes	13,452	141,596 00	»	»	1,877	19,760 00	»	»
Corail	Idem	»	»	»	»	»	»	2,363	422,773 00
Cuivre	Idem	1,217,604	2,565,503 80	6,153	12,953 20	7,077	14,898 00	8,062	16,972 80
Drogues diverses	Colis	1,580	392,238 60	1,436	219,408 38	1,380	295,386 00	832	256,348 00
Draps	Idem	»	»	204	1,357,495 20	141	796,380 00	9	42,588 00
Eau de rose	Kilogrammes	»	»	»	»	37,850	62,400 00	5,187	8,738 08
Étain	Idem	65,835	178,017 84	»	»	»	»	»	»
Épices	Idem	»	»	37,800	19,656 00	»	»	»	»
Fer-blanc	Colis	8,362	239,153 20	»	»	»	»	»	»
Fers assortis	Kilogrammes	8,231,075	1,302,316 00	191,700	44,304 00	217,035	50,159 20	55,530	13,833 60
Fèves	Hectolitres	»	»	»	»	»	»	»	»
Fils d'or	Grammes	»	»	484,128	135,760 00	»	»	»	»
Fruits secs	Colis	2,865	158,088 40	16,342	334,453 86	6,832	211,093 30	3,410	181,545 28
Faïences assorties	Idem	1,522	484,592 00	514	130,050 00	»	530,046 40	63	67,375 18
Farines	Idem	362	15,059 20	9,133	379,832 96	22,163	921,980 80	594	24,710 40
Girofle (Clous de)	Kilogrammes	»	»	»	»	3,074	3,867 50	»	»
Goudron et Poix	Colis	4,210	38,311 00	»	»	»	»	»	»
Huiles diverses	Kilogrammes	1,270,031	2,294,088 80	38,081	80,171 00	1,418,027	2,889,724 40	136,477	258,588 72
Indigo	Idem	50,384	530,100 00	»	»	3,966	41,743 00	»	»
Laines	Idem	»	»	»	»	»	»	»	»
Laiton et Fil de fer	Colis	533	94,881 80	54	38,132 00	93	47,619 00	»	»
Marbres et Pierres	Idem	»	778,388 00	»	848,066 00	»	194,820 60	»	922,536 16
Meubles	Idem	263	151,814 60	432	161,514 60	3,240	849,833 66	3,403	673,460 00
Mahlefs et Mastics	Idem	»	»	»	»	»	»	»	»
Manufactures. (Produits manufacturés.)	Idem	19,896	28,451,280 00	816	1,394,442 40	1,493	1,395,857 38	465	545,090 00
Machines en fer	Idem	15,984	3,978,026 00	342	104,892 00	1,013	284,050 00	26	26,078 00
Marchandises diverses	Idem	6,565	2,739,114 60	4,735	657,368 58	4,990	1,225,380 00	1,659	402,821 66
Mercure	Kilogrammes	»	»	2,028	12,807 60	1,872	11,824 80	1,746	11,029 20
Orge	Hectolitres	»	»	3,391	23,050 00	»	»	»	»
Papiers	Colis	263	167,189 00	1,836	955,528 00	813	247,768 82	1,434	193,017 88
Poivre	Kilogrammes	127,530	132,031 20	23,400	26,388 00	67,340	40,233 60	14,070	15,256 80
Plomb et Grenailles	Idem	41,085	21,054 20	18,450	9,594 00	421,200	219,024 00	14,310	6,921 20
Pommes de terre	Idem	961,040	108,742 40	333,675	38,558 00	450,000	53,040 00	147,240	17,014 40
Provisions salées et Légumes	Colis	4,071	335,446 00	3,069	646,494 16	9,885	550,212 00	9,853	614,827 20
Quincaillerie	Idem	1,364	736,265 90	446	413,920 00	1,123	633,674 60	284	154,351 34
Soieries	Idem	»	»	»	»	64	538,530 80	114	1,070,949 10
Soie grège	Kilogrammes	»	»	»	»	»	»	»	»
Savons	Idem	40,820	33,540 24	»	»	20,835	17,324 72	»	»
Souliers et Cuirs	Colis	132	315,900 00	58	80,860 00	609	523,380 00	35	44,860 92
Sucre	Kilogrammes	18,450	15,850 40	24,795	20,629 44	692,190	575,616 88	18,945	15,782 24
Soufre	Idem	»	»	54,720	14,227 20	18,450	4,797 00	»	»
Salsepareille	Idem	2,745	11,119 20	2,385	9,821 00	3,185	12,916 80	72	13,478 40
Safran	Idem	»	»	»	»	»	»	»	»
Tabacs et Cigares	Colis	315	54,012 00	42	42,416 40	99	55,629 60	10	22,412
Tapis de laine	Idem	»	»	»	»	»	»	»	»
Vins et Liqueurs	Idem	4,912	1,480,440 00	2,601	673,374 00	68,093	2,078,266 40	3,6[illegible]	[illegible]53 68
Totaux			54,080,252 58		11,878,756 66		16,902,036 14		6,940,5[illegible] 20

MARCHANDISES.	GRÈCE. Quantités.	GRÈCE. Valeurs (fr. c.)	BELGIQUE. Quantités.	BELGIQUE. Valeurs (fr. c.)	ESPAGNE. Quantités.	ESPAGNE. Valeurs (fr. c.)	VILLES ANSÉATIQUES. Quantités.	VILLES ANSÉATIQUES. Valeurs (fr. c.)	RUSSIE. Quantités.	RUSSIE. Valeurs (fr. c.)
Ambre	»	»	»	»	»	»	»	»	»	»
Acier	»	»	»	»	»	»	»	»	»	»
Armes	»	»	36	28,132 80	»	»	»	»	»	»
Alquifoux	»	»	»	»	»	»	»	»	»	»
Bonneterie	»	»	»	»	»	»	»	»	»	»
Bois de construction	»	232,830 36	»	133,684 60	»	»	»	»	»	»
Bois à brûler	3,824,865	508,282 06	»	»	»	»	»	»	»	»
Blé	78,787	1,335,952 80	»	»	»	»	»	»	»	»
Céruse	»	»	»	»	»	»	»	»	»	»
Cordages	»	»	»	»	»	»	»	»	»	»
Charbons divers	3,748,095	311,834 00	»	»	»	»	»	»	»	»
Coutellerie	»	»	»	»	»	»	»	»	»	»
Clous assortis	»	»	2,872	82,139 20	»	»	»	»	»	»
Café d'Europe	»	»	»	»	»	»	»	»	»	»
Chandelles diverses	»	»	253	6,578 00	»	»	560	145 60	»	»
Cristaux et Verreries	»	»	6,461	109,190 80	»	»	»	»	»	»
Cochenille	»	»	»	»	»	»	»	»	»	»
Corail	»	»	»	»	»	»	»	»	»	»
Cuivre	»	»	»	»	»	»	»	»	»	»
Drogues diverses	»	»	»	»	»	»	»	»	»	»
Draps	»	»	»	»	»	»	»	»	»	»
Eau de rose	»	»	»	»	»	»	»	»	»	»
Étain	»	»	»	»	»	»	»	»	»	»
Épices	»	»	»	»	»	»	»	»	»	»
Fer-blanc	»	»	»	»	»	»	»	»	»	»
Fers assortis	»	»	3,108,600	718,532 00	»	»	»	»	»	»
Fèves	1,200	30,118 40	»	»	»	»	»	»	»	»
Fils d'or	»	»	»	»	»	»	»	»	»	»
Fruits secs	7,492	212,769 16	»	»	85	5,870 00	»	»	»	»
Faïences assorties	»	»	»	»	»	»	»	»	»	»
Farines	»	»	»	»	»	»	20	832 00	3,200	116,480 00
Girofle (Clous de)	»	»	»	»	»	»	»	»	»	»
Goudron et Poix	»	»	»	»	»	»	»	»	»	»
Huiles diverses	85,143	107,349 52	»	»	»	»	»	»	»	»
Indigo	»	»	»	»	»	»	»	»	»	»
Laines	»	»	»	»	114	7,706 40	»	»	»	»
Laiton et Fil de fer	»	»	175	85,704 80	»	»	»	»	»	»
Marbres et Pierres	»	213,157 36	»	»	»	»	»	»	»	»
Meubles	»	»	»	»	4	270 40	»	»	»	»
Mahlefs et Mastics	»	»	»	»	»	»	»	»	»	»
Manufactures. (Produits manufacturés.)	»	»	»	»	»	»	»	»	»	»
Machines en fer	»	»	65	83,590 00	»	»	»	»	»	»
Marchandises diverses	893	216,391 76	1,563	514,420 40	315	13,975 00	225	23,600 00	»	»
Mercure	»	»	»	»	»	»	»	»	»	»
Orge	4,535	31,473	»	»	»	»	»	»	»	»
Papiers	»	»	1,325	227,838 00	»	»	542	3,382 08	»	»
Poivre	»	»	»	»	»	»	4,500	4,080 00	»	»
Plomb et Grenailles	»	»	»	»	7,470	3,884 40	»	»	»	»
Pommes de terre	58,500	6,760	»	»	»	»	»	»	»	»
Provisions salées et Légumes	1,268	231,273 38	»	»	141	7,333 00	3,970	157,274 00	1,134	147,459 00
Quincaillerie	»	»	84	69,888 00	»	»	»	»	»	»
Soieries	»	»	»	»	»	»	»	»	»	»
Soie grège	6,436	165,113 60	»	»	»	»	»	»	»	»
Savons	14,130	11,756 16	»	»	13,500	11,232 00	»	»	»	»
Souliers et Cuirs	152	147,850 82	»	»	»	»	»	»	»	»
Sucre	»	»	»	»	»	»	»	»	»	»
Soufre	»	»	»	»	»	»	»	»	»	»
Salsepareille	»	»	»	»	»	»	»	»	»	»
Safran	»	»	»	»	»	»	»	»	»	»
Tabacs et Cigares	4,115	319,306 00	3	5,278 00	»	»	»	»	»	»
Tapis de laine	»	»	»	»	»	»	»	»	»	»
Vins et Liqueurs	3,439	452,804 04	103	29,809 00	265	10,920 00	2,468	216,021 00	»	»
Totaux		4,533,232 34		2,093,884 90		60,390 20		420,169 08		263,939 08

MARCHANDISES.	TURQUIE. Quantités.	TURQUIE. Valeurs (fr. c.)	SYRIE. Quantités.	SYRIE. Valeurs (fr. c.)	BARBARIE. Quantités.	BARBARIE. Valeurs (fr. c.)	TOTAUX. Quantités.	TOTAUX. Quantités.	TOTAUX. Valeurs générales (fr. c.)
Ambre	28	81,442 40	»	»	»	»	Colis	41	162,219 56
Acier	»	»	»	»	»	»	Kilogrammes	247,830	179,599 68
Armes	54	67,164 50	»	»	»	»	Colis	210	636,387 90
Alquifoux	»	»	»	»	»	»	Idem	497	97,044 22
Bonneterie	1,563	81,280 08	»	»	15,190	1,580,566 00	Douzaines	22,473	1,859,934 68
Bois de construction	»	2,338,310 00	»	»	»	»	Idem	»	5,745,956 93
Bois à brûler	6,687,900	888,747 60	376,200	49,993 30	»	»	Kilogrammes	10,888,965	1,447,022 96
Blé	354,355	6,088,608 00	10,536	178,651 20	»	»	Hectolitres	447,108	7,661,368 80
Céruse	214	21,328 58	»	»	»	»	Colis	3,659	74,310 08
Cordages	178,245	185,374 80	23,580	24,523 20	476,100	220,064 00	Kilogrammes	1,422,765	1,204,395 60
Charbons divers	3,713,130	276,297 32	82,425	21,399 30	»	»	Idem	120,250,690	5,421,411 58
Coutellerie	»	»	»	»	»	»	Colis	613	77,017 20
Clous assortis	312	22,992 32	»	»	»	»	Idem	6,145	242,960 90
Café d'Europe	»	»	»	»	»	»	Kilogrammes	36,904	62,154 58
Chandelles diverses	21	16,028 30	»	»	»	»	Colis	6,610	1,311,901 50
Cristaux et Verreries	198	32,526 08	»	»	»	»	Idem	10,112	693,071 66
Cochenille	»	»	»	»	»	»	Kilogrammes	15,329	161,356 00
Corail	»	»	»	»	»	»	Idem	2,363	422,773 00
Cuivre	84,661	356,382 00	»	»	»	»	Idem	1,323,597	2,966,709 80
Drogues diverses	5,223	454,740 00	1,036	154,372 40	964	111,306 00	Colis	12,451	1,882,858 38
Draps	10	26,317 20	»	»	»	»	Idem	424	2,222,780 40
Eau de rose	»	»	»	»	»	»	Kilogrammes	42,237	71,138 08
Étain	»	»	»	»	»	»	Idem	65,835	178,017 84
Épices	»	»	»	»	»	»	Idem	37,800	19,656 00
Fer-blanc	»	»	»	»	»	»	Colis	8,362	239,153 20
Fers assortis	»	»	»	»	»	»	Kilogrammes	11,803,940	2,129,144 80
Fèves	»	»	»	»	»	»	Hectolitres	1,200	30,118 40
Fils d'or	316,216	88,595 00	»	»	»	»	Grammes	750,344	224,355 00
Fruits secs	93,260	810,736 96	8,981	753,090 00	315	36,966 60	Colis	139,562	2,684,813 56
Faïences assorties	118	39,827 06	»	»	»	190,066 00	Idem	2,217	1,454,017 34
Farines	6,860	214,032 00	560	17,472 00	»	»	Idem	43,802	1,690,499 30
Girofle (Clous de)	»	»	»	»	»	»	Kilogrammes	3,674	3,867 50
Goudron et Poix	918	21,970 00	»	»	»	»	Colis	5,128	60,281 00
Huiles diverses	1,041,352	1,315,302 00	120,588	159,900 00	343,709	454,148 00	Kilogrammes	4,469,390	6,740,463 94
Indigo	»	»	»	»	»	»	Idem	54,350	572,143 00
Laines	»	»	»	»	35,155	51,308 60	Idem	35,269	59,014 80
Laiton et Fil de fer	»	»	»	»	»	»	Colis	855	266,337 60
Marbres et Pierres	»	107,461 90	»	29,889 75	»	»	Idem	»	3,094,539 38
Meubles	32	9,674 00	»	»	»	»	Idem	7,374	1,846,567 26
Mahlefs et Mastics	325	132,860 00	»	»	»	»	Idem	325	132,860 00
Manufactures. (Produits manufacturés.)	2,596	1,401,136 88	1,594	1,112,977 10	513	241,290 00	Idem	27,373	34,541,863 76
Machines en fer	»	»	»	»	»	»	Idem	17,432	4,536,636 00
Marchandises diverses	7,342	953,601 62	1,583	892,400 00	942	163,172 40	Idem	30,721	7,901,235 41
Mercure	»	»	»	»	»	»	Kilogrammes	5,646	35,661 60
Orge	78,439	554,190 00	1,443	10,192 00	2,486	17,563 00	Hectolitres	80,294	637,377 00
Papiers	33	23,426 00	»	»	»	»	Colis	6,266	1,819,035 75
Poivre	»	»	»	»	4,185	3,416 40	Kilogrammes	221,695	226,554 00
Plomb et Grenailles	»	»	»	»	»	»	Idem	502,515	260,787 94
Pommes de terre	66,670	7,935 20	26,160	3,016 00	»	»	Idem	2,034,225	235,046 00
Provisions salées et Légumes	10,114	1,484,340 00	836	91,166 40	952	198,566 16	Colis	47,073	4,484,300 30
Quincaillerie	682	367,822 00	21	24,325 86	»	»	Idem	4,004	2,400,357 70
Soieries	47	51,016 94	363	1,029,887 94	»	»	Idem	888	2,686,383 88
Soie grège	36,371	1,779,492 00	34,839	1,100,190 00	»	»	Kilogrammes	97,646	3,043,795 60
Savons	351,235	283,007 52	291,825	242,798 40	6,030	5,016 96	Idem	737,875	605,592 60
Souliers et Cuirs	120	52,039 00	22	13,919 00	715	834,834 00	Colis	1,137	2,013,631 71
Sucre	10,809	8,985 60	»	»	»	»	Kilogrammes	765,180	636,353 76
Soufre	»	»	»	»	7,560	1,445 60	Idem	80,730	20,469 80
Salsepareille	»	»	»	»	»	»	Idem	8,387	47,335 40
Safran	»	»	»	»	449	30,331 00	Idem	449	30,331 00
Tabacs et Cigares	9,364	949,000 90	14,356	1,888,410 76	»	»	Colis	28,386	3,257,364 70
Tapis de laine	138	348,558 60	111	216,527 22	528	1,085,009 12	Idem	777	1,650,094 94
Vins et Liqueurs	10,066	1,555,739 64	398	84,136 00	»	»	Idem	76,711	6,800,363 76
Totaux		23,419,671 60		7,829,237 46		5,218,879 64			133,843,237 86

(L'Égypte. — IV. Commerce.)

Paris. — Typ. Morris et Cie, rue Amelot, 64.

IMPORTATION UANES É

MARCHANDISES.	QUANTITÉS.	ANGLETERRERÈCE. QUANTITÉS.	VALEU	VALEURS.	BELG QUANTITÉS.	VALEURS GÉNÉRALES.
				fr. c.		fr.
Ambre	Colis	»		» »		162,219
Acier	Kilogrammes.	47,390	54,5	» »	»	179,599
Armes	Colis	10	16,5	» »	»	636,587
Alquifoux	Idem	497	97,0	» »	36	97,044
Bonneterie	Douzaines	»		» »	»	1,859,945
Bois de construction	Idem	»	222,8	232,839 36	»	5,555,975
Bois à brûler	Kilogrammes.	»		508,282 06	»	1,447,022
Blé	Hectolitres	»		1,335,952 80	»	7,581,360
Céruse	Colis	»		» »	»	74,310
Cordages	Kilogrammes.	376,380	391,4	» »	»	1,204,595
Charbons divers	Idem	105,753,780	4,488,1	311,834 00	»	5,421,412
Coutellerie	Colis	»		» »	»	77,017
Clous assortis	Idem	413	35,2	» »	»	242,960
Café d'Europe	Kilogrammes.	22,509	37,9	» »	2,872	62,154
Chandelles diverses	Colis	436	56,6	» »	»	1,311,901
Cristaux et Verreries	Idem	249	113,4	» »	253	693,071
Cochenille	Kilogrammes.	13,452	141,5	» »	6,461	161,356
Corail	Idem	»		» »	»	422,773
Cuivre	Idem	1,217,664	2,563,5	» »	»	2,964,709
Drogues diverses	Colis	1,580	392,5	» »	»	1,882,858
Draps	Idem	»		» »	»	2,122,780
Eau de rose	Kilogrammes.	»		» »	»	71,136
Étain	Idem	65,835	178,(	» »	»	178,017
Epices	Idem	»		» »	»	19,656
Fer-blanc	Colis	8,362	239,1	» »	»	239,153
Fers assortis	Kilogrammes.	8,231,075	1,902,3	» »	»	2,728,044
Fèves	Hectolitres	»		30,118 40	3,108,600	30,118
Fils d'or	Grammes	»		» »	»	225,355
Fruits secs	Colis	2,865	158,(	212,769 18	»	2,684,813
Faïences assorties	Idem	1,524	484,(	» »	»	1,454,017
Farines	Idem	362	15,(	» »	»	1,690,499
Girofle (Clous de)	Kilogrammes.	»		» »	»	3,867
Goudron et Poix	Colis	4,210	38,3	» »	»	60,281
Huiles diverses	Kilogrammes.	1,270,031	2,294,9	107,549 52	»	6,740,462
Indigo	Idem	50,384	530,4	» »	»	572,143
Laines	Idem	»		» »	»	59,014
Laiton et Fil de fer	Colis	533	94,8	» »	»	257,337
Marbres et Pierres	Idem	»	778,3	213,157 36	175	3,094,839
Meubles	Idem	263	151,8	» »	»	1,646,567
Mahlefs et Mastics	Idem	»		» »	»	132,860
Manufactures. (Produits manufacturés.)	Idem	19,896	28,451,	» »	»	34,541,863
Machines en fer	Idem	15,984	3 978,(	» »	»	4,536,636
Marchandises diverses	Idem	6,565	2,739,	216,391 76	65	7,801,233
Mercure	Kilogrammes.	»		» »	1,563	35,661
Orge	Hectolitres	»		31,473	»	637,377
Papiers	Colis	263	167,1	» »	»	1,819,038
Poivre	Kilogrammes.	127,530	132,(	» »	1,325	229,554
Plomb et Grenailles	Idem	41,085	21,3	» »	»	260,787
Pommes de terre	Idem	941,040	108,5	6,760	»	235,066
Provisions salées et Légumes	Colis	4,971	355,4	231,273 38	»	4,484,390
Quincaillerie	Idem	1,364	736,	» »	»	2,400,747
Soieries	Idem	»		» »	84	2,688,383
Soie grége	Kilogrammes.	»		163,113 60	»	3,042,795
Savons	Idem	40,320	33,	11,756 16	»	605,592
Souliers et Cuirs	Colis	132	315,9	147,850 82	»	2,013,634
Sucre	Kilogrammes.	18,450	15,4	» »	»	636,343
Soufre	Idem	»		» »	»	20,469
Salsepareille	Idem	2,745	11,4	» »	»	47,736
Safran	Idem	»		» »	»	39,351
Tabacs et Cigares	Colis	315	54,9	319,306 00	»	3,257,364
Tapis de laine	Idem	»		» »	3	1,650,094
Vins et Liqueurs	Idem	4,912	1 480,	452,804 04	»	6,809,263
					103	
TOTAUX			54,080,	4,533,232 34		33,843,227

IV

COMMERCE

Commerce spécial d'importation comprenant les valeurs actuelles des marchandises destinées à la consommation exclusive du pays. — Commerce spécial d'exportation comprenant les seuls produits du pays. — Commerce général d'importation et d'exportation.

Le commerce d'importation et d'exportation de l'Égypte est résumé dans le mouvement des marchandises du port d'Alexandrie, dont l'importance, à ce point de vue, prime tout le reste du pays.

Cette ville est, du reste, la seule qui fournisse actuellement des états réguliers à la statistique, la réforme des douanes, due au Gouvernement actuel, étant encore trop récente pour que la marche du service ait pu s'uniformiser partout.

En ce qui concerne l'importation, le tableau ci-contre expose le mouvement général du port d'Alexandrie pendant l'année 1865, avec la valeur d'acquisition et le pays de provenance des marchandises importées.

Pour faciliter les comparaisons, nous avons converti en mesures métriques et en francs toutes les données de la douane.

Presque toutes ces marchandises sont destinées à la consommation exclusive du pays; l'Égypte, n'étant pas, à proprement parler, au moins quant à présent, un pays d'industrie, ne reçoit que peu de matières premières pour les rendre manufacturées à l'étranger. On remarquera, d'ailleurs, que, pour une notable portion, ces marchandises sont exclusivement destinées aux Européens ou aux familles riches du pays, qui ont commencé à prendre goût au bien-être matériel qui accompagne la civilisation occidentale.

Du tableau précédent, qui solde l'importance générale par un chiffre total de 133,843,227 fr. 86 c., ressortent les considérations suivantes :

La nation qui, en 1865, a le plus importé en Égypte est l'Angleterre, qui a fourni une valeur de 54,080,252 fr. 58 c.

	Fr.	C.
Puis, la Turquie	23,419,671	60
la France	16,902,636	14
l'Autriche	11,978,756	66
la Syrie	7,929,237	46
l'Italie	6,940,388	26

Les marchandises dont l'importation a été la plus considérable sont :

1° Les bois de construction, s'élevant à 5,555,975 fr. 36 c.

	Fr.	C.
Et provenant d'Angleterre, pour	222,801	02
d'Autriche	2,260,066	38
de France	207,272	
d'Italie	160,992	
de Grèce	232,839	36
de Belgique	133,694	60
de Turquie	2,338,310	

2° Le blé, valeur importée, de 7,581,360 fr. 80 c.

	Fr.	C.
Provenant d'Autriche, pour	58,156	80
de Grèce	1,335,952	80
de Turquie	6,008,600	
de Syrie	178,651	20

3° Les charbons divers, pour une quantité de 120,250,690 kilogrammes et de 5,421,412 fr. 48 c.

	Kilogr.	Fr.	C.
Provenant d'Angleterre	105,753,780	4,488,174	72
de France	5,063,850	234,062	40
d'Italie	1,939,410	89,643	84
de Grèce	3,748,095	311,834	90
de Turquie	3,713,130	276,297	32
de Syrie	32,425	21,399	30

4° Les huiles et graines diverses, pour une quantité de 4,459,399 kil. et de 6,740,362 fr. 04 c.

	Kilogr.	Fr.	C.
Provenant d'Angleterre....	1,270,031	2,294,988	80
d'Autriche......	38,081	80,171	
de France......	1,418,027	2,089,624	
d'Italie.........	136,477	258,588	72
de Grèce.......	85,143	107,549	52
de Turquie.....	1,041,352	1,315,392	
de Syrie........	126,588	159,900	
de Barbarie.....	343,700	434,148	

5° Les produits manufacturés, pour une quantité de 27,376 colis et de 34,541,863 fr. 76 c.

	Colis.	Fr.	C.
Provenant d'Angleterre	19,896	28,451,280	
d'Autriche......	816	1,394,442	40
de France.......	1,493	1,395,657	38
d'Italie	465	545,090	
de Turquie......	2,596	1,401,136	88
de Syrie........	1,594	1,112,977	10
de Barbarie.....	513	241,280	

6° Les machines en fer, pour une quantité de 17,432 colis et de 4 millions 536,636 fr.

	Colis.	Fr.
Provenant d'Angleterre....	15,984	3,978,026
d'Autriche......	342	164,892
de France......	1,013	284,050
d'Italie.........	28	26,078
de Belgique....	65	83,590

7° Les vins et liqueurs, pour une quantité de 76,711 colis et de 6 millions 809,263 fr. 76 c.

	Colis.	Fr.
Provenant d'Angleterre....	4,912	1,480,440
d'Autriche......	2,694	673,334

	Colis.	Fr.	C.
Provenant de France......	48,693	2,076,266	40
d'Italie.........	3,675	229,753	68
de Grèce.......	3,439	452,804	04
de Belgique....	103	29,809	
d'Espagne......	265	10,920	
des Villes Hanséatiques....	2,468	2,016,021	
de Turquie.....	10,064	1,555,739	64
de Syrie........	398	84,136	

Outre les marchandises ci-dessus, la principale importation de chaque pays a été,

1° De la part de l'Angleterre :

	Kilogr.	Fr.	C.
Le cuivre.......	1,217,664	2,563,503	80
Et les fers......	8,231,075	1,902,316	

2° De la part de l'Autriche :

	Colis.	Fr.	C.
Les draps.......	264	1,257,495	20

3° De la part de la France :

	Colis.	Fr.	C.
Les armes......	110	524,778	80
Les draps......	141	796,380	
Les farines.....	22,163	921,980	80
Et les meubles..	3,240	849,833	66

4° De la part de l'Italie :

	Colis.	Fr	C.
Les soiries......	114	1,070,949	10

5° De la part de la Turquie :

	Kilogr.	Fr.
La soie grége....	56,371	1,779,492

6° De la part de la Syrie :

	Colis.	Fr.	C.
Les tabacs........	14,336	1,808,410	76

7° De la part de la Barbarie :

	Douz.	Fr.	
Les bonnets......	15,190	1,580,566	
	Colis.	Fr.	C.
Et les tapis de laine.	528	1,085,009	12

L'exportation générale est résumée dans le tableau suivant, qui s'applique aux quatre années 1862, 1863, 1864 et 1865.

MARCHANDISES EXPORTÉES DU PORT D'ALEXANDRIE

ARTICLES.	POIDS et MESURES.	1862. QUANTITÉS.	1862. VALEURS. fr. c.
Corne de buffle	Le mille	1,300	161,200 00
Coton mako	Kilogrammes	36,904,950	127,937,160 00
Pois chiches	Hectolitres	7,914	82,854 72
Coque du Levant	Kilogrammes	45,000	26,000 00
Cire vierge	Idem	47,010	819,000 00
Café	Idem	1,636,128	2,924,578 80
Cendre de soude	Idem	1,170,000	312,000 00
Dattes	Idem	685,890	237,775 20
Drogues	Colis	6,500	681,200 00
Dents d'éléphants	Kilogrammes	153,000	2,210,000 00
Fèves	Hectolitres	108,560	9,204,000 00
Fers assortis	Kilogrammes	223,500	80,600 00
Gommes diverses	Idem	7,511,772	3,352,268 40
Blé	Hectolitres	2,380,734	22,937,297 24
Maïs	Idem	150,941	1,066,399 00
Henné	Kilogrammes	1,125,000	260,000 00
Encens	Idem	150,000	257,400 00
Laines	Idem	1,332,000	2,282,280 00
Lin	Idem	4,151,225	771,579 50
Lentilles	Hectolitres	438,340	1,055,497 40
Lupins	Idem	7,012	42,307 48
Nacre de perles	Kilogrammes	386,480	402,731 20
Marchandises diverses	Colis	18,200	1,878,500 00
Musc et huile de roses	Kilogrammes	777	169,000 00
Natron	Idem	2,655,000	552,240 00
Orge	Hectolitres	513,420	2,907,590 40
Opium	Kilogrammes	49,760	473,200 00
Poivre	Idem	34,914	39,000 00
Cuirs salés	....	174,640	862,724 60
Plumes d'autruches	Kilogrammes	22,250	1,950,000 00
Pois	Hectolitres	9,458	67,289 04
Boutargue	Kilogrammes	20,007	806,000 00
Riz	Hectolitres	33,589	2,137,672 00
Rhum	Kilogrammes	»	» »
Séné	Idem	259,200	164,736 00
Sel ammoniac	Idem	»	» »
Semences	Hectolitres	2,392	50,600 00
Graines de coton	Idem	834,475	5,895,747 00
— de sésame	Idem	5,088	129,502 00
— de lin	Idem	64,910	1,045,574 30
Nattes	Colis	1,800	317,200 00
Sel	Hectolitres	27,440	42,120 00
Salpêtre	Kilogrammes	664,000	241,703 28
Soieries	Colis	30	58,500 00
Tamarin	Kilogrammes	63,000	50,600 00
Toiles de lin	Pièces	26,000	104,000 00
Tortue (Écaille de)	Kilogrammes	935	109,200 00
Tomback	Idem	332,450	117,000 00
Safran	Idem	32,850	13,286 00
Sucre	Idem	1,473,495	979,254 90
Zemblis vides (Paniers)	Colis	17,300	84,000 00
Chiffons	Kilogrammes	4,890,780	918,379 80
Manufacturés (Produits)	Colis	4,800	4,355,000 00
TOTAUX	....	....	203,623,744 96

NT LES ANNÉES 1862, 1863, 1864, 1865.

1863.		1864.		1865.	
ÉS.	VALEURS.	QUANTITÉS.	VALEURS.	QUANTITÉS.	VALEURS.
	fr		fr.		fr.
970	106,600	850	98,800	1.000	104;000
000	243,368,710	78,300.000	385.910,200	112.815,000	401,520,600
041	81,900	2.981	29,380	322	54,600
150	9,620	12,600	8,060	9,900	67,600
505	537,680	126.114	589,680	88,920	458,640
000	2,535,000	1,248.000	2,555.280	1.296,000	2,850,420
500	213,200	450.000	109.200	540,000	119,600
000	236,600	472,500	225,680	292,000	143,000
300	598,000	4,200	431,600	3.100	319,800
500	676,000	63,000	842.660	15,750	384,800
588	9,427,600	106.720	1,447,520	»	»
500	7,540	207,000	59,800	189.000	62,400
000	4,149,600	5.159,000	4,024,020	3,082.000	2,643,160
456	46,738,800	160,080	2,239,380	»	»
580	2,311,920	2,566	24.180	»	»
500	230,400	877.500	201,300	495,000	120.120
500	180,410	324,000	275.080	405,000	397,800
000	1,547,000	630,000	1.363,000	1.395,000	2,878.200
000	819,000	495,000	577.720	58,500	61.980
080	967,200	4,968	52,000	»	»
300	17,250	552	5.200	»	»
000	280,800	292.500	159,900	195.000	360,360
400	1,812,200	14.600	1.739,400	32,300	1,339.000
683	150,800	851	180.700	740	187,200
500	491,400	4.315.500	939,440	2.452.500	338,200
276	1,476,800	10,304	415,180	»	»
350	156,000	9,880	127,400	8.645	111,800
920	28,600	18.400	22,620	12,800	48.100
600	952,900	365,000	1,482.000	160.000	780.000
690	1,638,000	15,130	1,248,000	16,243	250,600
740	30,680	3.725	75,400	»	»
609	65,000	5,187	29,120	846	39.000
000	2,288,000	16,928	1.001,000	16,376	1,063.100
»	»	»	»	»	»
500	194,480	64,000	54.600	108.000	5,460.000
»	»	»	»	»	»
404	28,600	1,196	31,720	791	27,300
208	2,364,560	1.683,336	13.804,480	2.377.812	16.463,500
416	130,520	4.748	53,300	»	»
008	499.200	6.624	128,840	828	18,720
700	351.000	4,850	118,600	2.300	455.000
240	49,400	21,344	35.400	2.208	36,400
000	55,640	315,000	114,660	103,500	37.440
26	52.000	25	72,800	20	72.600
000	28,600	11,250	14,040	5,400	14,560
000	112,400	16.000	93,600	12.000	70.200
846	98,800	445	57,200	68	55.160
975	179,400	284,050	170.300	2,964	178,100
000	14,560	24.750	11.076	27,000	12,480
000	83,200	18,000	36.400	9,000	20.800
000	265,200	18,000	356,200	17.000	364,000
000	806,000	3,600,000	770,900	1.660.500	346,320
950	3,822,000	720	347,200	600	2,340,000
....	303,166.530	....	424.700,616	....	442,276.660

On voit, par le tableau précédent, que le chiffre des exportations a été :

	Fr.	C.		
de........	203,623,744	96	en	1862;
de........	303,166,530	»	en	1863;
de........	424,700,616	»	en	1864;
et de	442,276,660	»	en	1865.

Toutes les marchandises qui y sont comprises sont des produits du pays, à l'exception du café provenant de l'Arabie, qui figure, en 1865,

	Fr.
pour	2,850,120
Dents d'éléphant..........	384,800
Gommes..................	2,643,160
Encens....................	397,800
Soit un total de.....	6,275,880

à déduire de l'exportation générale de ladite année.

Les principaux produits du pays exportés en 1865 ont été :

1° *Le coton Mako*, destiné en grande partie à l'Angleterre, à la France, à l'Allemagne; son exportation a atteint un chiffre de 112,815,008 kilogrammes, soit 401,520,060 fr.;

2° *Les laines* dirigées sur l'Angleterre; quantité exportée : 1,395,000 kilogrammes; valeur : 2,878,200 fr.;

3° *Les produits manufacturés*, dirigés sur la Syrie et la Turquie; quantité : 600 colis; valeur : 2,340,000 fr.;

4° *Le natron*, exporté en Autriche principalement; quantité : 2,452,500 kilogrammes; valeur : 338,200 fr.;

5° *Le riz*, exporté en Turquie; valeur : 16,376 fr.;

6° *La graine de coton*, acquise en presque totalité par l'Angleterre, pour une valeur de 16,463,500 fr.

Les nations qui paraissent avoir le plus profité de l'exportation de l'Égypte sont, en première ligne, l'Angleterre et la France; viennent ensuite :

l'Autriche,
la Turquie,
l'Italie,
la Syrie et la Belgique.

V

TRANSPORTS A L'INTÉRIEUR

Transports sur routes, canaux, rivières, cabotage; trafic des chemins de fer.
Nombre de lettres et dépêches télégraphiques expédiées.

La circulation publique intérieure, en ce qui concerne les grandes masses de voyageurs, se résume principalement dans les passagers transitant à travers l'Égypte, pour se rendre soit aux Indes, soit en Europe. Cette circulation s'effectue, en grande partie, par les chemins de fer d'Alexandrie au Caire et du Caire à Suez.

Pendant l'année 1865, le nombre total des voyageurs civils, en transit, a été, ainsi qu'il a été expliqué sous la rubrique *Population*, de 12,535; mais il convient d'y ajouter :

1° Un nombre de 10,655 militaires anglais ou français, débarqués en transit dans les quatre ports d'Alexandrie, Suez, Damiette et Port-Saïd;

2° Un nombre de 18,428 pèlerins, ayant transité à travers l'Égypte, à l'occasion des fêtes de l'Islamisme.

Ce qui donne un total de 41.618 voyageurs étrangers transportés à l'intérieur.

Quant aux transports de marchandises pendant la même année 1865, ils ont été, pour les seuls chemins de fer, de :

55,207	colis de bagages;
180,746	colis de marchandises;
23,499	colis de valeurs ;
169,247	colis d'approvisionnements et matériel;
42,407	malles-postes.
Soit, en tout : 471,106	colis.

Les transports par chemins de fer sont à peu près les seuls qui puissent être évalués exactement en chiffres.

La circulation, pour ainsi dire individuelle, du petit commerce et des touristes qui se rendent dans l'isthme, ou dans la haute Égypte, par routes de terre ou par navigation fluviale, échappe à toute statistique régulière.

Il en est de même de celle des canaux; pour le cabotage il est nul, tout le commerce de l'Égypte se portant sur les grands ports de l'étranger.

L'établissement des télégraphes et la régularisation du service postal de l'Égypte, dus au gouvernement de Son Altesse Ismael-Pacha, sont encore trop récents pour que les renseignements statistiques annuels qui s'y rattachent puissent être complets.

Pour les postes, notamment, réorganisées depuis un an à peine, les relevés statistiques ne seront connus à l'administration centrale qu'au commencement de 1867, pour le mouvement de 1866. — Dès à présent, pourtant, on peut annoncer que les populations ont acquis avec la plus grande faveur les bienfaits du service postal, la création des timbres-poste, l'institution de trente-deux bureaux desservant quarante localités principales, et de sept agences de correspondance à l'étranger : celles de Smyrne, des Dardanelles, de Gallipoli, de Constantinople, de Djeddah, de Souakim, de Massaouah. — Les seuls groups d'argent avaient donné lieu, au 31 décembre 1865, à un mouvement de 1,568,724,543 piastres-tarif (1), ou 407,868,381 fr. 18 c.

Quant aux dépêches télégraphiques, leur nombre ne s'élève pas à moins de trois millions par an.

(1) La piastre-tarif calculée à 26 centimes.

VI

NAVIGATION MARITIME

Nombre et tonnage des navires entrés ou sortis sous le pavillon ou sous des pavillons étrangers.

Le tableau suivant résume le mouvement des navires entrés dans les quatre principaux ports de l'Égypte, ceux d'Alexandrie, Damiette, Port-Saïd et Suez, pendant la période de 1860 à 1865, tant sous pavillon national que sous pavillons étrangers.

Le nombre des navires entrés représente d'ailleurs, à un intervalle plus ou moins long, le nombre des navires sortis.

PAVILLONS

ANNÉES	PAVILLON NATIONAL ÉGYPTIEN	OTTOMAN	ANGLAIS	FRANÇAIS	AUTRICHIEN	RUSSE	AMÉRICAIN	SUÉDOIS ET NORVÉGIEN	PRUSSIEN	MECKLEMBOURGEOIS	DANOIS	BELGE	HOLLANDAIS	HANOVRIEN	BRÉMOIS	BRÉSILIEN	HOMBOURGEOIS
Alexandrie.																	
1860	30	910	414	159	200	35	5	56	17	9	14	4	15	4	2	»	1
1861	8	967	463	235	257	30	25	55	19	7	2	5	8	14	»	»	»
1862	16	113	629	207	250	60	9	71	27	12	»	4	4	2	»	»	»
1863	46	1180	621	213	283	53	3	31	18	9	»	4	8	3	2	»	1
1864	97	1597	793	342	419	102	6	92	39	40	»	6	16	26	4	»	3
1865	169	1493	932	328	390	78	9	72	15	5	»	7	8	1	»	»	4
Damiette.																	
1860	»	307	1	1	»	»	»	»	»	»	»	»	»	»	»	»	»
1861	1	404	»	1	»	»	»	»	»	»	»	»	»	»	»	»	»
1862	1	385	»	»	3	»	»	»	»	»	»	»	»	»	»	»	»
1863	19	435	2	1	2	»	»	»	»	»	»	»	»	»	»	»	»
1864	»	759	4	2	20	1	»	»	»	»	»	»	»	»	»	»	»
1865	2	709	2	»	7	»	1	»	»	»	»	»	»	»	»	»	»
Suez.																	
1860	22	272	63	5	»	1	»	»	»	»	»	»	»	»	»	»	»
1861	30	284	73	14	»	»	»	»	»	»	»	»	»	»	»	»	»
1862	27	254	74	22	»	»	»	»	»	»	»	»	»	»	»	»	»
1863	33	238	56	20	»	»	»	»	»	»	»	»	»	»	»	»	»
1864	47	237	74	5	»	»	»	»	»	»	»	»	»	»	»	»	»
1865	71	209	130	25	»	»	»	»	»	»	»	»	»	»	»	»	»
Port-Saïd.																	
1860	6	55	5	39	3	1	1	»	1	»	»	»	»	»	»	»	»
1861	8	180	2	49	2	4	1	»	1	»	»	»	»	»	»	»	»
1862	3	295	3	51	3	4	»	2	»	»	»	»	»	»	»	»	»
1863	1	195	17	39	28	4	1	2	1	»	»	»	»	»	»	»	»
1864	»	245	16	69	51	3	1	1	3	»	»	»	1	»	»	»	»
1865	2	262	30	124	76	19	»	2	1	»	»	»	1	»	»	1	»

ÉTRANGERS

GREC	ÉTATS-PONTIFICAUX	DE TERRE-SAINTE JÉRUSALEM	DES ILES IONIENNES	VALAQUE	SAMIOTE	MOLDAVE	TUNISIEN	PERSAN	DANOIS	NOMBRE TOTAL DES NAVIRES	TOTAL DU TONNAGE	OBSERVATIONS
Alexandrie.												
91	1	9	2	4	4	»	3	»	»	2,042	»	Les chiffres des tonnages des années précédant l'avénement de Son Altesse Ismael-Pacha, n'ont pu être exactement relevés, les états statistiques n'étant pas, à cette époque, dressés aussi régulièrement que aujourd'hui.
116	»	37	8	12	9	»	8	2	»	2,372	710,598	
99	1	36	6	6	6	»	7	1	14	2,631	824,515	
178	»	33	3	15	16	»	2	1	12	2,802	907,436	
468	1	19	»	26	29	»	8	»	7	4 309	1,334.837	
576	»	7	»	21	21	»	2	2	2	4,283	1,350,876	
Damiette.												
2	»	»	»	»	10	»	»	»	»	321	»	
»	»	»	»	»	3	»	»	»	»	409	»	
1	»	3	»	1	13	»	»	»	»	408	»	
1	»	4	»	»	13	»	»	1	»	479	43,365	
21	»	5	»	1	22	»	1	1	»	839	65,022	
19	»	5	»	»	17		»	»	»	762	55,420	
Suez.												
»	»	»	»	»	»	»	»	»	»	368	»	
»	»	»	»	»	»	»	»	»	»	401	»	
»	»	»	»	»	»	»	»	»	»	377	»	
»	»	»	»	»	»	»	»	»	»	347	171,772	
»	»	»	»	»	»	»	»	»	»	364	123,823	
»	»	»	»	»	»	»	»	»	»	425	267,535	
Port-Saïd.												
3	»	1	»	2	»	»	»	»	»	117	»	
2	»	»	»	2	1	1	»	»	»	254	»	
14	»	26	»	2	»	»	»	»	»	403	»	
39	»	21	»	»	3	6	»	»	»	359	52,136	
62	»	6	»	»	5	1	»	»	»	487	56,215	
118	»	»	»	4	6	»	»	»	»	661	87,429	

VII

INSTRUCTION PUBLIQUE

Écoles libres. — Instruction primaire; kouttabs. — Université d'El-Azhar. — Sciences qui y sont enseignées. — Auteurs qui y sont suivis. — Statistique des écoles libres du Caire. — Écoles du Gouvernement. — Écoles fondées par Méhémet-Aly. — Réorganisation des écoles par Son Altesse Ismael-Pacha. — Conseil consultatif de l'instruction publique. — Statistique des écoles du Gouvernement. — Écoles qui seront prochainement créées. — Vœux libéraux exprimés par la Chambre des députés, en harmonie avec les vues du Vice-Roi. — Tableaux de l'enseignement à l'École de médecine et à l'École des sages-femmes du Caire, pour 1867.

La jeunesse égyptienne puise l'instruction à deux sources distinctes :

1° Les *écoles libres,* qui sont généralement établies auprès des mosquées, et entretenues au moyen de fondations pieuses. Au premier rang de ces institutions, nous signalons l'Université littéraire et théologique d'El-Azhar, depuis longtemps célèbre dans tous les pays de l'Islam.

I. — ÉCOLES LIBRES

De tout temps il a existé des écoles en Égypte, et plusieurs d'entre elles ont joui, pendant des périodes plus ou moins longues, d'une réputation justement méritée. Mais elles subissaient fatalement les mêmes vicissitudes que le pays, et voici à quel degré d'effacement était descendue l'instruction publique, cette base essentielle de tout ordre social régulier, à l'avénement de Méhémet-Aly.

Pour l'instruction primaire, un certain nombre de *kouttabs* ou d'asiles étaient répandus dans les villes, et là, moyennant une rétribution minime, les jeunes enfants recevaient des leçons de lecture et de calligraphie. — Vers douze ou quatorze ans, la plupart étaient placés près de quelque employé public, ou rappelés dans leurs familles, pour acquérir quelques notions d'arithmétique et se fortifier dans l'art de la calligraphie arabe ; puis, après un apprentissage plus ou moins prolongé, ils suivaient la carrière ou prenaient le métier de leur maître. A l'origine, les kouttabs avaient cependant tous été assez bien dotées par la piété de leurs fondateurs pour pouvoir s'attacher de bons professeurs ; mais bientôt la cupidité ou l'incurie des régisseurs des wakoufs avait fait succéder une entière pénurie à la plus satisfaisante prospérité.

Les familles qui voulaient faire acquérir un plus haut degré d'instruction à leurs enfants les plaçaient, au sortir des kouttabs, à El-Azhar.

Fondée, vers l'an 971, par Djauhar-el-Kid, vizir du khalife fatimite Moëzz-lidin-Illah, cette Université était déjà florissante au moyen âge, et sa renommée attirait des étudiants de tous les pays musulmans. Ils y étaient reçus (comme aujourd'hui encore) dans des salles, ou konaks, portant les noms des provinces égyptiennes ou des régions étrangères auxquelles ils appartenaient, et qui leur servaient de dortoirs en même temps que de salles d'étude.

Voici le tableau des konaks :

ÉGYPTIENS	ÉTRANGERS
1 Haute Égypte.	1 Turc.
1 Charafan.	1 Moghrabin.
1 Fiscnïa.	1 Sennaar.
1 Behara.	1 Dakrour.
1 Fayoumy.	1 Hanbaly.
1 Konak mixte.	1 Baghdad.
	1 Soleïmanieh.
6	7

Le fondateur d'El-Azhar lui avait attribué les revenus nécessaires pour que toutes les sciences cultivées alors par les Arabes y fussent enseignées gratuitement par les meilleurs professeurs. Ainsi, il y avait des cours de grammaire, de littérature, de théologie, de jurisprudence, de médecine, d'astronomie, de mathématiques et d'histoire; et, pour que la pauvreté ne fût pas un motif d'exclusion, la mosquée nourrissait et habillait les élèves qui n'avaient pas de ressources suffisantes pour pourvoir par eux-mêmes à leur entretien.

Les causes de déchéance qui s'étaient produites pour les kouttabs avaient également réagi sur la prospérité de l'Université. Mais, grâce à la munificence des princes de la famille de Méhémet-Aly, et surtout à celle de S. A. Ismael-Pacha, cette institution a pu reconquérir son lustre antique.

Elle ne compte pas moins de cinq mille élèves, et c'est sur ses nattes que viennent se former les felkis ou instituteurs des kouttabs, les écrivains, les professeurs de langue arabe, les juges et leurs assesseurs, les mouftis ou jurisconsultes, les prédicateurs, et enfin les docteurs ou ulémas d'un grand nombre de pays musulmans.

A part quelques notions d'arithmétique, d'algèbre et d'hygiène pratique, les sciences mathématiques sont complètement exclues d'El-Azhar. Voici d'ailleurs le tableau complet des sciences qui y sont enseignées, et des auteurs qui y sont suivis (1).

Tableau de l'enseignement de l'Université d'El-Azhar.

LANGUE ARABE

NOMS DES OUVRAGES EMPLOYÉS

1° Résumé de Grammaire, et ses Commentaires, par { 1° El-Kafraouy; 2° Cheikh-Khaled;

2° Résumé de Azharia, et ses Commentaires, par Ebn-Akil;

3° Résumé de Katr, et ses Commentaires, par Achmouny;

4° Résumé de Chouzour, et ses Commentaires, par El-Moughny;

5° Résumé de Syntaxe ou El-Bouna;

6° El-Maksoud;

7° Et-Tasrif-el-Ezzy;

8° Résumé, par El-Marah.

(1) Les orientalistes trouveront la collection complète de ces auteurs dans la Salle du Plan.

LOGIQUE

Résumé	*Commentaires*
Es-Soullam	El-Baghoury.
Tahzib, avec Commentaire	El-Ahdary. El-Malaouy.
El-Isaghoghy	Housni, cheikh-el-islam. Zakaria-el-Insoriy.
Es-Sanousy	El-Moussanef.
Chamsiah	Koutib-ech-Chirazy.

RHÉTORIQUE

Gauhar-el-Maknoun	Ed-Damanhoury.
Et-Talkhis	Moukhtassar-es-Saad. Moutaouel-es-Saad.
Es-Samarkandy	El-Baghoury. El-Malaouy.

PHILOSOPHIE

El-Kafy	Damanhoury. Seghaiy.
El-Hasraghia	Cheikh-Zakaria-el-Insoriy.
Manzamat-es-Sabban	El-Moussannaf.

MORALE

El-Moustatraf-fi-koull-ilm-moustasraf.
Makamat-el-Hariri-houm-el-mouhadara.

THÉOLOGIE

Es-Sanousia	El-Baghoury. El-Handhoudy.
Gauhara-Manzoum	El-Baghoury. Cheikh Adl-es-Salam.
El-Kouboury-es-Sanousy	El-Moussannaf.

LÉGISLATION

Le Coran	El-Ghalalen. Abou-Sanhoud. El-Badraouy.

ARITHMÉTIQUE

Es-Sahraouy,
Ez-Zouma.

ALGÈBRE

El-Bosghinia-Manzoum....... par le même.
El-Moukna.................. par le même.

DROIT

Le droit se divise en trois rites principaux :

Celui d'Abou-Hanifah,
Celui de Malek,
Et celui de Chaféï.

Il existe aussi plusieurs autres rites, notamment le rite Hanbaly ; mais ils ne comptent qu'un petit nombre d'adeptes en Égypte, et ne sont pas enseignés à El-Azhar.

Chacun de ces trois rites a ses auteurs et ses adeptes. Le rite officiel de l'Égypte est celui de l'imam Abou-Hanifah.

RITE D'ABOU-HANIFAH

Noms des ouvrages

Résumé de Nour-el-Edah,
— Maraky-el-Falah,
— El-Kinsy, et ses Commentaires,
— Toniou-el-Aïny,
— Abou-Mawla-Meskin,
— El-Farrar, et Commentaires,
— Dourar,
— Kounz-el-Absar,
— Ed-Dourr-el-Moukhtar.

RITE DE MALEK

Résumé de El-Asmaouïa,
— Ebn-Turky,
— El-Ezzia,
— Ez-Zourkany,
— Ebn-Abi-Zed,
— Abou-Hassan,

Résumé de El-Moussalek,
— Ed-Dardir,
— Halil,
— El-Harasciy,
— El-Madnoun, et ses Commentaires.

RITE DE CHAFEI

Résumé de Abou-Chouga, et Commentaires,
— de Ebzn Lami,
— de El-Hatib,
— de Et-Talkhis, et Commentaires d'El-Manhag,
Commentaires du Cheikh-el-islam Tahfa-Ben-Haggar,
Commentaires par El-Mohaty.

VOICI LA STATISTIQUE ACTUELLE DES ÉCOLES LIBRES DU CAIRE

1° *Enseignement primaire*

39 kouttabs entretenus aux frais du Divan-el-Wakouf, reçoivent 1,852 élèves, dont 571 sont défrayés de toute charge d'habillement et de nourriture;

2 kouttabs, entretenus aux frais du ministre des finances, — 199 élèves, — 44 habillés et nourris;

53 — — sur des fonds gérés par le Divan-el-Wakouf, — 1,747 élèves, — 761 habillés et nourris;

29 — — sur des fonds leur appartenant en propre, — 1,102 élèves, — 446 habillés et nourris;

137 — n'ont ni rentes, ni subventions, et reçoivent 4,438 élèves dont aucun n'est défrayé.

Ainsi, 259 kouttabs donnent l'instruction élémentaire à 9,338 élèves, parmi lesquels 1,822 sont complétement entretenus soit par le Gouvernement, soit par la piété publique.

2° *Enseignement secondaire et supérieur*

Université d'El-Azhar. — 5,000 élèves, dont 2,500 sont entretenus soit par le Gouvernement, soit par les provinces ou pays d'origine.

De plus, tous les professeurs reçoivent des rations de vivres et sont habillés aux frais du Gouvernement égyptien.

II. — ÉCOLES DU GOUVERNEMENT

Méhémet-Aly, qui était doué d'un vrai génie organisateur, avait conçu le plan d'une régénération sociale du pays à la tête duquel il s'était placé. Il avait compris que les fondements les plus solides de son œuvre se trouveraient dans un large développement de l'instruction littéraire, scientifique et professionnelle de la jeunesse égyptienne.

Comme Pierre le Grand, il fit appel aux étrangers, qui, d'ailleurs, s'offraient en foule pour seconder ses vues; mais dans sa pensée, comme dans celle de l'initiateur de la Russie à la civilisation occidentale, ce ne devait être que pour amener plus tôt son pays à se suffire à lui-même, pour rentrer, après tant de siècles de ténébreuse anarchie, dans ses voies providentielles.

Ainsi, en même temps qu'il créait des arsenaux, des fonderies, des manufactures d'armes et autres établissements purement militaires ou maritimes, des filatures et autres usines purement industrielles, Méhémet-Aly fondait dans chaque chef-lieu de province, et aux frais du Gouvernement, des écoles primaires. — Celle du Caire, placée dans le palais de Kasr-el-Aïn, sur les bords du Nil, compta bientôt 2,000 élèves; un général espagnol, Seguerra-Bey en fut le premier directeur.

Une école de médecine et de pharmacie, dirigée par un médecin français, le docteur Clot-Bey, fut organisée au Moristan, au centre du Caire, puis, bientôt après, transférée près du village d'Abou-Zabel, à quatre lieues au nord-nord-est de la ville.

Une école d'infanterie fut organisée à Damiette; l'école de cavalerie de Gizeh acquit une juste réputation sous la direction active et intelligente du chef d'escadron Varni-Bey, dont le nom est resté populaire dans l'armée égyptienne. — L'école d'artillerie de Tourah avait également pour directeur un Français, le capitaine d'artillerie Bruneau.

Plus tard, furent fondées l'école polytechnique, l'école des langues, l'école d'arts et métiers, une école navale, l'école vétérinaire et d'agriculture, une école de comptabilité, et enfin une école de télégraphie aérienne.

L'école polytechnique, établie d'abord à Boulak, sous la direction d'Hekkiam-Bey, fut ensuite confiée à un ingénieur français, M. Lambert-Bey.

L'école vétérinaire et d'agriculture fut organisée à Waberoh, sous la direction de M. Amon-Bey, vétérinaire français, et transférée ensuite à Choubrah.

L'école des langues, établie dans un palais de l'Esbekieh, fut confiée à un savant égyptien, M. Refah-Bey, qui, après avoir été élevé à El-Azhar, était allé compléter son instruction en France. Les élèves de cette école ont rendu de très-grands services au pays ; c'est à eux qu'il doit la traduction et la publication d'un grand nombre de bons ouvrages.

L'école navale, fondée à Ras-et-Tìn (Alexandrie), se recrutait à l'école primaire de cette ville.

L'école des arts et métiers fut établie à Boulak, l'école de comptabilité et l'école de télégraphie à la citadelle du Caire.

Chacune de ces écoles avait son imprimerie lithographique pour la reproduction des cours des professeurs, sa bibliothèque, et, s'il y avait lieu, sa collection de modèles ou d'instruments.

Le cabinet de physique et la bibliothèque de l'école polytechnique ne coûtèrent pas moins d'un million de francs. En 1842, Méhémet-Aly ordonna l'érection d'un observatoire à Boulak ; mais il ne fonctionna que jusqu'à la mort de ce prince.

Voici la statistique de ces différentes institutions, telles qu'elles ont existé depuis 1834 jusqu'à la mort du grand Pacha en 1848.

	Élèves.
École primaire de Kasr-el-Aïn (Caire)	1,800
— de Nasrieh	1,200
— d'Alexandrie	1,800
— des Provinces	4,000
École d'infanterie à Damiette	600
— de cavalerie à Gizeh	600
— d'artillerie à Tourah	200
— navale à Alexandrie	200
— de médecine et de pharmacie à Abou-Zabel	200
— polytechnique de Boulak (Caire)	125
— des arts et métiers — —	125
— de comptabilité à la citadelle du Caire	120
— de télégraphie — —	40
— des langues à l'Esbekieh (Caire)	120
— vétérinaire et d'agriculture à Choubrah	240
Total	11,370

En outre des écoles fondées par Méhémet-Aly, en Égypte, ce prince avait créé en France, sous la direction du savant Jomard et le haut patronage du maréchal Soult, une mission d'élèves égyptiens, dont firent partie les jeunes princes ses petits-fils ; les élèves de cette mission ont, pour la plupart, payé largement leur dette de reconnaissance filiale à l'Égypte.

Nous devions à la gloire de Méhémet-Aly de rappeler ici ce qu'il a fait pour relever le niveau intellectuel de son peuple ; et comme il n'y aurait aucune utilité à présenter le tableau des vicissitudes que ses institutions ont subies jusqu'à l'avénement de son auguste petit-fils Ismael-Pacha, nous passons sans transition à l'exposé succinct de l'organisation que ce prince a donnée aux écoles du Gouvernement, et de ses vues pour compléter un grand et fructueux système d'instruction publique et d'enseignement professionnel.

La direction supérieure de l'instruction publique est confiée à un ministre spécial, et Son Altesse a fait choix, pour son importante mission, du haut fonctionnaire de son Gouvernement, le plus propre à seconder sa sollicitude éclairée, de Son Excellence Chérif-Pacha, ancien élève de l'École d'état-major français.

Un conseil consultatif de l'instruction publique, composé de plusieurs chefs de service, des directeurs de toutes les écoles, et des principaux professeurs, est chargé d'élaborer et de coordonner les programmes d'études, et d'en surveiller l'exécution, afin de les amener progressivement à être identiques à ceux des écoles similaires européennes.

Les écoles du Gouvernement actuellement existantes sont :

	Élèves.
L'école primaire d'Alexandrie, composée de......	400
— préparatoire d'Alexandrie.............	200
— primaire du Caire, établie à l'Abbassieh..	1,300
— préparatoire du Caire.................	600
— polytechnique du Caire ouverte en 1866, et ne comprenant que 2 divisions (à la reprise des études, elle aura 60 élèves).	
— d'infanterie, établie à l'Abbassieh, composée actuellement de..................	250
mais qui sera doublée à la reprise des études après le congé de Ramadan, et formera alors un bataillon de 8 compagnies.	
— de cavalerie établie à l'Abbassieh, formant un escadron de.....................	100
— d'artillerie et du génie à l'Abbassieh, formant une batterie d'artillerie de.......	100
et une section du génie de...........	30
— d'état-major à l'Abbassieh..............	20
— de médecine et de pharmacie à Kasr-el-Aïn. (Parmi ces 100 élèves, 75 étudient la médecine, et 25 la pharmacie).	100
— des sages-femmes.....................	40
Total.....................	3,140

Tous ces élèves sont instruits, nourris et habillés aux frais du Gouvernement, et en outre reçoivent une petite solde mensuelle.

Cette année, des élèves de l'école de l'Abbassieh ont pu être admis à l'École d'application de l'artillerie et du génie à Metz, à l'École impériale des mines de Paris, et à l'École normale professionnelle de Cluny.

A la reprise des études, il sera créé :

1° Une école vétérinaire qui se composera de quatre divisions de 10 à 15 élèves chacune;

2° Une école de droit administratif, composée de trois divisions de même force.

Le Vice-Roi se propose, en outre, de reconstituer l'école navale d'Alexandrie, et l'école des arts et métiers de Boulak; enfin, d'organiser des écoles de filles, ce qui sera un progrès d'une immense portée.

De plus, le conseil des députés, appelé par l'initiative libérale du Vice-Roi à formuler ses vœux pour les progrès moraux et matériels du pays, a demandé que l'instruction élémentaire reçût de nouveaux développements dans toutes les provinces; ainsi il y a tout lieu d'espérer, à la gloire de Son Altesse Ismael-Pacha, que, dans une courte période de temps, l'instruction publique sera constituée en Égypte aussi largement que dans les pays les plus avancés en civilisation.

Comme annexe de ce travail et spécimen du développement de l'enseignement dans les écoles du Gouvernement, nous présenterons ci-après deux tableaux faisant connaître l'ensemble de l'enseignement à l'École de médecine et de pharmacie du Caire et à l'École d'accouchement de la même ville.

TABLEAU de l'Enseignement à l'École de Médecine et de Pharmacie du Caire, pour l'année 1867

DIRECTEUR DE L'ÉCOLE : **MOHAMMED-ALY-BEY.**

COURS ENSEIGNÉS A L'ÉCOLE	PROFESSEURS TITULAIRES	TITRES UNIVERSITAIRES	PROFESSEURS ADJOINTS
Anatomie	MM. Hassan-Abd-er-Rahman	Anc. élève de l'École de méd. du Caire.	
Histologie	Id.	Id.	
Physique médicale	Gastinel	Pharmacien de Marseille	Saleh-Aly, ancien élève de l'École de médecine du Caire.
Chimie médicale	Id.	Id.	
Histoire naturelle médicale	Ahmed-Nadah	Id.	
Physiologie	Hassan-Bey-Hachim	Docteur de Paris	Mohammed-el-Kattawé, anc. élève de l'École de médecine du Caire.
Accouchement	Id.	Id.	
Pathologie chirurgicale	Mohammed-Aly-Bey	Id.	Mohammed-Faouzy, ancien élève de l'École de médecine du Caire.
Opérations et appareils	Id.	Id.	
Ophthalmologie	Husseïn-Bey, Off.	Docteur de Vienne.	
Pathologie médicale	Salem-Bey	Docteur de Munich	Mohammed-el-Kattawy, anc. élève de l'École de médecine du Caire.
Anatomie pathologique	Id.	Id.	
Pathologie et thérapeutique générales	Abd-er-Rahman-el-Herraouy	Docteur de Paris.	
Pharmacologie	Mansour-Ahmed	Ancien élève de l'École du Caire.	
Médecine légale	Mohammed-Badr	Docteur d'Édimbourg.	
Hygiène	Id.	Id.	
Clinique chirurgicale	Mohammed-Aly-Bey	Docteur de Paris.	
Clinique médicale	Salem-Bey	Docteur de Munich.	
Clinique ophthalmologique	Husseïn-Bey, Off.	Docteur de Vienne.	
Langue française, traduction des ouvrages sur les sciences médicales	Mustafa-Kadouan	Ancien élève de l'Éc. des langues du Caire.	

NOMBRE DES ÉLÈVES

Le nombre des élèves entretenus aux frais du Gouvernement est fixé, par décision supérieure, à 100. Ils sont pris dans les Écoles préparatoires du Gouvernement, après avoir suivi les cours primaires et secondaires d'enseignement. Ils sont casernés à l'École, et soumis au régime militaire. A la fin de chaque année scolaire, ils sont soumis à des examens généraux, en présence des principaux fonctionnaires de l'État, et des ulémas. Toutes les questions portées au programme sont tirées au sort, et doivent être traitées en présence d'un jury d'examen composé des membres du Conseil de l'intendance sanitaire d'Egypte et de médecins étrangers à l'École, désignés à cet effet par le Gouvernement. A la fin de la sixième année d'études, ils sont admis dans les services publics. — Sur les 100 élèves, il y en a 75 pour la section de médecine, et 25 pour celle de pharmacie. Les leçons sont données en arabe littéral. Tous les ans, les meilleurs ouvrages, nouvellement publiés, sont traduits et imprimés en arabe. Les professeurs publient aussi une feuille hebdomadaire, où sont mentionnés les extraits des journaux de médecine européens, de sorte que l'École de médecine est maintenue au courant des progrès de la science.

TABLEAU de l'Enseignement à l'Ecole d'Accouchement du Caire, pour l'année 1867

DIRECTEUR DE L'ÉCOLE : M. ARNOUX-BEY.

COURS ENSEIGNÉS A L'ÉCOLE	PROFESSEURS TITULAIRES	TITRES UNIVERSITAIRES	OBSERVATIONS
Lecture et écriture arabes	Le cheikh Ibrahim-Hadhod	De l'école de l'Azhar.	
Couture	Madame N...., couturière.		
Éléments d'arithmétique et de géométrie.	Mohammed-Ismaïl	Ancien élève de l'École militaire de Paris.	
Ostéologie du bassin :			
Anatomie et physiologie des organes sexuels de la femme	Mohammed-Kattawy	Ancien élève de l'Éc. de médecine du Caire.	
Éléments d'histologie :			
Maladies des organes sexuels de la femme, de l'anus et des voies urinaires	Mustafa-Abou-Zeïd	Ancien élève de l'Éc. de médecine du Caire.	La répétition de ces cours est confiée à une maîtresse sage-femme.
Matière médicale particulière aux femmes.	Badawy-Salem	Pharmacien de Marseille	
Petite chirurgie :			
Accouchement	Mohammed-Abd-es-Samit	Ancien élève de l'Éc. de médecine du Caire.	

Cette École est destinée à former des élèves sages-femmes pour les villes et les provinces de l'Égypte. Elles sont choisies parmi les filles du peuple, d'après la demande de leurs parents, reçoivent l'instruction, et sont entretenues aux frais du Gouvernement.

L'École est pourvue du personnel nécessaire pour la surveillance de la conduite et des mœurs. — Il n'est accordé aux élèves qu'une sortie seulement par mois, avec le père ou la mère qui doivent les ramener eux-mêmes à l'École.

La durée de l'enseignement est fixée à 5 ans ; les matières d'enseignement sont mentionnées au tableau ci-dessus. Les élèves sages-femmes apprennent en outre à vacciner les enfants qui viennent des quartiers les plus proches de la ville, à faire les accouchements d'abord sur l'automate, puis sur des femmes pauvres du dépôt de mendicité ou des quartiers de la ville, sous la surveillance du professeur. Ces femmes restent dans des salles spéciales le temps nécessaire pour être rétablies de leurs couches. Le Gouvernement leur donne à leur sortie une somme d'argent et le trousseau de l'enfant.

Les élèves sages-femmes subissent tous les ans, devant un jury, un examen sur les matières qu'elles ont étudiées dans le courant de l'année scolaire. Les plus avancées sont examinées sur la théorie et la pratique des accouchements. Quand elles ont suffisamment bien répondu, elles sont envoyées dans les provinces, où elles reçoivent un traitement du Gouvernement pour pratiquer gratuitement.

VIII

FINANCES

On s'est beaucoup occupé, dans ces derniers temps, de la situation financière de l'Égypte. Mais les appréciations que l'on a publiées à ce sujet ont été trop fréquemment entachées d'exagération, pour qu'il ne soit pas utile de les ramener à leur juste valeur. La justice et la vérité ne peuvent, du reste, qu'y gagner ; et cette considération, à défaut de toute autre, suffirait à expliquer la présence, dans cet ouvrage, des quelques éclaircissements qui vont suivre.

La dette égyptienne se compose de trois éléments :

1° Les emprunts qui concernent le Gouvernement proprement dit, et sont garantis par l'État ;

2° Les emprunts contractés par des administrations particulières, avec garanties spéciales en dehors des propriétés et des revenus de l'État ;

3° La dette flottante.

La première catégorie comprend :

1° L'emprunt de 1862 (Saïd-Pacha), amortissable en 30 ans. fr. 3,292,000

2° Celui de 1864 (Ismael-Pacha), amortissable en 15 ans... 5,704,200

Dans la deuxième figurent :

1° L'emprunt du chemin de fer (transit), remboursable en six ans, à partir du 1er janvier 1869.................................... fr. 3,000,000

2° Celui de la Daïra vice-royale, amortissable en 15 ans.... 3,387,300

Vient enfin la dette flottante, qui s'élève à 200 millions de francs environ, si, outre les bons du Trésor, on y range les traites émises par le transit et la Daïra contre fournitures diverses, mais qui, du chef même du Mâlieh ou Ministère des finances, ne dépasse pas 80 millions de francs.

La dette de l'État proprement dit se trouve donc réduite aux deux emprunts de la première catégorie ; c'est-à-dire à 8,996,200 livres ou 215 millions, augmentés des 80 millions qui forment la part du Mâlieh dans la dette flottante : soit un total de 295 millions de francs.

Comme on l'a vu plus haut, c'est à Saïd-Pacha qu'il était réservé de lancer l'Égypte dans la voie des emprunts en Europe. Ce prince léguait en outre, en mourant, à son successeur, un chiffre de dettes de 370 millions de francs ; et c'est à éteindre les plus pressantes de ces dettes qu'a été employé l'emprunt de 1864.

IX

SYSTÈME DES POIDS ET MESURES

Nous devons à l'obligeance de M. Tissot, ingénieur civil au service du Gouvernement égyptien, communication des tableaux ci-après, qui font connaître le système des poids et mesures, le système des monnaies et celui de la division du temps employés en Égypte.

I. — MESURES DE LONGUEUR

	Mèt.
Le pik ou la coudée du Nil (deraa Nili)	0.5245
Le pik indigène (deraa beledi)	0.5682
Le pik ou archin de Constantinople (deraa Stambouli)	0.6691
Le pik des marchands ou l'aune (deraa endâzeh) (1)	0.6479
Le pik de construction (deraa meïmari)	0.7500

Chacune de ces mesures se divise en 6 palmes (abdat) et en 24 parties appelées kérat (2).

	Mèt.
Le kassaba du cadastre ou la canne d'arpenteur.	3.5500

(1) *Endâzeh* est un mot persan qui veut dire *mesure*.

(2) *Kérat* signifie littéralement la première phalange du pouce ; dans le système métrique égyptien, ce mot exprime généralement la vingt-quatrième partie d'un entier.

MESURES LINÉAIRES ET GÉOGRAPHIQUES

	Mèt.
Le degré du méridien se divise en deux journées et demie de marche (safar yom), en 25 lieues et en 60 milles....	110.832
La journée de marche se divise en deux étapes (barid)........................	44.333
L'étape vaut 4 lieues (farsakh)............	22.16650
La lieue vaut 3 milles (mili)..............	3.54160
Le mille vaut 100 brasses (baah) ou 500 kassabas..............................	1847.20
Le kassaba (1) vaut 5 piks (deraa) ou 10 pieds (kidami)...........................	3.694
La brasse vaut 5 pieds................	1.8472
Le pik se divise en 24 kérats..............	0.7389
Le pied vaut 12 kérats.	

II. — MESURES DE SUPERFICIE

Elles ont pour base le pik de construction et le kassaba du cadastre.

	Mètres.
Le pik carré vaut........................	0.5625
Le kassaba carré (égal à 22,404,622 pics carrés)............................	12.6025
Le feddan vaut 333 1/3 kassabas carrés.....	4200.8333
Le feddan se divise en 24 kérats.	

III. — MESURES DE CAPACITÉ

L'ardeb (ancienne artabe) se divise en 6 ouebehs — 12 kelehs — 24 roubahs — 48 melwahs, — et 96 kadahs. —

	Litres.
L'ardeb vaut......................	183.4760
Le ouebeh 4 roubahs..............	30.5793
Le keleh..........................	15.2897
Le roubah.........................	7.6448
Le melwah.........................	3.8224
Le kadah..........................	1.9112

Le darib ou ardeb de riz vaut 29 roubahs (221 litres 7002) à Rosette, et 42 (321 litres 0831) à Damiette.

(1) Le kassaba dont il s'agit ici est le kassaba hachémite, appelé encore kassabat-el-islam. Sa longueur est celle qui est donnée par le grand ouvrage de la Commission d'Égypte; la valeur qui en résulte pour le méridien s'applique à la latitude du Caire, soit 30 degrés.

Le guirbeh d'eau ou voie d'eau, 66 litres 66.

Le Gouvernement égyptien est convenu de compter 15 guirbehs d'eau par mètre cube (Société des eaux d'Alexandrie).

Les dimensions de la guirbeh étalon sont :

$$0^{m}.40 \times 0^{m}.40, \times 0^{m}.4166 = 0,6666.$$

IV. — POIDS

	Kilogr.
Le quintal ou kantar commun se divise en 100 rotls et en 36 okes	44.5458
L'oke se divise en 400 drachmes ou dirhems	1.23739
Le rotl vaut 144 drachmes et se divise en 12 okiehs	0.445458
	Grammes.
L'okieh vaut 12 drachmes et se divise en 8 mitkals	37.121500
Le mitkal vaut 1 1/2 drachmes et se divise en 24 kérats	4.6401875
Le dirhem vaut 16 kérats et se divise en 64 kamhas	3.0934747
Le kérat vaut 4 kamhas	0.1933421
Le kamha ou grain	0.0483355

Outre le kantar commun de 100 rotls, on emploie encore dans le commerce le kantar de :

			Kil.
102	rotls	pour le poivre, etc.	45.4367
108	—	pour le café	48.1095
120	—	—	53.4450
150	—	pour les gommes	66.8187
300	—	usité à Damiette p. le coton.	133.6374
315	—	à Alexandrie	140.3193

La charge d'un *chameau* travaillant 10 à 12 heures par jour est de 100 rotls en moyenne . . . . Kilogr. 267.2748

La charge d'un *baudet* travaillant dans les mêmes conditions est de 150 rotls, soit . . . . Kilogr. 66.8187

L'ardeb de riz de Damiette pèse 625 rotls	278.4112
de Rosette, 432 rotls	192.4378
de blé, en moyenne 333 1/3	148.4860

Ce dernier poids résulte d'un ensemble de pesées faites sur les provenances de la basse, de la haute et de la moyenne Égypte.

RÉSUMÉ

L'ensemble du système métrique égyptien peut être résumé par les relations suivantes :

1° L'ardeb est le volume d'un cube ayant un pic beledi de côté;

2° Trois feddans valent mille kassabas superficiels.

3° Trois ardebs de blé pèsent mille rotls.

4° Soixante-quatre bourses d'argent au titre de 20 kérats pèsent cent rotls.

SYSTÈME MONÉTAIRE

	POIDS LÉGAL		VALEUR	
PIÈCES EN OR	KÉRATS	GRAMMES	PIASTRES	FRANCS
Titre, 21 kérats = 0.875, tolérance 0.003.				
Livre ou guinée égyptienne.............	44 1/6	0.53927	100	25.923
Demi-livre	22 1/12	4.26964	50	12.962
Un vingtième de livre (assez rare)........	2 1/6	0.41891	5	1,296
PIÈCES EN ARGENT				
Titre, 20 kérats = 0.8333, tolérance 0.003.				
Tallar ou dollar égyptien................	144	27.84126	20	5.185
Demi-tallar	72	13.92063	10	2.592
Quart de tallar.........................	36	6.96031	5	1.296
Titre, 18 kérats = 0.750, tolérance 0.003.				
Piastre (se divise en 40 paras) (1)........	7	1.35339	1	0.259
Demi-piastre (en 20 paras)..............	3 1/2	0.67664	0.50	0.130
Quart de piastre (en 10 paras)...........	1 3/4	0.33832	0.25	0.065
PIÈCES EN CUIVRE				
Pièce de 10 paras.......................	67	12.95339	0.25	0.065
Pièces de 5 paras.......................	33 1/2	6.47669	0.125	0.032

(1) *Para* est un mot turc qui signifie *pièce*.

Dans le commerce on emploie souvent, au lieu de la piastre égyptienne, une monnaie de convention appelée piastre courante, qui vaut 0 fr. 143, c'est-à-dire que 10 piastres égyptiennes font 180 piastres courantes.

On emploie encore, dans les comptes, la bourse (kiseh), dont la valeur est de 500 piastres, ou 129 fr. 62 cent., et le trésor (khazneh), qui vaut 100 bourses ou 129,620 francs.

RÉFLEXIONS SUR LES POIDS, MESURES ET MONNAIES EN ÉGYPTE

La première impression que l'on éprouve en examinant les tableaux qui précèdent est celle d'un grand embarras. On se demande comment il serait possible, à moins de l'expérience qu'une longue pratique du pays peut seule donner, de se reconnaître dans ce dédale de mesures, de poids et de monnaies dont le moindre défaut est de n'avoir ni base commune, ni relations appréciables. Je ne puis mieux comparer ce qui se passe actuellement sous ce rapport, en Égypte, qu'à l'état dans lequel nous étions en France avant l'établissement du système métrique. Même confusion, même fouillis inextricable, dont les tableaux ne donnent du reste qu'une faible idée; car, en les dressant, on a dû s'en tenir aux données les plus généralement admises, et se borner à suppléer autant que possible au manque d'étalons officiels.

Ainsi, pour les mesures de longueur, on compte cinq espèces de piks, différant suivant l'usage auquel on applique chacun d'eux. Mais là ne se borne pas la variété : le pik de Tantah n'est pas le même que celui du Caire, ni celui du Caire le même que celui d'Alexandrie. Chaque moudirieh, ou plutôt chaque place de commerce un peu importante, a son pik pour le mesurage des étoffes; et, le plus souvent, cette anomalie s'étend aux mesures mêmes de superficie, suivant que l'on change de province. La valeur du feddan est loin d'être identique sur tous les points du Delta et de la haute Égypte.

De même pour les mesures de capacité. Pour ne parler que de l'ardeb qui en occupe le sommet lorsqu'il s'agit des matières sèches, il est ou devrait être généralement, comme l'indique le tableau, de 183 litres 4760. Mais on se soucie peu de tant de simplicité dans la pratique, et non-seulement la valeur de l'ardeb varie avec les produits, mais elle varie de place à place pour le même produit. C'est ce que l'on a fait ressortir en indiquant que l'ardeb de riz, qui ne vaut que 221 litres 700 à Rosette, vaut 321 litres 0831 à Damiette.

La mesure de capacité pour les liquides est le guirbeh, espèce d'outre dont se servent les sakkas (porteurs d'eau), pour approvisionner les ménages. Ce n'est pas, à proprement parler, une mesure. La valeur n'en a été arrêtée qu'à l'occasion du cahier des charges qui est intervenu entre le Gouvernement et la Compagnie des eaux d'Alexandrie, cahier dans lequel les parties ont stipulé que 15 guirbehs d'eau équivaudraient à 1 mètre cube.

Il y a deux ans, lorsqu'a été créée la Compagnie des eaux du Caire, on a laissé de côté le guirbeh, et le mètre cube lui-même a servi de base au contrat.

En réalité, il n'existe pas en Égypte de mesures pour les liquides. Le Coran défendant l'usage du vin et des liqueurs, les indigènes ne boivent que de l'eau; et l'eau est, Dieu merci, trop abondante pour qu'elle fasse l'objet d'un commerce de détail, et qu'il faille la mesurer aux consommateurs et aux altérés. La série de ces mesures manque donc nécessairement dans la collection qui a été envoyée.

Les essences et les huiles se vendent au poids.

La confusion que j'ai signalée dans les mesures de longueur se retrouve sur une plus grande échelle, s'il est possible, dans les poids. J'ai rapporté cinq espèces de pics. Les variétés du kantar ne sont, en quelque sorte, bornées que par celles des marchandises qu'il sert à peser. Kantar pour le café, kantar pour le poivre, kantar pour les gommes, kantar pour les graines de coton, kantar d'Alexandrie pour le coton égrené, ou kantar commun; kantar pour le coton non égrené, allant de 300 à 315 rottoli, suivant les marchés de l'intérieur où l'on opère, etc., etc. Je n'en finirais pas, si je voulais tout rapporter.

J'observerai toutefois que, dans ces divers cas, le mot *kantar* implique autant l'idée de mesure (farde, sac ou autre) que celle de poids. Cette dernière n'est même intervenue que comme contrôle, comme garantie contre la fraude dans les livraisons. A la suite d'altérations de volume ou de qualité, l'acheteur a stipulé que la farde, le sac, etc., etc., de telle marchandise devait peser tant; et, l'idée de poids primant alors celle de mesure, on s'est tout naturellement servi du mot *kantar* pour rendre les deux idées en un seul mot.

J'arrive aux monnaies. La situation peut se peindre d'un seul trait. L'Égypte est le rendez-vous des monnaies du monde entier, et les pièces du pays même sont peut-être celles qu'on y rencontre le moins : talaris de Marie-Thérèse, colonates espagnoles, piastres mexicaines, roupies indiennes, dollars américains, roubles de Russie, rixdalers de Suède, sequins d'Autriche, thaler, florin, zwanziger d'Allemagne, lires italiennes, monnaies d'Angleterre et de France; depuis la livre sterling jusqu'au penny, et du napoléon à la pièce de dix centimes, rien n'y manque. C'est un amalgame dont les sarrafs (changeurs) ne savent que trop profiter aux dépens des étrangers et de la morale.

Dans les grandes affaires, le coton, par exemple, les achats sont spécifiés payables en napoléons ou en sterlings d'une valeur en piastres au tarif parfaitement déterminée ; mais il ne peut en être ainsi dans les petites transactions de la vie ordinaire. Aussi, acheteurs et vendeurs, vendeurs surtout, y déploient-ils une adresse, une subtilité de compensations vraiment merveilleuse. On a dit autrefois de l'Italie et de l'Allemagne qu'un voyageur qui les traverserait, emportant une somme d'argent, verrait cette somme s'évanouir en frais et pertes au change, s'il la changeait à chaque frontière. Qu'un étranger s'avise, au Caire ou à Alexandrie, de faire passer successivement une livre sterling par la série des diverses monnaies qui ont cours, et la livre sera bientôt réduite à quelques paras. Quiconque n'a fait une expérience de ce genre ne comprendra que difficilement la valeur de cette expresion : Faire commerce d'argent.

Je terminerai ici ce rapide exposé des anomalies et des difficultés auxquelles on se heurte dans la pratique de chaque jour, lorsqu'il faut se servir de monnaies, de mesures, ou de poids en Égypte. Combien il importe à la rapidité, à la sécurité des affaires et au développement même du pays, que l'on sorte promptement d'un pareil chaos, c'est ce qu'il est inutile de faire ressortir. Les faits parlent d'eux-mêmes.

Mais n'est-il pas possible, en étudiant les tableaux qui précèdent, d'y trouver les éléments d'une refonte, d'une réforme suffisante, sans qu'il soit besoin pour cela de recourir à un système étranger? Voilà ce que j'ai dû me demander; et, après mûr examen de la question, je réponds non, pour deux raisons principales. La première, c'est qu'une solution de ce genre, en créant un système à côté de celui dont on veut universaliser l'application, perpétuerait les calculs de réductions et de conversions, qu'il s'agit précisément d'épargner au commerce, et manquerait le but que poursuit la Commission. La seconde, c'est que, malgré les plus patientes investigations, je n'ai pu saisir de lien rationnel entre les différentes parties de cet assemblage, que je n'ose qualifier de système. Comment, en effet, coordonner les éléments les plus disparates, empruntés aux peuples les plus divers, tels que Turcs, Allemands, Italiens, Grecs et autres, comme l'indiquent les mots de kili, kadah ou kadeh, rottolo, kantar, dirhem (drachme), talari (thaler), para, gourouch (grossch), etc., etc.?

Chez la plupart des peuples, on retrouve pour l'unité monétaire le nom même de l'unité de poids. Le sicle, dont Abraham paye 40 en argent, est l'unité de poids du peuple juif. L'as romain en bronze est la livre romaine. Chez les Grecs, le drachme est à la fois le nom de l'unité pondérale et celui de l'unité monétaire. Rien n'est plus commun que le nom de livre pour l'unité monétaire; mais l'Égypte fait exception. L'okke et la piastre n'ont de rapport commun ni de nom, ni d'origine, ni de valeur.

Un moment, la présence du mot kérat dans les mesures de longueur et de superficie ainsi que dans les poids et dans les monnaies, m'avait fait croire à une sorte de relation, ou plutôt de base commune, qu'il se fût agi de dégager d'anomalies apparentes occasionnées par une longue pratique. Mais j'ai vite constaté que ce mot n'exprime que la vingt-quatrième partie d'un entier, et n'a rien de la valeur absolue que j'avais soupçonnée tout d'abord. Dans les monnaies, le kérat donne le titre; le pik, le feddan et le mitkal se divisent chacun en 24 kérats, et c'est là tout.

Il n'y a pas, à proprement parler, de système général des poids, mesures et monnaies en Égypte. Les quelques relations que j'ai établies en résumant les tableaux n'en ont ni le caractère, ni les mérites. Ce sont de simples rapports qui n'éclairent que médiocrement le chaos dans lequel j'ai cherché à m'orienter, et dont la valeur absolue est le plus souvent démentie dans la pratique.

Mais où je retrouve quelques traces de systèmes, c'est dans les sous-multiples de certaines mesures; celles de capacité, par exemple, que la division de l'ardeb en 12 kilis, 44 roubahs, 48 melwahs et 96 kadahs, fait rentrer dans le système duo-décimal.

Par contre, l'okke, qui, dans la pratique, se divise en demi, quart, huitième, seizième, trente-deuxième et soixante-quatrième d'okke, appartient au système binaire. J'en dirai autant du talari, qui se divise en demi, quart et huitième de talari; de la piastre, qui se divise en demi et quart de piastre, etc. Malheureusement, pour la question qui m'occupe, je ne puis tirer parti de ces éléments, que l'on retrouve, il est vrai, chez la plupart des peuples où les notions de poids et de mesures ont acquis quelque exactitude, mais dont une longue expérience a clairement démontré l'imperfection, sinon l'insuffisance absolue. Je me bornerai donc à les relever, et j'arrive à la conclusion naturelle de l'exposé qui précède : le besoin urgent d'une réforme.

Cette réforme, tout la réclame : aussi bien les nouvelles conditions économiques dans lesquelles la crise cotonnière a placé l'Égypte, le développement de son commerce intérieur et l'extension rapide de ses relations avec l'Europe, que la nécessité, pour les indigènes et pour les étrangers, de sortir d'une confusion qui est une source de contestations et de fraudes. Le Gouvernement lui-même est grandement intéressé à l'établissement d'un système à la fois clair et rationnel dont la vulgarisation lui fournira, entre autres avantages, un moyen puissant d'assimilation pour ses possessions des bords de la mer Rouge et du haut Nil.

Mais quelle en sera la nature et comment l'appliquer? Les résolutions de la Commission répondront mieux que je ne saurais le faire à la première de ces questions. Quant à la solution de la seconde, elle ne présentera de difficultés sérieuses pour aucun de ceux qui connaissent la haute intelligence du Vice-Roi, sa persévérance dans la poursuite d'un but une fois arrêté, et surtout l'esprit d'amélioration et de progrès qui l'anime; esprit dont il vient de donner une preuve si éclatante, par la manière dont il a compris que l'Égypte devait figurer à l'Exposition universelle de 1867.

Quelques mots encore avant de finir. Dans les considérations qui précèdent, je n'ai pas compris la division du temps en Égypte. Cette question étant intimement liée à la question religieuse, la Commission appréciera ma réserve. Chaque phase importante du jour correspond, en effet, à une heure prescrite pour la prière par le culte musulman : tels sont le *fagr*, ou crépuscule du matin, l'*acha*, ou crépuscule du soir, et l'*asr*, qui répond environ à la troisième heure de l'après-midi. Ce n'est là, du reste, qu'un point secondaire, et j'ai pu d'autant mieux le négliger, que, même en France, on a respecté l'usage qui divise le jour et la nuit chacun en douze parties égales.

X

DIVISION DU TEMPS EN ÉGYPTE

La journée commence au coucher du soleil (maghreb), et se termine le lendemain à la même heure : il est alors 12 heures ou 0 heure aux horloges du pays. On conçoit que ce point de départ varie suivant les saisons, que les journées ont généralement plus ou moins de 24 heures, et qu'ainsi les horloges doivent être réglées pour ainsi dire au jour le jour. — Les habitants du Caire ont adopté à cet effet la règle pratique suivante, basée sur la marche du soleil. — En partant de l'équinoxe de printemps, ils admettent que les jours augmentent d'un demi-degré par jour, pendant la durée du premier signe zodiacal, d'un tiers de degré pendant le deuxième, et d'un sixième de degré pendant le troisième signe; soit, en totalité, de 30 degrés ou 2 heures, depuis l'équinoxe jusqu'au solstice.

Les jours sont effectivement alors de 14 heures ; de là au commencement de l'automne, ils suivent une marche descendante inverse, pour redevenir égaux aux nuits ; puis ils continueront de baisser successivement d'un demi-degré, d'un tiers, et d'un sixième de degré, jusqu'au solstice d'hiver, où ils n'auront plus qu'une durée de 10 heures ; enfin, ils commenceront à grandir d'un sixième, d'un tiers et d'une moitié de degré, jusqu'à l'équinoxe de printemps, et ainsi de suite.

Partant de là, et sachant qu'un degré vaut 4 minutes de temps, il est aisé de régler sa montre en un jour quelconque de l'année, sans avoir à se préoccuper des phénomènes célestes. Mais on comprend que cette méthode doit subir des changements suivant les latitudes, et que, dans les termes où elle vient d'être énoncée, elle n'est applicable qu'au 30e degré.

Les autres phases de la journée correspondent aux heures prescrites pour la prière par le culte musulman, et sont déterminées par les circonstances astronomiques ci-après :

1° L'*acha,* ou crépuscule du soir, qui vient 1 heure 20 minutes environ après le *maghreb,* est le moment où le soleil est à 17 degrés au-dessous de l'horizon.

2° Le *fagr,* ou l'aurore, qui précède de 1 heure 30 minutes environ le lever du soleil, est le moment où cet astre est encore à 19 degrés au-dessous de l'horizon. Aux termes du Coran, c'est l'heure où l'œil peut distinguer un fil blanc d'un fil noir, ou un chien d'un mouton.

Pendant le mois de jeûne du Ramadan, où il n'est permis de manger que pendant la nuit, la limite des repas est marquée par une phase appelée *emsak* qui précède le *fagr* de 20 minutes.

3° Le *cherouk* ou *soubhah* est le lever du soleil.

4° Le *douhr* est le moment de son passage au méridien.

5° L'*asr* correspond à peu près au milieu de l'après-midi : c'est le moment où l'ombre d'un style vertical est égale à la longueur du style, augmentée de la longueur de son ombre à midi.

Les heures de ces différentes phases ont été soigneusement calculées en fonctions du *maghreb,* pour chaque jour de l'année, et sont inscrites dans tous les calendriers arabes du Caire.

On trouve encore dans ces petits livres l'heure de l'orientation de la prière ou l'heure du *kibli,* soit le moment où l'ombre d'un style vertical donne exactement la direction de la Mekke. Pour le Caire, en temps vrai, ce moment se rencontre à 9 heures 45 minutes aux équinoxes; à 11 heures 23 minutes au solstice d'été, et à 8 heures 5 minutes au solstice d'hiver : l'ombre du style fait alors avec la méridienne un angle de 53 degrés, et son prolongement, d'après les calculs des Arabes, va rencontrer le sanctuaire de la *kaabah* à la Mekke.

CALENDRIER ÉGYPTIEN

Les Égyptiens musulmans règlent leurs fêtes religieuses sur les phases de la lune, et font usage, à cet effet, d'une année de douze lunaisons, comprenant 354 jours, avec une intercalation de 11 jours en 30 ans.

Le calendrier religieux a pour point de départ le premier moharrem de l'année de l'hégire, répondant au 15 juillet Julien de l'an 622 après Jésus-Christ.

L'année courante 1283 commence le 16 mai 1866, et finit le 4 mai 1867.

Dans la vie pratique, les travaux agricoles et l'administration publique, ils se servent d'une année solaire composée de 12 mois de 30 jours, avec cinq jours complémentaires, auxquels on ajoute un sixième jour tous les quatre ans. C'est l'année Copte, en tout semblable, sauf pour la date de son commencement, à l'année Alexandrine, employée déjà sous les Ptolémée, mais qui n'a reçu son usage officiel que depuis l'occupation romaine.

Antérieurement à cette occupation, l'année civile se composait de 365 jours, seulement sans aucune intercalation; elle avançait ainsi d'un jour tous les quatre ans sur la révolution solaire, et se trouvait avoir avancé de 365 jours, soit d'une année entière, après 1460 ans Juliens. — Au bout de cette période, elle revenait à son point de départ, pour recommencer de nouveau à s'en écarter progressivement; elle est connue dans ce cas sous le nom d'*année vague*.

Le phénomène astronomique servant de repère aux computations faites avec cette espèce d'année était le lever héliaque de Sirius sur l'horizon de Memphis, fixé par les astronomes au 20 juillet Julien. — Le premier thoth vague a coïncidé avec ce phénomène le 20 juillet de l'an 1332 avant Jésus-Christ. Cette date a acquis une certaine célébrité chez les anciens, et a reçu le nom d'*ère de Menophrès* ou *ère de Memphis*.

L'année vague se maintint en Égypte, jusqu'à l'an 25 avant Jésus-Christ, époque où elle fut rendue fixe par l'empereur Auguste, au moyen de l'intercalation précitée d'un jour tous les quatre ans. — Au temps d'Auguste, elle avait donc avancé de $\frac{1332-25}{4} = 326$ jours sur l'année Julienne, c'est-à-dire que le premier thoth, au lieu de tomber le 20 juillet, comme l'ère de Menophrès, tombait 326 jours plus tôt, soit le 29 août Julien.

Cette date n'a pas changé, et c'est encore le 29 août que l'année Copte commence de notre temps.

L'ère des Coptes est placée à une distance de 1460 + 146 = 1606 ans après l'ère de Ménophrès. Elle répond à l'an 284 de Jésus-Christ, et coïncide avec la première année du règne de Dioclétien, appelée communément *ère des martyrs*.

L'année courante des Coptes (1583) a commencé le 10 septembre dernier (nouv. style), soit le 29 août 1866 du calendrier Julien. Elle est bissextile, c'est-à-dire qu'elle comporte l'intercalation ci-dessus indiquée, — et qu'elle se termine par six jours complémentaires au lieu de cinq.

XI

ARMÉE

Effectif de l'armée permanente. — Milices.

L'Égypte entretient en temps de paix, et conformément aux clauses du firman qui fixe les rapports du Vice-Roi avec le Sultan, une armée permanente de 30,000 hommes, organisée et instituée d'après les règlements français.

Ce chiffre, comparé à celui de la population, ne donne qu'une moyenne d'un soldat par 200 habitants. Ce n'est pas une bien lourde charge, et elle sera adoucie encore, quand le Vice-Roi aura mis en complète application le système très-libéral de recrutement et de réserve que Son Altesse a élaboré elle-même. Ce système comportera des cadres permanents d'officiers, susceptibles de recevoir tel accroissement d'effectif d'hommes de troupe que les circonstances pourraient rendre nécessaires. Et comme la population est essentiellement agricole, et n'a aucun travail à exécuter pendant plusieurs mois consécutifs de l'année, le Vice-Roi se propose de consacrer précisément cette période à l'instruction militaire de l'armée, grossie du contingent annuel et d'une partie de la réserve. Puis, des congés délivrés dans de très-larges proportions ramèneront l'armée à son effectif normal, et rendront à l'agriculture les bras nécessaires. L'armée égyptienne est très-disciplinée, très-manœuvrière et animée d'un excellent esprit militaire; la réorganisation sur de larges bases des écoles militaires assure à ses cadres d'officiers un bon recrutement, et, grâce à la sollicitude dont le Vice-Roi entoure ces écoles, les jeunes gens qui en sortiront dans peu d'années auront un degré d'instruction avantageusement comparable à celui qu'acquièrent les élèves des écoles européennes (1).

De nombreux établissements militaires pourvoient déjà à une grande partie des besoins de l'armée égyptienne. Ce sont :

La poudrerie de Tourah (à deux lieues sud du Caire);

La manufacture d'armes du Caire;

L'atelier d'artifice de la citadelle du Caire;

La capsulerie du Caire;

L'arsenal d'artillerie du Caire et sa succursale d'Alexandrie;

La fonderie de canons de la citadelle du Caire;

La fonderie de projectiles de Boulak (Caire);

L'atelier pour le forage des canons à Boulak (Caire);

Les ateliers de tailleurs, de selliers, de cordonniers de Kasr-en-Nil (Caire);

La tannerie d'Alexandrie.

Ces établissements recevront d'ailleurs, pour la plupart, de nouveaux développements qui permettront à l'armée égyptienne de se suffire complétement à elle-même. Le Vice-Roi donne également ses soins à la réorganisation de ses haras sur les bases et d'après les principes consacrés par l'expérience des établissements hippiques européens.

Dans ce chiffre de 30,000 hommes ne sont pas compris les bachi-bouzouks, dont le nombre est, d'ailleurs, fort variable, ni les kawas de police qui, au nombre de 4,000 environ, sont chargés d'un service qui tient à la fois de celui des gendarmes et des sergents de ville de l'Empire français.

(1) Voir le chapitre VII (Instruction publique).

CATALOGUE

DE

L'EXPOSITION ÉGYPTIENNE

22

EXPOSITION ÉGYPTIENNE

PREMIÈRE PARTIE

ÉGYPTE PROPREMENT DITE

PREMIER GROUPE

ŒUVRES D'ART

CLASSE 4

DESSINS ET MODÈLES D'ARCHITECTURE.

Projet d'un Selamlik arabe, par M. Schmits, architecte au Ministère des Travaux publics, au Caire. — N° 1. Façade principale. — N° 2. Façade latérale. — N° 3. Coupe en long. — N° 4. Plan.

Projet de Palais arabe, par le même. — N° 1. Élévation principale. — N° 2. Coupe dans la travée du milieu. — N° 3. Coupe dans l'axe des pavillons. — N° 4. Plan.

DEUXIÈME GROUPE

MATÉRIEL ET APPLICATIONS DES ARTS LIBÉRAUX

CLASSE 6

PRODUITS D'IMPRIMERIE ET DE LIBRAIRIE.

Spécimens de typographie, présentés par l'imprimerie de Boulak (textes arabes et persans) : — Tableaux contenant des spécimens de calligraphie arabe ; — Chronogramme formé avec treize vers du mètre Kâmel, composé par Cheikh-Mustafa-Selameh.

Chaque hémistiche se compose de six écussons : trois blancs et trois noirs. Le premier hémistiche de chaque vers donne la date 1283 de l'hégire; le second hémistiche donne l'année 1866.

En tirant de haut en bas les écussons blancs des premiers hémistiches, on a également un vers dont chaque hémistiche donne encore la date 1283.

En lisant de la même façon les écussons blancs des seconds hémistiches, on a un vers dont chaque hémistiche donne la date 1866. Les deux vers qui sont formés par les écussons blancs sont reproduits au bas du tableau.

Manuscrits arabes, appartenant à M. Legay, du Caire : — Divan complet de Ibn-Nobâtah. — Divan de Abou-Nowas. — Divan de Mahmoud-Efendi-Safouet, dit Saaty. — Hikmet-ed-Dahr, de Thaaleby, 4 vol. — Ounwan-ech-Chéref de Ismaël-Ibn-Abi-Bekr-el-Yemeny.

Ce manuscrit peut être lu de cinq manières différentes, en sorte qu'il forme cinq ouvrages distincts : quatre d'entre eux sont copiés isolément à la fin du volume.

— Techrif-el-Ayân, de Mohammed-Abd-el-Lathif-et-Tahlaouy.

Ce manuscrit peut être lu de quatre manières différentes et forme ainsi quatre ouvrages distincts : trois de ces ouvrages sont recopiés à la fin du volume.

— Corans manuscrits. — Diplôme de Rifaï, manuscrits avec dessins coloriés, écussons, etc.

(Voir, pour les livres, à la classe 91.)

—

CLASSE 7

OBJETS DE PAPETERIE, RELIURE, MATÉRIEL DES ARTS DE LA PEINTURE ET DU DESSIN.

Roseaux employés pour faire des plumes arabes. — Canif servant à tailler ces plumes. — Lame en ivoire sur laquelle on les taille. — Encrier portatif d'écrivain, en bois de palissandre.

—

CLASSE 9

ÉPREUVES ET APPAREILS DE PHOTOGRAPHIE.

Photographie de M. Désiré, du Caire : — Monuments anciens du Caire. — Vues diverses. — Personnages. — Objets d'art, etc.

(Voir d'autres photographies, aux classes 48, 92 et 95.)

— Photographies de M. Legay, du Caire : — Vues et monuments de la haute Égypte.

—

CLASSE 10

INSTRUMENTS DE MUSIQUE.

Instruments à l'usage des musiciens appelés dans les maisons, les jours de fête et de mariage : — Kanoun ; — Richeh ; — Ooud ; — Flûtes en roseau et en ivoire ; — Kemengeh ; — Tambour en peau de chèvre.

Instruments à l'usage des musiciens qui accompagnent les cortéges des mariés : — Tambourins, dits Makhazans ; — Clarinettes, dites Zoumara ; — Rebabah, ou instrument à cordes avec lequel s'accompagnent les musiciens dans les cafés arabes ; — Daraboukah, ou instrument incrusté de nacre, à l'usage des danseurs ; — Tambourah, à cinq cordes, à l'usage des Berberins qui habitent le Caire.

—

CLASSE 11

APPAREILS ET INSTRUMENTS DE L'ART MÉDICAL.

Instruments à l'usage des dentistes et des chirurgiens, fabriqués par M. El-Kadi Efendi, ancien élève de Charrière, de Paris, fournisseur à l'École de médecine du Caire : — Instruments divers pour nettoyer les dents ; — Clef de Garangeot ; — Daviers droit et courbe ; — Pied de biche ; — Tenettes ou pinces ; — Pinces pour ligatures ; — Puries à polypes ; — Tire-balle ; — Instruments pour l'opération du trépan ; — Curette à bouton pour la taille ; — Couteaux à amputation, dont deux interosseux ; — Rasoir ; — Ciseaux ; — Aiguille à séton.

—

CLASSE 12

INSTRUMENTS DE PRÉCISION ET MATÉRIEL DE L'ENSEIGNEMENT DES SCIENCES.

Instruments de topographie et d'arpentage, exécutés dans l'atelier de précision de Boulak, sous la direction de M. Langlois : — Niveau à lunette et à boussole ; — Boussole simple avec viseur ; — Boussole à lunette ; — Équerre d'arpenteur ; — Compas d'épaisseur indiquant d'une part les vingtièmes de millimètre et d'autre part les subdivisions du pied anglais ; — Planchette avec mouvement sphérique permettant de rectifier l'instrument à l'aide d'une seule visée.

Mesures de longueur usitées en Égypte : — Pik ordinaire du pays, dit *beledi*, servant à mesurer les étoffes en coton ; — Pik dit *enddâzeh*, servant à mesurer les soieries ; — Pik dit *stambouli*, servant à mesurer les draps ; — Pik pour les constructions ou *drâh enddâzeh* ; — Pik ordinaire du pays divisé en deux parties ;

— Kaçâbah, ou règle donnant la longueur du côté du carré adopté comme unité de superficie : 24 *kaçâbah* font 1 *kérat* de *feddan*, et 24 *kérats* font 1 *feddan*.

Mesures de capacité pour les céréales : — Keilah ou 1/12e d'ardeb ; — Rob' ou 1/24e d'ardeb ; — Malwah ou 1/48e d'ardeb ; — Kadah ou 1/96e d'ardeb ; — Nisf-kadah ou 1/192e d'ardeb ; — Rob'-kadah ou 1/384e d'ardeb ; — Thamn-kadah ou 1/768e d'ardeb ; — Kharroubah ou 1/1536e d'ardeb ; — Kérat ou 1/3072e d'ardeb.

Balance ordinaire à l'usage du commerce ; — à l'usage des marchands de soie ; — à l'usage des changeurs de monnaie ; — à l'usage des orfévres, avec série de poids composés de 1/2 drachme, 1 drachme, 2 drachmes et 4 drachmes ; — Petite balance à l'usage des orfévres, avec série de poids composés de 1, 2, 3, 4, 5, 6, 7 et 8 kérats.

Série des poids usités en Égypte : — 1 Oke ou 400 drachmes ; — 1/2 oke ou 200 drachmes ; — 1/4 oke ou 100 drachmes ; — 1/8 oke ou 50 drachmes ; — 1/16 oke ou 25 drachmes ; — 1/32 oke ou 12 1/2 drachmes ; — 1/64 oke ou 6 1/4 drachmes.

1 Rotl ou 144 drachmes ; — 1/2 rotl ou 72 drachmes ; — 1/6 rotl ou 24 drachmes ; — 1/12 ou 12 drachmes ; — 1/24 ou 6 drachmes ; — 3 drachmes ; — 2 drachmes ; — 1 drachme ; — 12 kérats ; — 8 kérats ; — 4 kérats ; — 2 kérats ; — 1 drachme 1/2 ou le metkal.

Trébuchet en bois, servant à vérifier le poids des guinées égyptiennes et anglaises ; — Trébuchet en bois, servant à vérifier le poids des napoléons et sequins.

Monnaies frappées en Égypte. — Or : 100 piastres ; — 50 piastres ; — 5 piastres. — Argent : 20 piastres ; — 10 piastres ; — 5 piastres ; — 2 piastres 1/2 ; — 1 piastre ; — 1/2 piastre ou 20 paras ; — 1/4 piastre ou 10 paras. — Cuivre : 20 paras ; — 10 paras ; — 5 paras.

Timbres-poste égyptiens. — Titre d'assignation sur le Trésor public. — Types divers de papiers timbrés en usage dans le pays. — Passe-port. — Modèle de l'autorisation délivrée aux drogmans qui accompagnent les voyageurs dans la haute Égypte.

CLASSE 13

CARTES ET APPAREILS DE GÉOGRAPHIE ET DE COSMOGRAPHIE.

Cartes hydrographiques de l'Égypte, par M. Linant-Bey de Bellefont, ancien directeur des Travaux publics.

Cartes géologiques de l'Égypte et de la péninsule de l'Arabie Pétrée, par le professeur Figari-Bey, inspecteur général du service pharmaceutique en Égypte.

Carte de la basse Égypte, par M. Mahmoud-Bey, astronome, directeur du service cadastral.

Les principaux points ont été déterminés par M. Mahmoud-Bey ; les détails ont été levés à la planchette par les ingénieurs placés sous ses ordres.

La carte a été reproduite à l'échelle de $\frac{1}{20.000}$, par MM. Bakès-Efendi, Chawki et Ibrahim-Efendi-Chahin, sous-lieutenants élèves de l'École d'État-major du Caire, d'après un exemplaire à l'échelle de $\frac{1}{400.000}$.

(Voir, à la classe 89, une Carte des environs de l'Abbassieh, dressée par les élèves de l'École d'Infanterie du Caire.)

Plan en relief de la basse et de la moyenne Égypte à l'échelle de $\frac{1}{500.000}$, modelé sous la direction de M. Mircher, colonel d'État-major, par M. Karl Schrœder, chef de la brigade topographique, A. Schrœder, Ed. Thomas et A. Thunot.

Indépendamment des voyages de la brigade topographique, des plans et documents fournis par les ingénieurs du Gouvernement égyptien, on a fait usage des documents suivants :

1° Carte de la basse Égypte, par Mahmoud-Bey; — 2° Carte hydrographique de la basse et de la moyenne Égypte, par M. Linant-Bey; — 3° Carte géologique de M. Figari-Bey; — 4° Cartes de Jacotin, faisant partie de la Description de l'Égypte, par l'Expédition française. — Sur ce plan en relief sont indiqués les villes et villages, les cimetières anciens, les ruines, le réseau des chemins de fer, celui des canaux d'irrigation et des digues, la route suivie par les Hébreux sous la conduite de Moïse, la route suivie par le général Desaix.

Plan en relief de l'ancienne ville d'Alexandrie, à l'échelle de $\frac{1}{5000}$, modelé par les mêmes artistes, d'après les cartes de Mahmoud-Bey.

Plan en relief de la nouvelle ville d'Alexandrie, à l'échelle de $\frac{1}{5000}$, modelé par les mêmes artistes, d'après les cartes de Mahmoud-Bey.

TROISIÈME GROUPE

MEUBLES ET AUTRES OBJETS DESTINÉS A L'HABITATION (1)

CLASSE 14

MEUBLES DE LUXE.

Panneaux antiques avec incrustations en ivoire. — Fenêtres fermées de petits morceaux de verre enchâssés dans des nervures en plâtre qui reproduisent des dessins arabesques. — Fenêtre antique, restaurée par M. Parvis, du Caire. — Fauteuil en palissandre de forme antique, avec incrustations. — Objets de menuiserie et d'ébénisterie, dans le style arabe, exécutés par M. Parvis : Portes

(1) *Note du Règlement officiel.* Les objets d'usage courant destinés à l'habitation, et qui se recommandent par les qualités utiles unies au bon marché, sont méthodiquement exposés dans la classe 91 (groupe 10).

riches; — Armoire (genre Dikka); — Buffet-étagère; — Bibliothèque; — Glace; Trépied en ébène; — Porte-chibouks en forme d'appliques. — Table en albâtre de Siout, avec pied en palissandre (appartenant à madame Stephan-Bey).

—

CLASSE 15

OUVRAGES DE TAPISSIER ET DE DÉCORATEUR.

Colonnes en albâtre de Siout, appartenant à madame Stephan-Bey. — Petit bassin en jaspe sanguin, appartenant à la mosquée de Kataoun. — Bassin en marbre, de la mosquée de Oumm-el-Ghoulâmi. — Grand lampadaire, employé autrefois dans les mosquées. — Hache dorée de derviches. — Petit lampadaire de mosquée, en cuivre jaune. — Lampes en verre émaillé (avec inscriptions coufiques, des mosquées de Barkouk, du Sultan-Hassan, etc.). — Grand chandelier en cuivre, employé dans les mosquées. — Hilâl, ou ornement en cuivre, que l'on place au bout des drapeaux portés dans les cortéges religieux.

—

CLASSE 18

TAPIS, TAPISSERIES ET AUTRES TISSUS D'AMEUBLEMENT.

Nattes de Menouf; — d'Esneh; — d'Assouan.

—

CLASSE 20

COUTELLERIE.

Couteaux fabriqués à Keneh. — Rasoirs fabriqués à Keneh. — Ciseaux fabriqués à Menouf.

—

CLASSE 21

ORFÉVRERIE.

Service à café en filigrane d'or, comprenant un porte-feu, un plateau, une cafetière, un sucrier, une cuiller et des zarfs (objets fabriqués au Soudan).

L'orfévrerie en filigrane d'or et d'argent a été introduite autrefois en Égypte par les Vénitiens; mais cette industrie s'est perdue, sauf dans quelques localités au Soudan et à Khartoum. On fait aujourd'hui au Caire des imitations de ces bijoux; mais elles sont moins estimées que les objets fabriqués dans le Soudan.

— Service à café en filigrane d'argent, avec ornementation argent doré, composé de : un plateau, une cafetière, un sucrier, une cuiller, des zarfs. — Zarfs en filigrane d'argent (objets fabriqués au Soudan). — Porte-feu en filigrane d'argent, avec ornements en argent doré. — Flambeaux en filigrane d'argent. — Bouchons de gargoulettes en filigrane d'argent, avec ornements en argent doré. — Vases à fleurs en filigrane d'argent. — Coupe en filigrane d'argent. — Miroir rond en filigrane d'argent et en argent doré. — Encrier arabe en argent, avec garniture en argent doré. — Couvert en acier damasquiné, couteau, cuiller et fourchette (par M. Chérif-Agha, du Caire). — Chandeliers en filigrane d'argent (Khartoum). — Plateaux en filigrane d'argent (Khartoum).

Il n'existe pas de minerai d'argent au Soudan ; on refond, pour faire ce travail, des pièces de monnaie européenne.

—

CLASSE 22

BRONZES D'ART, FONTES D'ART DIVERSES ET OUVRAGES EN MÉTAUX REPOUSSÉS.

Plateaux en cuivre avec inscriptions coufiques.

—

CLASSE 23

HORLOGERIE.

Sablier servant à apprécier une demi-heure ; — servant à apprécier 1 heure 1/2.

—

CLASSE 24

APPAREILS ET PROCÉDÉS DE CHAUFFAGE ET D'ÉCLAIRAGE.

Bougies de luxe, en cire, avec dorures et peintures. — Lanternes en fer-blanc et verres de couleur, dites fanons, dont on se sert à l'intérieur des maisons. — Grande lanterne en fer-blanc, pouvant contenir cinq bougies, servant au même usage. — Grande lanterne avec vingt-quatre petits verres à l'huile, dite *touraya*.

On suspend ces lampes devant les maisons les jours de fête, de mariage, etc.

— Lanternes en bois, dites *tabouts*. — Brasero (*mankad*) en cuivre, avec son couvercle.

—

CLASSE 25

PARFUMERIE.

Eau distillée de géranium. — Principe aromatique de la verveine, proportion de 0.80 0/0 dans la plante; — du géranium. 0.70 0/0 dans la plante; — de la cassie, 2 0/0 dans les fleurs.

Ces trois produits ont été préparés par M. Gastinel, au laboratoire de l'École de médecine et de pharmacie du Caire.

— Bois de senteur que l'on brûle dans les appartements pour les parfumeurs. — Kohl (sulfure de plomb) servant à peindre les yeux et les sourcils, avec flacons en étain, servant à renfermer la poudre de kohl, et stylets pour l'appliquer.

—

CLASSE 26

OBJETS DE MAROQUINERIE, DE TABLETTERIE ET DE VANNERIE.

Petits objets de fantaisie en marbre des carrières de Siout: Verres, tasses, soucoupes, etc. — Collection d'objets en ivoire et en défense d'hippopotame, fabriqués à Siout: — Échiquier; — Trictrac; — Zarfs et fingans; — Verres et gargoulettes; — Vases divers; — Bracelets; — Œufs d'autruche avec dessins gravés. — Roseaux sur lesquels sont gravés des dessins représentant des monuments du Caire, d'Alexandrie, etc. — Pipes de différentes formes: chibouks, gozehs, chichehs, etc. — Bouquins en ambre.

D'autres pipes, chibouks, gozehs, etc., de différentes formes, font partie du matériel du Café égyptien.

QUATRIÈME GROUPE

VÊTEMENTS (TISSUS COMPRIS) ET AUTRES OBJETS PORTÉS PAR LA PERSONNE (1)

CLASSE 27

FILS ET TISSUS DE COTON.

Produits de la manufacture de Boulak : — Fils de coton ; — Toiles fortes en coton pour faire des voiles de navire ; — Toiles en coton brun et blanc pour vestes de soldat ; — Toiles en coton uni, à carreaux ou avec rayures pour pantalons ; — Toiles en coton pour serviettes et nappes. — Serviettes en coton de la province d'Esneh. — Pièces d'étoffe en coton de la province d'Esneh. — Étoffes en coton de la province de Mahalleh.

(Voir, à la classe 35, des étoffes en coton spécialement fabriquées pour faire des vêtements.)

CLASSE 28

FILS EN TISSUS DE LIN, DE CHANVRE, ETC. (2)

Produits de la manufacture de Boulak : — Fils de lin ; — Toiles grossières en lin, pour laver et nettoyer les dalles des appartements ; — Toile forte en lin pour voiles de navire ; — Toile en lin pour costumes d'officiers ; — Toiles en lin pour tentes de navire ; — Toiles en lin unies, ou avec dessins, pour nappes et serviettes ; — Toile fine en lin unie pour mouchoirs ; — Toile fine en lin unie pour chemises ; — Ceinture en lin et coton pour costumes militaires. — Serviettes en lin de Damiette. — Étoffes en lin de Mahalleh.

(Voir, à la classe 35, des étoffes en lin spécialement fabriquées pour faire des vêtements.)

(1) *Note du Règlement officiel.* Les objets d'usage courant destinés au vêtement, et qui se recommandent par les qualités utiles unies au bon marché, sont méthodiquement exposés dans la classe 91 (groupe 10).

(2) Collection de toiles anciennes, de l'époque des Pharaons, pour servir à l'histoire du travail.

CLASSE 30

FILS ET TISSUS DE LAINE CARDÉE.

Laine préparée et filée de la province de Keneh. — Couvertures en laine de la province d'Esneh. — Étoffes en laine noire et bleue pour zabouts, de la province de Keneh. — Couverture en laine de la province d'Esneh. — Couverture en laine de la province de Siout. — Feutres en tapis de la province d'Assiout (Monfalout et Melawi). — Étoffes en laine de la province de Kalioub. — Étoffes en laine de la province de Charkieh.

(Voir, à la classe 35, des étoffes spécialement fabriquées pour faire des vêtements.

—

CLASSE 31

SOIES ET TISSUS DE SOIE.

Koufieh en soie et or, du Caire. — Serviettes en lin et soie, de Damiette. — Serviettes en lin et soie, de Mahalleh. — Serviettes de bain en soie et or, du Caire. — Serviettes de barbier en soie et or, du Caire. — Pièces d'étoffe en coton et soie, du Caire. — Tapis en soie avec broderies d'or et d'argent (servant à envelopper les habits), du Caire. — Tapis en soie avec broderies et franges d'or (pour couvrir les services à café), du Caire. — Tapis et serviettes de toilette en soie, avec broderies et franges d'or, du Caire. — Serviettes de bain avec broderies d'or, du Caire. — Serviettes que l'on apporte aux visiteurs avec les rafraîchissements, dans les grandes maisons du Caire. — Pièces d'étoffe en soie, pour chemises de femme, d'Alexandrie.

(Voir, à la classe 35, des tissus en soie spécialement fabriqués pour faire des vêtements.)

— Tapis avec fonds en soie noire sur lesquels sont brodées en lettres d'or et d'argent des pièces de poésie, composées pour célébrer l'Exposition universelle et l'Empereur Napoléon, l'une par Rifâa-Bey, et l'autre par Cheikh-El-Leïthy.

—

CLASSE 33

DENTELLES, TULLES, BRODERIES ET PASSEMENTERIES.

Broderies et passementeries, du Caire. — Ceintures avec broderies d'or pour enfants. — Cordons et glands en or pour ceintures. — Galons pour ceintures. — Galons en or pour bandes et pantalons. — Cordons pour abayeh, avec glands en or. — Glands en or et argent pour chapelets. — Cordons en soie rouge et or, pour attacher les pistolets. — Jarretières brodées en or et argent. — Ceintures en velours avec broderies en or. — Takieh pour femme en velours avec broderies en or. — Mouchoirs brodés. — Socques en velours avec broderies d'or. — Cordons de montre en argent et en soie bleue. — Garnitures de boutons en soie pour gilets. — Agrafes brodées en or. — Broderies pour uniforme de lieutenant-colonel. — Broderies pour uniforme de colonel. — Dragonnes en or et en argent. — Cordons en soie, or et argent, genre Mamlouk, pour attacher le sabre.

CLASSE 34

ARTICLES DE BONNETERIE ET DE LINGERIE.

Objets accessoires du Vêtement.

Etoffe pour chemises de femme, de la province de Kalioub. — Étoffe pour chemises de femme, de la province de Charkieh. — Tarhah, ou pièce d'étoffe, ordinairement en mousseline, dans laquelle les dames s'enveloppent la tête et le cou. — Tarhah en soie avec franges, de Minieh. — Tarhah en soie et coton, de Mansourah. — Tarhah en soie noire, du Caire. — Bourkoh, ou voile blanc cachant le visage. — Ceinture en soie et coton, appelée *kamar*, du Caire. — Tresses en soie, pour coiffures de femme. — Tresses en or et argent pour le même usage. — Chasse-mouches, avec manches en ivoire, plumes d'autruche, poils d'éléphant, etc. — Chasse-mouches, avec manche en os. — Chasse-mouches, avec manche en étain, de la grande province d'Esneh. — Courbatches. — Cannes.

CLASSE 35

HABILLEMENTS DES DEUX SEXES.

Costumes exposés sur des mannequins exécutés par M. Cordier.

Tchamachir ou costume porté à l'intérieur : — Paire de bas ; — Paire de khoffs (bottines que les femmes mettent pour sortir) ; — Paire de babouches, avec broderies en or ; — Chemise en tulle ; — Chintiân (pantalon large), en taffetas brodé d'or ; — Dikheh (bande de mousseline servant de coulisse pour le chintiân) ; — Yelek (grande robe), en taffetas brodé or avec bordure en or ; — Hezâm (ceinture brodée, mise par-dessus le yelek) ; — Rabtet-ras (coiffure), en velours.

Tezireh, ou vêtement ajouté au précédent pour sortir : — Sablah (grande robe en soie, sans taille) ; — Hezâm-es-Sablah (ceinture en soie, mise par-dessus le sablah ; — Tarhah (pièce longue, de mousseline blanche, couvrant la tête, le cou et les épaules) ; — Bourkoh (pièce de mousseline avec filets, servant de voile pour le visage) ; — Habarah (grande pièce de soie noire couvrant tout le corps).

Danseuse.

Tchamachir : — Paire de bas ; — Paire de souliers (en cuir noir verni) ; — Chemise en tulle ; — Chintiân en taffetas brodé d'or ; — Dikheh ; — Yelek en taffetas brodé d'or avec bordure en or ; — Hezâm ; — Ariety-satch (perruque) ; — Rabtet-ras.

Tezireh : — Sablah (couleur violette dite *mewawichy*) ; — Hezâm-es-Sablah ; — Tarhah ; — Bourkoh ; — Habarah.

Abyssinienne.

Tchamachir : — Paire de bas ; — Paire de souliers jaunes ; — Chemise en tulle ; — Chintiân en laine rouge (avec garniture) ; — Dikheh ; — Yelek en laine rouge (avec garniture) ; — Hezâm en laine ; — Rabtet-ras.

Tezireh : — Sablah (couleur dite *roucaci* couleur cendrée) ; — Hezâm-es-Sablah ; — Tarhah ; — Bourkoh ; — Habarah.

Négresse.

Tchamachir : — Paire de souliers rouges ; — Chemise en tulle ; — Chintiân et son Dikheh ; — Yelek en indienne rouge ; — Hezâm (plaque en cuivre argenté) ; — Rabtet-ras.

Tezireh : — Sablah blanche ; — Hezâm-es-Sablah ; — Tarhah ; — Bourkoh ; — Bar (Habarah blanc).

Paysanne.

Paire de souliers (couleur dite *sekhtiân ghamâq*, couleur foncée) ; — Chemise en toile noire ; — Chintiân ; — Dikheh ; — Antari (gilet à manches) ; — Tresse en soie pour la coiffure ; — Hasbah (coiffure) ; — Tarhah ; — Taub (pièce de toile noire, mise sur la tête).

Cheikh-el-Beled.

Paire de souliers rouges ; — Caleçon ; — Dikheh ; — Chemise ; — Sideri (gilet en soie, sans manches) ; — Antari (gilet en soie, avec manches) ; — Caftan (robe longue en soie) ; — Hezâm (ceinture en soie, de Tripoli de Syrie) ; — Gibbeh (pardessus en drap rouge) ; — Takieh (calotte blanche) ; — Tarbouch ; — Hemmeh (pièce de mousseline pour turban).

Marchand ordinaire.

Paire de bas ; — Paire de souliers ; — Caleçon ; — Dikheh ; — Chemise ; — Sideri ; — Antari ; — Caftan ; — Hezâm ; — Gibbeh ; — Takieh ; — Tarbouch ; — Hemmeh (turban).

Paysan.

Paire de souliers ; — Caleçon ; — Dikheh ; — Chemise ; — Arich (blouse bleue) ; — Large ceinture en cuir rouge ; — Takieh ; — Libdeh (bonnet en feutre) ; — Turban en laine.

Saïs kemchaguy (ou coureur qui précède les voitures).

Paire de souliers rouges ; — Chemise ; — Gilet blanc ; — Gilet fond noir, brodé d'or ; — Culotte large ; — Dikheh ; — Hezâm ; — Takieh ; — Tarbouch.

Nègre.

Peau de loup ; — Peau de mouton.

Costumes et Étoffes, à l'usage d'un habitant riche d'Esneh : — Turban en coton ; — Tarbouch moghrabin ; — Takieh ; — Habaïeh (ou surtout en laine) ; — Bournous en drap noir ; — Ceinture (imitation cachemire) ; — Tôb (ou robe en toile de coton) ; — Gibbeh (ou pardessus en drap), couleur café ; — Caftan (ou robe longue en soie et coton, tissu de Syrie) ; — Antari (ou gilet à manches), en toile de coton blanche ; — Chemise en toile de coton blanche ; — Bas en laine ; — Souliers rouges.

Costumes et Étoffes à l'usage d'un écrivain d'Esneh : — Turban noir ; — Tarbouch ; Takieh ; — Habaïeh en laine ; — Bournous ; — Halalieh ; — Bourdah (ou grand cache-nez couvrant le cou et les épaules, en laine, couleur claire ou foncée) ; — Choukah (servant au même usage) ; — Zabout (ou grande robe de dessus, en laine) ; — Eri (ou robe en toile de coton noire pour l'été) ; — Chemise ; — Caftan ; — Gibbeh ; — Caleçon ; — Bas de laine ; — Souliers rouges.

(Voir, à la classe 92, pour d'autres costumes à l'usage du peuple, de l'armée, etc.)

Étoffes à l'usage des femmes de la haute Égypte : — Milayah (ou grand voile noir recouvrant tout le costume) ; — Choukah ; — Tôb (ou grande chemise cousue avec de la soie) ; — Grande pièce d'étoffe en coton brodée ; — Souliers rouges.

Étoffe en laine blanche, pour zabout, de la province de Keuch. — Étoffe en laine bleu, pour le même usage. — Pièces d'étoffes, de la même province. — Bourdah (ou manteau en laine de la province de Siout). — Choukah en coton, avec la bordure en soie de la même province. — Étoffe en laine, pour zabout, de la province de Kalioub. — Étoffe en laine, pour Deffieh, ou manteau de la province de Kalioub. — Étoffe en laine, pour zabout, de la province de Charkieh. — Choukah, de la province de Charkieh. — Étoffe en laine, pour zabout, de Mahalleh. — Étoffe en laine, pour deffieh, de Mahalleh. — Étoffe en soie et coton, servant à faire des caftans et des antéris, du Caire. — Étoffe en soie et or ou argent, servant à faire des antéris, du Caire. — Tarbouchs, de Foueh (trois qualités différentes). — Sablah (ou robe de dessus, en soie bleue claire que les dames riches revêtent pour sortir. — Habarah (ou grand voile en soie noire, dont les femmes s'enveloppent lorsqu'elles sortent). — Tôb en soie (avec paillettes d'or ou d'argent, de Minieh). — Milâyah en soie et or, à l'usage des femmes du Caire. — Milâyah en soie, de Mansourah. — Chintiân et yelek en soie bleue, avec broderies en or et argent. — Chintiân et yelek en soie violette, avec broderies.

Vêtements de forme européenne, confectionnés par M. Fischer, tailleur au Caire : — Tunique, pouvant se transformer à volonté et très-rapidement, soit en costume civil, soit en costume militaire. — Veste, avec ressorts pour maintenir la taille.

—

CLASSE 36

JOAILLERIE ET BIJOUTERIE.

Bracelet en filigrane d'or (objets fabriqués à Khartoum). — Boucles d'oreilles en or (objets fabriqués à Khartoum). — Boucles d'oreilles en or, genre de Girgeh. Colliers en boucles d'or, creuses. — Colliers en or, dit *Kirdan*. — Garniture de coiffure, en or, dite *Aouahik*. — Bracelets en or. — Bagues en or (Khartoum).

Il existe des minerais d'or dans le Soudan ; mais, à défaut de minerais d'or, on refond des pièces françaises de 20 francs.

— Bracelets, forme brassard, en argent doré. — Açabah en argent doré, pour voile de femme. — Açabah en argent. — Bracelets en filigrane d'argent (objets fabriqués à Khartoum). — Bracelets en argent (creux ou massifs). — Bagues en argent (objets fabriqués à Khartoum). — Colliers ronds en argent (dit *toks*, à l'usage des paysannes). — Anneaux pour les jambes, en argent massif (objets fabriqués à Khartoum.)

(Voir, à la classe 21, une note sur l'orfévrerie et la bijouterie en filigrane.)

—

CLASSE 37

ARMES PORTATIVES.

Sabre et carabine à tige, enrichis de diamants, exécutés par M. Chérif-Agha, armurier attaché à la Manufacture d'armes du Caire. — Sabre avec inscriptions religieuses, ayant appartenu à S. A. Méhémet-Aly-Pacha. — Carabine rayée, se chargeant par la culasse, avec cartouche amorcée, fabriquée par M. Chérif-Agha, armurier du Caire. — Fusils rayés, se chargeant par la culasse ; ces armes ont été fabriquées ou transformées à la Manufacture d'armes du Caire, dirigée par M. Minié-Bey. — Canon obusier de 4, de montagne.

L'obusier a été coulé à la fonderie de la citadelle du Caire, dirigée par Osman-Efendi ; il a été rayé à l'atelier de précision de précision de Boulak, dirigée par M. Langlois ; l'affût, les roues et les brancards ont été construits à l'Arsenal du Caire, dirigé par M. Jaquier-Bey.

— Anciens fusils de rempart avec batterie à silex, canons à 8 pans intérieurs et baguettes en bois. — Casse-tête, tromblons, avec batterie à silex. — Casque antique. — Casque de forme persane. — Cotte de mailles. — Brassard. — Yatagan. — Poignard à lame retournée.

CLASSE 38

OBJETS DE VOYAGE ET DE CAMPEMENT.

Tente de voyage à l'usage des cheikhs de tribus de Bédouins, avec tous ses accessoires (1). — Une natte grossière. — Trois tapis (fabriqués par les Bédouins Chibrekid, de la basse Égypte). — Une outre en peau de chèvre (pour conserver l'eau). — Une petite meule pour écraser le grain, formée de deux pierres. — Une peau de mouton sur laquelle on place la meule. — Un sac en peau pour conserver la farine. — Un grand plat en bois pour faire le pain. — Un plat en terre cuite pour faire la cuisine. — Une écuelle en bois.

CINQUIÈME GROUPE

PRODUITS BRUTS ET OUVRÉS DES INDUSTRIES EXTRACTIVES

CLASSE 40

PRODUITS DE L'EXPLOITATION DES MINES ET DE LA MÉTALLURGIE.

Collection de roches et de minéraux, formée par M. Figari-Bey, Inspecteur général du service pharmaceutique en Égypte : — Soufre brut des côtes de la mer Rouge

(1) La tente est faite d'un tissu en lin et en poils de chameau, très-résistant et imperméable.

(on le rencontre principalement à Gebel-Rimeh, vers 28°30' latitude, et à Gebel-Kebrit, vers 25°30'). — Soufre purifié à la raffinerie du vieux Caire. — Bitume liquide de Gebel-Zeït. — Quartz hyalin d'Assouan (cette roche se trouve sur une grande étendue et en grosses masses, à 500 mètres du Nil. — Quartz lithoïde blanc, dans les roches talcschisteuses de Gebel-Hamamah, sur la route de Keneh à Kosseïr.

Dans les filons de quartz lithoïde blanc qui traversent les roches dioritiques, les anciens Égyptiens ont creusé des galeries pour exploiter des minerais contenant des traces d'or, du fer hydrocarbonate, et galène argentifère.

— Jaspe sanguin en rognons, de Gebel-Hamamah, sur la route de Kosseïr. — Jaspe sanguin, provenant de filons qui traversent les roches dioritiques de Ouady-Safag, vers 26°40' latitude nord et 31° de longitude orientale.

Roche afanitique, avec péridot et plasme vert, de l'île de Sbyrgeh, sous le parallèle du tropique du Cancer.

Les anciens y ont trouvé d'assez beaux cristaux prismatiques aplatis à six faces, sommets divers de péridot vert aigue marine.

— Quartz micaschiste, avec émeraudes. Il se trouve à Gebel-Zabara et Gebel-Saket, vers 25° latitude nord, et 32° longitude orientale.

Les anciens y ont creusé des galeries profondes.

— Grès quadersandstein de Gebel-Selseleh, pierre monumentale des anciens Égyptiens. — Grès siliceux et poudingue de Gebel-Ahmar, au nord-est du Caire, employé comme pierre meulière, — Sable siliceux du désert. — Bois fossilisé agatisé, de la forêt pétrifiée du Caire. — Albâtre aragonite, d'une grande carrière à la base de la vallée de Ouady-Sannour, sous le parallèle de Béni-Souef. — Albâtre des carrières de Siout. — Marbre dolomitique, saccharoïde de Gebel-el-Dib, en grandes couches intercalées entre les roches dioritiques, à 5 kilomètres de la mer Rouge.

On y trouve des variétés blanches, panachées, jaunes, grises ou noirâtres. Ces marbres, durs et compactes, sont analogues à ceux de l'île de Marmara, près de Constantinople.

— Marbres de l'époque de la craie de la vallée d'Arabia, vallons d'Ouady-Gonaïn, Ouady-Ekkas, etc., à 29° latitude nord et 30° longitude orientale. — Marbre noirâtre de l'époque du Lias à Ouady-Mourakhan, dans la vallée d'Araba, à une demi-heure du couvent Saint-Antoine. — Stalactite de chaux carbonatée spathique, provenant d'une grotte de la vallée d'Araba et du Ouady-Nafteh. — Calcaire siliceux, pouvant servir comme pierre lithographique. On les rencontre en petites couches ou en gros rognons dans les terrains crétacés de la vallée d'Araba. — Brèche calcaire oolitique, en grosses masses isolées ou en filons, dans les terrains crétacés des vallées d'Araba, de Keneh, etc.; dans les mêmes gisements, on trouve le calcaire lithographique précédent. — Calcaire appartenant à l'oolithe supérieure de la vallée d'Araba, près du couvent de Saint-Antoine. — Calcaire tuffeau avec silex pyromaque de la formation de la craie. — Calcaire siliceux de Gebel-Moukattem. — Calcaire oolithique de Gebel-Moukattem, des environs de Minieh. —

Calcaire servant pour faire de la chaux, soit grasse, soit maigre, de Gebel-Moukattem. Ces couches se trouvent vers la base des plateaux. — Calcaire tuffeau, fournissant des dalles pour les appartements, couches placées à la base de Gebel-Moukattem. — Calcaire siliceux à Turitelles, pierre à chaux hydraulique ; cette couche est située aux deux tiers de la hauteur de Gebel-Moukattem. — Calcaire pour constructions, du Gebel-Moukattem. — Calcaire employé comme pierre meulière, du Gebel-Moukattem.

Tous ces bancs calcaires sont exploités sur une grande échelle au nord-est de la vallée du Caire.

— Calcaire arénacé du Mex, près d'Alexandrie, servant comme pierre à bâtir. — Bois fossile, transformé en carbonate calcaire dans les couches du système de la craie, près d'Edfou. — Gypse provenant des grandes carrières exploitées au Gebel-Moukattem, près du Caire. — Baryte sulfatée, en masses et en filons, dans le calcaire mollasse du Gebel-Moukattem, près du Caire. — Sel gemme intercalé entre les couches de craie tuffeau. — Sel marin fossile, du Fayoum. — Natron de Terraneh, basse Égypte. — Turquoises. On les rencontre dans les grès et les marnes irisés du Keuper, péninsule de l'Arabie Pétrée, région du Sinaï (Ouady-Nasb). — Granites euritiques, de Gebel-ed-Dyb, de Gebel-Foutirah, de Gebel-Koufrah, de Gebel-Oumm-Houfieh, etc., 28° latitude nord, et 30° longitude orientale.

On y trouve de grandes carrières exploitées par les anciens. Dans celle de Gebel-Foutirah, il y a des colonnes entièrement taillées. Les produits de ces carrières étaient embarqués à Coptos, sur le Nil.

— Granite dioritique, de Gebel-Koufrag. — Granite syénite, de la vallée d'Assouan.

Ces granites étaient également exploités sur une large échelle par les anciens. Les anciennes statues représentant des Éthiopiens étaient souvent en syénite, très-chargée d'amphibole noire.

— Porphyres doléritiques. D'anciennes carrières existent à Gebel-Hamamah, Gebel-Fouakir, Gebel-el-Dîb, dans la vallée de Kosseïr. — Porphyre mélaphyre, de la même région. — Porphyre rouge, de la même région. — Porphyre doléritique, de la même région. — Porphyre talcschisteux, de la même région. — Euphotide panachée, Ouady-at-Tala, dans la vallée de Kosseïr. — Euphotide trachytique, Gebel-Hamamah. — Brèche verte, anciennes carrières dans le vallon d'Ouady-Hamamah, route de Kosseïr. — Hornblendschiefer, vallée de Kosseïr. — Serpentine bronzite, vallée de Kosseïr. — Diallage serpentineux, vallée de Kosseïr. — Grunstein-roche, assez communes dans les montagnes de la chaîne arabique. — Dolérite, vallée de Kosseïr. — Talcschiste argileux, de la région d'Assouan, employé pour fabriquer des briques réfractaires, des pipes, etc. — Asbeste, se trouve dans les formations talcschisteuses de la vallée de Kosseïr. — Stéatite, même gisement. — Argile blanche d'Assouan, pour assiettes et marmites. — Argile d'Assouan, pour poteries fines. — Argile alluviale, de Siout, de Luksor, Thèbes, etc. — Argile de Siout, alluvions du Nil (terre à céréales très-fertile). — Argile (alluvions jaunes) de Keneh, pour poteries fines et bardaques. — Argile jaune, terre à foulon, Gebel-Moukattem. — Argile de Tantah, alluvions du Nil dans le Delta. — Argile très-chargée de sulfate acide d'alumine, près d'Esneh. — Galène à grandes lames, se trouve sur les côtes du golfe de Suez, vers 26°40' de latitude à la partie inférieure de l'Ouady-Safag, et vers 25°30' à Gebel-Kohleh. — Blende jaune, associée à la galène dans les gisements précédents.

Dans la partie supérieure du Ouady-Mourakan, on trouve de la blende associée à de la calamine et du zinc oxydé pulvérulent.

— Malachite et sulfure de cuivre, dans les roches talcschisteuses du désert oriental d'Égypte et de la péninsule de l'Arabie Pétrée, région du mont Sinaï. — Minerai de manganèse, se trouve en assez grosses masses aux environs du Sinaï-Ouady-Nasb, dans des grès appartenant aux terrains triasiques supérieurs. — Fer oligiste et fer magnétique, en filons et en grosses masses dans les roches dioritiques du désert oriental d'Égypte. — Grès ferrugineux, assez commun dans le système moyen de la craie en Égypte.

Collection paléontologique recueillie par M. le docteur Reil, du Caire.

Ossements d'Hippopotame (Hippopotame priseur, sive Africanus). Omoplates, côtes et dents extraits du terrain pliocénique des environs de Chalouf (isthme de Suez). On retrouve le même terrain dans le désert des lacs de Natron de Terraneh, dans le Fayoum et dans les oasis de la vallée libyque.

Ossements d'un cétacé, vertèbres et côtes (Chalouf). Ces ossements ont été recueillis dans une couche de sable de l'époque diluvienne.

Dents de Requin trouvées à Chalouf, dans une couche d'argile de l'époque pliocénique, placée au-dessous de la couche de sable précédente, dont elle est séparée par un banc calcaire très-dur, de plusieurs mètres d'épaisseur. Ce banc de calcaire siliceux lacustre se retrouve près de Sakkarah, à l'ouest des pyramides.

Os sacré de Chélonia (de Chalouf). Une énorme quantité de débris d'ossements de Chélonia d'eau douce, du même genre, se trouve dans une couche du Gebel-Moukattem, près le Caire, ayant une épaisseur de 20 à 40 centimètres, et intercalée entre le calcaire nummulitique et un calcaire grossier de l'époque éocénique. — La même tortue se retrouve dans une couche d'argile fissile, située à la base des terrains éocènes, dans la vallée d'Araba, sur le versant incliné vers le golfe de Suez.

Dent, fragment de crâne et autres ossements d'une espèce de saurien, trouvés à Chalouf avec les ossements de mammifères.

Dents hémisphériques, arêtes et partie du crâne d'un Sphœrodus, famille des Giboïdes. Chalouf, même gisement.

Dents de Lamma cuspidata. Chalouf, même gisement.

Dents de Lamma hostollata. Chalouf, même gisement.

Carcharias megalodon. Chalouf et Moukattem.

Labocarcinus antiquus, crustacé qui se rencontre très-fréquemment à Moukattem, dans une couche de calcaire fin homogène, servant pour les constructions et appartenant soit à l'opoque éocène, soit à la partie inférieure du terrain nummulitique. Dans la même couche on observe quelquefois le Platycarcinus, ou Carcinus ovatus. — On trouve des débris d'une espèce analogue, mais très-petite, dans des puits creusés dans la vallée de l'Égarement (*Bir-el-Fahm*) et dans un calcaire nummulitique inférieur de la vallée de Ouady-Sannour, sous le 29e degré de latitude nord.

Nautilus elegans, Nautilus lingutalus. On en trouve de nombreux exemplaires, de toutes grandeurs, dans les couches calcaires du Gebel-Moukattem, de Tourah, de Gebel-Ouabet, de Gebel-at-Taka, etc.

Phasianella. On en trouve deux espèces, l'une grande et l'autre petite, dans les calcaires éocènes de la moyenne et de la basse Égypte.

Turitella, Turris. Se trouvent dans les couches argileuses du Gebel-Moukattem, de Tourah, de Bir-el-Fahm, etc. — Une autre espèce plus grande se trouve dans un calcaire siliceux de la vallée de Gebel-Moukattem, de Bakatin, etc., qui est employé pour faire de la chaux hydraulique.

Solarium, assez rare, dans les couches éocènes de la moyenne et de la basse Égypte, de la vallée d'Araba, de la basse Thébaïde.

Trochus monilis, calcaires éocènes de Tourah.

Nerita conoïdea; Natica crassa; Natica gigas; Oliva Dufresnu. Ces quatre céphalopodes se trouvent toujours réunis dans les calcaires mollasses et les couches éocènes supérieures de la moyenne et de la basse Égypte.

Voluta, se trouve dans des couches du terrain nummulitique au Gebel-Moukattem; la Voluta y est associée avec la Natica, et, près des pyramides de Gizeh, avec des Strombus, Pecten, Clypeaster.

Columbella pyramidalis, dans les couches supérieures du Gebel-Moukattem.

Marginella, dans les calcaires éocènes de la moyenne et de la basse Égypte.

Chyprea, au Gebel-Moukattem, à Gizeh.

Ovula, se trouve dans les mêmes couches.

Conus grandissimus. Plusieurs espèces de grandeurs différentes se trouvent dans le Gebel-Moukattem.

Conus deperditus. Dans les couches supérieures du Gebel-Moukattem de Tourah.

Harpa, se trouve, mais rarement, dans le Gebel-Moukattem.

Buccinum, rare, dans les mêmes gisements.

Srombus. Dans des marnes et des calcaires marneux des époques éocène et pliocène. Les échantillons les mieux conservés se trouvent dans une couche de sable, vers le sud des pyramides de Gizeh, avec des Clypeaster, Pecten, Voluta.

Nerina terebra. Moyenne et basse Égypte, Moukattem, etc.

Cerithium giganteum. Dans les terrains éocènes inférieurs de la moyenne et de la basse Égypte, Gebel-Moukattem, vallée d'Araba, vallée de Keneh. On ne trouve ordinairement que le moule.

Pirula, se trouve dans toute l'Égypte.

Cassis cancellata, se trouve dans toute l'Égypte, assez souvent dans le Gebel-Moukattem.

Cassidaria. Dans les calcaires mollasses de la moyenne et de la basse Égypte, près des pyramides.

Murex, assez rare dans les calcaires mollasses du Gebel-Moukattem.

Patella, très-rare dans les mêmes gisements.

Ostrea Marshi. Elle forme d'énormes bancs au milieu de marnes et de calcaires marneux de l'époque pliocène dans le désert libyque, près de Fayoum, de Terraneh, etc.

Ostrea gregaria ægyptiaca. Elle forme des couches de terrains des époques miocène et pliocène, dans le désert occidental.

Ostrea lingua, dans des argiles et des marnes argileuses des terrains éocènes et à hippurites.

Ostrea larvata, mêmes gisements.

Ostrea deltoïdea, mêmes gisements, et près de la station Roubeky, du chemin de fer de Suez au Caire.

Exogyra augustata, se trouve dans des marnes et argiles de la craie supérieure, vallée de Keneh, d'Araba, de Tharfa, etc.

Exogyra grandissima, se trouve dans des marnes et calcaires marneux de la craie supérieure. Partie orientale de l'Égypte, vers la mer Rouge.

Exogyra minima, mêmes gisements, notamment dans la vallée de l'Égarement.

Anomia placunoïdes. Vallée de l'Égarement, dans les couches éocènes qui reposent sur des couches à hippurites.

Gervillia socialis, mêmes gisements, Gebel-Moukattem.

Spondylus spinosus, mêmes gisements.

Lima seriata, dans le calcaire mollasse de la partie supérieure du Gebel-Moukattem.

Lima tennifolia, dans des calcaires éocènes du Gebel-Moukattem, de Tourah.

Pecten solaris, dans des calcaires miocènes et pliocènes, près des pyramides de Gizeh, avec des Clypeaster, Strombus, etc.

Corbula, dans le calcaire mollasse de Gebel-Moukattem.

Arca, dans les calcaires mollasses, près des pyramides et au Gebel-Moukattem.

Nucula minima, au Gebel-Moukattem et à Tourah.

Astarte, dans les couches inférieures du Gebel-Moukattem.

Astarte Kixii, se trouve à Tourah.

Psammobia, au Gebel-Moukattem.

Tellina, à Tourah.

Carduim, à Tourah et au Gebel-Moukattem.

Lucina, près des pyramides, avec les Pecten, les Clypeaster, etc.

Venus, plusieurs espèces à Thèbes, à Tourah, à Gebel-Moukattem.

Cytherœa, au Gebel-Moukattem.

Cyrene, au Gebel-Moukattem.

Panopœa Fanjasié, près des pyramides, avec les Strombus, Clypeaster, etc.

Solen, au Gebel-Moukattem, à Chalouf et dans les couches inférieures du Geb Ahmar.

Pholas. Au Gebel-Moukattem, à Chalouf, on ne trouve plus que les cavités creusées par ces mollusques; l'animal a disparu.

Aspergillium, dans les couches pliocènes du Gebel-Moukattem et de Tourah.

Cidaris africana. Au Gebel-Moukattem, on ne trouve plus que les spicules.

Conoclypus Leskii, se trouve très-fréquemment dans les couches éocènes, à Tourah, au Gebel-Moukattem.

Clypeaster grandiflorus, dans une couche sableuse des terrains pliocènes et diluviens, au sud des pyramides de Gizeh.

Scutella subrotunderta, près de la station Roubeky, du chemin de fer de Suez au Caire, près de Dar-el-Beïdah, dans les couches miocènes, à la limite des terrains pliocènes.

Echinolampas Kleinii, dans les marnes et calcaires éocènes au Gebel-Moukattem.

Echinolampas africanus, mêmes gisements, où il est associé avec les Conoclypus.

Sismondia planulata, au Gebel-Moukattem.

Micraster acuminatus.

Micraster africanus. Calcaires éocènes et nummulitique supérieur, à Tourah, au Gebel-Moukattem, près des sources de Moïse.

Ananchytes Dysaster, près des sources de Moïse et dans les couches supérieures du Gebel-Moukattem.

Nummulina lævigata, Nummulina Ghizena, Nummulina minima, formation éocénique du plateau de la moyenne Égypte. — Ces diverses Nummulines forment des couches énormes dans la moyenne Égypte, au nord du parallèle du Caire.

Objets de Chaudronnerie confectionnés au Caire.

Une batterie de cuisine en cuivre rouge martelé, composée de : — 1 grande marmite pouvant servir pour préparer la nourriture de douze personnes; — 4 marmites de différentes grandeurs avec leurs couvercles; — 1 poêle pour faire fondre le beurre; — 2 plats pour faire des gâteaux; — 1 passoire. — Un service de table en cuivre jaune, composé de : — 1 soupière avec son couvercle; — 10 assiettes creuses avec leurs couvercles; — 1 tasse; — 4 bouchons pour gargoulettes. — Marmite en cuivre, que les femmes arabes portent au bain pour laver le linge.

Un grand nombre d'autres objets en cuivre, tels que marmites, cafetières, plateaux, etc., font partie du matériel du Café arabe et ne figurent pas dans la galerie de l'Exposition.

— Robinets en cuivre jaune. — Aiguille perforée dans le sens de sa longueur, par M. Chérif-Agha, du Caire.

Collection de Coupes d'Arbres qui croissent dans la vallée du Nil.

Acacia arabica du désert d'Égypte (on retire de l'écorce une matière tinctoriale, employée pour teindre les peaux).

Acacia campylacantha (*Ealk* des Arabes), originaire de Nubie et acclimaté en Égypte.

Cassia fistula. Le bois de cet arbre exposé à l'air prend la couleur du noyer, cet arbre se trouve principalement aux environs du Caire et dans la basse Égypte.

Acacia heterocarpa (*Salam* des Arabes).

Acacia lebbak, arbre acclimaté. Bois pour charronnage, etc.

Acacia nilotica. Cet arbre, originaire de la haute Nubie, est maintenant très-commun dans toute l'Égypte. Bois bon pour la construction des barques.

Acacia albida, arbre du désert de l'Égypte.

Acacia senegalensis, désert oriental et haute Égypte.

Acacia seyal, arbre du désert oriental de l'Égypte. Bois bon pour charbon.

Balanites ægyptiaca, arbre du désert oriental d'Égypte. Bois bon pour bâts, sellerie, etc.

Calotropis procera. Avec les fibres de cet arbre, on fait des cordes à la fois très-minces et très-solides, et avec son bois du charbon pour la poudre.

Cordia mixia (Sebestenier). Le bois de cet arbre se travaille facilement, on l'emploie souvent pour confectionner des selles et des bâts de chameau.

Dattier; on l'emploie comme poutres dans la construction des maisons.

Dodenæa arabica, arbre d'Arabie acclimaté au Caire.

Doum de Keneh (Cucifera thebaïca de Delille).

Ficus bengalensis des environs du Caire, arbre acclimaté en Égypte.

Ficus indica, arbre acclimaté au Caire.

Ficus glumosa, arbre du désert.

Ficus sycomorus, ou Sycomorus antiquorum (*Gimmeïz* des Arabes). Ce bois se conserve très-bien dans l'eau pendant des siècles; on en a fait des sarcophages de momies.

Jujubier sauvage (Rhamnus Spina Christi du désert, *Nabak* des Arabes).

Lycium afrum, arbuste du désert (*Ausag* des Arabes).

Melia azedarak, bois d'ébénisterie prenant, au soleil, une couleur jaune paille analogue à celle du bois de citronnier.

Peuplier blanc, acclimaté dans la moyenne et basse Égypte.

Rhamnus lotus (*Sidr* des Arabes), arbre assez commun. Le bois s'altère avec le temps.

Rhus oxyacanthoides, arbuste épineux. Le bois sert pour tanner les peaux de gazelle.

Salvadora persica (*Arak* des Arabes), haute Égypte. Les fibres s'emploient comme brosse pour frotter les dents.

Saule (Salix ægyptiaca).

Sodada decidua, gros buisson du désert de la haute Égypte (en arabe, *Tondoub*).

Spartium monospermum (*Râtân* des Arabes). Le bois est employé pour faire du charbon.

Tamarix africana (en arabe, *Athel*), arbre très-commun. Le bois est flexible et se conserve longtemps.

Planche et poutre de palmier *Doum*, de Keneh (Cucifera Thebaica); ces poutres se placent au-dessus des portes des maisons. — Fibres de palmier (*Lif*), employées dans les bains en place des éponges et pour faire des cordes. — Filaments qui enveloppent les bourgeons du palmier; ils servent pour faire des cordes. — Écorce d'Acacia arabica, employée pour teindre les peaux et les tanner. — Fibres du fruit Momordica lufa (Luffa ægyptiacà), employées dans les bains, en place d'éponges. — Couffes en feuilles de palmier. — Joncs servant pour faire les nattes; quatre espèces différentes.

—

CLASSE 41

PRODUITS DE LA CHASSE, DE LA PÊCHE ET DES CUEILLETTES.

Tortue, se trouve sur les deux rives du Nil, en Nubie et en Égypte. — Monitor du Nil (Nubie et Égypte). — Éponges de la mer Rouge, golfe de Suez et environs de Massouah. — Coraux de la mer Rouge, environs de Massouah et de Souakim. — Huîtres et autres coquillages de la mer Rouge, environs de Massouah. — Tetraodon moucheté, du golfe de Suez. — Tetraodon lineatum, du golfe de Suez. — Tetraodon luspidum, du golfe de Suez. — Ostracion triangulare, du golfe de Suez. — Ostracion cubicum, du golfe de Suez. — Caméléon. — Antilope, des déserts de l'Égypte. — Huile de poisson, du lac Karoun, dans le Fayoum. — Cire jaune, de la province de Kalioub; — Cire jaune de Souagh. — Miel de la haute Égypte; — Miel de la basse Égypte; — Miel de la province de Kalioub.

(Voir la collection des drogueries arabes, classe 44.)

—

CLASSE 42

PRODUITS AGRICOLES (NON ALIMENTAIRES) DE FACILE CONSERVATION.

Herbier de cotonniers, de l'Inde, cultivés en Égypte depuis un demi-siècle; — Herbier de cotonniers, de l'Afrique centrale, cultivés en Égypte depuis un demi-siècle; — Herbier de cotonniers, d'Amérique, cultivés en Égypte depuis un demi-siècle. — Coton ordinaire de la haute Égypte; — Coton de la province de Keneh; — Coton du jardin d'acclimatation du Caire; — Coton de la basse Égypte; — Coton brut de la province Charkieh; — Coton égrené de la province Charkieh; Coton de Mit-el-Assas (basse Égypte, sur la branche de Damiette), exposé par Aly-Pacha. Cette espèce est originaire de l'Inde. — Coton de Ben-Belh (basse Égypte, sur la branche de Damiette), exposé par Aly-Pacha. Cette espèce a été importée d'Amérique, il y a quatre ans. Ce cotonnier a moins de branches que le cotonnier précédent, mais son rendement est à peu près double. — Lin en étoupes, de la province de Keneh; — Lin en gerbes, du jardin d'acclimatation; — Lin en étoupes, de la province de Kalioub; — Lin en gerbes, de la basse Égypte. —

Laine d'Assouan; — Laine d'Esneh; — Laine de Keneh; — Laine de Siout; — Laine de la basse Égypte; — Laine de la province de Kalioub; — Laine et poils de chameau d'Esneh. — Soie obtenue à Nil et Assas (basse Égypte), échantillons exposés par S. Exc. Aly-Pacha. La graine a été importée de Syrie il y a quinze ans et a très-bien réussi. — Tabac rouge en feuilles, de la haute Égypte; — Tabac vert en feuilles, de la haute Égypte; — Tabac en feuilles, de Keneh; — Tabac à priser, de Keneh; — Tabac en feuilles, de la province de Girgeh; — Tabac préparé, de la province de Girgeh; — Tabac de Syrie, en feuilles; — Tabac de Syrie, coupé; — Tabac de Syrie, préparé au miel.

Le tabac de Syrie est spécialement employé par les fumeurs de hachich.

— Touffes de Hachich. — Tablettes de Chirch, à l'usage des fumeurs de hachich. Ces tablettes se préparent avec un mélange de tabac de Syrie au miel et de feuilles de hachich en poudre.

D'autres préparations de hachich sont rangées soit dans la classe 45 (produits pharmaceutiques, soit dans la classe 72 (produits de confiserie).

— Paille hachée. — Trèfle sec, ou *Dris*.

Collection de Graines, de Racines, etc., de Plantes et d'Arbustes utiles, qui se trouvent dans le commerce du Caire.

— Racines de Garance. — Indigo ordinaire du pays. — Indigo du jardin d'acclimatation (on obtient six grammes par kilogramme de plante). — Gousses de Santh (*Karad*), ou Acacia nilotica de la moyenne Égypte, employées comme matière tannante. — Galles de Tamarix (*Tarfeh*), de la basse Égypte, employées comme matière tannante. — Graines de Pavot. — Graines de Ricin rouge. — Graines de Ricin commun. — Feuilles de Henneh. — Fruits de Tamarin. — Fruits de Casse. — Graines de Carthame. — Opium de la haute Égypte. — Coloquinte. — Graines de Sésame. — Huile de graine de Moutarde, de Keneh, servant pour l'éclairage; — Huile de Colza, de Siout (même usage); — Huile de graine de Carthame (même usage); — Huile de graine de Cresson (même usage); — Huile de graine de Coton brut (même usage); — Huile de graine de Coton épurée, deux qualités différentes (même usage); — Huile de graine de Pavot, servant pour l'éclairage et pour la préparation des aliments; — Huile de graine de Sésame, servant aux mêmes usages; — Huile de Ricin commun, servant à la fois pour l'éclairage et comme cosmétique; rendement 22 °/₀; — Huile de Ricin rouge, cultivé au jardin d'acclimatation (mêmes usages); rendement 52 °/₀.

D'autres huiles, portées comme comestibles dans la classe 69, servent aussi quelquefois pour l'éclairage.

CLASSE 43

PRODUITS CHIMIQUES ET PHARMACEUTIQUES.

Sel marin de la basse Égypte ; — Sel marin de Damiette ; — Sel marin des Lacs-Amers, produit de l'évaporation spontanée. — Chlorhydrate d'Ammoniaque brut, de l'ancienne fabrique de Gizeh.

Deux dessins représentant cette fabrique sont exposés dans la classe 51 (matériel des arts chimiques); le haut prix du combustible et la concurrence des produits européens ont mis fin à cette industrie.

— Nitre purifié à la salpêtrière du Vieux-Caire.

— Eau minérale magnésienne d'Aïn-Syra, près du Caire.

(Voir, sur ces eaux minérales, un travail de M. Gastinel dans les *Mémoires de l'Institut Égyptien*, I.)

A la température de 18° centigrades, un litre de cette eau, recueillie à l'époque de sa plus grande concentration, contient :

	g.	g.
Acide carbonique	0.48	1.000
Chlorure de sodium	59.640	
Chlorure de magnésium	18.600	
Chlorure de calcium	1.400	
Sulfate de magnésie	35.280	
Carbonate de chaux primitivement dissous à la faveur d'un excès d'acide carbonique	0.040	
Bicarbonate de fer	0.040	
Traces de matières organiques.		

— Eau minérale sulfureuse d'Helwan, à 13 kilomètres au sud-sud-est de la citadelle du Caire et à 500 mètres de la rive droite du Nil.

On y trouve quelques vestiges de bains romains. Le 26 janvier 1867, le débit de la somme était de 6 litres environ par seconde.

(Voir, sur ces eaux minérales, un travail de M. Gastinel (*Mémoires de l'Institut Égyptien*, I.)

A la température de 29° centigrades, un litre de cette eau renferme :

	g.	g.
Acide sulfhydrique	0.045	0.164
Acide carbonique	0.120	
Chlorure de sodium	3.200	6.000
Chlorure de calcium	0.188	
Chlorure de magnésium	1.812	
Sulfate de chaux	0.240	
Carbonate de chaux primitivement dissous à la faveur de l'excès d'acide carbonique	0.560	
Traces de matières organiques.		

— Eau des lacs Amers, recueillie à l'époque de leur plus grande concentration. —

Eau séléniteuse d'un puits creusé dans le jardin Rossetti, au Caire; cette eau jouit de propriétés médicinales. — Huile de Pétrole, brute; — impure; — raffinée.

Acides gras et savons, préparés au laboratoire de l'École de médecine: — Acide stéarique cristallisé, retiré du suif de bœuf (rendement 31.5 %). — Acide sébacique, retiré de l'huile de Ricin (rendement 7 %). Ce produit pourrait être utilisé pour fabriquer les bougies. — Savon d'huile de Ricin, préparé à froid; — préparé à chaud.

Dans la classe 89 on a exposé une Collection de produits chimiques préparés, au laboratoire de l'École de médecine et de pharmacie du Caire, par les élèves de cette École, sous la direction de M. Gastinel, professeur de physique et de chimie.

Collection de Médicaments et de Produits pharmaceutiques

PRÉPARÉS AU LABORATOIRE CENTRAL DE L'ÉCOLE DE MÉDECINE ET DE PHARMACIE DU CAIRE

Sous la direction de M. Gastinel.

Nota. — Ce laboratoire central est destiné à approvisionner les pharmacies des hôpitaux, des régiments et des provinces.

Extrait aqueux d'Absinthe; — de Belladone; — de Centaurée; — de Chicorée; — de Ciguë; — de Coloquinte; — de Digitale; — de Fougère mâle; — de Jusquiame; — d'Opium gommeux; — d'Opium gommeux obtenu avec des opiums récoltés au jardin d'acclimatation, et plus riches en morphine que les opiums ordinaire du commerce (teneur en morphine 20 %); — de Saponaire; — de Stramoine. — Extrait alcoolique de Noix vomique. — Teinture d'extrait d'Opium (formule Gastinel).

Ce produit se conserve mieux que l'extrait ordinaire d'opium. (Voir les *Mémoires de l'Institut Égyptien*, I.)

— Laudanum de Sydenham. — Résine de Jalap. — Sparadrap diachylum gommé. — Sparadrap mercuriel. — Onguent mercuriel double. — Hachichine (principe actif de Hachich), découverte par M. Gastinel. (Voir le *Répertoire de pharmacie*, novembre 1849), rendement 4 % de la plante. — Teinture de Hachichine. — Alcoolat de Hachich. — Extrait gras de Hachich (base de toutes les préparations de Hachich usitées en Égypte. — Extrait alcoolique de Hachich. — Pulpe de Tamarin du Soudan. — Pulpe de Casse (Cassia fistula) de la haute Égypte. — Morphine brute (rendement 9.25 %), obtenue avec l'opium de la haute Égypte, ainsi que les produits suivants:

Morphine purifiée; — Acétate de Morphine; — Narcotine (rendement 0.25 %); — Codéine (rendement 0.20 %); — Glycérine; — Tannin, retiré des galles de Tamarix (rendement 30 %); — Tannin retiré des gousses de Santh (rendement 30 %).

Collection des Drogueries en usage dans la Pharmacie arabe.

Quelques-unes de ces substances pourraient être rattachées à d'autres classes; elles sont réunies ici pour présenter une Collection complète.

Paremlia esculenta. — Lichen prunastris. — Galles de la Chine et du Levant. — Racines de Harmira Gladiolus. — Aristoloche. — Tourbit. — Cyperus longus. — Revalenta arabica. — Menispermum Leboc. — Gingembre. — Pivoine. — Zoromba. — Valériane celtique. — Saponette. — Calaguale. — Gentiana chirethra. Jalap. — Bois d'Aloès ; — de Brasilette (Cæsalpinia sapan) ; — d'Amgris cafal ; — de Sandal blanc ; — de Sandal rouge. — Écorces de Quinquina calisaia orange ; — de Quinquina calisaia rouge ; — de Quinquina calisaia jaune ; — de Quinquina jaune ; — de Quinquina gris ; — d'Angusture vraie ; — de Winterana fausse. — Feuilles de Henneh du pays (Lawsonia inermis) ; — de Brayera enthelmintica d'Abyssinie (Kousso) ; — d'Artemisia judaica (Semen contra) ; — de Celastrum edule ; — de Séné d'Abyssinie (Cassia pubescens) ; — Séné des Bicharris (Cassia Senna lancifolia) ; — séné du Soudan (Cassia Senna lancifolia) ; — Séné d'Arabie (Cassia Senna acutifolia) ; — de Cynanchum Argel, du pays de Bicharris ; — de Bamieh concassée. — Fruits d'Adamsonia digitata (Baobab) ; — d'Arachis hypogæa (Pistaches de terre) ; — d'Acacia nilotica (gousses de Santh épineux) ; — Anacardium occidental ; — Anacardium oriental ; — Cardamome ; — Coloquinte ; — Datisca cannabina ; — Poivre long ; — Tamarin des Indes ; — Tamarin du Kordofan ; — Myrobolan citrin ; — Myrobolan Hindi Chahiri ; — Rita ; — Pistacia Terebinthus (Abbah kadrah) ; — Uvaria aromatica d'Abyssinie ; — Rhamnus Lotus, du Soudan. — Graines de Cassia Absus, du Soudan ; — Abrus precatorius ; — Carvi (Cumin) ; — Prunus Mahaleb ; — Rhus Sumac ; — Anis poivré ; — Hachich (Cannabis sativa). — Fleurs de Safranum ou Carthame. — Résine de Copal. — Résine de Storax calamita. — Baume du Pérou. — Benjoin. — Sandaraque. — Gomme Kino. — Gomme Elemi. — Gomme Gutte. — Baume de la Mekke. — Résine de Laudanum. — Résine de Ferula Assa fœtida. — Gomme résine de Galbanum. — Gomme résine d'Opoponax. — Gomme résine de Ferula persica. — Résine de la Mastic ; — de Sangdragon ; — de Sarcocala. — Encens. — Myrrhe. — Gomme résine de Scammonée d'Alep ; — de Smyrne. — Résine de Gaïac ; — de Jalap ; — de Campêche. — Suc d'Hypociste. — Gomme résine d'Aloès hépatique. — Cachou (extrait aqueux). — Gomme arabique du Kordofan ; — de Bassorah ; — de Djeddah. — Colle forte. — Colle de poisson.

—

CLASSE 44

PRODUITS CHIMIQUES ET PHARMACEUTIQUES.

Indigotine (on obtient 32 kilog. pour 100 kilog. d'indigo). — Alizarine (on obtient 2 gr. par kilog. de Garance). — Garancine.

Matières premières employées par les teinturiers en Égypte : — Galles de Tamarix, fruits d'Acacia Nilotica (Karad) ; — Alun ; — Natron ; — Sulfate de cuivre ; — Racine de Centaurea Cheirita ; — Bois jaune ou Fustique ; — Bois de Campêche ; — Bois de Brésil ; — Gaude, ou Réséda jaune ; — Écorce de Grenade.

CLASSE 45

SPÉCIMENS DES PROCÉDÉS CHIMIQUES DE BLANCHIMENT, DE TEINTURE, D'IMPRESSION ET D'APPRÊTS.

Bains de teinture, employés au Caire : — Bain n° 1 : décoction de Galles de Tamarix ; — n° 2 : dissolution d'Alun ; — n° 3 : décoction de bois de Brésil ; — n° 4 : décoction de bois de Campêche ; — n° 5 : dissolution de Sulfate de cuivre ; — n° 6 : décoction de Gaude ; — n° 7 : décoction de bois jaune ou Fustique.

Échantillons de tissus en coton, teints au Caire : — n° 1 : rouge, obtenu avec bain de Galles de Tamarix, dissolution d'Alun et bain de bois de Brésil ; — n° 2 : bleu foncé, obtenu avec les trois bains ci-dessus et un bain de bois de Campêche ; — n° 3 : violet, comme pour le n° 2, seulement le bain de bois de Campêche est moins concentré ; — n° 4 : gris, obtenu avec un bain de bois de Campêche, un de Galles de Tamarix et une dissolution d'Alun ; — n° 5 : jaune, obtenu avec bain de Sulfate de cuivre et bain de Gaude ou Réséda jaune ;—n° 6 : vert, obtenu avec bain d'Indigo, bain de Sulfate de cuivre, et, en dernier lieu, bain de Gaude ; — n° 7 : orange foncé, obtenu avec un bain de Sulfate de cuivre et un bain de bois jaune ou Fustique des Antilles ; — n° 8 : orangé jaune, mêmes bains, mais plus étendus ; — n° 9 : brun (nuance café brûlé), obtenu avec un bain concentré de bois jaune ou Fustique, et un bain de Natron.

Écheveaux de soie teints au Caire : — n° 1 : rouge carmin, bain à la Cochenille ; — n° 2 : bleu clair, bain d'Indigo étendu ; — n° 3 : nankin clair, bain de bois jaune ou Fustique ; — n° 4 : vert, bains d'Indigo et de Gaude ; — n° 5 : vert clair, bains d'Indigo et de Gaude allongée ; — n° 6 : bleu foncé, bain d'Indigo ; — n° 7 : violet foncé, bains de bois de Campêche et de bois de Brésil ; — n° 8 : violet clair, bains de bois de Campêche et de bois de Brésil allongé ; — n° 9 : orangé foncé, bains de bois jaune et d'Alun ; — n° 10 : rouge, bains de Cochenille et d'Alun ; — n° 11 : rouge clair, bains de Cochenille et d'Alun allongés.

CLASSE 46

CUIRS ET PEAUX.

Peaux de poisson de la mer Rouge, servant à faire des semelles de chaussure.

Cuirs préparés à la tannerie d'Alexandrie, appartenant au Gouvernement : — Cuir de vache noir, façon giberne, pour équipement militaire ; — de jeune bœuf, noir, pour harnais; — de vache, fauve, pour courroies; — de buffle, blanc, pour équipements militaires; — de génisse, noir, pour empeignes de chaussure; — de petite vache, pour objets de sellerie. — Peau de chèvre maroquinée, rouge; — maroquinée, violette; — maroquinée, couleur vert foncé; — maroquinée, couleur paille. — Cuir de vache noir, grené, pour sacoches; — fauve, grené, pour objets de sellerie.

Cuirs préparés par M. Lauzun, tanneur à Alexandrie : — Peaux de chèvre et de mouton pour travaux de carrossiers et de tapissiers; — Cuirs de taureau et de buffle pour courroies servant à des transmissions de mouvement et autres usages industriels; — Cuirs noirs pour harnais; — Cuirs de vache pour sellerie militaire; — Cuirs divers pour chaussures; — Peaux de chèvre maroquinées pour reliures.

Cuirs préparés au Caire par des tanneurs indigènes : — Peau de vache grossière pour faire des semelles; — Peau maroquinée, jaune, pour chaussures; — maroquinée, rouge, pour chaussures; — maroquinée, rouge brun, pour chaussures.

SIXIÈME GROUPE

INSTRUMENTS ET PROCÉDÉS DES ARTS USUELS

CLASSE 48

MATÉRIEL ET PROCÉDÉS DES EXPLOITATIONS RURALES ET FORESTIÈRES.

Photographies de M. Désiré, du Caire, représentant divers travaux agricoles: — Outils divers employés au jardin d'acclimatation du Caire; — Bœufs et charrues : mode d'attelage des bœufs. — Appareil servant à l'arrosage : — 1° type indigène de Sakieh; — 2° type européen de Sakieh; — 3° Nattalah ou sorte de couffe manœuvrée avec deux cordes. — Môreg ou machine servant à battre le blé. — Joug pour atteler les bœufs. — Instruments aratoires. — Soc de charrue. — Couteau de forme circulaire pour hacher la paille. — Pot en terre appelé Kadous pour Sakieh. — Terreau servant d'engrais. — Engrais minéral. — Colombine.

CLASSE 51

MATÉRIEL DES ARTS CHIMIQUES.

Dessins représentant : 1° une ancienne Fabrique de chlorhydrate d'ammoniaque à Gizeh; — 2° l'ancienne Verrerie annexée à la Fabrique précédente.

Le prix croissant du combustible n'a pas permis à cette industrie de lutter contre la concurrence européenne. Ces dessins ont été levés par les élèves de l'École d'État-major du Caire.

CLASSE 55

MATÉRIEL ET PROCÉDÉS DE FILAGE ET DE CORDERIE.

Cordes en lin ; — Cordes en fibres de dattier ; — Torons en fibres de dattier servant à fabriquer les cordes ; — Cordes grossières dites *Liban*, en fibres de lin et de chanvre, employées principalement pour amarrer les barques ; — Ficelles en lin ; — Ficelles en chanvre ; — Corde en *Lif* dont les fellahs se servent pour monter sur les dattiers.

—

CLASSE 60

MACHINES, INSTRUMENTS ET PROCÉDÉS USITÉS DANS DIVERS TRAVAUX.

Outils à l'usage des fabricants de pipes et d'ouvrages en terre cuite d'Assouan, de Siout et de Keneh. — Outils à l'usage des tourneurs et des fabricants de chibouks, du Caire : — Tour ; — Archet ; — Règle en fer ; — Clef en fer, servant à redresser les chibouks, etc. ; — Crépans fins ; — Limes plates ; — Queues de rat ; — Pierre à repasser.

—

CLASSE 61

CARROSSERIE ET CHARRONNAGE.

Bât pour l'artillerie transportée à dos de chameau.

Ce bât, construit à l'Arsenal du Caire, sous la direction de M. Jaquier-Bey, peut recevoir à volonté soit la pièce, soit l'affût avec les deux roues et son brancard, soit des caisses de munitions, comme le montrent des photographies exposées à côté des bâts.

(Voir la classe 37, pour l'affût, les roues et les brancards d'un obusier de campagne.)

— Joug pour atteler les bœufs au charroi.

—

CLASSE 62

BOURRELLERIE ET SELLERIE.

Selle et harnachement riches, genre *Osmanli*, en velours, avec broderies et accessoires en argent doré. — Selle et harnachement riches, genre *Marchâh*, en velours, avec broderies d'or, etc. — Selle et harnachement ordinaire, en drap bleu foncé. — Selle et harnachement riches, de Bédouins, en velours et cuir. — Selle et harnachement de cheval, genre *Wahabite*, en cuir jaune et laine. — Selle de mulet, en velours bleu, avec couverture rouge. — Bât et harnachement de baudet, à l'usage des habitants du Caire (classe aisée). — Bât de dromadaire, pour soldats, en cuir rouge, avec tous les accessoires. — Bât de dromadaire, pour officiers, en drap rouge et maroquin, avec galons et franges en soie jaune. — Selle et harnachement de dromadaire, à l'usage du général en chef de l'armée du Soudan. — Bât de chameau de charge, avec cordes en fibres de dattier. — Outres en cuir, à l'usage des soldats montés à dromadaire. — Gourde en cuir, pour fantassins (ces gourdes sont portées par les chameaux dans les expéditions). — Tapis en feutre blanc, pour mettre sur les selles et les bâts. — Tapis en velours, avec broderie en argent doré, pour couvrir les selles. — Tapis en feutre, pour selle de baudet, avec ornements en soie, or et argent. — Mors turc, pour chevaux. — Mors bédouins, pour chevaux. — Mors pour mulets. — Mors pour ânes. — Gourmette pour mulets et ânes. — Têtière pour mulets, avec agréments en coquillage. — Bride en cuir rouge, pour chevaux de Bédouins. — Cartouchière, gourde, ceinturon, etc., en cuir rouge, à l'usage des Bédouins. — Muselière pour chameaux. — Chaîne en fer, pour attacher les chevaux à l'écurie. — Têtière en chanvre, pour le même usage. — Têtière en lin, pour le même usage. — Entraves en lin et en chanvre, pour les chevaux à l'écurie. — Entraves pour baudet. — Musette en laine grossière.

Instruments de pansage employés en Égypte.

Étrille en fer ; — Brosse en lif ; — Tissu en laine et crin, pour lisser le poil ; — Ciseaux pour tondre les baudets.

Outillage des Maréchaux arabes.

Brochoir ; — Marteaux ; — Boutoirs ; — Tenailles ; — Enclume à clous ; — Ciseau ; — Poinçon droit ; — Poinçon coudé ; — Billot ; — Fers, genre anglais ; — Fers, genre espagnol ; — Fers pleins, genre turc ; — Fers pour mulets ; — Fers pour ânes ; — Assortiment de clous.

CLASSE 64

MATÉRIEL ET PROCÉDÉS DE LA TÉLÉGRAPHIE.

Vase poreux pour pile électrique, en terre de Keneh.

CLASSE 65

MATÉRIEL ET PROCÉDÉS DU GÉNIE CIVIL, DES TRAVAUX PUBLICS ET DE L'ARCHITECTURE.

Briques rouges, d'ancienne fabrication ; — Briques de fabrication récente ; — Briques cuites, fabriquées à Choubra ; — Serrures en bois, pour portes de maisons, avec leur clef.

Collection d'outils à l'usage des maçons, comprenant : — une Truelle ; — deux Polissoirs ; — une Équerre ; — un Fil à plomb.

CLASSE 66

MATÉRIEL DE LA NAVIGATION ET DU SAUVETAGE.

Petit modèle de Dahabieh ; — Dahabieh de grandeur naturelle ; — Barque à l'usage des pêcheurs du lac Menzaleh, avec tous les agrès, instruments de pêche, etc.

SEPTIÈME GROUPE

ALIMENTS (FRAIS OU CONSERVÉS) A DIVERS DEGRÉS DE PRÉPARATION

CLASSE 67

CÉRÉALES ET AUTRES PRODUITS FARINEUX, COMESTIBLES, AVEC LEURS DÉRIVÉS.

Collection de Blés de la haute Égypte ; — de la moyenne Égypte ; — de la basse Égypte (Delta) ; — de la basse Égypte (partie ouest, province de Beherah).

Blés importés du mont Sinaï ; — importés de Palestine ; — diverses variétés et espèces importées d'Europe ; — importés de Sicile et de la province de Naples ; — importés de Médéah (Algérie), pour la haute Égypte, région de Thèbes ; — de Luksor, d'Assiout, de Minieh et du Fayoum, pour la moyenne Égypte ; — de la province de Charkieh ; — de la province de Kalioub, en grains et en gerbes ; — de Mansourah, en grains et en gerbes.

Collection de Seigles, cultivés en Égypte : — Seigle en gerbe ; — Seigle d'Europe, en grains.

Collection d'Orge de diverses provenances : — Orge *Nabahawy*, en gerbe ; — *Nabahawy*, du Hedjaz, acclimatée ; — noire, importée d'Europe ; — indigène, en grains ; — indigène, en gerbe ; — de Beherah, Charkieh, en gerbe ; — de la province de Kalioub, en grains ; — commune, de la basse Égypte, en grains ; — Orges diverses, en grains, de la province de Keneh (haute Égypte).

Maïs de la provenance de Minieh, en grains ; — de la provenance de Keneh, en grains ; — de la province de Charkieh ; — dit *Dourah demiry* (Sorghum vulgare), de la province de Charkieh, en grains ; — de la province de Kalioub, en gerbe ; — en grains, de la province de Keneh ; — à gros grains, cultivé au jardin d'acclimatation ; — ordinaire, cultivé au jardin d'acclimatation.

Riz de la province de Tantah; — de la province de Rosette; — de la province de Damiette; — Riz blanc, de la province de Damiette; — Riz rouge et blanc, mondé.

COLLECTION DES VARIÉTÉS DE BLÉS

CULTIVÉES AU JARDIN D'ACCLIMATATION DU CAIRE, DEPUIS 1862, SOUS LA DIRECTION DE FIGARI-BEY ET DE M. GASTINEL

AVEC LES FARINES, GLUTENS ET AMIDONS QUE L'ON EN RETIRE

RENDEMENT DE CES BLÉS EN GLUTEN SEC

VARIÉTÉS DE BLÉS	ANNÉES			
	1863	1864	1865	1866
Blé Hunter	17	14	16	14
Richelle blanche de Naples	16.40	15	12	12
Victoria d'automne	16.40	14	14	11
Chiddau	18	14	15	11.40
Pologne	24	18	15	15
Miracle	18.40	16	16	14
Red-Chaft-Dantzik	18.40	15	16	14
Prince-Albert	»	»	»	13.20
Golden-Drop	»	»	»	10
Commont-Rivet	18.40	15	16	12
Haie	19.20	14	14	13.60
Haigg-Wast prolifère	»	»	»	12.40
Haltel pédigré	18	15	14	13.60
Caucase	22	18	15	14
Pétanielle noire	13	12	12	12.20
Blanc de Hongrie	15.20	12	13	11.60
Rouge Saint-Claude	»	»	»	12.60
Saumur d'automne	18	16	12	9
Médéah	18	15	16	15
France	18	16	17	14
Russie	21.20	17	18	14
Californie	»	»	»	11
Chili	»	»	»	14
Égyptiens, en moyenne	12	10	11	9

— Farine de Maïs; — de Dourah; — de Riz; — de Haricots; — de Lentilles.

Les échantillons représentent les qualités moyennes des farines consommées au Caire.

CLASSE 68

PRODUITS DE LA BOULANGERIE ET DE LA PATISSERIE.

Biscuits ordinaires, de Keneh ; — Biscuits fins, de Keneh ; — Biscuits au lait, de Keneh ; — Biscuits au beurre, de Keneh ; — Pâte de la haute Égypte ; — Gâteaux, dits *Kichk*, de Keneh ; — Gâteaux de graines de Sésame, de Keneh ; — Biscuits du Caire.

CLASSE 70

VIANDES ET POISSONS.

Graisse de bœuf ; — Graisse de mouton ; — Beurre frais ; — Beurre fondu ; — Poissons salés, du lac Menzaleh ; — Poissons secs, de Massaouah.

CLASSE 71

LÉGUMES ET FRUITS.

Haricots de la basse Égypte ; — de la haute Égypte. — Lentilles d'Esneh ; — du Fayoum ; — de Tanta ; — de la province de Kalioub ; — de la basse Égypte. — Fèves de Minieh ; — de la basse Égypte. — Pois de la haute Égypte ; — de Tanta ; de la province de Kalioub. — Pois chiches de la basse Égypte ; — de Siout. — Lupins de la haute Égypte ; — de Tanta. — Pois chiches de Tanta ; — de la province de Kalioub. — Radis de la haute Égypte. — Raves de la haute Égypte. — Tubercules de Colocasse (Arum Colocasia) ; — Gesse. — Dattes sans noyau ; — d'Assouan ; — d'Esneh ; — de Siout ; — d'Edfou ; — de l'Oasis, près d'Esneh (Helwa) ; — de Minieh ; — de Menchieh ; — *Hamri*, de Belbeïs et Salanieh. — Grenades. — Bananes. — Oranges mandarines ; — rouges. — Cannes à sucre, blanches ; — rouges.

CLASSE 72

CONDIMENTS ET STIMULANTS, SUCRE ET PRODUITS DE LA CONFISERIE.

Anis. — Poivre long. — Moutarde. — Moutarde *Kary*. — Cannelle. — Girofle. — Tourschi, ou fruits conservés dans le vinaigre. — Café de Mokha ; — de Ben-Amada ; — d'Abyssinie. — Graines d'Anis ; — d'Anis poivré. — Sucre brut, de Minieh ; — raffiné, de Minieh. — Confiture de Pistaches ; — de Bergamote ; —

de Clous de Girofle ; — d'Écorce de Cannelle ;—de Graines d'Anis ;—de Graines de Pavot ; — de Graines de Banane ; — de Coings ; — de Pommes ; — de Prunes ; — de Dattes ; — de Poires ; — de Cédrats. — Eau de Menthe ; — de Fleur d'Oranger. — Eau distillée de Géranium. — Dragées. — Sucre au Hachich safrané ; — au Hachich ambré.

Liqueurs de la fabrique de Minieh : — Vin blanc, préparé avec les raisins blancs de la basse Égypte ; — Alcool, obtenu avec ce vin blanc (rendement 9 p. °/.). — Vinaigre blanc obtenu à l'aide du marc fermenté des mêmes raisins.

HUITIÈME GROUPE

PRODUITS VIVANTS ET SPÉCIMENS D'ÉTABLISSEMENTS D'AGRICULTURE

CLASSE 75

CHEVAUX, ANES, MULETS, ETC.

Ane noir, race de la haute Égypte. — Ane blanc, race croisée. — Chameaux de course, originaires du pays des Ababdehs. — Flammant du lac Menzaleh. — Pélican du lac Menzaleh. — Canards ; la race de ces canards a été importée de l'Inde. — Poules, espèces indigènes. — Marafil ou Merfaïl, sorte de chien-loup, de Massaouah, né en décembre 1866.

Cet animal, de haute taille dans l'âge adulte, s'attache aux personnes qui le soignent, et peut alors être employé comme gardien.

— Tortues de mer, de Massaouah.

DIXIÈME GROUPE

OBJETS SPÉCIALEMENT EXPOSÉS EN VUE D'AMÉLIORER LA CONDITION PHYSIQUE ET MORALE DE LA POPULATION

—

CLASSE 89

MATÉRIEL ET MÉTHODES DE L'ENSEIGNEMENT DES ENFANTS.

Travaux des Élèves de l'École Primaire du Caire et de l'École Primaire et Préparatoire d'Alexandrie.

Feuilles de calligraphie arabe. — Cahiers de calligraphie française. — Dessins d'imitation, tête et ornements. — Dessins d'architecture et de menuiserie avec teintes.

École Préparatoire du Caire.

Dessins d'imitation.

École d'Infanterie du Caire.

Dessins d'imitation, tête et paysage : — Feuilles de calligraphie arabe. — Dessins de géométrie élémentaire et descriptive. — Dessins de topographie. — Dessins de fortification.

École de Cavalerie du Caire.

Dessins de topographie. — Dessins d'éléments d'architecture. — Lavis de machines.

École Polytechnique du Caire.

Épures de géométrie descriptive. — Dessins de topographie. — Dessins de fortification. — Lavis de machines.

École d'État-major du Caire.

Épures de géométrie descriptive. — Dessins de topographie. — Dessins de fortification.

(Voir d'autres travaux des élèves de l'École d'État-major aux classes 13 et 91.)

École de l'Artillerie et du Génie du Caire.

Dessins et lavis d'architecture. — Cartes géographiques.

Produits Chimiques et Réactifs préparés au Laboratoire de l'École de Médecine et de Chirurgie du Caire,

Sous la direction de M. Gastinel, professeur à cette École.

Acide acétique; — azotique; — chlorhydrique; — citrique; — tannique. — Ammoniaque. — Potasse. — Chlorhydrate d'ammoniaque pur. — Azotate d'argent cristallisé; — fondu. — Carbonate d'ammoniaque; — de soude cristallisée. — Bicarbonate de soude. — Carbonate de magnésie; — de fer. — Sulfate de potasse; — de soude; — de magnésie; — de zinc; — de fer; — de cuivre. — Iodure de soufre; — de potassium; — de fer; — de plomb amorphe; — de plomb cristallisé. — Protoiodure de mercure; — Biiodure de mercure; — Protochlorure de mercure; — Bioxide de mercure. — Tartrate de soude; — Crème de tartre soluble; — Tartroborate de soude. — Citrate de fer. — Glycérine. — Éther sulfurique.

Carte topographique de l'Abbasieh et des environs, indiquant la situation des Écoles primaire, préparatoire, militaires, polytechnique et de droit administratif au Caire, exécutée par les Élèves de l'École de l'Infanterie.

(Voir, à la classe 13, la carte de la basse Egypte, d'après les travaux de M. Mahmoud-Bey, dressée par les Élèves de l'École d'Etat-major.)

Revue mensuelle des Écoles militaires (trois livraisons seulement ont été publiées).

Journal arabe de médecine, publié par le directeur et les professeurs de l'École de Médecine et de Pharmacie du Caire.

Ouvrages à l'usage des Élèves de l'École de l'Artillerie et du Génie du Caire.

Cours d'Artillerie, rédigé par M. le directeur de l'École de l'Artillerie et du Génie du Caire, et traduit en arabe par Abd-er-Rahman-Efendi, professeur à cette École.

Cours de Fortification, par le même professeur.

Cours de Sciences, d'Histoire, etc., spécialement rédigé pour servir de base à l'enseignement dans les écoles égyptiennes, par M. Vidal, ancien Élève de l'École Polytechnique et de l'École des Mines de France, membre du Conseil consultatif de l'instruction publique.

Ouvrages adoptés pour l'Enseignement à l'École de Médecine et de Pharmacie du Caire.

Traité de Matière médicale et de Thérapeutique générale, par Ahmed-Rachidy (4 volumes).
Traité de Thérapeutique et de Diagnostique, par Chafy-Bey, médecin de la Maison de S. A. le Vice-Roi (2 volumes).
Médecine opératoire, par Mohammed-Aly-Bey.
Petite Chirurgie, par Mohammed-Aly-Bey.
Traité de Bandages, par Nabarrouy-Bey.
Traité d'Anatomie descriptive, traduit par Haçan-Efendi-Abd-er-Rahman.

Ouvrages imprimés et manuscrits servant à l'Enseignement à la Mosquée d'El-Azhar.

1° Ouvrages religieux.

Djelaleïn, ou Commentaires sur le Coran, rédigés par El-Djelal-Mahally et par El-Djelal-es-Siouty.
Commentaires sur le Coran, par Cheikh-el-Bedaouy.
Commentaires sur le Sannoussieh, ouvrage de théologie, par Cheikh-el-Bagoury (imprimé).
Commentaires sur le Djauhara, ouvrage de théologie, par Cheikh-el-Bagoury (imprimé).
Commentaires sur le Moussanef, ouvrage de théologie, par Cheikh-ed-Dessouky (imprimé).
Commentaires sur le Djauhara, ouvrage de théologie, par Abd-es-Salam (imprimé).
Commentaires sur le Sannoussieh, par Cheikh-el-Houdhoudy, avec explications sur le commentaire par Cheikh-ech-Charkaouy (imprimé).

2° Ouvrages de Jurisprudence.

Commentaires sur El-Manar (rite hanéfite).
Nour-el-Idah, et commentaires sur le même ouvrage, appelé *Maraky-al-Falah* (rite hanéfite).
Tenouîr-el-Absâr (rite hanéfite).
Commentaires sur le Dourar (rite hanéfite).
Commentaire sur le Dourr-el-Moukhtâr (rite hanéfite).
El-Kanz (rite hanéfite).
Commentaires sur El-Kanz, par Et-Tay (rite hanéfite).

Commentaires sur l'ouvrage d'Abi-Chougah, par El-Khateb-ech-Cherbiny (rite hanéfite).

Commentaires sur l'ouvrage d'Abi-Chougah, par Ibn-Kacem (rite hanéfite, imprimé).

Commentaires sur El-Manhag, par Cheikh-el-Islâm-Zokary-el-Ansary (rite hanéfite).

Œuvres complètes de Cheikh-Mohammed-el-Amir-el-Kebir (rite hanéfite).

Commentaires sur l'ouvrage précédent appelé *Dou'l-Chenou*, par le même (rite malékite).

Akrab-el-Messalek, par Cheikh-ed-Dardir (rite malékite, imprimé).

Achmaouieh, ouvrage sur le rite malékite, par Cheikh-el-Achmaouy, avec commentaires, par Ibn-Tourky (imprimé).

Commentaires sur le Ressaleh, par Cheikh-Abou'l-Haçan (rite malékite).

Commentaires sur le Essieh, par Cheikh-ez-Zourkany (rite malékite).

3° Ouvrages de Logique, de Rhétorique et de Grammaire.

Commentaires sur Et-Tahzeb, par Cheikh-el-Khabissy ; logique.

Commentaires sur Es-Soullam, par Cheikh-el-Bagoury ; logique (imprimé).

Commentaires sur le même ouvrage, par Cheikh-el-Mallaouy ; logique.

Commentaires sur le même ouvrage, par Cheikh-el-Akhdary ; logique.

Commentaires sur le Chamsieh, par Cheikh-el-Koutb ; logique.

Issaghoutchy, et commentaires sur cet ouvrage, par Cheikh-el-Hefn ; logique (imprimé).

Commentaires sur l'Issaghoutchy, par Cheikh-el-Islâm ; logique.

Traité abrégé de Logique, par Cheikh-es-Senoussy.

El-Moustatraf, ou Leçons de littérature (imprimé).

Séances de Hariry (imprimé).

Commentaires sur l'ouvrage de Samarkandy, par Cheikh-el-Bagoury ; rhétorique (imprimé).

Commentaires sur le même ouvrage, par Cheikh-el-Mellaouy, avec annotations sur l'ouvrage précédent par Cheikh-el-Émir ; rhétorique (imprimé).

Talkhis, par Cheikh el-Katib-el-Kouzoniny ; rhétorique.

Commentaires abrégés sur le Talkhis, par Cheikh-es-Sa'd-et-Taftazany.

Commentaires développés sur le Talkhis, par Cheikh-es-Sa'd-et-Taftazany ; rhétorique et éloquence.

Le Khazourghieh, par Cheikh-es-Sabban ; prosodie et versification.

Le Kafieh et commentaires sur le Kafief, par Cheikh-ed-Damanhourg ; prosodie et versification.

Housn-el-Mohadara, ou Histoire du Caire, par Cheikh el-Golab-es-Siouty (imprimé).

Commentaires sur la Grammaire arabe, par Kafraouy (imprimé).

Annotations sur le Commentaire de la Grammaire de Cheikh-Khaled, par Abou'n-Naga (imprimé).

Commentaires sur la Grammaire Azharieh, par Cheikh-el-Atthar (imprimé).

El-Moughny, ou Traité sur la Grammaire, par Ibn-Hecham (imprimé).

Commentaires sur Chouzour, ou Grammaire, par le même auteur.
Commentaires sur le Kafy par le même auteur (imprimé).
Commentaires sur l'Alfieh-d'Ibn-Malek, par Cheikh-el-Achmaouy ; grammaire.
Commentaires sur le même ouvrage, par Ibn-Akil.
Traité sur la Conjugaison des verbes et la Syntaxe, auteur anonyme (imprimé).

4° Ouvrages de Sciences mathématiques.

Ellam, ou Arithmétique, par Ibn-Haïm (imprimé).
Sakhaouieh, par Es-Sakhaouy ; arithmétique.
Commentaires sur le Yasminieh, par Es-Sibt; algèbre.

Collection des ouvrages qui se trouvent à la Librairie du Gouvernement au Caire, et ont été pour la plupart imprimés ou lithographiés à ses frais.

Ouvrages publiés par l'Imprimerie du Gouvernement à Boulak, qui ne se trouvent plus dans le Commerce,

Appartenant à M. Legay, du Caire.

El-Foutahât-el-Mekkieh, par Mohammed-Ibn-Aly-Ibn-Araby, 4 vol. Boulak, 1269 et 1274 (ouvrage mystique).
Khézânet-el-Adel, ou Ghâïet-el-Adel, par Abou-Bekr-Ibn-Hoggâh-Hammaouy, 1 vol. Boulak, 1273 (ouvrage de critique littéraire).
Kitâb-el-Mizân-el-Koubra, par Abd-el-Ouahab-Charâmy, 2 vol. reliés en un seul. Boulak, 1275 (ouvrage de jurisprudence : concordance des quatre principaux rites).
Reïhânet-el-Alloubab, par Mahmoud-Khâfâdjy, 1 vol. Boulak, 1273 (traité de littérature).
Commentaires sur le Teuhfeti-Vahby, par Haiaty, 1 vol. Boulak, 1271. Le Teuhfet est un ouvrage classique sur les mots d'origine persane, employés dans la langue turque.
Mémoires de l'Institut égyptien (1er volume).
Compte rendu des Séances de l'Institut égyptien (nos 1 à 9).
Études scientifiques sur l'Égypte, par Figari-Bey.

Cet ouvrage renferme le texte explicatif des ouvrages géologiques du même auteur, exposés dans la classe 13.

Traduction des Codes français (3 volumes).
Règlement pour l'Assemblée des délégués.
Règlement sur l'Artillerie de siége, traduit par Saïd-Saleh-Effendi.

CLASSE 90

BIBLIOTHÈQUES ET MATÉRIEL DE L'ENSEIGNEMENT DONNÉ AUX ADULTES DANS LA FAMILLE, L'ATELIER, LA COMMUNE OU LA CORPORATION.

Almanach copte, par M. Tissot.

Almanachs arabes pour l'année 1282.

Almanachs turcs pour l'année 1282.

(Voir, dans la classe 89, quelques ouvrages qui auraient pu également être rangés dans cette classe.)

Roseaux servant à faire les plumes arabes. — Tablettes en bois vernissé, sur lesquelles les enfants apprennent à écrire, fabriquées à Rosette. — Tablettes en fer-blanc, servant au même usage. — Tablettes données en prix aux enfants qui ont achevé la lecture du Coran (sur les deux faces sont représentés les monuments religieux de Médine et de la Mekke). — Encriers ronds, en terre vernissée. — Encriers arabes, en cuivre. — Cartons avec lignes saillantes, servant à régler le papier.

CLASSE 91

MEUBLES, VÊTEMENTS ET ALIMENTS DE TOUTE ORIGINE, DISTINGUÉS PAR LES QUALITÉS UTILES UNIES AU BON MARCHÉ.

Objets de literie à l'usage des personnes de classe aisée, matelas, coussins, couvertures, moustiquaire : — Coussins et couvertures de divan en laine et soie. — Tapis en laine feutrée, de la haute Égypte. — Tapis en poil de chameau, de la haute Égypte. — Petites glaces du pays. — Formes en bois pour les tarbouches.

Collection de poteries de Siout, en terre rouge ou noire : — Têtes de pipes de formes diverses ; — Fingâns ; — Zarfs ; — Frotte-pieds ; — Marmite.

Collection de poteries d'Assouan, en terre rouge ou noire : — Têtes de pipes ; — Coupes et Vases ; — Bardaques et Couvercles de Bardaques ; — Plats ; — Assiettes ; — Soupières ; — Verres à pied ; — Burettes ; — Cuvettes ; — Tasses ; — Zarfs ; — Fingâns ; — Frotte-pieds ; — Chandeliers ; — Vases à brûler les parfums ; — Veilleuses.

Collection de poteries de Kench : — Gargoulettes ; — Cruches ; — Cuvettes ; — Vases à fleurs ; — Bols ; — Vases à encens ; — Vase pour pile électrique.

Poterie de Damiette : — Bardaques et Abriks.

Jouets à l'usage des enfants : — Toupies diverses ; — Rat ; — Balançoire.

Machaïa ou support en bois, pour aider les enfants qui apprennent à marcher : — Cage à roulettes pour le même usage ; — Berceaux d'enfants.

Objets divers confectionnés en branches de palmier : — Petits siéges, dits *Kursy*. — Bancs, dits *Serirs*, employés dans les Cafés arabes, etc.; — Cages à pigeons et à poulets; — Cantine de voyage à parois pleines; — Pupitre en forme de X, pour la lecture du Coran.

Pierre à repasser; — Pierre de touche pour les orfévres et bijoutiers.

Petites lanternes en carton et papier; — en toile et fer-blanc; — Lanternes en bois; — Bougies en cire du pays; — Plateau en bois, servant de table; — Mortier en bois avec son pilon; — Outres en cuir ordinaire; — Girbeh, ou grande outre en cuir, servant à apporter de l'eau dans les maisons, et Poches en cuir servant à emplir le Girbeh; — Outres jumelles en cuir, servant à porter l'eau à dos de baudet; — Tasses en cuivre, à l'usage des marchands qui distribuent l'eau au détail dans les rues.

Cette distribution est regardée comme un acte de piété, et le marchand se contente de ce qu'on lui donne.

Fronde; — Battas, ou sortes d'outres en membranes, pour contenir des corps gras; — Besace de dromadaire, appelée *Kourg;* — *Hieml-el-mouzeïen*, ou Armoire à l'usage du barbier chargé de la circoncision, et que l'on porte devant le cortége le jour de cette cérémonie.

Costumes et étoffes à l'usage des Barabras : — Caleçon en coton blanc; — Chemise de coton; — Blouse en laine noire, appelée *Zabout;* — Turban en laine blanche; — Pièce de toile en coton, appelée *Tôb;* — Souliers rouges.

Costumes et étoffes à l'usage des cheikhs et des fikhys de la haute Égypte : — Caleçon en coton blanc; — Souliers rouges; — Takieh; — Tarbouche; — Turban en mousseline simple; — Turban en mousseline avec franges tressées; — Tôb.

Uniforme de cavalier monté à dromadaire; — Pantalon; — Guêtres; — Blouse; — Koufieh; — Corde en poils de chameau pour attacher le Koufieh.

Uniforme d'officier, du même corps; comme le précédent, mais en toile plus fine.

Uniforme de soldat de cavalerie de la garde : — Pantalon garance à plis, avec double bande orange; — Gilet en drap bleu indigo; — Veste forme zouave, en drap bleu indigo, avec parements rouges et agréments oranges.

Uniforme de fantassin de la garde : — Pantalon rouge avec bandes jaunes; — Jambières en cuir noir; — Gilet bleu; — Veste bleue avec agréments jaunes.

Uniforme d'artilleur de la garde; comme le précédent, mais en drap plus clair, avec agréments oranges.

Photographies de M. Désiré, du Caire, représentant les uniformes des officiers et soldats des différents corps de l'armée égyptienne.

Libdeh ou bonnet en feutre des fellahs de la haute Égypte; — Étoffe en laine pour turbans (Esneh); — Étoffe en coton et soie pour turbans (Esneh); — Malayah, ou voile noir en coton, composé de deux pièces séparées par une bande rouge, appelée *Zennar*, à l'usage des femmes des fellahs; — Malayah en coton et soie; — Malayah noire, imitation de soie; — Malayah rouge, imitation de soie.

Châle rouge en imitation de cachemire, couvrant la mariée de la tête aux pieds, lorsqu'elle traverse la ville, le jour des noces : — *Tartour Aroussah*, sorte de gobelet en fer-blanc, forme de cône tronqué, que la mariée porte sur la tête, sous le châle rouge ; —*Tezireh* ou tenue de ville des femmes de condition moyenne, composé d'une Sablah, d'une Tarahah, d'un Bourkoh et d'un Habarah.

(Voir, à la classe 35, des costumes analogues pour femmes riches.)

— Souliers de différentes couleurs, pour paysans et domestiques, fabriqués au Caire.

—

CLASSE 95

INSTRUMENTS ET PROCÉDÉS DE TRAVAIL SPÉCIAUX AUX OUVRIERS CHEFS DE MÉTIERS.

Photographies de M. Désiré, représentant quelques genres d'industries et de petits commerces du Caire ; — Fabricants de nattes ; — Peseur de pierres ; —Tourneurs ; — Brodeur ;—Passementier ; — Cordier ;— Rémouleur ;— Chaudronnier ; — Marchand de nouveautés ; — Marchand de chibouks ; — Marchand d'huile, etc ; — Marchand de beurre ; — Épicier, dit *Bakkâl* ; — Pileur de café ; — Moulin à plâtre.

(Voir, dans le 6e groupe, l'outillage de diverses industries.)

Industries exercées sous les yeux du public dans l'Okel : — Cuisiniers et pâtissiers ; — Bijoutier ; — Brodeur pour passementerie ; — Brodeur pour objets de sellerie ; — Tourneur ; — Fabricant de chibouks ; — Fabricant de nattes ; — Barbier.

FIN DE LA PREMIÈRE PARTIE

DEUXIÈME PARTIE

RÉGION DU HAUT NIL

NUBIE, SENNAAR, KORDOFAN, SOUDAN ORIENTAL

OBSERVATIONS

L'état social de ces contrées diffère trop de celui de l'Europe pour qu'il ait été possible de se conformer à la subdivision en 95 classes. On n'a pu adopter que la grande division en groupes. Pour le même motif, il n'y a pas eu lieu de placer dans le 10e groupe une partie des objets exposés.

Lorsque la provenance d'un objet n'est pas mentionnée, il est d'un usage général dans toute la région du haut Nil.

DEUXIÈME GROUPE

MATÉRIEL ET APPLICATIONS DES ARTS LIBÉRAUX

Tablettes d'écolier, pour apprendre à lire et à écrire (en usage à Khartoum, dans le Kordofan et le Sennaar ; mais seulement chez les Arabes musulmans.) — Grand Porte-voix en défense d'Éléphant, à l'usage des Niams-Niams (on s'en sert en temps de guerre pour faire des signaux, dont le son s'entend, dit-on, à la distance d'une lieue). — Corne en dent d'Éléphant, de la région du fleuve Blanc. — Corne d'Antilope, même provenance. — Corne recouverte en peau, *idem*. — Ossements, du Kordofan, pays des Takkas. — Grands Tambours en bois, portés sur des chameaux les jours de fête, de la région du fleuve Blanc. — Petits Tambours, de la région du fleuve Blanc. — Daraboukah, du pays des Tinkaouis. — Grands Tambours et Tambourins, du Kordofan. — Lyre, du Kordofan. — Lyres, du pays des Tinkaouis, région du fleuve Blanc. — Violon orné de cornes, du pays des Tinkaouis et des Chouloukś. — Violon recouvert d'une peau de Gazelle, même provenance. — Anciennes pièces de monnaie en fer, fabriquées autrefois et employées dans la région du fleuve Blanc. Aujourd'hui elles ne sont plus en usage, on se sert de coquillages (*Cyprea monetaria*) et de verroteries.

TROISIÈME GROUPE

MEUBLES ET AUTRES OBJETS DESTINÉS A L'HABITATION

Lit ordinaire, avec des lanières de cuir tressées, du Kordofan.

Les habitants d'une partie du Soudan évitent de coucher sur la terre nue, à cause des reptiles.

—Lit en bois d'acajou, du Kordofan.—Pieds de lit en ébène, Kordofan.—Fauteuils et Tabourets, en lanières de cuir tressées, région du fleuve Blanc. — Meubles en bois, pour soutenir la tête pendant la nuit, Kordofan et région du fleuve Blanc. — Siéges portatifs, avec et sans manche. — Coussins, du Kordofan. — Cornes d'abondance, avec ornements en coquillage, servant à orner les maisons à l'extérieur. — Filets en cuir pour suspendre des œufs d'autruche, servant à orner les maisons à l'intérieur. — Nattes du Soudan; — Nattes du Sennaar; — Nattes rondes, employées pour faire la prière; — Nattes en roseau pour le même usage. — Lanières tressées en feuilles de palmier, servant à faire des nattes, Dongolah. — Vase à brûler des parfums, Kordofan. — Lampe ou veilleuse en peau d'hippopotame, pour brûler de la graisse, région du fleuve Blanc. — Dilkah ou cosmétique à l'usage des Nubiennes et des Femmes du Soudan. — Dilkah de qualité supérieure. — Graisse d'Autruche, servant au même usage. — Parfums divers employés dans le Soudan. — Bouteille recouverte d'un tissu brodé et renfermant du musc de Crocodile. — Bouteille et pinceau pour teindre les cils et les paupières, en usage dans la région du fleuve Blanc, surtout chez les femmes d'origine arabe. — Corne en ivoire servant à renfermer des parfums. — Boîte en bois de senteur. — Verre à pied en ivoire, Sennaar. — Gozehs et pipes diverses, Nubie et Kordofan. — Pipes diverses, pays des Tinkaouis et des Choulouks, région de fleuve Blanc. — Pipe en terre cuite; — Pipe en talcschite, objet d'ornement. — Porte-monnaie en cuir, Kordofan. — Paniers avec anse, pour conserver l'eau, Darfour. — Bouteille en cuir (Lunzemieh), pour le même usage. — Corbeilles et Couvercles de plats, en feuille de doum, Kordofan. — Plats et Couvercles en feuilles de palmier colorié, Darfour. — Ibriks ou Carafes en terre, Kordofan. — Calebasses ou Écuelles de formes diverses, Soudan, Kordofan. — Écuelles en bois, Sennaar et Darfour. — Écuelle en bois à pied, d'un seul morceau, pays des Tinkaouis. — Écuelle double en bois, avec cuiller en corne, pays des Tinkaouis. — Corne pour conserver les épices. — Outres en cuir, pour traire le lait. — Vases en feuilles de palmier, pour le même usage; — Vases en bois, servant au même usage. — Gourdes pour conserver le lait, région du fleuve Blanc. — Filtres en fibres de palmier, pour la bière, Nubie. — Gourde pour conserver le beurre, région du fleuve Blanc; — Gourde en cuir.

du Sennaar. — Couteau. — Couteau à manche en corne de rhinocéros. — Écuelle plate servant à faire cuire le pain. — Gargoulettes, du Soudan. — Marmites, du fleuve Blanc. — Vase en terre cuite, du Sennaar; — Vase en terre ordinaire, du Kordofan.

QUATRIÈME GROUPE

VÊTEMENTS (TISSUS COMPRIS) ET AUTRES OBJETS PORTÉS PAR LA PERSONNE

Étoffes en coton, fabriquées dans le Soudan et dans la région du fleuve Blanc. — Pièces d'étoffes en coton, fabriquées au Soudan : — N° 1, tissé à Chendy, dans le pays des Berbers; — N° 2, tissé à Moussalenieh; — N° 3, tissé à Khandak; — N° 4, tissé à Dâmer; — N° 5, tissé à Oualad-Madany; — N° 6, tissé à Montammah; — N° 7, tissé à Khandak; — N° 8, tissé à Chendy; — N° 9, tissé à Dâmer. — Foulards en coton, servant à envelopper la tête, en usage chez les Arabes qui habitent le Soudan. — Chasse-mouches en poil de girafe, du Kordofan. — Amulettes, sachets et cordons en cuir pour les cachets, Kordofan. — Amulettes et talismans pour les jeunes filles, Sennaar. — Chapelets en ébène, à l'usage seulement des Arabes du Soudan. — Bâtons à l'usage des simples particuliers; — à l'usage des prêtres, Kordofan et Soudan; — à l'usage des chefs de tribu, Soudan. — Ceinture riche de jeune fille, ornée de morceaux d'ambre jaune, région du fleuve Blanc. — Ceinture de femme, avec cornalines et boules creuses en argent, région du fleuve Blanc. — Costume de Nubienne. — Ceintures ordinaires de Nubienne; — en coton; — en laine. — Tablier en verroteries, de Nubie. — Ceintures à l'usage des femmes, région du fleuve Blanc. — Coiffure ornée de coquillages, pays des Choulouks, région du fleuve Blanc. — Ceinture en cuir rouge, pour homme, Sennaar. — Ceinture riche en peau de buffle, ornée de fils de laiton, région du fleuve Blanc. — Bonnet en feuilles de palmier. — Bonnet d'enfant, en feuilles de palmier, objet de fantaisie. — Chaussures de femmes : Sandales à semelles simples, pour hommes; — à semelles doubles, pour femmes; — légères, en feuilles de palmier; — du Sennaar; — en cuir, pays des Takka; — en cuir, du Kordofan.

Dans une grande partie du Soudan on se sert des sandales, à cause des reptiles.

— Collier de perles; — en cuir, orné de perles et verroteries; — en osselets; — en ivoire, pays des Choulouks; — en ivoire, pays des Niams-Niams. — Boucles d'oreilles en cuivre rouge, région du fleuve Blanc. — Ornement en fer, que les femmes portent au cou les jours de fête, région du fleuve Blanc. — Bracelets en cuir, du Kordofan; — en cuivre, même provenance; — en fer, *idem;* — en ébène, *idem;* — en ivoire, *idem;* — en cuir, du Sennaar; — en ivoire simple ou façonné, région du fleuve Blanc; — en cuir, même provenance; — en cuivre rouge, *idem;* — en fil de fer, *idem.* — Anneaux pour les jambes, Nubie, région du fleuve Blanc. — Bague ornée d'une tête de chauve-souris, Sennaar. — Bagues en cuir, du Kordofan; — en corne, même provenance.

(Voir, dans la section égyptienne, quelques objets en filigrane d'or et d'argent, fabriqués aux environs de Khartoum, mais dont on fait en Égypte même un grand commerce.)

— Boucliers en peau d'autruche; — en peau d'éléphant, du Kordofan; — en peau de girafe; — en peau de crocodile. — Bouclier en peau de buffle; — en peau d'éléphant, région du fleuve Blanc; — en peau de crocodile. — Bâton de commandement et de défi de combat, orné d'une boule, du fleuve Blanc. — Casse-tête en bois. — Massue en ébène. — Poignard avec manche en corne de rhinocéros et fourreau en cuir d'éléphant. — Couteaux pouvant s'attacher au bras ou à la ceinture. — Poignards en bois dur. — Poignard avec manche entouré de fils d'argent, environs de Khartoum; — avec fourreau en peau de crocodile, Darfour; — à lame tordue, région du fleuve Blanc; — avec chaînette en fer, même provenance; — long, sans fourreau, *idem.* — Sabre à lame recourbée, fleuve Blanc et fleuve des Gazelles; — Armes à double tranchant, dentelées, pouvant être lancées à grande distance, pays des Choulouks et des Tinkaouis. — Hache, du Kordofan; — Hache, région du fleuve Blanc. — Lances avec manche garni de fil de fer, pays des Choulouks; — Lances du Kordofan, de Kassala; — de Khartoum; — de la région du fleuve Blanc. — Porte-lances à l'usage des chefs de tribu. — Arc, du Kordofan; — du fleuve Blanc. — Carquois et flèches empoisonnées, Kordofan, fleuve Blanc. — Arc, carquois et flèches, du Darfour. — Sacs de cuir. — Sacs de voyage de différentes matières. — Besaces en cuir pouvant se fermer avec des lanières en cuir; — en peau de chèvre; — en peau de singe, région du fleuve Blanc. — Jouets d'enfants.

CINQUIÈME GROUPE

PRODUITS (BRUTS ET OUVRÉS) DES INDUSTRIES EXTRACTIVES

—

Graisse de Crocodile; — Musc de Crocodile; — Graisse d'Autruche.

Minerai de fer pisolitique, Kordofan. — Fonte, obtenue par les nègres avec ce minerai, Kordofan. — Minerai de fer pisolitique, Soudan. — Poudre d'or, Soudan.

— Sel gemme, Abyssinie. — Sel obtenu par lixivation des terres, Kordofan. — Natron, du Darfour. — Alun, du Darfour. — Terre alumineuse acide. — Terre argileuse, du Kordofan. — Terre végétale prise près des bords du Nil, pays des Berbers. — Sable rouge, du désert de Nubie ; — blanc, même provenance. — Collection de bois originaires de la vallée supérieure du Nil. — Collection des fibres textiles du fleuve Blanc.

(Voir, dans la section égyptienne, d'autres plantes communes aux deux régions.)

— Acacia nilotica, arbre originaire de la haute Nubie. — Albizzia Leblack, arbre originaire d'Abyssinie. — Bauhinia. — Bosvelia Papyrifera ou Amyris Papyrifera, arbre très-commun au Fazoglou et sur les bords du fleuve Blanc. — Crossopteryx kochia, grand arbre des Rubiacées, qui porte une écorce, espèce de quinquina contenant de la Cinchonine, de la haute région du Nil (Fazoglou).

— Croton Sebiferum, du Soudan ; produit un suc sébasique, susceptible d'applications utiles. — Desmodium Senariense. — Doum (Cucifera Thebaïca). — Doum, de Sennaar, Ouady, Medina. — Ébénier (Dalbergia Melanoxylon), forme de grandes forêts dans la Nubie et le Soudan. — Euphorbia. — Sycomorus antiquorum.

Un grand nombre de sarcophages de momies ont été faits avec ce dernier bois, qui est de conservation séculaire.

— Tamarindus Indica. — Écorces d'un arbre inconnu, qui porte le nom de Magango, de la famille des Byttnériacées, région centrale de l'Afrique.

Cette écorce, dont il arrive très-rarement un échantillon même dans la Nubie et le Kordofan, a toutes les propriétés d'un tissu ; on peut la blanchir avec le chlore, etc.

— Branches d'un arbuste du Kordofan, appelé dans le pays *Erk-el-Agrab*.

Spécifique contre les piqûres de scorpion. Il suffit, dit-on, de faire une incision et d'y introduire pendant quelques instants un petit fragment broyé et mouillé. Exposé par M. J. Vernoni, du Caire.

— L'enveloppe du bourgeon terminal du Palmier ou Lif, et les feuilles de Dattier, servant à faire des cordes et des nattes, etc. — Tête de Rhinocéros à deux cornes, de la haute Nubie et du Soudan. — Tête de Sanglier (forêts du haut Soudan) — Tête d'Hippopotame, même provenance. — Rotule d'Éléphant, *idem*. — Peau de Buffle sauvage, Nubie et Soudan. — Peaux de Lion, *idem* ; — de Tigre, *idem* ; — de Léopard, *idem* ; — Peau d'Hyène, *idem* ; — de Zèbre, *idem* ; — de Girafe, *idem*. — Peaux de Singes, blancs et noirs, région du fleuve Blanc. — Peau de Chimpanzé haute Nubie, dans les grandes forêts. — Peaux d'Antilope (Nubie et Soudan). — Peau de Fouine, *idem* ; — de Serpent, *idem*. — Lézard du désert de Nubie. — Tortue du pays Nubo-Soudanique. — Monitor du fleuve Blanc ; — du fleuve Bleu. — Crocodiles du Nil. — Silurus electricus. — Tatoussia Africana (Armodille), Kordofan. — Défense d'Éléphant. — Défenses d'Hippopotame ; — de Rhinocéros. — Grosses cornes plates de Buffle sauvage. — Cornes de Capricorne, du désert de Takka et Mery. — Corne, en forme de spirale, d'une grosse Antilope, de l'intérieur de l'Afrique centrale. — Cornes d'Antilope, *idem*. — Grosses cornes d'Antilope, Bubale, du Kordofan.— Œufs d'Autruche, du Kordofan.— Plumes blanches d'Autruche.— Plumes de Marabout. — Gomme élastique, de l'arbre Ficus, des montagnes du Fazoglou. — Gomme élastique de la région du fleuve Blanc. — Suc végétal employé par les Nubiens pour empoisonner leurs flèches.— Poison irritant employé dans le Kordofan pour le même usage. — Graines de coton, du Soudan. — Coton, du Soudan; — de la région du fleuve Blanc. — Tabac du Soudan; — Tabac à l'usage des Berberins; — Fruits d'Adamsonia Digitala (Baobab). — Graines diverses, du Soudan. — Fruits du Borassus Flabellatus (sorte de grand palmier du Sennaar). — Fruits de Tamarin; — de Rhamnus Lotus; — de Balamites Ægyptiaca; — d'Acacia Nilotica. — Graines médicales, du Soudan. — Fruits de Sebestenier. — Graines de Trèfle, du Sennaar. — Fruits d'un Palmier indéterminé, même provenance.

Collection de fruits et graines du Soudan, région de Takka: — Graminées diverses; — Ipomæa; — Bamiah; — Solanum coagulans sanctum; — Acacia Seyal; — Jujubier; — Rhamnus Labbak; — Rhamnus Lotus; — Bauhinia Tamarindacea; — Sterculia; les couches de l'aubier ont une analogie avec celle d'un tissu; — Cordia; — Ricin; — Cassia Senne lancifolia; — Cassia Senne acutifolia; — Cassia Senne pubescens; — Physalis somnifera. — Cynanchun Argel.

Plante oléagineuse indéterminée; — de Cassia oléagineuse.—Variété de Concombres dont on retire une huile douce; — de Cucurbitacée, dont le parenchyme peut servir à faire de la pâte à papier. —Fruits d'Acacia Nilotica (Santh), de Dongolah; — d'Acacia Senegalensis, même provenance.

On croit dans le pays que la fumée que ce dernier arbre produit en brûlant donne de la souplesse à la peau.

— Graines de Carthame, de Dongolah; — de Radis, même provenance; — de Sésame, *idem*.

On retire de ces graines des huiles dont on fait grand usage dans le pays.

— Sorghum coloriferum, employé pour teindre les fibres végétales avec lesquelles se font les nattes, région du fleuve Blanc. — Sorghum sacchariferum, du Soudan, pays de Takka. — Écorce d'Acacia Arabica, matière tinctoriale rouge que l'on en retire. — Coloquinte; on retire de l'huile de sa graine. — Drogueries diverses en usage dans le Soudan. — Cuir servant à confectionner des sacs. — Cuirs tannés dans le Sennaar. — Peau de chèvre tannée dans la région du fleuve Blanc. — Peaux diverses tannées à Khartoum.

En distillant à sec la graine de Coloquinte, on en obtient une huile goudronneuse, empyreumatique, qui sert extérieurement pour guérir la gale des chameaux.

Limon du Nil pris sur les bords du fleuve Bleu, et appelé *Ebliz*. — On le rencontre également dans toutes les vallées où circulent des torrents pendant la saison des pluies.

Kharfouch Bahary, ou Pierre à chaux; très-commune sur les bords du fleuve

Blanc, et principalement à Omm-Dourman, en face de Khartoum, sur la rive occidentale.

Après calcination, elle prend une teinte bleuâtre; mais après l'extinction elle donne une chaux très-blanche, pouvant rivaliser avec la qualité la plus estimée dans le pays, et connue sous le nom de *Guir Sultany*.

Guerdagah, substance d'un blanc grisâtre, natroneuse, employée dans la région du fleuve Blanc pour fabriquer du savon.

Quoique les indigènes prononcent *Guerdagah*, la véritable orthographe du nom est *Guerdaqah*, parce que, dans le Soudan, la lettre *qâf* se prononce toujours comme le *g* dur français.

Des gisements importants de cette matière se trouvent à une journée de marche de Khartoum et de Kameleïn, nouveau nom de la localité, appelée autrefois *Temaniat*.

Roche schisteuse ocracée, connue sous le nom de *Hagar-Moharrah-asfar*.

Cette roche se rencontre en plusieurs points, notamment dans le voisinage de Khartoum, sur les bords du fleuve Blanc, et dans les montagnes qui se trouvent sur la route de Khartoum à Souakim. On calcine cette roche, on la broie et on la mélange à la chaux pour revêtir les maisons d'un enduit jaunâtre.

Minerai de fer compacte, très-commun au Fazoglou, sur les bords du Toumat, torrent desséché une partie de l'année, et aux environs de Souakim.

On l'emploie souvent encore pour recrépir les édifices.

Fer brut, obtenu avec des minerais pisolitiques du Kordofan (12° de latitude nord environ).

Ces minerais, dont la couleur varie entre le jaune, le rouge et le noir, sont traités dans des fourneaux de forme conique ou cylindrique. On en retire 50 °/₀ de fer brut.

Fer malléable, préparé à la forge avec le fer brut précédent.

Le déchet dans cette opération, telle qu'on la pratique dans le Kordofan, s'élève à 30 °/₀; les produits sont d'une excellente qualité.

Sable noir, provenant des montagnes de Kaikân, près de Fazoglou, à vingt-cinq ou trente journées de marche de Khartoum.

Ces sables sont lavés pour en retirer de la poudre d'or.

Terre jaune, recueillie dans le Fazoglou, au voisinage de ces sables.

Poudre d'or, retirée du sable précédent.

Il n'existe nulle part, dans le Kordofan, de minerais d'argent.

Fossiles, qui constituent des bancs très-puissants dans les vallées du fleuve Blanc et du fleuve Bleu.

Tiges de Maïs appelé *Moukoud-fahl*.

La culture de ce maïs exige un arrosage soigné à l'aide de sakiehs.

Tiges de Fèves de Kameleïn, Kordofan.

Deblâk.

Feuilles de Palmier *Doum*, de la province de Berbet, servant à faire des nattes, des couffes et des cordes.

On les laisse longtemps dans l'eau avant de les tresser.

Feuilles blanches de Dattier, de Berbet.

Les objets fabriqués avec les feuilles de dattier peuvent servir pendant beaucoup plus de temps que ceux en feuilles de doum.

Lif brut des Dattiers, de la province de Berbet.

Couffes en feuilles blanches de Palmier de Berbet.

Tresses en feuilles de Palmier servant à faire des couffes.

Corde filée avec du Deblâk des Palmiers de Berbet.

Peaux de Kisko, quadrupède sans queue, habitant dans les montagnes au sud du Fazoglou.

Peaux de Singes rouges.

Kischk, ou sorte de pomme de Anona, et graines de la même plante.

Séné, plante très-commune dans le Soudan, mais inférieure au Séné du Hedjaz; connu sous le nom de *Séné-Mekky*.

On a réuni des échantillons de la plante, des racines, des feuilles, des fleurs et des gousses.

Peau de Vache, tannée dans les montagnes du Kordofan.

Peau de Mouton, tannée; même provenance.

Peau de chèvre, *idem*.

SIXIÈME GROUPE

INSTRUMENTS ET PROCÉDÉS DES ARTS USUELS

—

Branche de Ochar (Asclepia procera).

On s'en sert comme instrument d'agriculture, pour creuser des trous dans la terre.

— Soc de charrue, en bois. — Pelles du Soudan. — Pioche, *idem*. Le fer est un produit de fabrication indigène. — Fourchette en bois. Le fer est un produit de fabrication indigène. — Instruments d'agriculture, du Soudan. — Petite pioche, pays des Choulouks. — Pelle en fer, sans manche; même provenance. — Charrues, *idem*. — Instruments aratoires divers, *idem*. — Harpons, pour la pêche des crocodiles. — Harpon avec bouée, employé pour chasser les crocodiles. — Piége pour prendre des gazelles, région du fleuve Blanc. — Pierres basaltiques, servant à écraser le grain. — Appareils pour égrener le coton, Kordofan.

— Appareil pour égrener le coton, pays des Choulouks. — Cordes en fibres végétales ; — en cuir. — Lanières en cuir. — Cordes en crin. — Cordes en Lif, de Dongolah. — Métier à tisser. — Bât riche de chameau, en forme de baldaquin, orné de verroteries et de coquillages, avec tous les accessoires pour les jours de fête et de mariage ; près de Khartoum, chez les Arabes Choukieh et les Bagharah du Kordofan. — Bât de chameau, du pays de la péninsule du Sennaar ; — de chameau, garni d'une peau rouge, du Sennaar. — Bât pour baudets, même provenance. — Selle pour bœuf, avec ses accessoires, du Sennaar ; — pour mule, avec ses accessoires ; — pour cheval, du Soudan ; — pour cheval, de Khartoum. — Bride pour dromadaire.

Grandes sébiles en bois, employées dans le Kordofan, pour laver les sables aurifères. — Lanières en cuir, employées comme cordes, et remarquables par leur résistance. — Selle abyssinienne, en cuir, à l'usage des Arabes Bakaris, avec accessoires.

SEPTIÈME GROUPE

ALIMENTS (FRAIS OU CONSERVÉS) A DIVERS DEGRÉS DE PRÉPARATION

Blé rouge dur, du Soudan ; — ordinaire, *idem*. — Blés divers, du Soudan, région du fleuve Blanc. — Blé de Tigré, Abyssinie. — Orge du Soudan. — Maïs du Soudan. — Doukhn de Dongolah ; la farine sert à faire du pain, des gâteaux, etc. — Doukhn (Penisetum ou Penicellaria spicata). — Doukhn (Penicellaria spicata), du Soudan, pays de Takka. — Sorghum sacchariferum, album, vulgare, de la région du fleuve Blanc ; — Sorghum bicolor, vulgare, de Sennaar et Khartoum ; — Sorghum vulgare, clypeatum, vulgare cernuum, du Soudan, province de Takka. — Haricots de Dongolah ; — de Takka, Soudan ; — Petits Haricots, région du fleuve Blanc ; — Haricots blancs, du fleuve Blanc ; — rouges, du fleuve Blanc ; — jaunes, du fleuve Blanc. — Fèves. — Fèves arachides, du Kordofan ; — Fèves arachides, du Soudan, pays de Takka. — Lentilles (Cajanus flavus), comme comestible commun dans le Kordofan. — Pois lupins, dits *Termis*, du Sennaar. — Petits pois, de Dongolah ; la plante verte sert de fourrage pour les chameaux. — Bamich, comestible dans le pays Nubo-Soudanique. — Courge et graines de Courges ; le fruit sert à faire des vases. — Graines de Courges sauvages (Cucumis) ; — de Concombres sauvages ; — de Pastèques ; — d'Echinocystis fabacea Naudin, comme comestible. — Fruits de Doum, pays des Bicharris ; — de Grewia arborea, du Soudan, pays de Takka ;

l'écorce peut servir à des usages médicaux, comme exutoire, etc. — Dattes de Dongolah, cinq espèces différentes appelées *Sultany*, *Cheddeh* ou *Sakouty*, *Barakouy*, *Ghandilet*, *Barchamroueh*. — Café d'Abyssinie. — Café, région du fleuve Blanc. — Miel, employé surtout pour faire une boisson fermentée dont on fait grand usage dans tout le Soudan. — Vin de Dattes. — Eau-de-vie, faite avec la graine de Sorgho. — Bière de Dourah.

Maïs, appelé *Monkod-fahl*, en grains, province de Kameleïn. — Fèves du Kordofan, cultivées à Kameleïn; leur goût rappelle celui des Pistaches. — Lentilles de Kameleïn. — Dattes *Risk*, de la localité appelée Emri, pays des Berbers; — *Michrek*, de Kiki, pays des Berbers ; — *Bodeïrah*, de Guérif, pays des Berbers ; — *Santah*, d'Atmour, province de Abou-Ahmed ; — *Bahr*, de Kerkess, chez les Berbers; — *Abd-er-Rahim*, de Omm-Kay, chez les Berbers.

On prépare avec ces dattes une boisson fermentée, très-recherchée dans le pays, et connue sous le nom de *Merissah*. Pour cela, on met des dattes et de l'eau dans des pots que l'on enterre pendant vingt-quatre heures, puis on ajoute du maïs appelé *Zeria*, dans la proportion de un *kadah* pour un *guirbeh*. — Pour fabriquer du *cherbout*, on laisse les dattes dans l'eau pendant douze heures, puis on y ajoute de la cannelle, du gingembre, et on filtre.

FIN DE LA DEUXIÈME PARTIE

TABLE

	Pages
Introduction	1
Ismael-Pacha, Vice-Roi d'Égypte	1
Coup d'œil général sur l'Exposition égyptienne	17
L'Égypte ancienne. — Le Temple	21
L'Égypte moyen âge. — Le Selamlik	120
L'Égypte moderne. — L'Okel. — Les Galeries	203
Conclusion	263
Notice statistique sur le territoire, la population, les forces productives, le commerce, l'effectif militaire et naval, l'organisation financière, l'instruction publique, etc., de l'Égypte	265
Catalogue de l'Exposition égyptienne. — Première partie : Égypte proprement dite.	329
Deuxième partie : Région du haut Nil, Nubie, Sennaar, Kordofan, Soudan oriental.	374

FIN

PARIS. — TYPOGRAPHIE MORRIS ET Cie, 64, RUE AMELOT

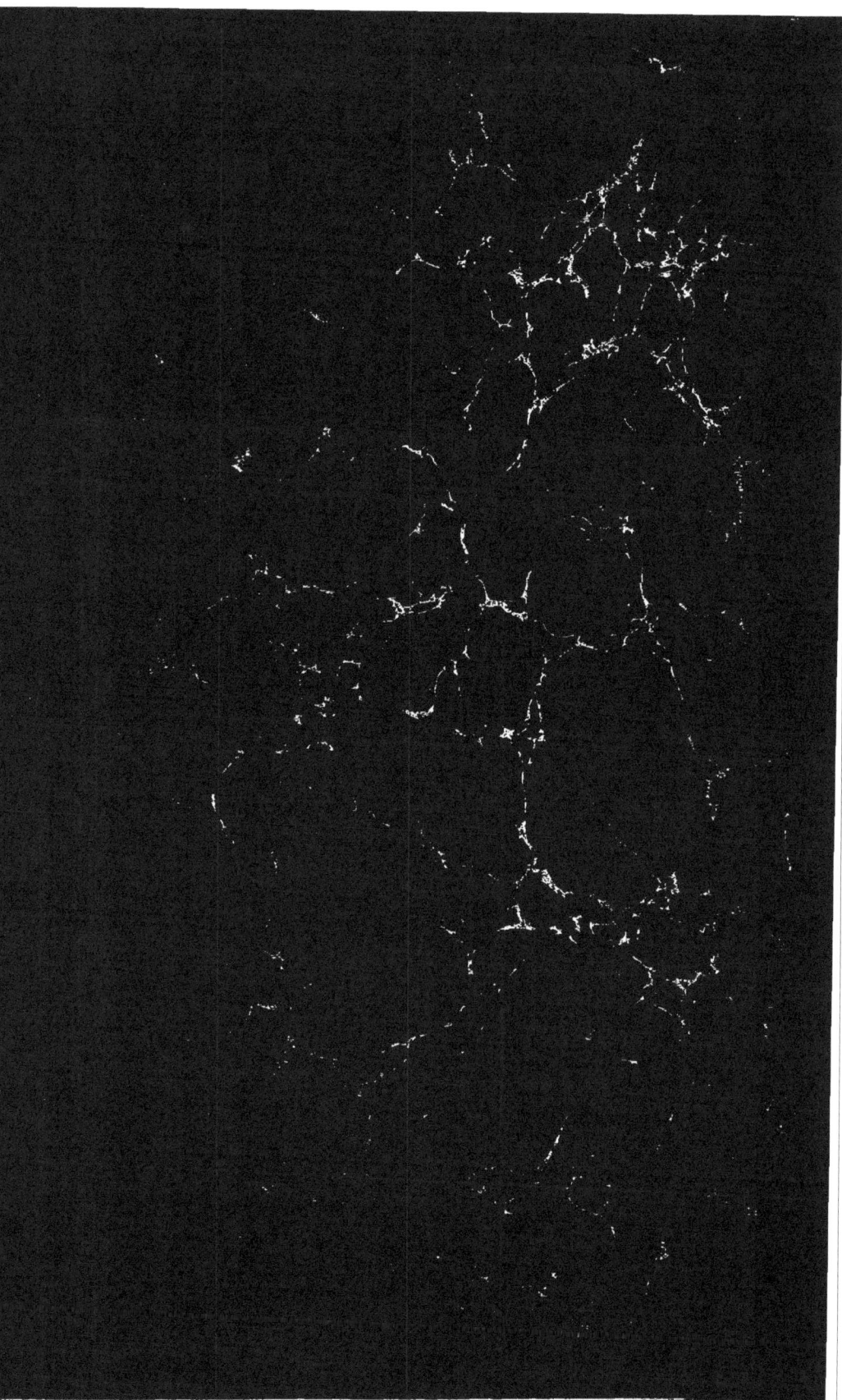

www.ingramcontent.com/pod-product-compliance
Lightning Source LLC
Chambersburg PA
CBHW070925230426
43666CB00011B/2307
* 9 7 8 2 0 1 2 7 3 0 5 4 0 *